企业技术许可战略
——博弈论视角
Game Analysis on Technology Licensing Strategies

赵 丹 洪宪培 著

科学出版社

北 京

内 容 简 介

　　本书是一部利用寡占理论、博弈论、技术许可理论、信息经济学以及网络经济学等基础理论工具，通过构建博弈理论模型进行推演和解释，对不同阶段下企业技术许可的策略使用进行深入分析和研究的学术专著。本书研究所得结论、所提观点，对提升我国自主创新能力、企业专利战略的灵活使用以及完善政府政策的制定等，具有重要的理论意义和较高的应用价值。

　　本书主要适合高年级经济或管理专业的研究生阅读和参考。对于注重理论实践的企业管理人员，本书的应用价值也是显而易见的。

图书在版编目（CIP）数据

企业技术许可战略：博弈论视角/赵丹，洪宪培著. —北京：科学出版社，2017.3

　　ISBN 978-7-03-051548-3

　　Ⅰ.①企… Ⅱ.①赵… ②洪… Ⅲ.①企业-技术许可证-研究 Ⅳ.① F273.1

中国版本图书馆 CIP 数据核字（2017）第 016339 号

责任编辑：方小丽　李　莉/责任校对：赵桂芬
责任印制：徐晓晨/封面设计：无极书装

科 学 出 版 社 出版
北京东黄城根北街 16 号
邮政编码：100717
http://www.sciencep.com

北京京华虎彩印刷有限公司 印刷
科学出版社发行　各地新华书店经销

*

2017 年 3 月第 一 版　开本：720×1000　B5
2017 年 3 月第一次印刷　印张：15 1/2
字数：310 000

定价：92.00 元
（如有印装质量问题，我社负责调换）

前　言

改革开放近 40 年以来，中国的经济总量迅猛增长，而科技含量也达到了前所未有的水平。反映科技水平的重要指标之一 —— 专利授权数量，也从 2008 年的 41 余万项提升到 2014 年的 130 余万项，年平均增长率超过了 30%，跃居世界第一。然而，与西方发达国家相比，中国的科技实力与之仍有不小的差距。在汤森路透集团（Thomson Reuters）发布的 2014 年全球创新机构百强排行榜上，中国大陆地区仅有华为一家上榜。诚然，中国的专利授权数量更多的与"专利泡沫"有关，但与企业的知识产权管理理念也有莫大的关系。

与西方国家秉承知识产权价值最大化的理念不同，我国的多数企业更多的是选择让自家专利"沉睡"。这些持有知识产权的企业往往自己不加以利用自家专利，也不愿让其他企业，特别是不愿让竞争对手使用。还有一种处理方式是走另一极端，即专利转让，直接将自家专利像卖产品一样卖给其他企业。这就意味着企业技术创新仅仅停留在获取知识产权的层面，以及抱有"专利即产品"的理念，反而在获取知识产权之后该怎么做，仍缺乏深入思考。而西方发达国家的科技实力不仅体现在鼓励企业技术创新以及获取知识产权这第一步上，而且其更是早早地踏出了第二步，即体现在创新后对知识产权技术的利用——技术许可（technology licensing）的战略化和策略化。

技术许可的战略化意味着越来越多的企业将技术许可作为企业战略规划的一部分。其不仅体现在许多企业的使命制定中（如在使命陈述中，经常会谈到如何改进产品和服务来满足消费者需求的问题。事实上，技术许可通过企业技术合作有助于解决这一问题），也体现在战略实施阶段的职能战略部分（如其与人力资源战略、营销战略等一起作为支撑公司战略实现的基础）。如果说技术许可的战略化是站在中长期相对宏观角度来看的话，那么技术许可的策略化更多的是体现在该企业与竞争对手、潜在进入者、替代产品、上下游企业的微观相互作用关系上。技术许可本身不转让技术的所有权，而只是转移技术的使用权，这就导致许可方企业可策略使用其技术来影响其同业或上下游企业的行为，进而可能导致被影响企业所在市场结构的改变。也正是因为技术许可实施的策略性影响，利用博弈论工具作为对其研究的"高倍显微镜"变得恰到好处。

诺基亚和 Intel 联合开发新的手机智能操作系统 MeeGo 的消息早已成为过眼云烟，以 Android 为阵营的三星（Samsung）、HTC 和以 iOS 为阵营的苹果之间在外观设计及软件开发方面专利的激烈对抗，以及微软（Microsoft）与谷歌（Google）、摩托罗拉（Motorola）在移动设备上的专利纠纷，华为、爱立信和中兴关于长期演进（long term evolution，LTE）必要专利上的相互诉讼的新闻也历历在目。在不久的将来，这些在国外市场上的高新企业经常发生的、稀疏平常的专利大战，中国也必然会频频发生。利用"高倍显微镜"对持有知识产权的企业技术许可行为进行深入而全面的研究，不仅有助于企业在未来竞争中处于优势地位，获取更多的专利利润，反哺创新，而且还利于改变整个国家对创新认识的深化，早日踏上技术创新的第二步。

本书的结构和主要内容经过了多年的思考、积累以及反复讨论。感谢华中科技大学管理学院院长王宗军教授和河南科技大学管理学院院长朱选功教授的点评和推荐。本书的第 1~7 章，以及第 10 章由河南科技大学的赵丹撰写，第 8 章和第 9 章由华中农业大学的洪宪培撰写。赵丹统编了全书，矫正了附录，并且撰写了前言。感谢同事丁超勋、张晶、祖恩厚、谢博提供的宝贵意见。本书的出版除了得到河南科技大学学术专著出版基金的资助外，还得到河南科技大学博士科研启动基金"企业技术许可策略研究"（编号：13480023）以及国家自然科学基金"专利产品再制造下的闭环供应链决策优化与协调研究"（编号：71672071）的支持。

目　　录

第1章 绪 论

1.1 研究背景

本书的选题是根据国内技术创新和技术许可的现状，从创新的紧迫性和技术许可的必要性两方面来对选题的背景进行详细的阐述。

1. 创新的紧迫性

21世纪以来，新科技革命快速发展，同时蕴含着新的重大突破。这些都将深刻影响而且也正在影响社会和经济的格局。信息技术（information technology，IT）领域发展方兴未艾，仍旧是经济可持续发展的先导力量；生物技术和生命科学迅猛进步，必将为改善和提高人类生活质量起到重要作用；能源科技的再次升温，为世界性能源紧缺与环境污染问题的解决开辟新的途径；纳米科技重大突破接踵而至，必将带来更为深刻的技术革命。基础研究的重大突破，为技术开发和经济增长展现了新的发展前景。科技成果应用转化率的不断提高，将造就新的跨越发展的机会。纵观全球，众多国家把创新作为国家战略，把科技投资作为战略性投资，大幅提高科技方面的投入，并超前部署和发展技术与战略新兴产业，实施重大科技攻关，着力增强国家创新能力和国际竞争力。面对世界发展新形势，中国政府审时度势，在创新方面也早有政策。1995年"科教兴国"的提出，从另一个角度反映了国家重视且认可创新在提升国家竞争力中的作用。之后的1997年，国务院肯定了中国科学院提出的关于建设国家创新体系的方案，自此创新开始向国家层面上升。但创新真正成为国家战略的标志则是2006年年初时任总书记胡锦涛同志在全国科学技术大会上的讲话。他在大会中提到"建设创新型国家"，即以科技创新为国家基本战略，大幅度增加研发投入，提升科技创新能力，形成具有可持续性增长的、日益强大的国家竞争优势。目标是需要行动来实施的，2006年出台的《国家科学与技术中长期发展规划纲要（2006—2020）》则为"创新型国家"的目标奠定了实施的基础。显然，国家在技术创新方面众多政策的出台，必将为企业技术创新的加速提供一个良好的外部环境。

然而，就我国企业技术创新现状来看，企业技术创新能力普遍较低、研发投入不足等仍是主流。面对跨国企业对国内市场的蚕食，以较快的速度提升我国企业的技术创新能力成为我国企业和政府所面临的当务之急。因此如何提升企业技术创新能力成为企业界和理论界普遍关注的热点。

2. 技术许可的必要性

伴随着技术的快速变革以及复杂性，通过外部渠道如技术许可或购买专利获取技术逐渐被大多数企业——尤其是高科技企业认为是一种有效地达到技术创新的手段和策略。通过技术许可等外部获取技术的方式，企业能够获取一些收益，如缩短研发时间、避免研发风险等，并能够通过对外部获取技术的学习进行消化吸收再创新，增加竞争优势，进而形成自身的核心竞争力（Cohen and Levinthal，1989；Chatterji，1996；Henderson and Cockburn，1996）。因此为了获取更多的经济回报，对技术许可进行相关研究非常必要。

1.2　研究目的和意义

本书选题的目的在于通过对技术许可契约的详细研究，帮助我国技术创新能力较强的企业和技术创新能力较弱的企业对技术许可的价值有更深入的理解。对于技术创新能力较强的企业而言，设计最优的技术许可契约，不仅能使其尽早回收研发投入、增加经济利润，而且能够在受许企业的帮助下，分担开拓市场的风险，扩大市场的规模。除此之外，技术许可还能够使创新企业通过选择"好"的竞争对手，阻遏具有较强攻击性的潜在进入者，维持并增强其市场地位。对于技术创新能力较弱的企业而言，充分理解技术许可的原理，选择对自身更有利的技术许可契约，从短期来看，技术许可能使自身获取收益，立稳市场；从长期来看，通过对外部技术的学习，在自身研发的基础之上，进行外围创新以及更深入的创新，进而增强技术创新能力。从社会的角度来看，技术许可是促进技术扩散的重要方式之一。通过技术许可，可以从整体提高我国企业的技术创新能力，提升"短板"，增强"长板"，在为消费者提供物美价廉的商品的同时，提升我国的综合国力，从而使我国早日成为创新型国家。

本书的研究除了具有重要的现实意义外，还具有显著的理论意义。目前国外对技术许可的研究已有很明显的进展，并且出现了大量的理论文献。而国内从博弈论角度对技术许可进行深入研究且对企业和政府具有指导意义的文献则较少。因此本书的研究，不仅是对国内相关文献缺乏的弥补，更是对国外文献有益的补充。

1.3　研究回顾

不管是理论上还是实践上，作为促进技术扩散的重要途径——技术许可均得到了相当程度的重视，并出现了大量具有重要意义的文献记载。对于在位创新企业而言，进行技术许可后，技术差距的拉近将会使许可双方在产品市场上的竞争变得更为激烈。因此对于许可企业而言，这就需要设计最优的许可契约，即决定以何种许可机制许可其技术以及发放几张许可证，并且还需要有许可技术质量的考虑，即许可较先进的技术还是较落后的技术的问题。与在位创新企业不同，外部创新者，如大学、科研机构等并不需要与受许企业（被许可企业）直接参与产品竞争，但却需要考虑使许可收益最大化的问题，因此同样需要考虑设计最优许可契约和选择许可技术质量的问题。而对于政府而言，则需要考虑创新者的技术许可行为对社会福利的影响，并且所采取的相关政策不仅要鼓励企业创新，并且还要防止和纠正创新者因设计对自身最优的技术许可策略而让社会福利受损的行为。

关于技术许可的博弈论研究的相关文献主要集中在技术许可的可行性、转让技术的质量、最优许可机制、技术许可对市场集中度的影响、相关政府政策、产品异质性和预承诺策略以及信息结构对技术许可的影响上等。事实上，对最优的许可契约的全面研究均应涉及以上方面，最优的技术许可契约问题按照市场上参与竞争的寡头的数量，主要分为双寡头市场的最优技术许可机制选择问题和多寡头市场的最优许可证数量发放问题。而按照是否参与市场竞争，创新企业或机构可分为外部创新机构与在位创新企业。因此接下来将主要按照以上分类以及对技术许可相关的其他研究进行述评。

1.3.1　国外研究综述

1. 外部创新者与最优技术许可机制

最早对技术创新和技术许可的研究始于 Arrow（1962）。他首先研究了成本降低性工艺创新是在竞争性市场结构下还是在垄断结构下更有利可图的问题，并指出，技术许可的存在起到了关键性的作用。具体地，与垄断市场相比，外部创新者偏好在竞争性市场上进行产量提成许可机制。之后，学术界开始对技术创新和技术许可相关的问题进行了激烈而深刻的探讨，并出现了大量的相关文献。

Kamien 和 Tauman（1984，1986）首次利用非合作博弈理论的框架对外部创新者最优技术许可的问题进行了研究。他们通过建立一个同质多寡头古诺（Cournot）竞争市场，指出在固定费许可（fixed-fee licensing）下，由于受固定费和许可证发放数的影响，与许可前相比，受许企业盈利状态恶化，而在产量提成许可下却不受此影响，因此固定费许可优于产量提成许可。与此同时，Katz 和 Shapiro（1985a，1986a）则对完全竞争市场和垄断市场下的拍卖许可得益进行了比较。然而，这些研究都保持线性需求函数的假定。针对这一假定条件，Kamien 等（1992）放松需求函数，使其为更一般的形式，并比较了拍卖许可、固定费许可及产量提成许可这三种许可机制。他们指出，最优的许可机制取决于创新规模、企业数量及需求弹性，并得出：对外部创新者而言，产量提成许可是下策，均弱于固定费许可和拍卖许可的结论。而当创新规模不太小时，拍卖许可机制对外部创新者是最有利可图的。Kamien 和 Tauman（2002）则在同质产品市场把外部创新者和在位创新企业这两种情况进行对比的同时，同样得出拍卖许可机制较产量提成许可以及固定费许可机制更优，且最优许可机制不受许可证发放数和企业竞争数量限制的结论。

产品差异在现实中显然是普遍存在的。Muto（1993）首次在成本降低性工艺创新下把产品替代系数引入技术许可中指出，在差异双寡头伯特兰德（Bertrand）竞争市场上正是由于被许方（licensee）的产量更大（与 Cournot 竞争市场下相比），因在创新规模较小的情况下产量提成许可优于固定费许可。

然而竞争模式的不同，也可能导致外部创新者最优许可机制的不同。Kabiraj（2004）在斯坦尔伯格（Stackelberg）产量竞争市场上对固定费许可、产量提成许可以及拍卖许可机制进行了比较，得出在创新规模较小的情况下，产量提成许可最优；而当创新规模较大时，拍卖许可严格占优的结论。

Sen（2005a）则在 Cournot 多寡头产品市场上对外部创新者的最优许可契约进行了研究。他指出，当外部创新者进行显著性创新且发放多张许可证时，存在最优的许可证发放数的临界值，一旦发放的许可证数量达到这一临界值，则产量提成许可策略优于拍卖许可和固定费许可策略。并指出考虑许可证发放数的整数性质是导致这一结论成立的重要因素之一。Giebe 和 Wolfstetter（2008）也强调了许可证发放数必须为整数的性质，同时提出了一种新的许可机制，即在拍卖一张许可证的同时与竞拍的失败方签订提成许可（royalty licensing）契约。他们指出，这种许可机制在不降低中标方剩余的同时排除了排他性许可的损失，因此与纯拍卖和提成许可机制相比，这种新的许可机制更有利可图。

也有学者从信息结构方面对最优的许可机制进行研究。Gallini 和 Wright（1990）研究了创新者具有创新类型的私人信息时的最优技术许可问题。他们指出，当创新类型为低值时，固定费许可机制以及独家许可作为信号来传递创新的类型；而当创新类型为高值时，最优许可机制应包括产量提成率，且提成率的形式（线性、非线性）取决于创新的规模。同样，Macho-Stadler 和 Pérez-Castrillo（1991）在不对称信息下研究了最优的许可机制问题。他们证明，当许可方

（licensor）拥有私人信息时，其可以通过产量提成传递专利的高值类型；相反，当受许方对专利的价值拥有更多信息时，只有固定费许可机制才能传递专利的高值类型。Beggs（1992）研究了仅受许方对新产品或新工艺的应用情况和市场需求有较完全、准确的认识时，即拥有专利实际价值的私人信息时的情况。他主要考察了信号博弈，并证明了产量提成许可能够使分离均衡成为可能，并且会产生比固定费许可更有效的结果。Macho-Stadler 等（1996）则以实证的方式验证了 Macho-Stadler 和 Pérez-Castrillo（1991）的结论，并从道德风险的角度对产量提成的存在进行了研究，指出不同许可机制的存在实际上反映了创新和专利技术所依附的技术技巧等缄默知识。缄默知识通常是难以观察和证实的，因而会有创新者道德风险的存在。而一次性的纯固定费许可通常无法诱使创新者在许可其技术的同时传授所依附的技术技巧，除非许可契约中包含提成。而提成率的高低则反映了对创新者传授技术技巧的激励程度以及受许方对技术的使用程度，这也是最优许可机制中往往包含提成率的原因。Bousquet 等（1998）从风险的角度对最优的许可契约进行了研究。他们指出，与产品创新相关的需求的不确定性以及与工艺创新相关的成本的不确定性是导致外部创新者最优许可机制产生差异的重要原因，即在需求的不确定条件下，价格提成往往优于产量提成；而在成本不确定条件下，价格提成和产量提成具有可能成为最优的许可机制；对于需求和成本的不确定条件下都较低时，包含固定费的许可机制可能成为最优。

Choi（2001）则在不完全契约理论的框架下对许可双方均存在道德风险时的最优技术许可进行了研究。他指出，技术的许可方对知识的传递以及受许方对技术的理解和吸收都是需要耗费成本的，而成本的高低具有私人信息且取决于许可双方的投入，这就导致了双边道德风险的存在。因此从防范双边道德风险的角度，包含提成的许可机制对许可方更有利些。

Poddar 和 Sinha（2002）的研究背景与 Beggs（1992）相似，但他们是从信号甄别的角度对受许方存在逆向选择时的最优许可机制进行了研究。他们在受许方拥有对市场需求的私人信息的情况下，证明得到如下结论，即对于低需求类型而言，提成或两部制许可（two-part tariff licensing）最优；对于高需求类型而言，纯固定费许可最优，并且，在分离机制下的得益比在合并机制下的得益要高，因此最优的许可机制应是能够区分市场类型（高需求还是低需求）的分离机制。

Sen（2005b）则在不完全信息下对外部创新者许可技术给在位垄断企业选择何种机制问题进行了研究。他认为，正是在位垄断企业成本的不完全信息导致了最优许可机制的差异，并指出这也是现实中多种许可机制并存的原因之一。

Crama 等（2008）对 R&D 许可的最优契约问题进行了研究。他们指出，由于许可双方对创新的估值存在不一致以及许可方对受许方 R&D 努力有限的控制，最优的许可契约应为三部许可机制，即预付固定费、里程碑支付以及产量提成。

他们认为，三部许可机制可以有效避免之前所介绍的不完全信息所导致的逆向选择和道德风险问题，因为这种方式可以协调许可双方对风险的态度并使双方对创新的价值达成共识。

正当众多学者对非显著性创新下最优的许可契约感兴趣时，Sen 和 Stamatopoulos（2009）在严格凹性需求函数下，对显著性创新的最优许可契约进行了研究。他们指出，只要不存在外生变量的干扰，那么市场上的 n 个企业，就有 n 或 $n-1$ 个最优的两部制许可契约，也就不存在唯一机制最优的问题。而实际上，无外生变量存在的假定显然不够现实。

Mukherjee（2010a）则在研究中引入工会这个概念，指出工会结构不管是集权式还是分权式，只要其具有完全的讨价还价能力［即垄断式工会，相关研究详情见 Dunlop（1944）、Oswald（1982）、Leahy 和 Montagna（2000）、Haucap 和 Wey（2004）］，那么受许企业在产量提成许可下支付的工资要比在拍卖或固定费许可下的低，由于低工资所带来的正效应抵消了提成许可率对受许企业边际成本的扭曲，因而对于外部创新者而言，产量提成许可要优于固定费和拍卖许可机制。

以上都是关于成本降低性工艺创新下最优许可机制的研究，而实际上，对产品创新，尤其是改善产品质量的纵向产品创新及其最优许可问题同样是值得研究且具有现实意义的。最早对纵向产品差异研究的学者包括 Shaked 和 Sutton（1982，1983，1984）、Bonanno（1986）、Champsaur 和 Rochet（1989）等，且他们均在单一产品竞争模式下对纵向产品差异下的质量选择进行了研究，但只有 Motta（1993）对不同竞争模式下的质量选择进行了比较，并且得出在 Bertrand 竞争下的质量差异要比在 Cournot 竞争下的大的结论。那么在产品创新下何为最优的许可机制呢？Stamatopoulos 和 Tauman（2008）在双寡头 Bertrand 竞争产品市场上研究了具有消费者异质性时的质量改善性产品创新的许可问题。他们假定在位企业均面临对数形式的需求函数，并证明如下：当产品市场被完全覆盖时，不管创新规模如何，产量提成许可机制总是最优；而当产品市场未完全覆盖时，若消费者的异质性足够高，那么随着外部市场吸引力的增大，产量提成许可转向两部制许可机制。

Li 和 Wang（2010）的研究认为，在改善质量的产品创新规模较小时，产量提成许可优于固定费许可；而当创新的规模较大时，固定费许可优于产量提成许可。

事实上，许多企业或科研机构在创新时，不仅进行成本降低性工艺创新，同时还进行产品创新（包括水平产品创新，即外观、设计等方面的创新以及纵向产品创新，即质量改善方面的创新）。例如，Li 和 Geng（2008）就对耐用品市场［相关文献，如 Bulow（1982，1986）、Bucovetsky 和 Chilton（1986）、Tirole（1988）、Waldman（1993，1996）等］上同时进行工艺和产品创新的外部创新者的技术许可问题进行了研究。他们指出，最优的许可契约取决于创新类型和创新规模：对于较小的成本降低性工艺创新或质量改善性产品创新而言，产量提成许可最优；

对于较大规模的工艺创新或纵向产品创新而言，两部制许可最优；而对于水平产品创新来说，固定费许可机制则为最优。

2. 在位创新企业与最优技术许可机制

除去大学、科研机构等外部创新者会许可其技术或出售其专利权给生产企业外，在位创新企业同样有进行技术许可的动机。那么什么是在位创新企业的最优许可机制以及它与外部创新者的情况有什么不同，这显然是值得研究的问题。

由于在位创新企业参与市场竞争，一方面其进行技术许可可以获取许可得益，另一方面同时又有缩减成本优势、加剧企业竞争的风险，因此关于其最优许可机制的研究显然更加复杂。Rockett（1990a）首先对最优的技术许可方式进行了研究。他认为，模仿成本能够影响创新企业对固定费与提成许可方式的选择，并得出最优的许可方式随着模仿成本的提高从固定费许可转为提成许可的结论。Wang（1998）首次对在位创新企业同质双寡头 Cournot 竞争市场上的最优许可机制问题进行了研究。他指出，在非显著性创新下，由于在产量提成许可下许可企业可以通过提成率对受许企业的边际成本进行扭曲，进而获取成本优势。而在固定费许可下则不能。因此产量提成许可机制优于固定费许可机制。Mukherjee 和 Balasubramanian（2001）扩展了 Rockett（1990a）的研究，比较了存在模仿和不存在模仿且产品存在水平差异时最优的许可机制问题，具体如下：不存在模仿的情况下，当产品间水平差异化较明显，则两部制许可最优；而当产品水平差异化较小，则产量提成许可最优。而在存在模仿的情况下，两部制许可总是最优的。

之后，Wang 和 Yang（1999）以及 Wang（2002）又把产品市场扩展到异质的情况，这与 Muto（1993）关于外部创新者最优机制的结论具有相当程度的一致性，即在大多数情况下，产量提成许可优于固定费许可，而且在创新规模一定的情况下，最优的许可机制仅与产品替代程度有关。但这一结论似乎过于绝对。Kamien 和 Tauman（2002）则在同质多寡头 Cournot 竞争市场上对拍卖许可、产量提成许可以及固定费许可机制进行了比较。他们指出，在许可证数不变的情况下，只要市场上的企业竞争数足够多，那么产量提成许可一定优于固定费许可和拍卖许可机制。

Poddar 和 Sinha（2004）在豪特林（Hotelling）线性城市的框架下对 Bertrand 竞争产品市场上外部创新者和在位创新企业的最优许可机制进行了研究，得出在市场完全覆盖的情况下，不管创新者参与竞争与否，只要其进行非显著创新，那么产量提成许可总是优于固定费和拍卖许可的结论。这与 Muto（1993）的结论相似，但在显著创新下技术许可不会发生。

之后又有学者，如 Kabiraj（2005）、Erkal（2005）、Filippini（2002，2005）以及 Mukherjee 和 Pennings（2006）从企业竞争模式着手，对在位创新企业最优

许可契约进行研究。Kabiraj（2005）在双寡头 Stackelberg 产量竞争市场得出了产量提成许可总是优于固定费许可机制的结论。

其中，Erkal（2005）与 Mukherjee 和 Pennings（2006）均在 Bertrand 竞争市场上对多种许可策略进行了深入探讨，但 Erkal（2005）基于社会净福利的观点，比较了提成许可、固定费许可、两部制许可和共谋许可，并得出创新规模和产品替代程度共同决定了企业进行技术许可的动机以及何种许可策略对社会净福利更优的结论。Filippini（2002，2005）则在 Stackelberg 竞争下对最优的许可策略进行了检验，他认为，领导者对生产能力的承诺导致最优许可策略应为产量提成许可，而最优的提成率高于创新规模。不管是何种博弈规则，这几位学者都公认创新规模和产品替代程度对最优许可策略的选择起关键作用。Li 和 Song（2009）则对纵向有质量差异时的最优许可策略进行了研究。他们得出了当在位企业持有多种质量改善的技术时，许可高质量技术总是较优且同样得出产量提成许可最优的结论。

3. 创新企业或机构与最优许可证发放数

一旦创新者对许可机制确定之后，那么在产品市场存在多个竞争企业时，不管是需要进行独家许可，还是对市场上的所有企业都发放许可证以及在发放多张许可证时需要确定的最优许可证数量等，许可证的发放数量均成为需要决策的问题。Muto（1993）在对最优许可机制研究的同时对不同许可机制下最优的许可证发放数进行了研究。他得出在产量提成许可机制下，外部创新者发放多张许可证更优；在固定费许可下，进行排他性许可，即进行独家许可更优的结论。Aoki 和 Tauman（2001）则在研发存在溢出的情况下，对最优的许可证发放数进行了研究，并指出研发溢出的存在会促使外部创新者发放更多的许可证。Stamatopoulos 和 Tauman（2008）在对数需求函数形式下，对质量改善性创新的许可证发放数问题进行了研究，他们认为，当市场被完全覆盖时，对市场上的所有企业都进行许可更优；当市场未完全覆盖时，外部创新者是进行独家许可还是多家许可取决于消费者异质性，即若消费者异质性较低，则进行独家许可，若消费者异质性较高，则进行多家许可更优。

Gallini 和 Wright（1990）则在创新者具有创新类型的私人信息时的许可证发放数问题上进行了研究。他们认为，当创新类型为低值时，应进行独家许可。而当创新类型为高值时，是进行独家许可还是进行多家许可取决于如下模仿成本，即若模仿成本较低，独家许可更优；若模仿成本较高，独家许可和多家许可均可能发生（取决于提成率是线性还是非线性）。Bousquet 等（1998）认为，在成本和需求均存在不确定性时，潜在受许企业间产品的差异化程度明显影响最优许可证数的发放。Schmitz（2002）指出，外部垄断创新者发放许可证数的决策取决于信息的结构，即当存在私人信息时，发放多张许可证最优；当具有完全信息时，外部创新者将进行独家许可。这说明信息的不完全会迫使创新者对受许企业的数量进行向上的扭曲,即与完全信息下的情况相比,在不完全的信息下会发放更多的许可证。

Li 和 Wang（2010）指出,当外部创新者进行质量改进型产品创新时,若固定费许可发生,则其偏好独家许可;若产量提成或两部制许可机制发生,则专利持有者偏好多家许可。

4. 技术许可的其他相关研究

1）关于许可技术的质量

不管是在位创新企业还是外部创新机构,创新者在设计最优技术许可契约的同时,还需考虑所许可的技术的质量问题。目前关于这方面的研究包括 Rockett（1990b）、Kabiraj 和 Marjit（1992,1993）、Kabiraj（1993）、Saggi（1996,1999）、Mukherjee 和 Balasubramanian（2001）等。Rockett（1990a）研究了在位创新企业在面临模仿威胁时所选择的许可技术的质量问题。他指出,模仿威胁的存在遏制了在位创新企业向受许企业收取较高提成率的动机,进而使在位创新企业往往许可较低效率的技术,而非较先进的。Kabiraj 和 Marjit（1992）则假定许可双方为不同国家的企业,通过这一背景扩展了上述研究。由于受许企业的市场往往受到其所属国家政府的保护,因此许可双方不会在受许企业所属国家的市场进行竞争,但技术许可却会鼓励受许方去侵占许可方企业所属国家的市场。通过设计预付固定费许可契约,Kabiraj 和 Marjit（1992,1993）研究认为许可较低质量的技术以免激烈竞争的威胁对在位创新企业较有利。与此同时,他们指出不同的竞争模式也可能影响许可技术的质量。通过扩展 Kabiraj 和 Marjit（1993）的研究,Saggi（1996）声称,当东道国的法律较为不健全时,对外直接投资要比技术许可更有可能发生。由于东道国知识产权制度的不健全,许可企业可能不能阻止受许企业使用所许可的技术与其在其他市场竞争。这种竞争的威胁会迫使许可企业更倾向于对外直接投资,而非技术许可。因此在技术不可分（分为低效率和高效率等多种等级的技术）的情况下,技术许可将不会发生。Saggi（1999）又在研发溢出存在的情况下比较了对外直接投资和技术许可的选择问题。他指出,对外直接投资不仅可以帮助企业建立技术优势,同时研发溢出的存在促使竞争企业降低了自行研发的动机,进而使对外直接投资较技术许可更有优势。

然而,以上文献均假定竞争企业的产品为完美的替代品,这显然与现实不符。Mukherjee 和 Balasubramanian（2001）在水平产品差异的假定下,考察了在存在模仿和不存在模仿的情况下,水平产品差异对所许可技术质量的影响问题。他们认为,不存在模仿的情况下,在位创新企业许可较高质量的技术对其更有利;而在存在模仿的情况下，水平差异化对许可技术质量优劣的影响模棱两可。但无论模仿成本多高，只要水平差异化足够显著，则许可较高质量的技术对在位许可企业更有利。

2）技术许可与社会福利的研究

Singh 和 Vives（1984）最早在差异双寡头市场上对 Cournot 竞争模式和 Bertrand 竞争模式下的社会福利进行了比较，并指出由于在 Bertrand 竞争模式下竞争更激烈，因而与 Cournot 竞争模式相比，此时的社会福利更高。Hackner（2000）将 Singh 和 Vives（1984）的研究扩展到多寡头市场结构，并证明了当市场上企业数量众多时，Singh 和 Vives（1984）的结论并不具有稳健性。而且他指出，当竞争企业的产品互补时，在 Cournot 竞争模式下的社会福利才比 Bertrand 竞争模式下的高。

然而在技术许可存在的情况下，之前关于不同竞争模式下社会福利比较的结论可能会出现变化。就技术许可本身而言，它拉近了许可双方边际成本的差异，促进了技术的扩散，从而会加剧企业间的竞争，进而提高社会福利。然而正当众多学者都认为技术许可有利于社会福利的提高时，Erutku 和 Richelle（2000）以及 Fauli-Oller 和 Sandonis（2002）给出了不同的结论。Erutku 和 Richelle（2000）认为，当许可一方不参与市场竞争时，作为受许的一方有可能通过提高产品价格进而使社会福利受损。而 Fauli-Oller 和 Sandonis（2002）也在产量提成许可下进行研究，并且认为，若许可双方进行 Bertrand 竞争时，技术许可的存在会导致社会福利降低。

A. Mukherjee 和 S. Mukherjee（2003，2005）的研究证明，在 Cournot 竞争模式下许可策略能够显著改变企业进入对社会福利的影响，他们得到在产量提成许可下，企业的市场进入提高社会福利。而与不许可相比，在固定费许可下企业进入反而导致社会福利减少。这从另一个角度反映了技术许可可以通过对企业进入数量进行控制，进而对市场集中度产生影响。创新企业发放许可证可能导致市场集中度相对减弱，然而市场上企业进入数量的增多（市场集中度相对减弱）却并不一定有利于社会福利的提高。Poddar 和 Sinha（2004）在对最优的许可机制进行研究之后，还得出在许可的存在下，不管创新的规模和创新者的特征，社会福利总是增加的结论。之后，Mukherjee（2007）仍在 Cournot 竞争模式下对多寡头市场上对技术许可导致社会福利降低的原因进行了研究。其指出，若进入企业的边际成本非常低，那么创新企业进行技术许可则可能导致那些原本边际成本高但不得到许可证便无利可图的企业进入，进而最终导致市场进入企业过多。虽然此时市场集中度相对降低，但较多企业间无序的竞争则可能导致社会福利的降低。

Kabiraj（2005）则在 Stackelberg 产量竞争模式下对不同许可机制与社会福利之间的关系进行了研究。他指出，社会福利的大小与许可的机制和谁为创新者以及创新的规模有关，即当创新规模较小时，固定费许可下的社会福利更大；当创新规模较大时，产量提成许可下的社会福利更大；而对于创新规模适中的情况，若创新企业为跟随者，则在固定费许可下的社会福利更大。若创新企业为领先者，则在产量提成许可下的社会福利更大。

以上文献都是在成本降低性工艺创新下对技术许可的福利暗示进行的研究。事实上，也有部分学者对质量改善性纵向产品创新下的福利暗示进行了研究。Li 和 Wang（2010）发现，在质量改善性创新规模较小时，若外部创新者进行两部制许可，就会使产量下降、价格上升，进而最终导致消费者剩余和社会福利的减小。若创新规模足够大，只要质量改善效应大于价格增幅的效应，那么在两部制许可可能发生的情况下，社会福利均有所提高。Stamatopoulos 和 Tauman（2008）则认为社会福利不受创新规模的影响。他们在对数需求函数形式下，对质量改善性创新的许可证发放数问题进行了研究，并认为若市场被完全覆盖，在最优的许可机制下，虽然消费者所购买产品的质量得到改善，但同时所支付的产品价格提高。因而消费者的剩余并未改变，然而外部创新者的收益却提高了，最终整个社会福利得到改善。

那么在不同的竞争模式下，技术许可对社会福利到底有怎样的暗示呢？Mukherjee（2010b）在同质双寡头市场上得出不同的许可策略和不同的竞争模式下的社会福利具有较大差异的结论，即在固定费许可下，若企业间边际成本差异适中，则在 Cournot 竞争模式下的社会福利更大；而在提成许可下，只有当许可方的讨价还价能力较小以及企业间边际成本差异较大时，在 Cournot 竞争模式下的社会福利才更大。Li 和 Wang（2010）则在差异双寡头市场上，引入研发阶段，在两部制许可可能发生的情况下，对不同竞争模式下的社会福利进行了比较，得出在 Cournot 竞争模式下研发投入和产业利润更低、消费者剩余以及社会福利更高的结论。这与 Singh 和 Vives（1984）的结论明显相反，而与 Mukherjee（2010b）的研究具有一致性。

以上研究均是在封闭的经济中进行的，然而在开放的经济中结论可能会出现大不同。Mukherjee 和 Pennings（2006）在一个开放的经济中，对技术许可的福利暗示进行了研究。并在扩展 Kabiraj 和 Marjit（2003）研究的基础上，认为在对外直接投资成本过大的情况下，本国政府若未对关税进行预承诺，则国外创新企业不许可其技术给本国企业。但若本国政府进行关税预承诺，则在许可技术给本国研发效率较低的企业所带来的负面影响下，国外创新企业将许可其先进技术给本国企业，且在政府关税预承诺下的本国的社会净福利更大一些。同时其认为在关税预承诺存在的情况下，Cournot 双寡头市场最优的许可策略应是固定费许可。

3）关于创新激励的研究

关于创新激励的模型主要反映为专利的研发竞赛博弈，而专利的研发竞赛博弈过程则主要表现为为取得专利权而展开的研发竞赛。此类博弈模型主要突出了创新过程的动态不确定性以及企业间的策略性行为。其模型的研究主要集中在如下三个方面：①创新过程的随机性。一般情况下，创新成功的概率主要取决于研发基础（研发经验）和研发投入。研发基础越高或研发投入越大，则创新成功的可能性越大。相关学者，如 Dasgupta 和 Stiglitz（1980）、Lee 和 Wilde（1980）、Gilbert 和 Newbery（1982）以及 Reinganum（1982，1984）分别对此进行了研究。②研发企业的策略性行为。参与研发竞赛的企业会根据其在研发竞赛中的相对位置（如在成本降低性工艺创新中企业间的成本差异反映出其竞争地位），通过不断调整研发投入，以求获取最有利的竞争地位。学者，如 Fudenberg 等（1983）、Harris 和 Vickers（1985a，1985b）及 Tirole（1988）对此进行了研究。③把创新过程的随机性和创新企业的策略性行为相结合的模型。对此进行了详细且深入探讨的学者主要包括 Vickers(1986)、Harris 和 Vickers(1987)、Grossman 和 Shapiro(1987)、Katz 和 Shapiro（1987）和 Judd（2003）等。通常认为，在位垄断企业进行研发时，专利的研发竞赛博弈过程存在租金的耗散效应，而潜在进入者则不存在这种情况，因此与潜在进入者相比，在位垄断企业创新动机较低。

　　作为增加企业利润、提升创新回报率的重要手段，技术许可也会对竞争企业的创新激励产生重要影响。相关研究者有 Katz 和 Shapiro（1985a，1987）、A. Mukherjee 和 S. Mukherjee（2002）、Kabiraj（2004）、Weng（2006）等。Katz 和 Shapiro（1985a）构建了一个边际成本不对称下的同质双寡头研发竞赛博弈模型，对固定费许可对研发动机的影响进行了考察。而后，Katz 和 Shapiro（1987）的研究着重关注技术许可策略和模仿对企业研发动机的影响。A. Mukherjee 和 S. Mukherjee（2002）则考察了技术许可在制定研发策略中的作用。Kabiraj（2004）在同质的 Stackelberg 领先竞争模式下比较了技术许可的存在与否对企业创新动机的影响。

　　在寡头垄断市场上，Lemarie（2005）考察了外部创新者在不同许可机制下进行创新的一体化动机（与在位企业）问题。在一体化的情况下，外部创新者将免费提供新技术给其合作者，而通过固定费或提成许可给其他企业。他得出的结论为，由于一体化降低了提成率对产业利润扭曲的负效应，因而只有在产量提成许可机制下，外部创新者才有一体化的动机。Weng（2006）则指出，拍卖专利权要比直接向在位企业发放许可证更有利，且在此策略下，当产业不被垄断时，外部创新者比在位创新企业有更高的创新激励。他认为，在产量提成许可下，外部创新者的创新动机取决于需求结构的结论，即随着产业中企业数量的增加，若需求函数为严格凸、严格凹或线性，则创新激励随之增加、减小或不变。

1.3.2　国内研究综述

　　国外利用博弈论对技术许可进行相关研究的文献较多，而相对来说，国内对此的研究则少之又少。国内技术许可文献偏少的原因有很多，具体如下：首先，国内关于经济学的研究本身起步较晚，而关于博弈论的著作传入国内则更晚，因此把博弈论作为对经济学研究工具的学者则相对较少。其次，由于我国法律环境相对不够健全，知识产权和专利法规不够完善，因此国内对于技术的保护则相对较弱。又因为我国企业技术创新能力普遍相对较低、技术许可的行为相对较少，因此技术许可相关研究的文献较少。最后，把博弈论和技术许可相结合，为技术许可契约进行设计，对创新者的技术许可均衡行为进行研究的文献较少，则实属正常。虽然国内关于技术许可的研究较少，但还是有不少学者对此进行了不懈的努力。

冯珩与高山行（2002）对专利竞赛企业的创新激励如何随其相对技术位置差异而变化的结论进行了总结，并初步探讨了理论和现实存在差异的原因及其对我国的启示。包海波（2004）对专利许可的机理进行了剖析。张元鹏（2005）则对合作研发成功后不考虑技术外溢效应时的最优技术转让策略进行了分析。吴延兵（2005）指出，研发的溢出效应限制了企业进行从社会角度来看为最优的研发投入，导致社会净福利的损失，但是研发的溢出效应同时又增加了社会福利，故一国政府需在研发动机与社会净福利间做出权衡。

霍沛军等（2000a，2000b）、霍沛军和宣国良（2001）是最早在国内对最优的许可证发放问题进行研究的。霍沛军等（2000a，2000b）基于假定——潜在进入者替代技术的边际成本和产品质量都劣于优等技术，研究了在位企业的最优技术许可策略。另外，他们还给出了在位企业选择向一个或两个企业进行事前许可、事后许可的充要条件。霍沛军和宣国良（2001）则在创新企业分别拥有改善固定生产成本、单位生产成本以及产品质量等技术的情况下对最优的许可证发放问题进行了研究。他们认为，只要潜在进入者开发的技术较低劣，如固定生产成本较大或单位生产成本较大且市场容量较大，则对两家潜在进入者发放许可证更优；当单位生产成本较大且市场容量较小或技术的质量相差不大，则只对一家潜在进入者发放许可证更优；其他情况下则不发放许可证，即垄断最优。之后郭红珍和郭瑞英（2007）、钟德强（2007a，2007b）、刘兴和顾海英（2008）等则对最优许可证发放数以及最优许可策略问题进行了研究。其中郭红珍和郭瑞英（2007）在产品异质的情况下得出产品异质性、创新的规模促使最优许可策略从固定费许可转向产量提成许可的结论。钟德强等（2007a）把同质产品市场扩展到异质产品市场，并对寡头企业的最优许可数进行了研究。其得出在固定费许可下，最优许可证发放数随产品差异系数的增大而减小的结论。钟德强等（2007a，2007b）之后又研究了差异 Cournot 寡头市场结构下，创新企业对在位竞争对手以及潜在进入者各自最优的许可策略及其差异。刘兴和顾海英（2008）对一家外部技术持有企业与两家在位竞争企业的市场进行了分析，得出技术的创新程度对最优许可策略和许可数量产生影响的结论。周绍东（2008）、冯振中和吴斌（2008）、钟德强等（2008）、安同良等（2009）则从政府政策的角度对企业技术创新和技术许可的激励问题进行了研究。

1.3.3　现有研究的不足

创新者,不管是在位企业还是外部研究机构,目前关于其最优技术许可契约的研究存在以下不足。

(1)不管是在完全信息下还是在不完全信息下,不同的学者在模型中加入了不同的参数,进而导致了模型结论的不同,因此有必要将这些参数尽可能的统一到一个模型中,并共同考察它们对创新企业最优技术许可行为的影响。由以上众多文献可知,在正常产品市场上,影响创新企业最优许可行为的参数主要集中在产品异质性、竞争模式、创新规模、模仿难易程度等方面。然而在现实中,影响创新企业最优技术许可行为的参数并不仅是这些。企业的吸收能力、研发的溢出效应、许可双方的讨价还价能力以及创新后企业间的成本差异都可能对创新企业的最优技术许可行为产生影响。因此综合考虑以上因素,并且在异质产品 Cournot 竞争市场上,在多阶段博弈模型中引入溢出效应、吸收能力、创新规模、许可双方的讨价还价能力以及创新后企业间的成本差异等现实中可能起关键作用的参数,来共同考察在这些参数下创新企业最优的技术许可行为是纠正和弥补现有研究缺陷的一个可行方向。

(2)研发的不确定性、高风险性是现实中各创新企业和研发机构所碰到的共同问题。由上述文献可知,还未有在研发的不确定性下对创新者的最优技术许可契约进行研究的文献。而且技术研发的溢出效应更是明显,把两者进行结合来对技术许可进行研究的文献更少,因此这也是当前研究的缺陷之一。

(3)关于正常产品的技术许可研究较多,而关于网络产品〔详情见陈宏民(2007)〕的技术许可文献则少之又少或过于简单。因此网络产品的最优技术许可机制和最优许可证发放数问题值得研究。

(4)专利技术若存在被撤销的可能性,则以往关于最优技术许可契约的结论可能会有明显改变。若专利被撤销,其他潜在受许企业则可能免费获取公开的技术,使专利技术丧失许可的可能性。因此在弱专利有效性得到确认前,关于创新者技术许可行为的问题值得深入探讨。

(5)由前述文献可知,产品所应用的技术不是在产业链的最上端,即基础研究阶段或 R&D 阶段,就是在产业链的最下端,即靠近消费者的最终产品阶段。而中间产品的技术许可问题,即上游市场可能存在垄断势力时,其市场结构是否会对原有下游企业间的技术许可行为产生影响,显然现有文献未给出答案。

(6)在不同的竞争市场(如许可方市场、受许方市场、第三方市场还是一体化市场)上,在政府研发政策具有先动优势的情况下,对创新者最优的技术许可行为进行研究，显然能够对现有文献进行有益的补充。

1.4　全书结构安排

1.4.1　本书研究思路

本书按照时间顺序，根据专利持有人所处的不同阶段，即研发成功前、研发成功后但专利有效性确认前、专利有效性得到确认后的正常产品市场和网络产品市场以及存在政府研发政策时的情况，对其技术许可行为及其对企业自身、竞争对手和社会福利产生的影响进行了研究。

在研发成功前，由于研发结局的随机性，专利持有人在技术许可得益上的预期会受到研发投入和研发成功的概率的影响。因此研发投入的高低、研发成功的可能性以及技术溢出的大小很可能会对专利持有人关于技术许可策略的选择产生重要影响，而这也是此阶段需要重点考虑的问题。

而在研发成功后，研发投入则成为沉没成本。在此阶段，若创新技术申请专利，则此技术存在通过法庭诉讼被判决无效的可能，即存在弱专利有效性问题。并且弱专利有效性的存在会导致许可结果存在过度补偿等"柠檬"市场上所经常出现的负面问题。因此在这个阶段应重点考察弱专利有效性对专利持有人许可行为的影响及如何规避过度补偿的问题。

在强专利情况下，即专利有效性为 1 或许可发生在专利被判定有效后，专利持有人只需根据产品的类型（正常产品和网络产品）对技术许可的行为进行研究。之所以需要分类，在于网络产品具有正常产品不存在的消费端的规模经济，这就注定专利持有人需要根据自身专利所应用的产品类型以及其他关键参数（如市场规模、产品替代程度、网络强度等），选择不同的许可策略和许可证发放数。

当存在外部干预（如政府研发政策、上游供应商存在市场势力、技术市场存在竞争等）时，上述部分结论可能出现变动，研究的重心也可能出现调整。如存在政府研发政策干预时，政府会根据竞争市场（许可方市场、受许方市场或第三方市场）以及创新规模等关键因素选择不同的研发补贴政策，进而影响企业研发的动机和技术许可行为，因此这些情况也是需要单独考虑的。综合以上理由，本书分成 10 章对上述提到的问题进行研究并提供相关结论及政策建议。

1.4.2　本书主要内容

在对本书的研究思路进行详细说明后，本书研究的各章内容安排如下。

第 1 章为绪论部分。首先，介绍本书研究的选题背景、研究的目的和意义，之后对国内外相关研究的现状进行回顾整理，并对现有研究的不足进行详细的讨论。最后，对本书研究的具体安排、研究方法、技术路线和创新点进行阐述。

第 2 章为研发成功前的企业技术许可行为，即研发不确定性在位企业技术许可最优技术许可策略分析。本章首先对需要了解的相关术语和定义进行简单的解释，之后构建一个包含研发投入阶段、技术许可阶段以及产品竞争阶段的三阶段博弈模型，分别进行固定费许可策略均衡分析、产量提成许可策略均衡分析以及两部制许可均衡分析。最后对各种许可策略下在位企业的研发投入、期望得益进行比较。

第 3 章为研发成功后但专利有效性得到确认前的外部创新者技术许可行为，即对弱专利有效性下的外部创新机构的技术许可契约进行分析。本章，首先在一个由 $n \geqslant 2$ 个对称的风险中性的企业构成的行业中，对所建立的三阶段博弈模型进行了详细描述及假定介绍，并求出关于许可证发放数的需求函数。其次找出存在诉讼时最优的两部制许可契约与阻止诉讼时最优的两部制许可契约这两种情况下所需要的条件。最后又从均衡提成率和均衡许可收益这两方面对弱专利的过度补偿问题进行探讨，为解决过度补偿问题提供一些对策和政策建议。

第 4 章为专利有效性得到确认之后，正常产品市场上在位企业最优的许可策略进行了详细的分析。本章通过建立一个包含研发溢出、创新规模、产品异质性、企业吸收能力、创新企业的讨价还价能力及创新后企业间成本差异等现有文献中多数可量化参数的多阶段博弈模型，力图对关于创新企业技术许可的研究出现的多样性结论给出一个统一模式。正是在这样的博弈模型参数构建之上，本章首先对固定费许可和产量提成许可两种策略下进行均衡分析，并比较这两种策略在不同关键参数值下孰优孰劣。其次在扩展部分引入两部制许可策略，并对之进行均衡分析。最后得出正常产品市场上最优的许可策略，并对现实中多种许可机制并存的原因进行解释。

第 5 章则在网络产品市场上对双寡头竞争时在位企业最优的技术许可策略和多寡头竞争时最优的许可证发放数进行详细研究。当双寡头竞争时，本章首先对所建立的博弈模型进行描述。其次分别按照不许可、固定费许可、产量提成许可以及两部制许可这样的顺序对其不同许可状态下在位企业的得益情况进行比较，并求出最优的许可策略，且与正常产品市场时的情况进行比较。当多寡头竞争时，本章则同样对所建立的博弈模型进行详细描述，接着考虑如下：①不发放许可证，其余 m（$m \geqslant 2$）家企业研发；②发放 m（$m \geqslant 2$）张许可证；③发放 1 张许可证，其余 $m-1$ 家企业研发；④发放 n_1（$1 < n_1 < m$）张许可证，其余 $m-n_1$ 家企业研发等四种情况，比较了在这四种情况下企业 1 的利润，并最终得出子博弈纳什（Nash）均衡解。

第 6 章则首先考察各国政府研发政策对其所属国企业的研发行为和技术许可行为产生影响，并对在位企业的技术许可选择问题进行均衡分析。其次对所建立的四阶段博弈模型进行详细描述，并且在固定费许可策略按照补贴阶段、研发阶段、许可阶段以及产量竞争阶段的博弈顺序，对许可方市场、受许方市场以及第三方市场上各国的研发政策进行比较。按照同样的博弈顺序,以及三种不同市场情况,本章又在产量提成许可策略下得到各国的研发政策。最后对两种许可策略下不同竞争市场上各国的研发政策进行比较并给出结论,对各国研发政策存在的差异进行解释。

第 7 章则是对技术市场存在竞争时的企业之间存在交叉许可的可能性、策略选择及其影响进行分析。

第 8 章和第 9 章则考虑在供应商决策以及上游市场结构可能变动的情况下,下游企业技术许可行为对竞争企业、社会福利、上游市场进入情况的影响及其相互作用机制进行深入分析。

第 10 章则为全书总结和政策建议,并对本书研究中存在的不足以及进一步的研究提供些许思路。

1.5 研究方法与技术路线

本书在寡占理论、产业组织理论、博弈论以及技术许可理论的基础上,利用定量和定性相结合的方法,特别是在对博弈模型求解时选用非合作博弈论中求解子博弈完美解所用到的逆推归纳法作为工具,对在位创新企业和外部创新机构在不同阶段(具体指研发成功前、研发成功后但专利有效性确认前、专利有效性确认后的正常产品市场和网络产品市场以及存在研发政策影响时的开放市场)时的技术许可行为进行详细且深入的研究。全书的研究按照如图 1-1 所示的技术路线进行。

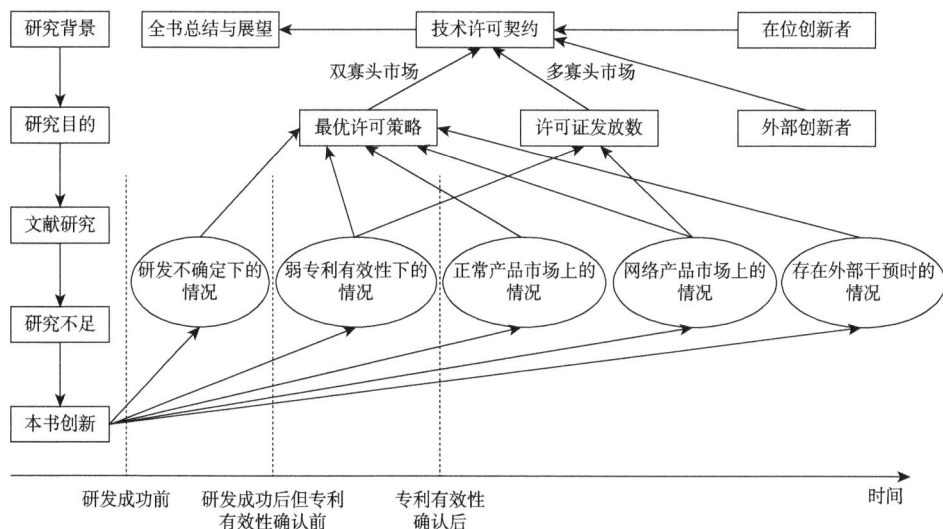

图 1-1 技术路线图

1.6　创新点

（1）本书以时间为线索，按照研发成功前、研发成功后但专利有效性得到确认前、专利有效性确认后的正常产品市场和网络产品市场以及存在外部干预（指政府研发政策）的顺序，对在位创新企业或外部创新机构的技术许可契约问题（包括最优许可机制的选择和最优许可证数量的发放）进行详细探讨，这是本书研究的一大创新点之一。

（2）在研发成功前，由于存在研究结局的随机性，因此在位企业的技术许可收益是建立在期望收益（还需考虑研发成功的概率）之上的。又由于企业研发存在技术溢出现象，且在关于许可收益上存在讨价还价问题，因此对处于此种阶段的在位企业技术许可行为进行研究是值得详细探讨的。

（3）在研发成功后但专利有效性得到确认前，特别是存在弱专利有效性的问题，即存在不接受许可的企业通过诉讼主张撤销专利持有人的弱专利的可能性时，本书通过放松 Farrell 和 Shapiro（2008）所假定的小规模创新的条件，对存在诉讼和阻止诉讼时有约束和无约束条件下的最优两部制许可契约问题进行考察，检验弱专利的过度补偿问题，并对一定条件下可能存在的过度补偿问题提供对策。这也是本书的创新点之一。

（4）试图在专利有效性得到确认后的正常产品市场上完善和统一多样性的结论。本书在异质产品双寡头 Cournot 竞争市场上，引入溢出效应、吸收能力、创新规模、许可双方的讨价还价能力以及创新后企业间的成本差异等现实中可能起关键作用的参数，通过建立多阶段博弈模型，预期得到在这些参数组合下创新企业最优的技术许可行为，并解释现实中多种许可机制并存的原因，为正常产品市场上在位创新企业的相关技术许可行为给出统一的结论。

（5）在专利有效性得到确认后的网络产品市场上，本书分别从双寡头竞争时的最优技术许可策略和多寡头竞争时的最优许可证发放数两方面来对在位创新企业的技术许可契约问题进行研究。当双寡头竞争时，通过引入消费者异质性，本书认为，不同于同质的情况，创新规模、网络强度、消费者异质性、产品替代程度以及潜在受许企业的研发效率会对最优许可策略的选择产生影响，同时验证两部制许可在网络产品市场并非总是最优策略。而当多寡头竞争时，市场规模、网络强度、市场集中度以及研发效率会对在位创新企业关于许可证数的选择起决定性的作用。

（6）在存在政府研发政策干预时的产品市场上，本书通过放松第三市场模型假定条件，引入企业技术许可这一策略性行为，试图建立一个四阶段的双寡头研发竞赛博弈模型，并对不同竞争市场上的政府研发政策进行分析，预期得到具有不完全议价能力的竞争企业各自的政府在考虑消费者剩余时最优的研发政策。

（7）由 Nash（1950）讨价还价理论以及现实中讨价还价的普遍性可知，创新企业的讨价还价能力很可能对许可得益的大小以及最优许可机制的选择也产生影响，因此研究创新企业的讨价还价在技术许可中的作用也是本书的重要价值之一。

（8）当存在外部干预 （除了政府研发政策影响外，这种外部干预包括上游供应商存在市场势力、技术市场存在竞争等）时，上述部分结论可能出现明显变动。例如，当技术市场存在竞争时，企业技术交叉许可这一贴近现实的策略行为及其影响可能出现。本书通过放松技术市场完全垄断的常用假定，分析持有成本降低性技术和质量改善性技术的在位竞争企业技术许可策略性行为，并考察其对反垄断和福利的暗示、企业议价能力在交叉许可中的作用以及成本降低性技术和质量改善性技术在竞争中的意义等问题。研究结论表明：第一，企业技术交叉许可在数量竞争下不会促成企业合谋，进而产生损害消费者剩余以及社会福利的后果。第二，在竞争企业均有许可动机的情况下，技术许可博弈结果取决于企业创新规模、生产成本差异以及产品质量差异。在创新规模较小的情况下，若生产成本差异和产品质量差异均较小，则成本降低性技术许可发生；若产品质量差异较小，但生产成本差异较大，则质量改善性技术许可发生；若生产成本差异较小，但产品质量差异较大，则质量-成本交叉许可发生；一旦较大规模成本降低性非显著创新或显著创新发生，则无论企业生产成本差异和质量差异如何，只有持有质量改善性技术的企业单向许可发生。第三，质量改善性技术可在不减少用户群体数量的前提下，提高消费者支付意愿。然而持有成本降低性技术企业却可利用创新规模，在许可发生前后，使竞争企业不生产或被驱逐出市场。第四，企业不完全议价能力促使许可双方在增加产业利润上具有一致性目标，这促进了行业良性循环。第五，在政府研发政策方面，支持企业研发合作这一"事前"行为，不如鼓励技术交叉许可这一"事后"结果。

第 2 章 研发不确定下最优技术许可策略博弈分析

本章首先在开篇对技术许可、技术创新的类型以及企业竞争模式等与以后博弈模型所需的相关术语进行简单介绍。接下来根据本章研究的主要内容，在研发成功前，即研发不确定下对最优的技术许可策略进行研究。现有多数文献在研究企业研发时，假定研发结局是确定的。然而，在现实中企业研发结局多是不确定的。因此研发结局的不确定性会对企业的创新以及最优的许可策略产生何种影响，成为一个值得研究的问题。本章在突破这一基本假定条件的基础上，通过建立一个包含 R&D 阶段、技术许可阶段、Cournot 竞争阶段的三阶段双寡头博弈模型，运用非合作博弈中的逆推归纳法，分析在 R&D 结局不确定时单边随机 R&D 企业在期望许可得益上的议价能力，以及 R&D 溢出对固定费许可策略与提成许可策略影响的最优化问题。研究结果表明：①当许可方在许可得益上的议价能力较小时，对 R&D 企业而言，无论 R&D 溢出多大，固定费许可总优于产量提成许可。②当许可方在许可得益上的议价能力适中时，若 R&D 溢出较小，则产量提成许可优于固定费许可；若 R&D 溢出较大，则固定费许可优于产量提成许可。③当许可方在许可得益上的议价能力较大时，与议价能力较小时的结论相反。对 R&D 企业而言，无论 R&D 产出溢出多大，产量提成许可总优于固定费许可。④若两部制许可不带有任何的约束限制，则对具有完全议价能力的许可方而言，两部制许可不仅总是发生，且与其他许可策略相比，总是最优。⑤许可方应根据研发投入的高低，选择不同的许可策略。

2.1 相关术语及概念

2.1.1 技术许可相关概念

技术许可是指许可方在不转让技术所有权的前提下，按照国家知识产权法律、法规的要求，采取与受许方签订技术实施契约的形式，允许受许方在契约约定的条件和范围内使用其技术的一种交易行为。许可方可以是技术所有方，也可以是受所有方委托用于许可技术的代理方。受许方又称被许可方，为接受许可技术的一方。在许可前，许可方欲许可的企业对象为潜在许可目标企业。而在许可后，这个潜在许可目标企业变为受许企业或被许可方企业。

按照许可方许可的权限和范围，可分为普通许可、独家许可以及独占许可。独占许可是指受许方可以在一定区域和期限内独家使用受许方所授权的技术。在这种交易方式下，受许方不仅可以单独使用这项授权技术，即便技术的授权方——许可方也不得在规定的区域和期限内使用此项技术。技术的授权方虽然拥有技术的所有权，但这种交易方式却在一定期限和范围内阻止技术所有方行权，从某种程度上对技术的授权方不利。但优点是这种方式索取费用较高。

独家许可又称为排他性许可，其对技术授权方的限制小于独占许可，即受许方可以在一定区域和期限内独家使用受许方的技术，但在同一个区域内，技术的许可方也可将技术用于生产经营。

普通许可又称为非排他性许可，即许可方在规定的期限和区域内允许受许方使用其技术，同时其还可以再将其技术许可给第三方，并保留自己的使用权。

按照技术许可的方向，可分为单向技术许可、专利技术联盟、交叉技术许可。单向技术许可是指所许可技术的单向流动，包括以上三种许可方式（独占许可、独家许可及普通许可）。而交叉许可，顾名思义，技术的持有方既为许可方又为受许方，是指多家技术持有方在使用一方技术的同时，允许以无偿或一定费用许可其自身技术给另一方。例如，微软与三星达成关于 Android 领域达成的交叉许可协议。专利技术联盟是指基于共同的战略利益，成员企业以一系列相关的专利技术达成联盟。联盟成员企业形成专利的交叉许可或以较优惠的价格使用各自的技术，并对联盟外部共同发布联合声明，如以东芝（Toshiba）领衔的 HD DVD 阵营和以索尼（Sony）领衔的 BD 阵营。

而根据许可方对受许方索取费用的方式，则可分为固定费许可、提成许可两部制许可。固定费许可是指许可方通过向受许方一次性索取一定的费用后，进而允许受许方使用其技术的行为。提成许可包括产量提成许可以及利润提成许可，它是指许可方按照受许方使用其技术后所生产的产量或利润按照一定的比例索取收益的方式，且本章主要采用产量提成许可这种方式。两部制许可则介于固定费许可和提成许可之间，许可方不但要向受许方收取预付固定费，而且还要按照受许方使用许可技术后的产量或利润按比例索取收益。

2.1.2　技术创新相关概念

Schumpeter（1934）曾经在其《经济发展理论》一书中把技术创新定义为在生产函数中相关生产要素的重新组合。这些新的组合包括开发新产品、新材料、新市场、新技术以及新的组织结构。狭义来说，技术创新主要包括产品创新和工艺创新。其中，产品创新是指在应用技术上有变化的新产品开发、新产品的应用以及新的标准的建立。本书在第 5 章网络产品市场所应用的新标准的建立，即为产品创新。而工艺创新则是在产品的生产过程中，新设备、新工艺以及新的管理形式的应用，以提高生产效率，降低生产成本为目的。本书在除第 5 章之外所应用的创新均为成本降低性工艺创新。

在产业组织理论中，关于创新的规模分类，根据其技术所导致的生产成本降低程度，可分为显著性创新（drastic innovation）或激变性创新、较大程度的非显著性创新以及较小程度的非显著性创新。关于显著性创新与非显著性创新的区分，Arrow（1962）以及 Kamien 和 Tauman（1986）分别在完全竞争市场和寡头垄断市场上给出了定义。Arrow（1962）认为，一项创新是否是显著性创新，主要取决于新技术使用后的产品价格是否不高于完全竞争时的价格。若新技术使用后的产品价格低于完全竞争时的价格，则为显著性创新。Kamien 和 Tauman（1986）则认为若新技术使用后的产品价格不高于其他使用老技术的企业的边际成本，则此项技术为显著性创新。由于本章在寡头垄断市场上对企业的技术许可行为进行研究，因此 Kamien 和 Tauman（1986）关于显著性创新的定义更合理些。

而关于创新方的类型，可根据是否参与产品市场竞争分为外部创新方和在位创新方。外部创新方的组织架构主体可能是大学、研究机构或上游企业。这些组织一般并不参与其下游企业产品市场的竞争。而在位创新方本身可能是生产型企业或与受许方处于同一产品市场上。因此在位创新方把技术提供给潜在许可目标企业的同时，还与其进行产品竞争。外部创新方和在位创新方的区分并不是不变的。有时外部创新方也可能变为在位企业与其受许企业进行产品竞争。例如，2011年作为 Android 系统所有方的谷歌收购摩托罗拉之后，将与 HTC、三星等使用Android 系统的手机或平板电脑制造商进行产品竞争。

2.1.3　企业竞争模式分类

根据寡头垄断理论，由于博弈规则的不同，寡头企业在产品市场上竞争的模式可分为 Cournot 竞争、Bertrand 竞争以及 Stackelberg 竞争。Cournot 竞争的博弈过程如下所示：首先，在同质产品市场上，一个企业先行决定自身的产量；其次，由于存在不完美信息，另一个企业在不了解先行企业产量的前提下，接着决定自己的产量；最后，由中立的第三方拍卖人根据所有企业的产量，决定市场均衡价格，使市场出清，并分配得益。Bertrand 竞争的博弈过程如下所示：首先，在同质产品市场上，一个企业确定所出售的产品价格；其次，同时或在另一个企业不了解前一个企业产品价格的基础上，决定自己要出售的产品价格；最后，购买方选择最低的要价，而要价最低的企业根据购买量进行生产。若两个企业的产品价格相同，则购买方分别向不同的企业订购相同数量的产品。由 Bertrand 竞争的博弈规则可以看出，此种竞争下不需要中立的第三方拍卖人。而在 Stackelberg 竞争中，领导企业能在其做出策略选择前给出可信的事前承诺，并在其跟随企业做出行动前公开其策略。在同质产品市场，由于 Stackelberg 价格竞争不能得出任何有意义的结论，因此此时的竞争只能为产量竞争，具体博弈过程如下：首先，领导企业选择产量，并且把产量水平告知中立的拍卖人，以使其他企业知道其选择；其次，其他企业在了解领导企业产量的情况下选择自家的产量；最后，中立的拍卖人计算总产量以及均衡价格，购买方订购产品并支付得益。

2.1.4　研发溢出的类型

技术溢出效应是指一个企业研发成功的结果会导致其他企业以无偿或较低成本使其技术有所改善或生产成本有所降低的现象。这种研发溢出实质上是企业研发的正外部性，即企业自身的研发会导致其他企业受益。关于研发溢出的类型，d'Aspremont 和 Jacquemin（1988）建立了一个研发产出溢出的二阶段博弈模型，即他们认为其他企业边际成本的降低是研发企业自身边际成本降低的结果。而 Kamien 等（1992）则认为其他企业边际成本的降低是企业研发投入溢出所造成的。当不存在研发溢出现象时，研发产出溢出的博弈模型与研发投入溢出的博弈模型等价。由于研发产出溢出更符合工艺创新的特点，且在考察成本降低性工艺创新的许可问题上更易操作，本章中出现的溢出现象均为研发产出溢出。

2.2　三阶段博弈模型描述及其假定

假定两个企业在同一市场上生产同质产品，产品的逆需求函数为 $P = a - (q_i + q_j)$，其中，P 为市场出清价格；q_i 和 q_j 分别为企业 i 和企业 j 的产量。假定初始时企业 i 和企业 j 具有相同的技术水平，从而具有相同的边际成本（设为 c）。但在生产前，企业 i 独自进行成本降低性工艺创新，并以 p 的概率可能使自己的边际成本由 c 降为 0，其对应的 R&D 投入为 kp^2。其中 $k > 0$，为研发效率或单位研发成本[①]，且 R&D 投入函数符合规模报酬递减规律。由于存在技术溢出效应，因此当企业 i 的 R&D 成功时，企业 j 的边际成本将从 c 降至 $(1-\beta)c$，其中 $\beta \in [0,1]$ 为 R&D 溢出程度。而当企业 i 的 R&D 失败时，两个企业的边际生产成本都仍为 c。

考虑一个三阶段博弈模型，在博弈的第 1 阶段，企业 i 选择 p 值确定最优的 R&D 投入；第 2 阶段，若企业 i 的 R&D 成功，企业 i 则选择是否进行技术许可活动，而企业 j 选择接受与不接受许可报价；第 3 阶段，在上一个阶段给定的成本结构下，企业 i 和企业 j 在产品市场上进行 Cournot 竞争。为得到子博弈完美 Nash 均衡，采用逆推归纳法。

在生产阶段，企业 i 和企业 j 在产品市场上进行 Cournot 竞争。技术许可前，若企业 i 在第 1 阶段以 p 的概率研发成功，这时企业 i 的成本 $c_i = 0$，企业 j 的生产成本为 $c_j = (1-\beta)c$。则企业 i 和企业 j 的利润函数由以下表达式给出：

$$\pi_i = [a-(q_i+q_j)]q_i - kp^2$$
$$\pi_j = [a-(q_i+q_j)-(1-\beta)c]q_j \tag{2-1}$$

企业 i 和企业 j 这时的决策问题是解决下列最优化问题：

$$\max_{q_i} \pi_i, \max_{q_j} \pi_j \tag{2-2}$$

求解最优化问题式（2-2），可得均衡产量（假定存在内解[②]）为

$$q_i = \frac{a+(1-\beta)c}{3}$$
$$q_j = \frac{a-2(1-\beta)c}{3} \tag{2-3}$$

把式（2-3）代入式（2-1），则有企业 i 和企业 j 的 Cournot 利润为

$$\pi_i = \frac{[a+(1-\beta)c]^2}{9} - kp^2$$
$$\pi_j = \frac{[a-2(1-\beta)c]^2}{9} \tag{2-4}$$

技术许可前，若企业 i 以 $1-p$ 的概率研发不成功，这时企业 i 和企业 j 的成本仍为 $c_j = c_i = c$，则企业 i 和企业 j 的利润函数由以下表达式给出：

---

① 事实上，在研发成功的概率一定的基础上，许可企业是否进行研发，主要取决于其研发效率或单位研发成本。单位研发成本越高，则研发投入或研发总成本越大。在研发成功时，不同许可策略下创新企业所需的最低单位研发成本满足 $k < \arg\min\{\pi_i^{EF} > 0, \pi_i^{ER} > 0, \pi_i^{EFR} > 0\}$。

② 当 $a > \max\{c, 2(1-\beta)c\}$ 时，有 $q_i > 0$，$q_j > 0$，此时存在内解。其中，若 $\beta < 0.5$ 时，$c > 2(1-\beta)c$；若 $\beta > 0.5$ 时，$c < 2(1-\beta)c$。否则企业 i 进行显著性创新时有 $a \leqslant \max\{c, 2(1-\beta)c\}$，此时 $q_j \leqslant 0$，企业 i 成为垄断者。

$$\pi_i = [a-(q_i+q_j)-c]q_i - kp^2$$
$$\pi_j = [a-(q_i+q_j)-c]q_j \tag{2-5}$$

由最大化式（2-5）可得均衡产量为

$$q_i = q_j = \frac{a-c}{3} \tag{2-6}$$

把式（2-6）代入式（2-5），则有企业 i 和企业 j 的 Cournot 利润为

$$\pi_i = \frac{(a-c)^2}{9} - kp^2$$
$$\pi_j = \frac{(a-c)^2}{9} \tag{2-7}$$

于是由式（2-4）和式（2-7），可以得到企业 i 和企业 j 的期望利润为

$$\pi_i^E(p) = p\cdot\frac{[a+(1-\beta)c]^2}{9} + (1-p)\cdot\frac{(a-c)^2}{9} - kp^2$$
$$\pi_j^E(p) = p\cdot\frac{[a-2(1-\beta)c]^2}{9} + (1-p)\cdot\frac{(a-c)^2}{9} \tag{2-8}$$

其中，上标 E（expectation）代表数学期望。

2.3　固定费许可策略均衡分析

2.3.1　生产阶段

在这一阶段，若企业 i 在第 1 阶段以 p 的概率研发成功，固定费许可前的均衡产量和均衡利润已由式（2-3）和式（2-4）给出。而固定费许可后，企业 j 使用企业 i 的技术，$c_j = c_i = 0$。因此此时的均衡产量为

$$q_i^F = q_j^F = \frac{a}{3} \tag{2-9}$$

则均衡利润为

$$\pi_i^F = \frac{a^2}{9} + F - kp^2$$
$$\pi_j^F = \frac{a^2}{9} - F \tag{2-10}$$

其中，F 为固定费；上标 F（fixed fee）表示固定费许可发生。

若企业 i 以 $1-p$ 的概率研发不成功，这时企业 i 和企业 j 的成本仍为 c，则不管固定费许可发生与否，两企业的均衡产量和均衡利润由式（2-5）和式（2-6）表示。

2.3.2 许可阶段

若企业 i 以 p 的概率研发成功且固定费许可发生，则最优固定费 F 由下列最优化问题确定：

$$\max_{F}\left[\frac{a^2}{9}+F-\frac{\left[a+(1-\beta)c\right]^2}{9}\right]^{\alpha}\left[\frac{a^2}{9}-F-\frac{\left[a-2(1-\beta)c\right]^2}{9}\right]^{1-\alpha} \quad （2\text{-}11）$$

由一阶条件可得

$$F=\frac{\alpha}{9}\left\{2a^2-\left[a+(1-\beta)c\right]^2-\left[a-2(1-\beta)c\right]^2\right\}$$
$$-\frac{a^2}{9}+\frac{\left[a+(1-\beta)c\right]^2}{9} \quad （2\text{-}12）$$

其中，$\alpha\in(0,1)$ 为技术许可时企业 i 在许可得益上的讨价还价能力。

故许可后，企业 i 增加的得益 $\Delta\pi_i=\pi_i^F-\pi_i$，企业 j 增加的得益为 $\Delta\pi_j=\pi_j^F-\pi_j$。由式（2-12）代入式（2-10）中并减去式（2-4）可得

$$\Delta\pi_i=\frac{\alpha}{9}\left\{2a^2-\left[a+(1-\beta)c\right]^2-\left[a-2(1-\beta)c\right]^2\right\}$$
$$\Delta\pi_j=\frac{(1-\alpha)}{9}\left\{2a^2-\left[a+(1-\beta)c\right]^2-\left[a-2(1-\beta)c\right]^2\right\} \quad （2\text{-}13）$$

命题2-1 若随机 R&D 企业以 p 的概率研发成功，则当 R&D 溢出 $\beta\geqslant\beta_1^*=1-\dfrac{2a}{5c}$ 时，固定费许可才发生。

证明：许可发生需使 $\Delta\pi_i\geqslant 0$ 及 $\Delta\pi_j\geqslant 0$，于是由式（2-13）可得，固定费许可发生当且仅当式（2-14）成立：

$$\Delta\pi_i\geqslant 0,\Delta\pi_j\geqslant 0\Leftrightarrow\Delta\pi_i+\Delta\pi_j=\frac{(1-\beta)c[2a-5(1-\beta)c]}{9}\geqslant 0 \quad （2\text{-}14）$$

求不等式的解可得命题 2-1 的结论。

命题 2-1 说明企业进行非显著性创新时，只有当研发溢出程度较大时，R&D 企业才有进行固定费许可的动机。

2.3.3 R&D 阶段

在第 1 阶段，企业 i 选定 p 值来确定最优的研发投入，使其期望利润最大化。把式（2-12）代入式（2-10）可得，企业 i 以 p 的概率研发成功时，其利润函数为

$$\pi_i^F = \frac{\alpha\left\{2a^2-\left[a+(1-\beta)c\right]^2-\left[a-2(1-\beta)c\right]^2\right\}}{9}$$
$$+\frac{\left[a+(1-\beta)c\right]^2}{9} \tag{2-15}$$

若企业 i 以 $1-p$ 的概率研发不成功，则在这一阶段固定费收入为 0，其利润函数仍由式（2-6）相应的表达式表示。于是得到企业 i 的期望利润 $\pi_i^{EF}(p)$ 为

$$\pi_i^{EF}(p) = p\cdot\left\{\alpha\frac{2a^2-\left[a+(1-\beta)c\right]^2-\left[a-2(1-\beta)c\right]^2}{9}+\frac{\left[a+(1-\beta)c\right]^2}{9}\right\}$$
$$+(1-p)\frac{(a-c)^2}{9}-kp^2 \tag{2-16}$$

其中，上标 EF 代表固定费许可发生时的期望值。

最大化企业 i 的期望利润 $\pi_i^{EF}(p)$，利用其一阶条件 $\dfrac{\mathrm{d}\pi_i^{EF}(p)}{\mathrm{d}p}=0$，可得

$$p^F = \frac{\alpha\left[2a-5(1-\beta)c\right](1-\beta)+(2a-\beta c)(2-\beta)}{18k}c \tag{2-17}$$

2.4　产量提成许可策略均衡分析

在生产阶段，企业 i 和企业 j 在产品市场上进行 Cournot 竞争。若企业 i 在第 1 阶段以 p 的概率研发成功，在提成许可发生前，企业 i 和企业 j 的均衡产量和均衡利润与 2.3 小节固定费许可发生前相同，其表达式由式（2-3）式（2-4）给出。若企业 i 以 $1-p$ 的概率研发不成功，这时企业 i 和企业 j 的成本仍为 c，则不管提成许可发生与否，两企业的均衡产量和均衡利润由式（2-5）和式（2-6）表示。

2.4.1　许可阶段

若企业 i 以 p 的概率研发成功，则在许可阶段，许可方企业 i 以按产量提成许可方式向企业 j 许可其技术，此时许可方企业 i 需要确定许可提成率 r。如果企业 i 在确定提成率 r 时具有绝对谈判能力（即全部的议价能力 $\alpha=1$），则根据 Gallini 和 Winter（1985）的研究，在非显著性创新下，最优提成率 r^* 为受许方和许可方在许可前的单位成本差，即 $r^*=c_j-c_i=(1-\beta)c$。此时，许可企业 i 获得的许可费收入为 $r^*q_j^R=(1-\beta)cq_j^R$，其中，q_j^R 为受许企业 j 许可后的产量，

上标 R 表示提成许可。也就是说，许可企业 i 获得受许企业 j 的全部技术许可新增得益。现实中，许可企业 i 往往不具有确定提成率 r 的完全的议价能力，即提成率 r 由许可方与受许方通过谈判确定，此时企业 i 确定的提成率 r 将介于 $0 \sim r^*$，即 $r \in (0, r^*]$。为此不妨设 $r = \alpha r^*$，其中，$\alpha \in (0,1)$。此时，许可企业 i 获得的许可费收入为 $\alpha r^* q_j^R = \alpha(1-\beta) c q_j^R$，即许可企业 i 只获得受许企业的部分技术许可新增得益（受许企业 j 的全部技术许可新增得益的份额 α），因此 α 刻画了许可企业 i 在与受许企业 j 谈判分割技术许可收益时的议价能力。由于研发成功后企业 i 的单位生产成本为 $c_i = 0$。而许可后企业 j 使用企业 i 的技术，其单位生产成本与许可企业 i 相同，即 $c_i = c_j = 0$。因此，如果许可企业 i 只有分配技术许可新增收益的部分议价能力，则产量提成许可后，企业 i 和企业 j 的利润分别为

$$
\begin{aligned}
\pi_i^R &= P q_i - k p^2 + \alpha(1-\beta) c q_j \\
\pi_i^R &= P q_j - \alpha(1-\beta) c q_j
\end{aligned}
\qquad (2\text{-}18)
$$

从式（2-18）可以发现，产量提成许可后企业 i 与企业 j 的生产成本仍然不同，企业 i 的边际生产成本为 0，而企业 j 的实际边际生产成本为 $\alpha(1-\beta) c$。企业 i 实际上通过单位产量提成许可扭曲了企业 j 的实际边际生产成本。

当企业 i 以概率 p 研发成功后，企业 i 和企业 j 实现利润最大化时的产量分别为

$$
\begin{aligned}
q_i^R &= \frac{a + \alpha(1-\beta) c}{3} \\
q_j^R &= \frac{a - 2\alpha(1-\beta) c}{3}
\end{aligned}
\qquad (2\text{-}19)
$$

对于受许方而言，只要许可方愿意进行提成许可，则许可必发生，因为受许方在许可中至少得到其在许可前相同的利润。而对于许可方而言，则需提成许可后的总得益要不少于许可前的情况。接下来进一步分析许可方进行许可的条件。

把式（2-19）代入式（2-18）可得，许可后企业 i 的利润函数为

$$
\pi_i^R = \frac{\left[a + \alpha(1-\beta) c \right]^2}{9} + \frac{\alpha(1-\beta)\left[a - 2\alpha(1-\beta) c \right] c}{3} - k p^2 \qquad (2\text{-}20)
$$

许可前企业 i 的利润函数 π_i 已由式（2-4）给出。

命题 2-2 若随机 R&D 企业以 p 的概率研发成功，则当 R&D 溢出 $\beta \geq \beta_2^* = 1 - \dfrac{(5\alpha - 2) a}{(5\alpha^2 + 1) c}$ 时，产量提成许可发生。

证明：提成许可发生需使 $\pi_i^R - \pi_i \geq 0$。由式（2-4）和式（2-20）可得，产量提成许可发生当且仅当式（2-21）成立：

$$(1-\beta)c\left\{\left[5a-5\alpha(1-\beta)c\right]\alpha-2a-(1-\beta)c\right\}\geqslant 0 \qquad （2\text{-}21）$$

求不等式的解可得命题 2-2 的结论。

命题 2-2 说明企业进行非显著性创新时，R&D 企业进行产量提成许可的动机与其在许可得益上的议价能力以及研发溢出有着密切的关系。只有当研发溢出程度和其议价能力达到一定临界值时，R&D 企业才会进行产量提成许可。

当企业 i 研发不成功时，则产量提成许可不会发生，其在这一阶段提成许可收入为 0，其利润函数由式（2-7）相应的表达式表示。

2.4.2　R&D 阶段

在这一阶段，企业 i 选定 p 值来确定最优的研发投入，使其期望利润最大化。由式（2-20）和式（2-7）可得出其期望利润 $\pi_i^{\mathrm{ER}}(p)$ 为

$$\pi_i^{\mathrm{ER}}(p)=p\cdot\left\{\frac{\left[a+\alpha(1-\beta)c\right]^2}{9}+\frac{\alpha(1-\beta)\left[a-2\alpha(1-\beta)c\right]c}{3}\right\} \\ +(1-p)\frac{(a-c)^2}{9}-kp^2 \qquad （2\text{-}22）$$

其中，上标 ER 表示产量提成许可发生时的期望值。

由最大化企业 i 的期望利润 $\pi_i^{\mathrm{ER}}(p)$ 的一阶条件 $\dfrac{\mathrm{d}\pi_i^{\mathrm{ER}}(p)}{\mathrm{d}p}=0$，可得

$$p^R=\frac{\left\{5a-\left[5\alpha(1-\beta)+1\right]c\right\}\alpha(1-\beta)+\left\{2a+\left[\alpha(1-\beta)-1\right]c\right\}}{18k}c \qquad （2\text{-}23）$$

2.5　固定费许可与产量提成许可比较

在固定费许可策略和产量提成许可策略并存的情况下，那么对许可企业来说，何种许可策略更优呢？只需对两种许可策略下的期望利润，即 $\pi_i^{\mathrm{EF}}(p)$ 和 $\pi_i^{\mathrm{ER}}(p)$ 之间的大小进行比较即可。

由式（2-17）和式（2-23），易得

$$p^F-p^R=-\frac{(1-\beta)c^2}{18k}(5\alpha^2-5\alpha+1)\left[\beta-\left(1+\frac{2-3\alpha}{5\alpha^2-5\alpha+1}\cdot\frac{a}{c}\right)\right] \qquad （2\text{-}24）$$

由式（2-16）和式（2-22）可得

$$\pi_i^{EF}(p) - \pi_i^{ER}(p) = -\frac{p(1-\beta)c^2}{9}(5\alpha^2 - 5\alpha + 1)$$
$$\times \left[\beta - \left(1 + \frac{2-3\alpha}{5\alpha^2 - 5\alpha + 1} \cdot \frac{a}{c}\right)\right] \tag{2-25}$$

首先关于何种许可策略发生的概率更大，可得到命题 2-3。

命题 2-3 第一，当 $0 < \alpha \leqslant \alpha_3 = 0.6$ 时，有许可发生的概率 $p^F > p^R$；第二，当 $\alpha_3 < \alpha \leqslant \alpha_4 = 0.667$ 时，若 $\beta < 1 + \frac{(2-3\alpha)a}{(5\alpha^2 - 5\alpha + 1)c}$，则有许可发生的概率 $p^R > p^F$；若 $\beta > 1 + \frac{(2-3\alpha)a}{(5\alpha^2 - 5\alpha + 1)c}$，则有 $p^F > p^R$；第三，当 $\alpha_4 < \alpha \leqslant 1$ 时，有 $p^R > p^F$；第四，特别地，当 $\beta = 1 + \frac{(2-3\alpha)a}{(5\alpha^2 - 5\alpha + 1)c}$ 或 $\beta = 1$ 时，有 $p^F = p^R$，两种许可发生的概率相同。

证明：令 $M(\alpha) = 5\alpha^2 - 5\alpha + 1$，存在 $\alpha_1 = 0.2764$，$\alpha_2 = 0.7236$，使 $M(\alpha) = 0$。当 $\alpha \in (0, \alpha_1)$ 时，$M(\alpha) > 0$；当 $\alpha \in (\alpha_1, \alpha_2)$ 时，$M(\alpha) < 0$；当 $\alpha \in (\alpha_2, 1]$ 时，$M(\alpha) > 0$。易得，当 $0 < \alpha \leqslant \alpha_1$ 时，$2 - 3\alpha > 0$，$5\alpha^2 - 5\alpha + 1 \geqslant 0$，有 $\beta - \left[1 + \frac{(2-3\alpha)a}{(5\alpha^2 - 5\alpha + 1)c}\right] < 0$，故 $p^F > p^R$。当 $\alpha_1 < \alpha \leqslant \alpha_3 = 0.6$ 时，$2 - 3\alpha \geqslant -5\alpha^2 + 5\alpha - 1 > 0$，有 $\beta - \left[1 - \frac{(2-3\alpha)a}{(-5\alpha^2 + 5\alpha - 1)c}\right] > 0$，故 $p^F > p^R$。当 $\alpha_3 < \alpha \leqslant \alpha_4 = \frac{2}{3} \approx 0.667$ 时，$-5\alpha^2 + 5\alpha - 1 > 2 - 3\alpha > 0$，若 $\beta \leqslant 1 - \frac{(2-3\alpha)a}{(-5\alpha^2 + 5\alpha - 1)c}$，则有 $p^R \geqslant p^F$；若 $\beta > 1 - \frac{(2-3\alpha)a}{(-5\alpha^2 + 5\alpha - 1)c}$，则有 $p^F > p^R$。当 $\alpha_4 < \alpha \leqslant \alpha_2$ 时，$2 - 3\alpha < 0$，$5\alpha^2 - 5\alpha + 1 \leqslant 0$，有 $\beta - \left[1 + \frac{(2-3\alpha)a}{(5\alpha^2 - 5\alpha + 1)c}\right] < 0$，故 $p^R > p^F$。当 $\alpha_2 < \alpha \leqslant 1$ 时，$3\alpha - 2 > 5\alpha^2 - 5\alpha + 1 > 0$，有 $\beta - \left[1 - \frac{(2-3\alpha)a}{(-5\alpha^2 + 5\alpha - 1)c}\right] > 0$，故 $p^R > p^F$。当 $\beta = 1$ 时，有 $p^F = p^R$。这就证明了命题 2-3。

命题 2-3 中的 p 同时反映了在不同许可策略下的研发投入 kp^2。当 $p^F > p^R$ 时，固定费许可下企业研发投入大于产量提成许可时的投入；当 $p^R > p^F$ 时，产量提成许可下企业研发投入大于固定费许可时的投入；当 $p^F = p^R$ 时，两种许可下企业的研发投入相同。

由式（2-24）和式（2-25）可以发现，$\mathrm{sign}\left\{\pi_i^{\mathrm{EF}}(p) - \pi_i^{\mathrm{ER}}(p)\right\} = \mathrm{sign}\left\{p^F - p^R\right\}$。因 p^F 和 p^R 分别使 $\pi_i^{\mathrm{EF}}(p)$ 和 $\pi_i^{\mathrm{ER}}(p)$ 取最大值，故当 $0 < \alpha \leqslant \alpha_3 = 0.6$ 时，$p^F > p^R$，有 $\pi_i^{\mathrm{EF}}(p^F) > \pi_i^{\mathrm{EF}}(p^R) > \pi_i^{\mathrm{ER}}(p^R)$。当 $\alpha_3 < \alpha \leqslant \alpha_4 = 0.667$ 时，若 $\beta < 1 + \dfrac{(2-3\alpha)a}{(5\alpha^2 - 5\alpha + 1)c}$，有 $p^R > p^F$，则 $\pi_i^{\mathrm{EF}}(p^F) < \pi_i^{\mathrm{ER}}(p^F) < \pi_i^{\mathrm{ER}}(p^R)$；若 $\beta > 1 + \dfrac{(2-3\alpha)a}{(5\alpha^2 - 5\alpha + 1)c}$，有 $p^F > p^R$，则 $\pi_i^{\mathrm{EF}}(p^F) > \pi_i^{\mathrm{EF}}(p^R) > \pi_i^{\mathrm{ER}}(p^R)$。当 $\alpha_4 < \alpha \leqslant 1$ 时，$p^R > p^F$，有 $\pi_i^{\mathrm{EF}}(p^F) < \pi_i^{\mathrm{ER}}(p^F) < \pi_i^{\mathrm{ER}}(p^R)$。

当 $\beta = 1 + \dfrac{(2-3\alpha)a}{(5\alpha^2 - 5\alpha + 1)c}$ 或 $\beta = 1$ 时，$\pi_i^{\mathrm{EF}}(p^F) = \pi_i^{\mathrm{ER}}(p^R)$，于是得到命题 2-4。

命题 2-4 若单边随机 R&D 企业研发成功，且进行技术许可（$\beta \geqslant \max\left\{\beta_1^*, \beta_2^*\right\}$[①]），则有：①当 $0 < \alpha \leqslant \alpha_3$ 时，对于给定的研发溢出 $\beta \in [0,1)$，固定费许可优于产量提成许可。②当 $\alpha_3 < \alpha \leqslant \alpha_4$ 时，若 $\beta < 1 + \dfrac{(2-3\alpha)a}{(5\alpha^2 - 5\alpha + 1)c}$，产量提成许可优于固定费许可；若 $\beta > 1 + \dfrac{(2-3\alpha)a}{(5\alpha^2 - 5\alpha + 1)c}$，固定费许可优于产量提成许可。③当 $\alpha_4 < \alpha \leqslant 1$ 时，对于任意的 $\beta \in [0,1)$，产量提成许可优于固定费许可。④特别地当 $\beta = 1 + \dfrac{(2-3\alpha)a}{(5\alpha^2 - 5\alpha + 1)c}$ 或 $\beta = 1$ 时，对于许可方而言，产量提成许可等价于固定费许可。

2.6 扩展：两部制许可策略均衡分析

如果两部制许可同样具备发生的条件，那么在研发不确定的情况下，与固定费许可以及产量提成许可相比，两部制许可是否为最优呢？为此，同样构建一个关于两部制许可的三阶段博弈模型，以得出许可方企业 i 的期望利润，并且与其他许可策略下的期望利润进行比较。为了便于比较，本节假定作为许可方的企业 i 具有完全的议价能力，即 $\alpha = 1$。又可以根据命题 2-4 的结论，若企业 i 具有完全的议价能力，则产量提成许可总优于固定费许可。因此，关于最优的许可策略只需把两部制许可策略与产量提成许可策略比较即可。

---

① 存在 $\alpha^* = 0.6479$ 使 $\beta_1^* = \beta_2^*$，且当 $\alpha < \alpha^*$ 时，有 $\beta_1^* < \beta_2^*$；当 $\alpha > \alpha^*$ 时，有 $\beta_1^* > \beta_2^*$。

2.6.1　生产阶段

在生产阶段，若企业 i 在第 1 阶段以 p 的概率研发成功，且其进行两部制许可，则此时许可双方的利润函数如下所示：

$$\pi_i^{\mathrm{FR}} = \pi_i^R + F = (a - q_i - q_j)q_i + rq_j + F - kp^2$$
$$\pi_j^{\mathrm{FR}} = \pi_j^R - F = (a - q_i - q_j - r)q_j - F$$
（2-26）

分别求出在产量提成许可下各企业的均衡产量后，得出产量提成许可发生时各企业的利润为

$$\pi_i^R = (q_i)^2 + rq_j^R - kp^2 = \frac{(a + r)^2}{9} + \frac{a - 2r}{3} \cdot r - kp^2$$
$$\pi_j^R = (q_j^R)^2 = \frac{(a - 2r)^2}{9}$$
（2-27）

把式（2-27）代入式（2-26）后，得到此时许可双方的利润函数为

$$\pi_i^{\mathrm{FR}} = \frac{(a + r)^2}{9} + \frac{a - 2r}{3} \cdot r + F - kp^2$$
$$\pi_j^{\mathrm{FR}} = \frac{(a - 2r)^2}{9} - F$$
（2-28）

若许可企业 i 以概率 $1 - p$ 研发未成功，则此时的利润函数由式（2-7）给出。

2.6.2　许可阶段

若在第 1 阶段以 p 的概率研发成功，则在两部制许可下许可企业 i 选择最优的固定费和提成率以最大化其利润。其最优化问题事实上由式（2-29）表示：

$$\max_{F,r} \pi_i^{\mathrm{FR}} = \frac{(a + r)^2}{9} + \frac{a - 2r}{3} \cdot r + F - kp^2$$
$$\text{s.t.} \ \pi_j^{\mathrm{FR}} = \frac{(a - 2r)^2}{9} - F \geqslant \pi_j$$
（2-29）

其中，π_j 的表达式由式（2-4）给出。由式（2-29）可知，企业 i 所能索取的最大的固定费 $F^* = \frac{(a - 2r)^2}{9} - \frac{\left[a - 2(1 - \beta)c\right]^2}{9}$。把 F^* 代入式（2-29），并对其求关于提成率 r 的一阶导数，得到 $\frac{a - 2r}{9}$。若允许预付固定费为负，即由许可方向受许方支付固定费，则可得到此时最优的提成率为 $\frac{a}{2}$。若预付固定费不允许为负，则此时提成率 $r \leqslant (1 - \beta)c$，π_i^{FR} 是关于提成率的增函数。因此有预付固定费 $F^* = 0$，

$r = (1-\beta)c$。具体如式（2-30）所示：

$$(F^*, r^*) = \begin{cases} \left(-\dfrac{\left[a - 2(1-\beta)c \right]^2}{9}, \dfrac{a}{2} \right), & (1-\beta)c < r \leqslant \dfrac{a}{2} \\ \left(0, (1-\beta)c \right), & r \leqslant (1-\beta)c \end{cases} \tag{2-30}$$

当 $F^* = 0$ 时，两部制许可等价于产量提成许可，此时最优的许可策略由命题 2-4 给出。因此只需把 $F^* < 0$ 时许可企业的期望利润求出并与产量提成许可时的情况进行比较即可。此时企业 i 在两部制许可后的利润函数为

$$\pi_i^{\mathrm{FR}} = \frac{5a^2 + 16(1-\beta)ac - 16(1-\beta)^2 c^2}{36} \tag{2-31}$$

然而在把两部制许可与产量提成许可比较之前，还需要确定两部制许可是否具备发生的条件。即需保证 $\pi_i^{\mathrm{FR}} \geqslant \pi_i$。由式（2-31）和式（2-4）可得

$$\pi_i^{\mathrm{FR}} - \pi_i = \frac{-20c^2(1-\beta)^2 + 8ac(1-\beta) + a^2}{36} \tag{2-32}$$

对式（2-32）求关于 $1-\beta$ 的根，可知一根小于 0，一根大于 1，且二次曲线开口向下，因此对于任意的 $\beta \in [0,1]$，$\pi_i^{\mathrm{FR}} > \pi_i$，即与不许可相比，企业 i 总是进行两部制许可。

当企业 i 研发不成功时，则两部制许可不会发生，其利润函数由式（2-7）相应的表达式表示。

2.6.3　R&D 阶段

在这一阶段，企业 i 选定 p 值来确定最优的研发投入，使其期望利润最大化。由式（2-31）和式（2-7）可得其期望利润 $\pi_i^{\mathrm{EFR}}(p)$ 为

$$\begin{aligned} \pi_i^{\mathrm{EFR}}(p) = {} & p \cdot \frac{5a^2 + 16(1-\beta)ac - 16(1-\beta)^2 c^2}{36} \\ & + (1-p)\frac{(a-c)^2}{9} - kp^2 \end{aligned} \tag{2-33}$$

其中，上标 EFR 表示两部制许可发生时的期望值。

由最大化企业 i 的期望利润 $\pi_i^{\mathrm{EFR}}(p)$ 的一阶条件 $\dfrac{\mathrm{d}\pi_i^{\mathrm{EFR}}(p)}{\mathrm{d}p} = 0$，可得

$$p^{\mathrm{FR}} = \frac{a^2 + (24 - 16\beta)ac - (16\beta^2 - 32\beta + 20)c^2}{72k} \tag{2-34}$$

2.6.4　两部制许可与最优许可：产量提成许可的比较

在许可企业具有完全议价能力的假定下，由命题 2-4 可知，产量提成许可始终优于固定费许可。而事实上，若对两部制许可的预付固定费不加任何限制，则两部制许可总是会发生。为了在多种许可策略并存的情况下对最优的许可策略进行研究，本小节接下来首先比较两种许可策略发生的概率。由式（2-23）可得在 $\alpha = 1$ 时，产量提成许可发生的概率如下所示：

$$p^R = \frac{(7 - 5\beta)ac - (5\beta^2 - 10\beta + 6)c^2}{18k} \tag{2-35}$$

于是得到

$$p^{FR} - p^R = \frac{\left[a - 2(1 - \beta)c\right]^2}{72k} > 0 \tag{2-36}$$

而把许可企业在产量提成许可和两部制许可下的期望利润进行比较，可得到

$$\pi_i^{EFR}(p) - \pi_i^{ER}(p) = \frac{p\left[a - 2(1 - \beta)c\right]^2}{36} > 0 \tag{2-37}$$

由式（2-36）和式（2-37）可知，$\text{sign}\left\{\pi_i^{EFR}(p) - \pi_i^{ER}(p)\right\} = \text{sign}\left\{p^{FR} - p^R\right\}$，且有 $\pi_i^{EFR}(p^{FR}) > \pi_i^{EFR}(p^R) > \pi_i^{ER}(p^R)$。总结以上结论，可得到命题 2-5。

命题 2-5　第一，在两部制许可中预付固定费有约束限制条件（$F \geqslant 0$），两部制许可等价于产量提成许可。对许可企业而言，最优的许可策略为产量提成许可。第二，在无约束的两部制许可策略下，若许可企业具有完全议价能力（$\alpha = 1$），则两部制许可始终优于不许可，且与固定费许可和产量提成许可相比，也始终为最优许可策略。第三，两部制许可发生的概率始终大于其他许可。

命题 2-5 说明了两部制许可策略在无任何约束条件的情况下，只要许可企业具有完全议价能力，则两部制许可一定是最优的许可策略。但允许两部制许可中预付固定费为负，则存在垄断市场、抑制产品竞争的嫌疑，因此国外反垄断法往往禁止这种行为。然而若禁止预付固定费为负，则对具有完全议价能力的许可企业而言，两部制许可等价于产量提成许可。而产量提成许可之所以最优也在于：许可企业不仅可以保持产量领导地位，还能够通过扭曲受许企业的产量保持成本领先地位。这两个领先使许可企业在占据更多市场份额的同时，保障了其竞争优势。另外在研发效率一定的情况下，企业应根据其研发实力，确定不同的研发投入，即根据研发投入从高到低，许可企业选择从两部制许可、产量提成许可到固定费许可。

2.7　本章小结

本章建立了一个三阶段双寡头博弈模型，考察了在 R&D 结局不确定的情况下单边随机 R&D 企业的最优技术许可策略问题。研究结果表明，技术持有企业的议价能力不同，会导致最优许可策略的不同。在这一观点上，本章与 Tombak（2003）、Fan 和 Zhang（2002）的结论相同。当许可方在许可得益上的议价能力较小时，对于 R&D 企业而言，无论 R&D 产出溢出多大，固定费许可总优于产量提成许可。这与现有文献 Rockett（1990a）以及郭红珍和郭瑞英（2007）假定企业具有完全议价能力和产品完全替代时最优的许可策略相同。本章还得出如下结论：当许可方在许可得益上的议价能力适中时，若 R&D 产出溢出较小，则提成许可优于固定费许可；若 R&D 产出溢出较大，则固定费许可优于产量提成许可；当许可方在许可得益上的议价能力较大时，与议价能力较小时的结论相反。对于 R&D 企业而言，无论 R&D 产出溢出多大，产量提成许可总优于固定费许可。当 R&D 完全溢出，即毫无知识产权而言时，研发企业的成果被其他企业完全无偿占有，在这种情况下，采取何种许可策略都将变得没有什么不同，所有企业进行研发的积极性也将会大大降低。另外，在两部制许可具备实施的条件时，预付固定费是否具有约束限制关键性地决定了两部制许可的形式以及最优的许可策略，即当预付固定费具有约束限制时，对于具有完全议价能力的许可企业而言，两部制许可等价于产量提成许可，且最优的许可策略为产量提成许可；当预付固定费不受约束时，与不许可相比，许可企业总是进行两部制许可更优。若三种许可策略如固定费许可、产量提成许可以及两部制许可并存时，具有完全议价能力的许可企业选择两部制许可最优。最后，研发投入的大小需与许可策略的选择相匹配。若研发投入较大，选择两部制许可或产量提成许可策略更优。若研发投入较小，则选择固定费许可更优。

作为外生变量的研发溢出，在表现形式上体现为知识产权保护强度[①]。在知识产权保护力度较高的西方国家，Rostoker（1984）对 150 家美国公司关于技术许可策略的使用情况进行了调查，发现约 13%为固定费许可，39%为提成许可，其他则采用固定加提成的方式。这个结论与本章在技术持有方的议价能力较强的情况下提成许可优于固定费许可的结论相一致。而在我国知识产权保护强度相对较弱的情况下，知识产权保护强度、许可方议价能力等因素与最优许可策略的实证关系如何，目前国内外尚未可知。但在这方面的实证研究正在进行中，实证研究

---

① 关于知识产权保护强度与溢出效应的关系，可参见文献：郭红珍和李莹（2006）。

将有助于增强本章结论的稳健性，揭开知识产权保护强度与最优许可策略神秘关系的面纱，并填补相关理论空白。

对我国的启示及建议如下：首先，与国外高新技术企业相比，我国大多数企业研发能力较低，研发差距较大。在这种情况下，技术许可不失为一种好的提高研发能力的途径，但对于受许企业而言，不同的许可策略影响不同。一种错误的许可方式不仅不会使受许企业缩短其与许可企业之间研发能力的差距，反而会使其状况恶化；而正确的许可方式则不仅会增加受许企业的经济利润，而且有助于缩短差距，为以后研发创造条件。其次，知识产权保护强度与最优许可策略的选择有密切关系。随着我国法制的健全，知识产权的概念得到普及，知识产权保护力度得到加强与完善。在这种情况下，根据命题 2-4 的结论，对受许企业而言，最优的许可方式将会在提成许可与固定费许可之间变化。因此不管是对技术持有企业还是受许企业，都应引起高度重视。最后，受许企业的议价能力对其经济利润和最优许可方式也有重大影响。受许企业议价能力的加强有助于其获得更多的经济利润，与此同时最优的许可方式也会发生变化。因此受许企业在接受技术持有方的要约之前，应设法给技术持有方造成其拥有较强议价能力的印象，以此获取更多许可得益，并得到有利于受许企业的许可方式。

第3章　弱专利有效性下外部创新者的技术许可博弈分析

　　接着第 2 章的研究，本章主要研究的是企业进行成本降低性创新且创新成功后，为其技术申请的专利存在被法院判决无效的可能性下，专利持有人的许可行为问题。技术许可经常在专利有效性复查之前发生。于是许多被授予的专利往往存在比较严重的质量问题，持有弱专利（存在相当高的概率被判无效的专利）的企业或机构是否仍能获得相对较高的许可收益，以及此时创新者会有怎样的许可行为（如采取何种许可机制、进行独家许可还是多家许可），成为一个值得研究的问题。关于在确定性专利下［在这里指强专利或铁甲专利（iron-clad patent）］技术许可的研究，在许多文献中给予了广泛且深入的探讨[①]，然而利用博弈论对弱专利进行的研究却少之又少。直到最近，Farrell 和 Shapiro（2008）才在其开拓性的文献中对专利有效性不确定下成本降低性技术的外部创新者的许可行为进行了分析。他们考虑了一个持有"可能性专利"（probabilistic patent）[②]的上游研发机构（即外部创新者）使用两部制许可机制销售许可证给下游企业的情况。由于专利有效性的不确定，在专利许可的同时，上游研发机构也面临诉讼的风险，即如果下游企业拒绝许可的要约（报价）并且侵犯专利，那么专利持有人会在法院起诉这个潜在的侵权企业[③]。如果专利被判无效，那么所有的下游企业将免费使用这个成本降低性专利技术。然而若专利被判有效，那么所有已签订的许可契约则保持法定效力，而不成功的挑战者只能使用落后的技术。因此诉讼只能在所有潜在受

---

　　① 详见 Arrow（1962）、Katz 和 Shapiro（1985b，1987）、Kamien 和 Tauman（1984，1986）、Kamien 等（1992）、Kamien（1992）通过比较不同许可机制下专利持有人的利润得出了一些重要的结论。Sen（2005a）以及 Sen 和 Tauman（2007）则对其之前的研究进行了补充。Aoki 和 Hu（1999）则考察了策略性许可与诉讼之间的选择如何受到诉讼成本以及其在原告和被告之间配置的影响。

　　② Ayres 和 Klemperer（1999）首次在 1999 年提出，Lemley 和 Shapiro（2005，2007）则多次使用这一词语。关于专利有效性不确定下的影响，详见 Rockett（2010）的调查。

　　③ 另一种可能性是下游拒绝许可契约的企业起诉专利持有人，声称此专利无效以达到免费从新技术应用中获益的目的。

许企业都接受许可契约的情况下才能避免。

Farrell 和 Shapiro（2008）得出的重要结论之一是，较高概率被法院判决为无效的专利（本章称之为弱专利）往往被过度补偿，即如果在许可前专利的有效性得到评估，那么被所有企业接受的提成率和许可收益是高于相应的期望提成率和期望许可收益的。正如 Rockett（2010）所说的，"弱专利打出了超过其自身所能承受的重量的一拳"。Farrell 和 Shapiro（2008）证明并得出了此结论在两部制许可（其中预付固定费大小不受正负约束）下也同样具有稳健性。当预付的固定费为负值时，弱专利被支付的提成率与铁甲专利情况下的提成率相同。其中，相应最大的提成率由许可方向受许方转移的一次性支付所补偿。而当预付的固定费为非负时，过度补偿的结论仍然成立，但与铁甲专利或强专利相比，此时许可方索取的提成率要低一些。

如果弱专利的市场影响力与它自身的强度成比例，那么许可弱专利是无害的。的确，在这种情况下，弱专利不需要任何的专利复查改革。这是因为这些专利大部分都不具有明显的商业价值。即使部分有，也很少引起诉讼（Lemley，2001）。然而当两者关系不成比例时，增强的专利复查在处理该专利是否有利于受许方的问题上，将有助于减少事后无谓损失并提高事前更具创新性项目的激励程度。

而当考虑许可弱专利所带来的政策的可能调整或启示时，以下两点是需要密切关注的：第一，由于政策的调整或启示与过度补偿的结论有密切的联系，因此考察许可弱专利所可能带来的过度补偿结论的稳健性是关键的；第二，改善或加强专利复查程序事实上隐含一系列的假定条件，即专利局拥有专利事后应用的相关信息。但现实中这些信息在专利局一般都是缺失的，因此加强专利复查的提议似乎很难实施。

而保证 Farrell 和 Shapiro（2008）的结论具有稳健性的条件主要有以下两大假定：①研究对象为较小规模的成本降低性创新。事实上，通过这个假定，Farrell 和 Shapiro（2008）认为弱专利就是创新规模较小的专利。显然这种划分或认定方式是不合适的[①]。首先，在不同国家可授予专利的对象可能是不同的。例如，在1981 年钻石法案[②]生效之后，软件在美国可被授予专利。然而在欧洲，软件程序

---

① 即使本章同意与现有技术相比，许多本不该被专利局授予的专利在新颖性或显著性上可能并不那么明显，因而这些专利往往被称为弱专利。但是还必须考虑到现有技术还包括哪些并不必然在专利数据库中可找到的知识或技术。这就解释了为什么专利审查未能找出一些未申请专利的现有技术，而这一现象在一些新技术领域表现得尤为突出（当然，专利审查时间较短也可能是一方面原因）。关于这一现象在新技术领域的具体表现，详情见 Guellec 和 van Pottelsberghe（2007）。

② 当时，专利局拒绝软件或程序的专利申请，而法院则反对专利局的这一做法。专利局拒绝的理由是这一发明唯一新的方面为电脑程序，而这显然是不可被授予专利的。而法院则认为这个发明的出现改进了橡胶交易的过程，使用价值明显，详情可参考 Hunt（2001）。

则被排除在专利之外。中国也只有 4 种软件程序可申请专利[1]。在生物技术领域，尽管这个事实——基因和蛋白质显然已经存在于自然界中，然而由于生物技术的特殊性，新颖性标准则让位于实用性标准，居于次要地位。而且由于基因和蛋白质的分离过程需要应用基因组学和化学工程，因此基因和蛋白质也存在被授予专利的可能[2]。这些例子都传递了这样的结论——即使是具有较大规模创新或有价值的专利，其有效性仍然存在通过诉讼被法院撤销的可能性。许多实证研究也显示少部分遭到起诉的专利呈现出高的价值（Lanjouw and Schankerman，2001，2004；Scotchmer，2004）。因此 Farrell 和 Shapiro（2008）中所认定的弱专利，即创新规模较小的专利显然是具有局限性的，应当放松此假定条件。②假定专利持有方许可其技术给所有下游参与竞争的企业，即隐含专利持有方不存在技术许可的策略性行为。然而事实上，专利持有方有可能对不同的企业提供不同类型许可契约，也并非愿意对所有下游参与竞争的企业发放许可证，因此专利持有方技术许可策略性行为的存在将显著影响所得结论的稳健性。然而专利持有方从许可收益最大化的角度，授予下游部分企业许可证，可能诱发未得到许可证的企业的诉讼行为[3]。于是对弱专利来说，如何避免诉讼以及获取最大的许可收益成为一个值得研究的问题。而这就回到了弱专利许可证的发放数问题以及许可契约的形式问题。

　　本章则在放松前述两大假定条件下，对 Farrell 和 Shapiro（2008）结论的稳健性进行检验。首先，在本章所建立的模型中，原告由拒绝许可要约并决定挑战专利有效性的潜在受许方来扮演。其次，在某种程度上本章研究对象不再局限于较小规模创新的弱专利，而是对任何创新规模的弱专利许可的结果均进行调查。再次，本章也不排除受限于使用滞后技术的不成功的挑战者在竞争对手使用改进的技术后被淘汰的可能。最后，本章通过放松专利持有方许可其技术给每个企业的假定，来内生化受许方企业的数量。

---

　　① 这 4 种软件分别为可用于工业过程控制的涉及计算机程序、涉及计算机内部运行性能改善的软件、用于测量或测试过程控制的软件、用于外部数据处理的软件。详情见国家知识产权局网站的专利审查栏目（http://www.sipo.gov.cn/sipo/zlsc/）。

　　② 虽然各国明确基因或蛋白质等不能申请专利，但其各国专利局仍对部分生物技术授权专利。详情见国家知识产权局《每月政情》，2010 年总第 30 期。

　　③ Farrell 和 Shapiro（2008）在其研究中是这样解释的，即虽然在强专利或铁板专利框架下专利持有方可能会选择给下游部分企业发放许可证，但对于弱专利来说，限制许可证发放数量不能够作为一种有效的许可策略。他们指出，因为没有收到许可证的企业可能会侵权，而这时专利持有方则会起诉它们。然而 Farrell 和 Shapiro（2008）仅仅比较了存在诉讼的可能性下所有企业接受许可契约与诉讼之后专利被判有效时所有企业被许可这两种情况。这相当于隐含假定甚至在强专利的框架下，专利持有方许可专利给所有企业也是最优的。

3.1　弱专利有效性下博弈模型描述与假定

考虑一个由 $n \geqslant 2$ 个对称的风险中性的企业构成的行业，假定所有企业的固定生产成本为 0，边际生产成本为 c。上游或行业外的一个研发机构或企业 P 持有一项专利技术，这项技术可使这些企业的边际成本从 c 降为 $c-\varepsilon$。若这项专利被起诉，则存在被法院判决无效的可能性，因此其为弱专利。令参数 θ 代表专利的强度，即它有 θ 的概率被判决有效。整个三阶段博弈过程具体如下所示。

第 1 阶段：专利持有方 P 同时决定许可证发放数量及许可契约形式。本章假定许可契约形式为较复杂的两部制许可契约（即同时提出预付固定费 F 和产量提成率 r[①]）。

第 2 阶段：下游的 n 家企业同时并独立决定是否接受这个许可契约 (F,r)。如果有企业不接受这个许可契约，那么它们可能通过诉讼来挑战专利的有效性。若专利被判有效，则没有购买许可证的企业使用老技术，即以边际成本 c 来进行生产[②]。同时那些接受许可契约的企业使用新的技术，并支付提成率 r 给专利持有方。此时其有效边际成本为 $c-\varepsilon+r$，有效固定成本为 F。若专利被判无效，则所有企业，包括接受许可的企业均可免费使用新技术，且此时边际成本为 $c-\varepsilon$[③]。

第 3 阶段：在第 2 阶段的成本结构下，下游的 n 家企业进行 Cournot 产量竞争。若有 k（$k<n$）家企业获取许可证，则称这 k 家企业为效率较高的企业。此时其边际成本为 x（可能为 $c-\varepsilon+r$ 或 $c-\varepsilon$，且 $x<c$），均衡利润由符号 $\pi^e(k,x)$ 给出。其他企业（共 $n-k$ 家）则被称为效率较低的企业。其均衡利润为 $\pi^i(k,x)$。当所有企业以相同的成本如 x 进行生产时，$\pi^e(k,x)$ 和 $\pi^i(k,x)$ 无差异，即所有企业均为效率较高的企业。

除之前的假定外，在线性需求下，事实上还隐藏如下假定。

假定 3-1　如果所有下游企业均使用效率较低的技术，即老技术，那么所有企业均具有正利润 $\pi^i(n,x) = \pi^e(n,x) > 0$。

[①] 和之前相关的研究假定相似［如 Farrell 和 Shapiro（2008）的研究］，提成率 r 不能超过创新规模 ε。

[②] 这个假定条件虽然具有合理性。但事实上，专利持有方仍可能发放许可证给那些挑战其专利有效性或起诉其侵权的企业，法律也对此没有禁止。相关例子，如 Intergraph 曾经起诉 Intel 关于其 CPU 专利的侵权。而 Intel 对此进行反击并威胁停止对 Intergraph 供货［详情见 Encaoua 和 Hollander（2002）。本章在后面的扩展部分将会放松这一假定，如专利持有方以谈判的形式与潜在受许方或挑战方商讨许可证的问题等。

[③] 注意到，在没有诉讼成本的情况下，谁是原告、谁是被告变得无关紧要。在 FS 的研究中，专利持有方主动起诉那些未获得许可却使用其专利技术的企业总是更有利。而在诉讼成本存在的情况下，专利持有方是应该主动起诉，还是潜在受许方通过诉讼挑战弱专利的有效性，这取决于诉讼和私下协商解决之间的权衡。具体讨论详见 Crampes 和 Langinier（2002）。

假定 3-2 效率较高的（效率较低的）企业均衡利润 $\pi^e(k,x)$（相应 $\pi^i(k,x)$）是 x 在区间 $[0,c]$ 的连续函数，且在 $[0,c]$ 的子区间上二次可微。其中 $\pi^i(k,x)>0$。

假定 3-3 效率较低企业的均衡利润是效率较高企业边际成本的增函数。若 $\pi^i(k,x)>0$，则 $\pi^i_2(k,x)=\dfrac{\partial\pi^i(k,x)}{\partial x}>0$；若 $\pi^i(k,x)=0$，则对于任意的 $x'>x$，有 $\pi^i(k,x')=0$。

假定 3-4 在一个对称的寡头竞争市场上，整个行业边际成本的降低能够提升每个企业的均衡利润，如 $\dfrac{\partial\pi^e(n,x)}{\partial x}<0$[①]。

假定 3-5 效率较高的企业利润随着行业中接受许可的企业数量的增加而降低，而效率较低的企业，其利润则随着行业中效率较高企业数量的增加而增加，如对于任意的 $x<c$，以及 $k<n$，有 $\pi^e(k,x)>\pi^e(k+1,x)$，$\pi^i(k,x)\leqslant\pi^i(k+1,x)$。

假定 3-6 随着效率较高的企业数量的增加，效率所致的企业利润增量下降。即对于任意的 $x<c$，$\pi^e(k,x)-\pi^i(k-1,x)$ 是许可证数或效率较高的企业数 k 的减函数。

3.2 关于许可证发放数的需求函数

考虑两部制许可 (F,r) 下的情形。当只有 $k<n$ 家企业接受专利持有方的许可契约时，其余的 $n-k$ 家企业全都不挑战专利的有效性不可能是第 2 阶段（$\theta<1$ 时）的 Nash 均衡[②]。

接下来的命题 3-1 则完全地刻画了两部制许可下第 2 阶段所有可能的均衡[③]。

命题 3-1 令 $F_k(r)=\pi^e(k,c-\varepsilon+r)-\pi^i(k-1,c-\varepsilon+r)$，其中 $k=1,2,3,\cdots,n$。并令 $\vartheta_n(r,\theta)=F_n(r)-(1-\theta)\left[\pi^e(n,c-\varepsilon)-\pi^i(n-1,c-\varepsilon+r)\right]$。于是有如下结论。

（1）若 $F\leqslant\vartheta_n(r,\theta)$，则所有企业均接受两部制许可。

---

① 此假定在企业的成本效应大于竞争对手的成本效应时是成立的。而且在 Cournot 竞争下需求函数不是太凸的情况下，也具有广泛的稳定性（若需求函数非常凸，假定可能不成立，详情见 Kimmel（1992）、Février 和 Linnemer（2004））。其他假定则在寡占理论中非常常见。具体的假定规则可参见 Amir 和 Wooders（2000）。

② 如果 $n-k$ 家企业中的一家挑战弱专利的有效性，那么它得到的期望利润为 $\theta\pi^i(k,c-\varepsilon+r)+(1-\theta)\pi^e(n,c-\varepsilon)$。若没有企业挑战专利的有效性，则其期望利润为 $\pi^i(k,c-\varepsilon+r)$。由假定 3-4 和假定 3-5 可得到：$\pi^i(k,c-\varepsilon+r)<\pi^i(n,c-\varepsilon+r)=\pi^e(n,c-\varepsilon+r)\leqslant\pi^e(n,c-\varepsilon)$。进而有 $\theta\pi^i(k,c-\varepsilon+r)+(1-\theta)\pi^e(n,c-\varepsilon)>\pi^i(k,c-\varepsilon+r)$，其中 $\theta<1$。这就意味着如果不是所有的企业都接受许可，则在均衡处必然出现诉讼。

③ 下游企业在接受与拒绝许可无差异时，本章假定其接受技术许可。

（2）若 $\vartheta_n(r,\theta) < F \leq F_{n-1}(r)$，则有 $n-1$ 家企业接受两部制许可，剩下的一家企业要么使用较落后的老技术，要么侵权使用弱专利技术。

（3）若 $F_k(r) < F \leq F_{k-1}(r)$，$2 \leq k \leq n-1$，则只有 $k-1$ 家企业接受两部制许可。其他企业的行为与（2）相似。

（4）若 $F > F_1(r)$，则所有企业均拒绝接受两部制许可。

证明见附录 1。

■

命题 3-1 说明，任意的许可契约 (F,r) 的组合，都存在整数 $k(F,r)$ 为第 2 阶段的均衡许可证发放数，即 $k(F,r)$ 为下游竞争企业关于许可证发放数的需求函数。此命题背后的直觉来自于在 Nash 均衡处必须满足的两个条件：首先，潜在受许方没有单方面通过拒绝许可契约而偏离的动机；其次，非受许方没有偏离其现状而使自己成为受许方的激励。这两个条件共同构成了预付固定费 F 的上下限。

到目前为止，本章并未对预付固定费 F 的取值设定任何限制。事实上在命题 3-1 中，本章也允许预付固定费 F 为负值。这也就是说本章并没有摈弃专利持有方向受许方支付转移的可能性。而且由命题 3-1 可知，在两部制许可下，避免任何可能的诉讼的充要条件是 $F \leq \vartheta_n(r,\theta)$。如果 $\vartheta_n(r,\theta) < 0$，则许可契约一定涉及逆向的从许可方向受许方的一次性支付转移，其值至少不小于 $\vartheta_n(r,\theta)$，以使每个企业均接受它。

当 $F=0$ 时，两部制许可变为纯产量提成许可，那么从命题 3-1 中可轻易地得到此时的需求函数。本章之所以进行这样的处理是因为在此种情况下可得出非常清晰的结论。而且对于弱专利的情形，纯产量提成许可事实上是有约束条件下两部制许可下最优的契约组成形式。关于相关的证明在后面部分将会给出。

推论 3-1　在纯提成许可且提成率 $r \leq \varepsilon$ 的情况下，关于许可证发放数只有两种均衡结果出现。

（1）$\vartheta_n(r,\theta) \geq 0$，则此时所有下游竞争企业愿意购买许可证为第 2 阶段的唯一 Nash 均衡结果。

（2）$\vartheta_n(r,\theta) < 0$，则此时唯一的 Nash 均衡结果为 1 家拒绝接受许可，$n-1$ 家企业接受许可。

证明见附录 1。

■

在纯产量提成许可下，许可弱专利只可能产生两种类型的均衡结果：①所有企业均接受许可契约。②部分企业（$n-1$ 家接受，除了 1 家拒绝）接受许可契约。后一种结果仅可能在 $\vartheta_n(r,\theta) < 0$ 时发生。而这等价于 $\pi^e(n, c-\varepsilon+r) < \theta\pi^i(n-1, c-\varepsilon+r) + (1-\theta)\pi^e(n, c-\varepsilon)$。这个不等式意味着当面对 $n-1$ 家企业接受提

成许可时，剩余的企业宁可挑战弱专利的有效性也不愿接受许可。引理 3-1 背后的直觉是当进行提成许可时，接受 $r \leqslant \varepsilon$ 的提成率总是最优的，只要这些下游企业预期竞争对手中的一个将会发起诉讼。

回到两部制许可的情形。若假定负的预付固定费不被允许，则需 $F \geqslant 0$。那么所有的企业接受许可契约，当且仅当：

$$\vartheta_n(r, \theta) \geqslant 0 \tag{3-1}$$

$$0 \leqslant F \leqslant \vartheta_n(r, \theta) \tag{3-2}$$

结合命题 3-1 中 $\vartheta_n(r, \theta)$ 的表达式，不等式（3-1）可写为

$$\pi^e(n, c - \varepsilon + r) \geqslant \theta \pi^i(n-1, c - \varepsilon + r) + (1 - \theta) \pi^e(n, c - \varepsilon) \tag{3-3}$$

由不等式（3-3）[①]可知，提成率 r 对其左右两边的大小均有影响。根据假定 3-4，不等式的左手边为所有企业都接受许可时企业的利润，其利润大小是提成率 r 的减函数。而右手边为其他企业均接受许可时，挑战弱专利有效性的企业的期望利润。根据假定 3-3，其表达式为提成率 r 的非严格增函数。因此对于潜在的受许方而言，较低的提成率促使接受技术许可的机会成本更低，即除接受许可外其他的选择更缺乏吸引力。

首先，较低的提成率增加了许可后的利润。$\pi^e(n, c - \varepsilon + r)$ 是提成率 r 的减函数。此为直接效应。

其次，较低的提成率降低了外部选择如挑战专利有效性的收益。$\theta \pi^i(n-1, c - \varepsilon + r) + (1 - \theta) \pi^e(n, c - \varepsilon)$ 是提成率 r 的非严格增函数。此为间接效应。

间接效应只有在 $\pi^i(n-1, c - \varepsilon + r) > 0$ 时才会出现。然而 $\pi^i(n-1, c - \varepsilon + r) = 0$ 在受许方和未成功的挑战者之间成本不对称程度较大时极为可能出现。而在这种情况下并不存在间接效应。因此本章接下来的研究必须考虑间接效益出现与不出现两种情况下提成率的取值问题。

情况 3-1　$\pi^i(n-1, c - \varepsilon) = 0$

这种情况在 Farrell 和 Shapiro（2008）的分析中并未出现。其可能在创新规模足够大或竞争极为激烈（如竞争企业数量较大，且产品间具有极高的替代性）的情况下发生。利用假定 3-1 和假定 3-3，很容易证明存在临界值 $\hat{r} \in [0, \varepsilon]$，使 $r \leqslant \hat{r}$ 时，有 $\pi^i(n-1, c - \varepsilon + r) = 0$；$r > \hat{r}$ 时，有 $\pi^i(n-1, c - \varepsilon + r) > 0$。换句话说，如果提成率 $r \leqslant \hat{r}$ 时，下游竞争企业挑战弱专利的有效性是不明智的。除非提成率 $r > \hat{r}$ 时，挑战者才是有利可图的。

当 $r \leqslant \hat{r}$ 时，不等式（3-3）可重新写为

---

① 此不等式是不等式（3-2）中 F 为非空集的必要条件。

$$\pi^e\left(n,c-\varepsilon+r\right) \geqslant (1-\theta)\pi^e\left(n,c-\varepsilon\right) \tag{3-4}$$

令 $\hat{\theta} \in [0,1]$ 为 $A(\hat{r},\theta)=\pi^e\left(n,c-\varepsilon+\hat{r}\right)-(1-\theta)\pi^e\left(n,c-\varepsilon\right)=0$ 的唯一解。于是得到如下结论。

引理 3-1 假定 $\pi^i\left(n-1,c-\varepsilon\right)=0$。令 $r_1\left(\theta\right)$ 为 $A\left(r,\theta\right)=0$ 在 $\theta \in [0,\hat{\theta}]$、$r \in [0,\hat{r}]$ 上的唯一解，那么则有：① $r_1\left(\theta\right)$ 在区间 $[0,\hat{\theta}]$ 上是关于 θ 的增函数且可微；② $r_1\left(0\right)=0$，$r_1\left(\hat{\theta}\right)=\hat{r}$。

证明见附录1。

■

若 $r>\hat{r}$，则在两部制许可下，可得到以下引理 3-2。

引理 3-2 假定 $\pi^i\left(n-1,c-\varepsilon\right)=0$。令 $r_2\left(\theta\right)$ 为 $\vartheta_n\left(r,\theta\right)=0$，其中，$\vartheta_n\left(r,\theta\right)=\pi^e\left(n,c-\varepsilon+r\right)-\theta\pi^i\left(n-1,c-\varepsilon+r\right)-(1-\theta)\pi^e\left(n,c-\varepsilon\right)$ 在 $\theta \in [\hat{\theta},1]$、$r \in [\hat{r},\varepsilon]$ 上的唯一解，那么则有：① $r_2\left(\theta\right)$ 在区间 $[\hat{\theta},1]$ 上是关于 θ 的增函数且可微；② $r_2\left(\hat{\theta}\right)=\hat{r}$，$r_2\left(1\right)=\varepsilon$。

证明见附录1。

■

由引理 3-1 和引理 3-2，本章可得到当 $\pi^i\left(n-1,c-\varepsilon\right)=0$ 时，在两部制许可下，专利持有方所能索取的预付固定费 F 和提成率 r 由以下命题给出。

命题 3-2 若 $\pi^i\left(n-1,c-\varepsilon\right)=0$，当且仅当 $0 \leqslant F \leqslant \vartheta_n\left(r,\theta\right)$，$r \leqslant r(\theta)=\begin{cases} r_1\left(\theta\right), & \theta \in [0,\hat{\theta}] \\ r_2\left(\theta\right), & \theta \in [\hat{\theta},1] \end{cases}$ 时，所有企业接受两部制许可契约为第2阶段的 Nash 均衡结果。

证明见附录1。

■

命题 3-2 证明了当创新规模足够大或企业竞争程度足够激烈时，下游企业是否愿意接受许可取决于弱专利有效性 θ。若弱专利有效性程度较小（如 $\theta \leqslant \hat{\theta}$）时，间接效应不会起作用，这是因为此时 $r(\theta) \leqslant \hat{r}$ 有 $\pi^i\left(n-1,c-\varepsilon+r(\theta)\right)=0$。而当弱专利有效性程度较大（如 $\theta \leqslant \hat{\theta}$）时，间接效应开始起作用。此时由于 $r(\theta)>\hat{r}$ 有 $\pi^i\left(n-1,c-\varepsilon+r(\theta)\right)>0$。较高的提成率使下游企业接受许可的机会成本增加，即下游企业接受许可所获得的收益与其外部选择（如挑战专利有效性）所获得的收益之间的差额减小。进而当弱专利有效性足够大时，下游企业有动机拒绝两部制许可契约[①]。

---

① 本章还可以用更正式的论据推导来证明。通过定义 $r_1\left(\theta\right)$ 并把其关于 θ 的定义域从 $[0,\hat{\theta}]$ 扩展到 $[0,1]$。可证明在区间 $[\hat{\theta},1]$ 上 $r_2\left(\theta\right)<r_1\left(\theta\right)$。

最后结合定理 3-1 和定理 3-2，易发现所有企业都接受的提成率 $r(\theta)$ 在区间 $[0,1]$ 上连续且递增。而且 $r(\theta)$ 在 $\left[0,\hat{\theta}\right]$ 以及 $\left[\hat{\theta},1\right]$ 上可微，但在 $\theta=\hat{\theta}$ 上左右导数不等。

情况 3-2　$\pi^i(n-1,c-\varepsilon)>0$

对于任意的 $r\geqslant 0$，在其他 $(n-1)$ 家企业都接受许可的情况下，即使剩下这一家企业挑战弱专利有效性失败，其仍有利可图（因为 $\pi^i(n-1,c-\varepsilon+r)\geqslant$ $\pi^i(n-1,c-\varepsilon)>0$）。因此令 $r_2(\theta)$[①]为 $B(\theta)=\pi^e(n,c-\varepsilon+r)-\theta\pi^i(n-1,c-\varepsilon+r)-$ $(1-\theta)\pi^e(n,c-\varepsilon)=0$ 在 $\theta\in[0,1]$ 上的唯一解（$r_2(\theta)$ 的唯一性等特性与在情况 1 下的相同），于是得到引理 3-3。

引理 3-3　假定 $\pi^i(n-1,c-\varepsilon)>0$。对于 $\theta\in[0,1]$，等式 $B(\theta)=0$ 在 $r\in[0,\varepsilon]$ 上有唯一解 $r_2(\theta)$，则 $r_2(\theta)$ 具有如下特性：①在区间 $[0,1]$ 上是关于 θ 的增函数且可微；②$r_2(0)=0$，$r_2(1)=\varepsilon$。

证明见附录 1。

■

于是在 $\pi^i(n-1,c-\varepsilon)>0$ 的情况下，若所有企业都接受许可时的两部制许可契约具有如下的特征。

命题 3-3　若 $\pi^i(n-1,c-\varepsilon)>0$，则对于任意的 $\theta\in[0,1]$，当且仅当以下两个条件：①$r\leqslant r(\theta)=r_2(\theta)$；②$0\leqslant F\leqslant \vartheta_n(r,\theta)$ 成立时，所有企业均接受两部制许可是第 2 阶段的 Nash 均衡结果。

证明见附录 1。

■

间接效应的作用在于当提成率足够高时，其正外部性使外部企业（这里指不接受许可的企业，如挑战方）在不接受许可下仍能保持正的利润。而这与 Farrell 和 Shapiro（2008）在创新规模足够小或竞争强度较温和的条件下所得的结论相同。

3.3　专利持有方的最优许可契约

从专利持有方的角度看，不同的创新规模及专利强度下，最优的两部制许可契约并非总是使所有的企业均成为受许企业。根据不同的专利有效性或强度下，

---

① 在定理 3-2 中 $r_2(\theta)$ 对于 $\theta\in\left[\hat{\theta},1\right]$ 及创新规模 ε 满足 $\pi^i(n-1,c-\varepsilon)=0$。而在此处，虽然符号相同，但 $r_2(\theta)$ 被定义为满足 $\pi^i(n-1,c-\varepsilon)>0$ 以及 $\theta\in[0,1]$ 的临界值。

存在如下四种情况。

（1）$F \geqslant 0$，$r \in [0, \varepsilon]$。这种情况是最常见的固定费 F 受限制时的两部制许可契约形式。本章用 $(F^*(\theta), r^*(\theta))$ 标注为此种形式下最优的两部制许可，并定义专利持有方的许可收益为 $P^*(\theta)$。

（2）$0 \leqslant F \leqslant \vartheta_n(r, \theta)$，$r \in [0, r(\theta)]$。在这种情况下所有企业均接受许可契约，因而阻止了诉讼的可能。用 $(F_n^*(\theta), r_n^*(\theta))$ 标注为此种形式下最优的两部制许可，并定义专利持有方的许可收益为 $P_n^*(\theta)$。

（3）$F > \vartheta_n(r, \theta)$ 或 $r \in [r(\theta), \varepsilon]$。在这种情况下少于 n 家企业愿意接受许可，因为触发了诉讼。(F_{-n}^*, r_{-n}^*) 则标注为此种形式下最优的两部制许可，并定义专利持有方的许可收益为 $P_{-n}^*(\theta) = \theta P_{-n}^*(1)$。

（4）$F \leqslant \vartheta_n(r, \theta)$，$r \in [0, \varepsilon]$。在这种情况下 F 的大小不受限制，并且这种两部制许可形式使所有的企业均接受许可，同样也阻止了诉讼的可能性。用 $(\bar{F}_n(\theta), \bar{r}_n(\theta))$ 标注为此种形式下最优的两部制许可。

观察以上四种情况，可以发现第三种情况最优的两部制许可并不取决于弱专利有效性 θ。因此这种情况可以从许可证的需求函数中直接推导得出。

接下来为了保证前三种情况下均衡解的存在及唯一性，本章还需要加入另外一个假定条件。定义 $q^e(n, x)$ 为所有企业以边际成本 x 生产时单个企业的均衡产量。下述假定 3-7 则满足以上要求。

假定 3-7　许可收益函数 $rq^e(n, c - \varepsilon + r) + \vartheta_n(r, \theta)$ 是关于提成率 r 的严格凹函数[①]。

本章首先考察阻止诉讼时的情况，即所有企业均接受许可时最优的两部制许可契约。

3.3.1　阻止诉讼时最优的两部制许可契约

在 $F \geqslant 0$ 的限制条件下，最优的两部制许可 $(F^*(\theta), r^*(\theta))$ 由式（3-5）给出：

$$F_n^*(\theta) = \vartheta_n\left(r_n^*(\theta), \theta\right) \tag{3-5}$$

$$
\begin{aligned}
r_n^*(\theta) &= \arg\max_{0 \leqslant r \leqslant r(\theta)}\left[rq^e(n, c - \varepsilon + r) + \vartheta_n(r, \theta)\right] \\
&= \arg\max_{0 \leqslant r \leqslant r(\theta)}\Big[rq^e(n, c - \varepsilon + r) + F_n(r) \\
&\quad + (1 - \theta)\left[\pi^i(n - 1, c - \varepsilon + r) - \pi^e(n, c - \varepsilon)\right]\Big]
\end{aligned}
\tag{3-6}
$$

[①] 这个假定是相当合理的。因为较高的提成率增加了许可收益的同时，它又抑制了对许可证的需求。这两种相反的效应共同作用的结果可能导致许可收益函数在图形上具有凹函数的一系列特性。

其中，$rq^e(n,c-\varepsilon+r)+F_n(r)$ 为 $\theta=1$ 时的许可收益；$(1-\theta)[\pi^i(n-1,c-\varepsilon+r)-\pi^e(n,c-\varepsilon)]$ 是关于 r 的增函数和 θ 的减函数。$r_n^* \leqslant r(\theta)$ 保证了最优的固定费 $F_n^*(\theta)=\vartheta_n(r_n^*(\theta),\theta)$ 且非负数。若允许固定费为负数，则最优的提成率区间扩大到 $[0,\varepsilon]$ 且由式（3-7）给出：

$$\overline{r}_n(\theta)=\arg\max_{0\leqslant r\leqslant\varepsilon}\left[rq^e(n,c-\varepsilon+r)+\vartheta_n(r,\theta)\right] \tag{3-7}$$

为得出最优的两部制许可 $\left(F^*(\theta),r^*(\theta)\right)$ 如何受专利有效性 θ 的影响，我们首先应知道 $\overline{r}_n(\theta)$ 关于 θ 的变化趋势，于是得到如下结论。

引理 3-4　在预付固定费无限制的两部制许可（即第 4 种情况）下，使所有下游企业均接受许可的最优提成率 $\overline{r}_n(\theta)$ 是关于 θ 的减函数。

证明见附录 1。

◼

在引理 3-4 的基础上，以下命题 3-4 给出了 $F\geqslant0$ 时最优的两部制许可 $\left(F^*(\theta),r^*(\theta)\right)$ 的一些特征。

命题 3-4　存在 $\overline{\theta}\in[0,1]$，使 $\theta\leqslant\overline{\theta}$ 时，$r_n^*(\theta)=r(\theta)$，$F_n^*(\theta)=0$；若 $\theta>\overline{\theta}$ 时，$r_n^*(\theta)=\overline{r}_n(\theta)$，$F_n^*(\theta)=\vartheta_n(\overline{r}_n(\theta),\theta)$。

证明见附录 1。

◼

命题 3-4 说明了当专利有效程度较低或较弱（如 $\theta\leqslant\overline{\theta}$）时，所有 n 家企业都接受的两部制许可变成了纯提成许可的形式。究其原因在于本部分对预付固定费 F 施加了非负的约束限制。而专利有效程度较大或较强（如 $\theta>\overline{\theta}$）时，最优的许可契约则为第 4 种情况，即使许可收益最大化时无约束条件下的两部制许可[①]。

3.3.2　不考虑是否阻止诉讼时最优的两部制许可契约

在两部制许可下，专利持有方有两个选择：第一种是选择许可给所有下游企业，此时阻止了诉讼的发生；第二种是许可给下游部分企业，此时存在诉讼的可能。在 Farrell 和 Shapiro（2008）的研究中忽视或未简单化而省略了第二种选择，然而对理性行为人而言，第二种选择的确存在发生的可能。那么哪一种选择给专利持有方带来的期望许可收益最大呢？为解决这一问题，本小节通过比较这两种情况下最优的许可收益即可得出。

---

① 命题与 Farrell 和 Shapiro（2008）隐含的结论具有一致性。然而 Farrell 和 Shapiro（2008）对其结论并未进行严格的证明，其声称"如果许可的方式不能使用负的固定费，那么我们就可假定最优的许可契约形式应是由纯提成许可构成"。由此可见，其仅仅是进行了启发式的阐述。

在专利有效程度较低或较弱（如 $\theta \leq \hat{\theta}$）时，考虑如下等式：

$$nrq^e(n,c-\varepsilon+r)=\theta P_{-n}^*(1) \tag{3-8}$$

其中，式（3-8）的左边为阻止诉讼发生时所有企业接受许可的情况下专利持有方的许可收益；式（3-8）的右边为部分企业接受许可时专利持有方所能得到的最大许可收益。令 $s(\theta)$ 为以上等式成立时提成率 r 在区间 $[0,\tilde{r}]$ 上的解。

其中，

$$\tilde{r}=\arg\max_{0\leq r\leq\varepsilon}\left[rq^e(n,c-\varepsilon+r)\right] \tag{3-9}$$

在本书附录 1 中给出了其存在性和唯一性的证明。接下来的命题 3-5 给出了专利持有方在以上两种选择下的最优选择。

命题 3-5　在专利有效性较弱的情况下，如 $\theta \leq \tilde{\theta}=\min\left\{\hat{\theta},\dfrac{\tilde{r}q^e(n,c-\varepsilon+\tilde{r})}{P_{-n}^*(1)}\right\}$，专利持有方许可所有下游企业还是许可部分企业取决于索取的提成率水平：若 $r(\theta)\geq s(\theta)$，专利持有方应许可给所有下游企业，且最优固定费 $F^*(\theta)=0$，$r^*(\theta)=r(\theta)$；若 $r(\theta)<s(\theta)$，专利持有方应许可给部分企业，此时 $r^*(\theta)=r_{-n}^*$，$F^*(\theta)=F_{-n}^*$。其中 $s(\theta)$ 是使式（3-8）成立的唯一解。

证明见附录 1。

■

命题 3-5 的结论说明，最优的许可报价取决于阻止诉讼时所有企业所能接受的最大提成率水平 $r(\theta)$。若提成率较大，如 $r(\theta)\geq s(\theta)$，则最优的许可策略为纯提成许可，且此时的提成率为所有企业都愿意接受的提成率 $r(\theta)$。若提成率较小，如 $r(\theta)<s(\theta)$，则专利持有方仅愿意向部分下游企业发放许可证，此时以触发诉讼为代价。而且在此种情况下，专利持有方所能索取的最大预付固定费和提成率均不受专利有效性强弱的影响。命题 3-5 中 $r(\theta)$ 和 $s(\theta)$ 在专利有效性较弱情况下的比较见书后附录 1。

3.4　弱专利是否总是存在过度补偿的问题?

在前面几个部分，本章给出了专利有效性较弱的情况下最优的许可报价。在接下来的部分，本节将会把弱专利和强专利（$\theta=1$）的许可结果进行比较，找出弱专利是否总是存在过度补偿的问题。

3.4.1　过度补偿在均衡提成率比较上的论证

在强专利的情况或诉讼后专利有效性得到确认的情况下，令 $r^e(\theta)$ 为所有企业均接受时所支付最大提成率的期望值。由于专利存在 θ 的概率被法院判决有效，此时能索取的最大提成率为 ε。而又存在 $1-\theta$ 的概率被法院判决无效，此时其他企业可免费使用该技术。于是可计算出 $r^e(\theta)=\theta\varepsilon$。在 Farrell 和 Shapiro（2008）的研究中，这个基准提成率被解释为专利以 θ 的概率被授予时专利持有方进行成本降低性工艺创新下提成率的事前值。注意到基准模型中的提成率只是适用于非显著性创新。而对于显著性创新，如创新规模使 $\pi^i(1,c-\varepsilon)=0$，在专利有效性足够强（如 $\theta=1$）时，专利持有方将以低于 ε 的提成率，如 $r^*(1)<\varepsilon$［证明见 Kamien 等（1992）］进行许可。在这种情况下，基准模型的提成率为 $\theta r^*(1)<\theta\varepsilon$。为了与 Farrell 和 Shapiro（2008）研究中的结论进行对比，本章只是在非显著性创新下，把弱专利有效性下的均衡提成率和基准提成率 $\theta\varepsilon$ 进行比较。而比较的结果则由命题 3-6 给出。

命题 3-6　假定诉讼不会发生，如 $r(\theta)\geqslant s(\theta)$。令 $\eta(\varepsilon)=\dfrac{\varepsilon\left[\left|\pi_2^e(n,c-\varepsilon)\right|\right]}{\pi^e(n,c-\varepsilon)-\pi^i(n-1,c-\varepsilon)}$，其中，$\eta(\varepsilon)$ 为所有企业都接受许可时其利润增量关于创新规模的弹性。对于弱专利而言，若 $\eta(\varepsilon)<1$，有提成率 $r^*(\theta)=r(\theta)\geqslant\theta\varepsilon$；若 $\eta(\varepsilon)>1$，则提成率 $r^*(\theta)=r(\theta)<\theta\varepsilon$。

证明见附录 1。

∎

若挑战专利有效性是不明智的，如 $\pi^i(n-1,c-\varepsilon)=0$[①]，那么企业关于创新规模的弹性 $\eta(\varepsilon)=\dfrac{\varepsilon\left[\left|\pi_2^e(n,c-\varepsilon)\right|\right]}{\pi^e(n,c-\varepsilon)}$ 在 $r^*(\theta)$ 和 $r^e(\theta)$ 的大小比较中起到了关键性的作用[②]。命题 3-6 背后的直觉是当弹性较小［$\eta(\varepsilon)<1$］时，提成率的增加对企业利润的负效应较小（此时所有的企业均购买许可证）。在这样的条件下，

---

① 定义显著性创新的条件在 $n\geqslant3$ 时，$\pi^i(n-1,c-\varepsilon)=0$ 是严格弱于 $\pi^i(1,c-\varepsilon)=0$ 的。

② 本章所用的弹性 $\eta(\varepsilon)$ 在 Farrell 和 Shapiro（2008）研究中的定理 8 中，其对应引入的是寡头之间竞争的相关系数 ρ。这两个参数均决定了均衡提成率与基准提成率之间的大小。那么这两个参数是否存在关系？可证明如果创新规模 ε 足够小，这时 $\dfrac{\pi^e(n,c-\varepsilon)-\pi^i(n-1,c-\varepsilon)}{\varepsilon}$ 近似于 ρ，进而 $\eta(\varepsilon)$ 近似于 $\dfrac{1}{\rho}$。在 Farrell 和 Shapiro（2008）的研究中，其声称 $\rho>1$ 在多数竞争环境中均成立。然而其论据主要取决于这种具有线性或等弹性需求且对称 Cournot 寡头竞争的特殊情况，并暗示 ρ 是下游竞争企业竞争强度的测度。可是在不做任何近似的情况下，本章无法排除 $\eta(\varepsilon)>1$ 的可能性。而这就意味着较小规模程度创新的假定可能有害或者根本没有必要，且把 $\dfrac{1}{\eta(\varepsilon)}$ 解释为竞争强度的测度也可能是有问题的。事实上，在 $\pi^i(n-1,c-\varepsilon)=0$ 的假定下，参数 $\eta(\varepsilon)$ 在许多竞争环境下并不取决于竞争强度。例如，在具有线性需求及差异 Bertrand 竞争环境下可证明弹性 $\eta(\varepsilon)$ 不取决于产品间的替代程度，进而与竞争强度无关。本部分同样可以证明弹性 $\eta(\varepsilon)$ 在线性或等弹性需求下不管是在串谋的环境还是在 Cournot 竞争的环境，其同样不受竞争强度的影响。

专利持有方将索取一个较高的提成率，即比基准的提成率更高。然而，当较富有弹性，如 $\eta(\varepsilon) > 1$ 时，较高的提成率产生了较低的企业利润，进而使挑战专利的吸引力增大，最终导致了诉讼的发生。因此为避免诉讼，专利持有方只能索取一个相对较低的提成率，即相对于基准提成率而言更低些，而这也变得更加合理。

然而在具有线性需求的 Cournot 竞争或差异 Bertrand 竞争框架下，弹性 $\eta(\varepsilon) < 1$ 对于非显著创新总是成立的。这也就证明了 Farrell 和 Shapiro（2008）所得出的关于许可弱专利存在过度补偿问题的结论至少在目前的框架下是成立的[①]。

3.4.2　过度补偿在许可收益比较上的论证

通过把弱专利下的均衡提成率与强专利下作为基准的最大提成率进行比较，前一节对过度补偿问题进行了考察。本小节则通过比较弱专利下专利持有方的许可收益 $P^*(\theta)$ 与强专利（$\theta=1$）下的最大许可收益 $\theta P^*(1)$（其为许可发生前专利有效性得到验证时的期望许可收益），以进一步考察及验证过度补偿问题。为便于比较，首先需要在 $\theta \leqslant \tilde{\theta}$ 下求出等式 $P^*(\theta) = \theta P^*(1)$ 的解。令 $v(\theta)$ [②]为使上述等式成立时的提成率。若 $P^*(1) = P^*_{-n}(1)$，则 $v(\theta) = s(\theta)$，即在强专利下最优的许可报价并非使行业中的所有企业均接受。否则，$P^*(1) > P^*_{-n}(1)$，于是有 $v(\theta) > s(\theta)$。具体关于 $P^*(\theta)$ 和 $\theta P^*(1)$ 的比较及结论由命题 3-7 给出。

命题 3-7　对于弱专利，如专利有效性 $\theta \leqslant \tilde{\theta}$。

（1）当 $P^*(1) = P^*_{-n}(1)$，此时只有部分企业接受强专利持有方的报价是最优的。这时对于 $r(\theta) \leqslant s(\theta)$，有 $P^*(\theta) = \theta P^*(1)$；若 $r(\theta) > s(\theta)$，则 $P^*(\theta) > \theta P^*(1)$。

（2）当 $P^*(1) > P^*_{-n}(1)$，此时对强专利持有方而言，提供使下游所有企业均接受的报价更优。这时若 $r(\theta) < v(\theta)$，则 $P^*(\theta) < \theta P^*(1)$；若 $r(\theta) = v(\theta)$，则 $P^*(\theta) = \theta P^*(1)$；若 $r(\theta) > v(\theta)$，则 $P^*(\theta) > \theta P^*(1)$。

证明见附录 1。

■

命题 3-7 证明了，弱专利的许可收益与许可前专利有效性得到确认时的期望许可收益相比，既存在过度补偿的可能，也存在补偿不足的问题。而这主要取决于相关的临界提成率的水平（$r(\theta)$ 与 $s(\theta)$ 及 $v(\theta)$ 的比较）且与强专利持有方关于许可证发放数的决策（如许可所有下游企业还是许可部分企业的问题）相关。

[①]　对于非显著性创新而言，$\eta(\varepsilon) > 1$ 是否成立，本小节尚未能够找出一个简单、有效的例子加以佐证。

[②]　$v(\theta)$ 的存在性和唯一性证明与前面部分对 $s(\theta)$ 的证明相似。

强专利持有方许可所有企业还是部分企业的决策问题已由 Sen 和 Tauman（2007）进行了研究。而阻止诉讼的临界提成率 $r(\theta)$ 主要由以下比较的结果决定，即阻止诉讼发生时的许可收益 $P^*(\theta)$、诉讼发生时的许可收益 $P^*_{-n}(1)$ 以及专利有效性得到确认时的期望许可收益 $\theta P^*(1)$ 三者之间的比较。若 $r(\theta) > v(\theta)$，则有 $P^*(\theta) > \theta P^*(1)$，即存在过度补偿的问题；若 $s(\theta) \leqslant r(\theta) < v(\theta)$，则有 $P^*(\theta) > \theta P^*(1)$，即存在过度不足的问题。这是因为此时阻止诉讼时的许可收益 $P^*(\theta)$ 大于诉讼发生时的期望许可收益 $\theta P^*_{-n}(1)$，却小于专利有效性得到确认时的基准期望许可收益 $\theta P^*(1)$ 的缘故。

3.5　针对弱专利过度补偿问题的相关对策

由于弱专利的许可过程中过度补偿问题的存在，可能会产生所谓的"柠檬"市场。为了纠正市场失灵的问题，这就需要政府采取措施或指定相关政策进行干预。本节则提供两个对策为政府相关法律、法规的制定提供相关依据：对策 1，禁止专利持有方拒绝许可技术给曾经不成功挑战其专利有效性的企业。通过禁止，本节可预期此前索取的提成率在不成功的挑战者存在的情况下会重新调整，进而达到降低提成率的效果。对策 2，鼓励潜在受许企业形成战略诉讼联盟或集体对某个专利的有效性提出异议，而非仅允许单个企业对其权威提出挑战。当某个企业单独对专利有效性提出异议时，其他企业则有等待专利无效而产生搭便车的动机，即此时产生了正的外部性。而通过集体挑战则排除了这种外部性，进而降低了弱专利持有方索取高于基准提成率的可能性。为了方便证明这两个对策的有效性，本节在纯产量提成许可下进行研究。

3.5.1　关于对策 1 有效性的详细说明

到目前为止，本章一直假定在诉讼存在的情况下不成功的挑战方以边际成本 c 生产产品，这是因为专利持有方拒绝出售许可证给它。然而专利持有方拒绝发放许可证给不成功的挑战方，这样的承诺是否可信并未被讨论。从挑战方的角度看，这种承诺相当于提供提成率为 $\bar{r} = \varepsilon$ 的许可证。但从专利持有方的角度看，这种等价不成立。而且专利持有方为了避免诉讼的发生，偏好于提供提成率 $\bar{r} < \varepsilon$ 的许可报价给不成功的挑战方，而非提成率为 $\bar{r} = \varepsilon$ 的许可报价。这个问题很重要，因为潜在的挑战方需要决定接受许可报价还是挑战专利的有效性，同时预期专利有效性得到确认后会发生什么。如果专利法禁止专利持有方拒绝发放许可证给不成功的挑战方的这种行为，那么这时前者拒绝和后者再协商的承诺变得不可信。

接下来本节正式考虑当 $n-1$ 个企业接受提成率为 r 的许可报价，剩下的企业未能成功地挑战专利的有效性时再协商的问题。这时专利持有方将提供提成率为 $\bar{r} \in [0,\varepsilon]$ 的许可契约给挑战方，此时专利持有方的许可收益函数为 $P(r,\bar{r}) = (n-1)rq^L(c-\varepsilon+r,c-\varepsilon+\bar{r}) + \bar{r}q^{NL}(c-\varepsilon+r,c-\varepsilon+\bar{r})$。其中，$q^L(c-\varepsilon+r,c-\varepsilon+\bar{r})$ 为 $n-1$ 家接受提成率为 r 的企业均衡产量。$q^{NL}(c-\varepsilon+r,c-\varepsilon+\bar{r})$ 为不成功的挑战方以 $c-\varepsilon+\bar{r}$ 的边际成本生产的均衡产量。如果 $\bar{r}(r)$ 是最大化许可收益 $P(r,\bar{r})$ 时的均衡提成率，则提成率为 r 时的许可契约为所有下游企业接受，下式成立时，即

$$\pi(c-\varepsilon+r,c-\varepsilon+r) \geqslant \theta\pi(c-\varepsilon+\bar{r}(r),c-\varepsilon+r) \\ +(1-\theta)\pi(c-\varepsilon,c-\varepsilon) \qquad (3\text{-}10)$$

因为 $\bar{r}(r) \leqslant \varepsilon$，故有 $\pi(c-\varepsilon+\bar{r}(r),c-\varepsilon+r) \geqslant \pi(c,c-\varepsilon+r)$。可知约束条件（3-10）比式（3-3）更加严格。而且如果专利持有方承诺拒绝许可技术给不成功的挑战方或以 $\bar{r}=\varepsilon$ 的提成率进行许可，则提供提成率为 r 的许可契约为所有企业接受。否则以这样的提成率许可必然不被所有企业接受。这就暗示了当专利有效性得到确认之后关于许可契约存在再协商的可能时，专利持有方所索取的最大提成率（所有企业都接受）存在调低的可能。

接下来的命题 3-8 说明在具有线性需求（如 $Q=a-p$）的 Cournot 竞争模式下，对于非显著性创新（如 $\varepsilon < a-c$），若再协商存在可能，则所有企业可接受的最大提成率是小于基准提成率 $\theta\varepsilon$ 的；若再协商不可能，则最大的提成率高于基准提成率 $\theta\varepsilon$。

命题 3-8　假定许可契约的再协商是可能的。在同质 Cournot 竞争模式下，产品具有线性需求函数 $Q=a-p$，则使所有的企业均接受许可为子博弈完美均衡时的最大提成率 $r^p(\theta) = (a-c+\varepsilon)\left(1-\dfrac{\sqrt{4-3\theta}}{2}\right)$。其中专利有效性 θ 充分小，创新规模 $\varepsilon \in \left[\dfrac{3}{5}(a-c),a-c\right]$。由于再协商提成率 $\bar{r}(r^p(\theta)) < \varepsilon$，故提成率 $r^p(\theta)$ 存在且小于基准提成率 $r^e(\theta) = \theta\varepsilon$。

证明见附录 1。

■

3.5.2　关于对策 2 有效性的详细说明

假定在第 2 阶段所有下游企业进行合作，并在是否购买许可证以及是否挑战专利有效性上达成一致。则在这种情况下，所有企业合作性地接受提成率为 r 时的许可契约，当且仅当：

$$\pi^e\left(n,c-\varepsilon+r\right)\geqslant\theta\pi^e\left(n,c\right)+\left(1-\theta\right)\pi^e\left(n,c-\varepsilon\right) \qquad (3\text{-}11)$$

令 $w(r)=\pi^e\left(n,c-\varepsilon+r\right)-\theta\pi^e\left(n,c\right)-\left(1-\theta\right)\pi^e\left(n,c-\varepsilon\right)$。易知 $w(r)$ 连续、严格单调递减，且满足 $w(0)\geqslant0$，$w(\varepsilon)\leqslant0$。于是由零点定理可知存在唯一的 $r^c(\theta)\in[0,\varepsilon]$，使 $w(r)=0$，且当 $r\leqslant r^c(\theta)$ 时，有 $w(r)\geqslant0$。这就意味着当且仅当 $r\leqslant r^c(\theta)$ 时，所有企业合作性地接受提成率为 r 时的许可契约。

在接下来的命题中，本小节将证明阻止集体挑战时最大的提成率小于阻止个人非合作性挑战时的提成率。这一结论并不令人吃惊。因为非合作地挑战专利有效性的决策所产生的搭便车问题在集体挑战时消失。接下来的命题 3-9 给出了阻止集体挑战时的提成率 $r^c(\theta)$ 小于诉讼下期望提成率 $\theta\varepsilon$ 的条件。

命题 3-9　与企业非合作时所接受的提成率相比，阻止企业集体挑战而使所有企业接受许可时的提成率更小，即对于 $\theta\in[0,1]$，$r^c(\theta)\leqslant r(\theta)$。$r^c(\theta)$ 须满足以下性质：① $r^c(\theta)$ 在 $[0,1]$ 上单调递增，且 $r^c(0)=0$，$r^c(1)=\varepsilon$；② $r^c(\theta)$ 是关于 θ 在 $[0,1]$ 上的凸函数，当且仅当 $\pi^e(n,x)$ 是关于 x 在 $[c-\varepsilon,c]$ 上的凸函数。并且在这种情况下 $r^c(\theta)\leqslant r(\theta)=\theta\varepsilon$。

证明见附录 1。

■

事实上，$\pi^e(n,x)$ 关于 x 的凸性特征在一系列特定竞争环境下始终成立，无论需求是线性或等弹性的、竞争模式是 Cournot 还是 Bertrand 的。因此均衡提成率超过基准提成率 $\theta\varepsilon$ 的事实主要是搭便车的问题所造成的。通过鼓励集体挑战去除搭便车的问题可能是降低弱专利持有方过高市场势力的解决方法之一。

3.6　本章小结

3.6.1　本章结论

本章对弱专利许可问题相关的研究主要通过以下两个问题来进行考察。第一个问题是，若许可协议是在专利有效性得到确认之前签订，那么许可一个存在较高概率被法院判决无效的专利是否有利于专利持有方？第二个问题是，许可弱专利所引起的可能导致"柠檬"市场等负面影响如何得到减轻或缓和？虽然这两个问题在 Farrell 和 Shapiro（2008）的研究中进行过考察，但本章则通过放松 Farrell 和 Shapiro（2008）的两大假定，在更一般的框架下对以上两个问题进行了研究。第一，本章中所涉及的弱专利不仅仅是小规模的创新。因为专利有效性方面的不确定性可能不仅仅由新颖性或显著性标准所引起，故对小规模创新的限制是不合理的。第二，专利持有方所选择的许可契约并非能够使所有企业接受。本章已经证明了当最优的许可证发放数由许可证的需求函数所决定时，限制许可形式为使所有下游企业均接受，显然是不合理的。

放松上述两大限制，并保持与 Farrell 和 Shapiro（2008）研究中相同的两部制许可机制的构建，本章建立了一个三阶段的博弈模型，考察了专利持有方作为局外人（指上游企业或外部研发机构）在不同创新规模和许可证发放数情况下许可弱专利时的一些情况，并得出如下结论：首先，专利持有方所能索取的最优提成率水平取决于阻止诉讼时的最大提成率，如实际的提成率大于临界提成率水平，则最优的许可契约是阻止诉讼时的纯产量提成许可。这一结论与 Farrell 和 Shapiro（2008）的研究结论具有一致性。若实际的提成率小于临界水平，则专利持有方偏好于发放许可证给部分下游企业，并以最优的两部制许可形式进行报价，而这将引发诉讼发生的可能。由此可知，诉讼威胁的存在可有效降低许可方的市场势力。其次，许可弱专利并非总是导致过度补偿这样负面的结果。本章分别选取了提成率和许可收益与基准模型中的期望最大提成率和期望最大许可收益进行了比较，这样得出的结论比 Farrell 和 Shapiro（2008）的研究更加完善和可信。特别地，当专利有效性得到完美确认，且提供使所有企业均接受的许可契约最优时，若所有企业接受的最大提成率较低，则对弱专利而言，补偿不足则可能出现。

3.6.2　政策启示

既然完整的专利系统是由事前知识产权局审查及事后其他企业司法挑战（通过诉讼挑战专利有效性）两个层面构成，那么从这两个层面来寻找对策来解决许可弱专利所伴随的相关问题是合理的。关于第一个层面，Farrell 和 Shapiro（2008）在其研究中强调对知识产权局投入更多资源来增强专利审查的力度，以此来减弱或抵消弱专利许可所产生的潜在负面影响。然而本章认为这一观点值得商榷。第一，知识产权局是否授予了如此多的弱专利是未知的，因为专利审查员可以理性地忽视客观有效性原则或者自身存在一些偏见。第二，相关技术复杂且能获取的信息有限，且信息搜索成本较高，最终导致一个能够区分这些弱专利的更加细致的审查变得似乎难以实施。第三，许可弱专利会造成的过度补偿结果似乎可以用来区分这些弱专利。然而，本章所得结论发现，许可弱专利除可能造成过度补偿，也会导致补偿不足的结果。因此以事后的结果来区分弱专利不可行，即使可行，以现行的实施产权局的事前审查制度也无法成行。

因此针对第二层面来设计可实施的政策变得相对更具可操作性和实用性。既然弱专利的出现好像或多或少是不可避免的或者太耗费成本而不能在知识产权局的层面降低其数量，那么在第二层面——司法层面上实施，可能更容易以及耗费成本可能更低些。通过给司法系统提供更多的资源并鼓励第三方利用诉讼进入法庭挑战其认定弱专利的有效性，可以达到先前的目的。这样的鼓励是必要的，因为一个企业挑战专利的有效性会使其他企业受益（Farrell and Merges，2004；Lemley and Shapiro，2005），并且相应出现的搭便车现象会明显影响潜在的过度补偿水平。在其他条件相同情况下，禁止侵权行为似乎更多的是加剧了过度补偿结果的发生，而非减少。因此激励潜在的受许方更多地去挑战弱专利的有效性，从这个角度看，似乎是更准确的。这也是本章之前所提出的，如禁止许可方拒绝许可其技术给不成功的挑战方及鼓励潜在受许方集体诉讼等对策是有效的原因所在。

第4章　正常产品市场在位创新企业技术许可博弈分析

第2章对研发成功前在位创新企业最优技术许可策略进行了分析，之后的第3章则在研发成功后、专利有效性确认前创新者的技术许可行为进行了分析。本章则在研发成功后，且专利有效性得到确认的情况下，对正常产品市场上，在位创新企业的技术许可最优许可契约进行分析。本章通过建立一个包含产品异质性、研发溢出、企业吸收能力、创新规模、创新后企业间成本差异以及创新企业的讨价还价能力等现有文献中多数可量化参数的多阶段博弈模型，力图对关于创新企业技术许可的研究出现多样性的结论做出统一。研究结论表明：①当创新后企业间成本差异足够大时，创新企业存在垄断的可能性，但这种可能性可能被产品间足够大的异质程度所打破。②创新企业讨价还价能力的作用不仅在于"数量"（许可得益大小）上的获得，更在于"质量"（许可方式）上的选择。③R&D溢出、吸收能力以及创新规模通过对创新后企业间的成本差异起作用间接来对企业的技术许可行为产生影响。④创新企业的讨价还价能力并非在所有由成本差异和产品替代程度所构成的区域内都对技术许可方式的选择产生影响。在创新后企业间成本差异较小时，不管创新企业的讨价还价能力和企业间产品替代程度如何，产量提成许可总是最优；而在成本差异和产品替代程度都较大时，固定费许可最优。但在某些特定的区域内，最优的技术许可方式随着创新企业讨价还价能力的增强从产量提成许可转向固定费许可。⑤若两部制许可具备实施条件，则不管实际创新程度以及产品异质性如何，最优的许可机制始终是两部制许可，且与不许可相比，进行两部制许可总是最优。⑥在位创新企业对创新程度的高估、监督成本的过大以及不完全的议价能力，可能是现实中多种许可机制并存的原因。

4.1　引言

作为当今除自主创新以外最迅速和有效提高企业技术创新能力的方式——技

术许可，对其进行研究的价值主要体现在两个层面上：第一，在企业层面上，就创新企业而言，技术许可有利于提高研发的投资回报率，增加企业的经济利润，促进企业的可持续发展；而对许可目标企业，技术许可则有助于缩小与创新企业技术的差距，为把握技术的发展路径乃至进一步创新做准备。第二次世界大战后，日本在几十年内就迅速赶超欧美的经验就是值得借鉴的例子。第二，在国家层面上，技术许可的作用不仅在于加快技术扩散，促进技术进步，更在于促进社会和经济的良性发展。因此，对创新企业的技术许可行为进行详细而深入的研究，具有重要的理论价值和现实意义。

关于最优许可机制的研究自 Arrow（1962）之后，众学者对此进行了较为激烈并且深刻的探讨。Rockett（1990a）对固定费和提成许可机制进行了比较，他研究得出随着模仿成本的提高最优的许可方式从固定费许可转为提成许可机制。Wang（1998）在同质 Cournot 双寡头市场结构下对固定费与提成许可机制进行了比较，认为提成许可机制对受许方边际成本的扭曲，导致了提成许可优于固定费许可。由于现实中产品具有异质性，因此 Wang（2002）又引入产品替代系数将模型拓展到异质 Cournot 双寡头市场，并得出许可策略的优劣取决于产品的替代程度。Li 和 Song（2009）则对有质量差异时的最优技术许可机制进行了研究，得出技术持有方许可高质量技术总是优于低质量技术，且同样得出产量提成许可最优的结论。之后又有学者，如 Kabiraj（2004，2005）、Erkal（2005）、Filippini（2005）以及 Mukherjee 和 Pennings（2006）从企业竞争方式入手对最优的许可方式进行了比较。其中 Erkal（2005）与 Mukherjee 和 Pennings（2006）均在 Bertrand 竞争市场上对最优许可进行了研究，但 Erkal（2005）以社会福利的角度，并且比较了两部制许可、固定费许可、提成许可以及共谋许可，并得出产品替代程度以及创新规模决定了企业是否会进行技术许可以及何种许可机制对社会最优。Filippini（2005）则在 Stackelberg 竞争模式下对最优的许可机制进行了研究，他认为，产量领先者对生产能力的承诺会导致最优的许可机制，因为产量提成许可且最优的提成率是可以高于创新规模的。不管是何种竞争模式，这几位学者都公认产品替代程度以及创新规模对最优许可机制的选择起重要作用。之后 Lin 和 Kulatilaka（2006）、潘小军等（2008）、赵丹和王宗军（2010）对网络产品市场下最优的许可机制进行了研究，其中 Lin 和 Kulatilaka（2006）对固定费许可、产量提成许可以及两部制许可机制进行了比较研究，并且与赵丹和王宗军（2010）、潘小军等（2008）的结论相似，其也认为网络强度对最优的许可机制具有决定性的作用。国内学者，如霍沛军等（2000a，2000b）、霍沛军和宣国良（2001）、郭红珍和郭瑞军（2007）也对最优许可机制进行了研究，其中郭红珍和郭瑞军（2007）在异质产品市场下得出创新规模、产品异质程度促使最优许可机制从固定费转向产量提成许可的结论。根据 Mansfield（1985）的研究，技术研发存在明显的溢出效应，因此研发的溢出效应可能对最优的许可机制选择产生重要影响。之后 Aoki 和 Tauman（2001）以及赵丹等（2008）证实了最优的许可机制受到研发溢出的影响，然而却均认定创新企业具有完全的议价能力，且未对现实中应用最普遍的两部制许可机制进行研究。

通过对以上技术许可文献的研究发现，不同的学者在模型中加入了不同的参数，进而导致模型结论的不同，因此有必要将这些参数尽可能地统一到一个模型中，共同考察它们对创新企业最优技术许可行为的影响。由以上众多文献可知，在正常产品[①]市场上，影响创新企业最优许可行为的参数主要集中在产品的异质性、模仿的难易程度、竞争模式、创新规模等方面。然而现实中，影响创新企业最优技术许可行为的参数并不仅是这些。研发的溢出效应[②]、企业的吸收能力、创新后企业间的成本差异以及许可双方的讨价还价能力都可能对创新企业的最优技术许可行为产生影响。因此本章综合考虑以上因素，并且在异质产品 Cournot 竞争市场上，在多阶段博弈模型中引入创新规模、溢出效应、吸收能力、创新后企业间的成本差异以及许可双方的讨价还价能力等现实中可能起关键作用的参数，共同考察在这些参数下创新企业最优的技术许可行为。

4.2　正常产品市场上博弈模型描述与假定

考虑一个由两个企业组成的寡头垄断市场，它们在产品市场上生产具有一定产品替代程度的产品，根据 Bowley（1924）、Dixit 和 Stiglitz（1977）、Dixit（1979）等的研究，产品的逆需求函数为 $P_i = a - (q_i + dq_j)$，$i \neq j$，$i, j = 1, 2$。其中，P 为产品市场出清价格；a 为市场规模；q_i 和 q_j 分别为企业 i 和企业 j 的产量。$d \in [0,1]$ 为产品差异系数，d 越大，产品的替代程度越高，产品越同质；特别当 $d = 1$ 时，产品间完全替代。假定初始时企业 i 和企业 j 具有相同的技术水平，从而具有相同的边际成本（设为 c）。但在产品市场上进行 Cournot 竞争前，企业 i 独自进行成本降低性工艺创新，由于存在 R&D 的溢出效应，因此当企业 i 创新成功后其边际生产成本 $c_i = c - x_i$，企业 j 的边际生产成本则为 $c_j = c - s\beta x_i$，其中 $\beta \in [0,1]$ 为 R&D 溢出参数，衡量的是 R&D 的溢出效应；β 越大，R&D 的溢出效应越大。

---

① 根据产品是否具有消费端的规模经济，可分为正常产品和网络产品。详情可参考陈宏民（2007）关于网络外部性与规模经济性关系的研究。

② 溢出效应是一种外部正效应，是其他企业以无偿或较低成本为代价使用创新企业技术的现象。作为外生变量，研发溢出主要由知识产权保护力度决定；而作为内生变量，研发溢出由技术本身的复杂性和创新企业的战略意图决定。关于研发溢出和模仿的难易程度之间的关系，总的说来，呈负相关的关系，即研发溢出越大，模仿相对越容易（模仿成本越低）。研发溢出越小，模仿则越困难。相关可参见 Mansfield（1968，1985）的研究。另外，本章的模型中研发溢出为外生变量，并代替模仿的难易程度这一参数。

$s \in [0,1]$ 为企业的吸收能力[1]，反映的是企业对外界知识和信息利用的能力。吸收能力与研发基础（沉没的研发投入）有关，研发基础越强，吸收能力 s 越大。x_i 为成本缩减量（即创新规模），其与总的研发投入成本 k 呈二次函数关系，且 $k' > 0$，$k'' < 0$，符合规模报酬递减规律。

　　整个博弈的过程如下所述：企业选定研发投入创新成功后决定是否进行技术许可；若不进行技术许可，则直接跳至下一阶段在产品市场上进行 Cournot 竞争；若进行技术许可，则决定以何种方式进行许可；创新企业选定技术许可方式后，对固定费或产量提成率提供一个价格，许可目标企业决定是否接受报价；如许可目标企业不同意这个报价，则讨价还价进行到下一轮，直到许可目标企业接受报价；在许可目标企业接受许可后，许可双方在产品市场上进行 Cournot 竞争。特别地，假定讨价还价的过程中不存在许可得益的损失。为得到子博弈完美 Nash 均衡解，动态博弈分析中使用最普遍的方法——逆推归纳法成为首选。

　　许可前，在企业 i 创新后，各企业在产品市场上进行 Cournot 竞争。各企业利润函数如式（4-1）所示：

$$\pi_i^{\text{NL}} = \left(a - q_i - dq_j - c_i\right)q_i - k$$
$$\pi_j^{\text{NL}} = \left(a - q_j - dq_i - c_j\right)q_j \qquad (4\text{-}1)$$

　　根据利润最大化的条件，可得到企业 i 和企业 j 在许可前的均衡产量分别为

$$q_i^{\text{NL}} = \frac{(2-d)a - 2c_i + dc_j}{4 - d^2}$$
$$q_j^{\text{NL}} = \frac{(2-d)a + dc_i - 2c_j}{4 - d^2} \qquad (4\text{-}2)$$

其中，上标 NL（non-licensing）表示不进行技术许可的情况。

　　若创新后企业间的成本差异 $\Delta c < c^* = \dfrac{2-d}{2}$，企业 i 进行非显著性创新，各企业在产品市场上均有正的产量；若 $\Delta c \geqslant c^*$，则企业 i 进行显著性创新[2]，除非企业 j 得到企业 i 的技术许可，否则企业 j 在产品市场上将不进行生产或被驱逐出市场。

　　许可后，名义上[3]两企业的边际生产成本相同，即 $c_i = c_j$。于是由式（4-2）

---

① 关于吸收能力的详细研究，参见 Cohen 和 Levinthal（1989）关于 R&D 的讨论。

② 若企业 i 创新后导致产品价格不大于创新前企业 j 的边际成本，则这种创新称为显著性创新。一般情况下，这种创新将导致企业 j 被驱逐出市场。相关研究文献见 Fershtman 和 Kamien（1987），Milgrom 和 Roberts（1987）以及 Schwartz（1989）等的著述。

③ 在这里是为了和实际边际成本加以区分。在固定费许可下，受许可方的实际边际生产成本与名义上相同，但在产量提成许可下，许可方对受许可方边际成本的扭曲，导致受许可方的实际边际成本与许可方仍不同。

得到企业 i 和企业 j 在许可后的均衡产量分别为

$$q_i^L = q_j^L = \frac{1}{2+d} \qquad (4\text{-}3)^{①}$$

其中，上标 L 表示进行技术许可后的情况。

接下来考察创新企业 i 在不同创新程度下进行固定费许可和产量提成许可时的均衡行为。

4.3　固定费许可下的均衡分析

当企业 i 决定通过固定费的方式（F）许可它的技术给企业 j 后，两企业在产品市场上进行 Cournot 竞争。

在生产阶段，固定费许可后，由式（4-3）可得，企业 i 和企业 j 的均衡利润为

$$\pi_i^F = \frac{1}{(2+d)^2} + F - k$$
$$\pi_j^F = \frac{1}{(2+d)^2} - F \qquad (4\text{-}4)$$

其中，上标 F 表示固定费许可发生后的情况。

若企业 i 进行非显著性创新（$\Delta c < c^*$），在技术许可阶段，则最优的固定费 F 须满足以下最优化条件：

$$\max_F \left\{ \frac{1}{(2+d)^2} + F - \left[\frac{(2-d)a - 2c_i + dc_j}{4-d^2} \right]^2 \right\}^{\alpha}$$
$$\times \left\{ \frac{1}{(2+d)^2} - F - \left[\frac{(2-d)a + dc_i - 2c_j}{4-d^2} \right]^2 \right\}^{1-\alpha} \qquad (4\text{-}5)$$

其中，$\left\{ \dfrac{1}{(2+d)^2} + F - \left[\dfrac{(2-d)a - 2c_i + dc_j}{4-d^2} \right]^2 \right\}^{\alpha}$ 表示企业 i 许可前后的得益增量

$\Delta\pi_i$；$\left\{ \dfrac{1}{(2+d)^2} - F - \left[\dfrac{(2-d)a + dc_i - 2c_j}{4-d^2} \right]^2 \right\}^{1-\alpha}$ 表示企业 j 接受许可后的得益增量

$\Delta\pi_j$；$\alpha \in (0,1)$ 表示创新企业 i 在许可得益上的讨价还价能力。

于是由式（4-5）的一阶条件，得到最优固定费 F 为

---

① 实际上，$q_i^L = q_j^L = \dfrac{a - c_i}{2+d}$。但为计算方便，以后不妨假设 $a - c_i = 1$。

$$F = \alpha E_1 - \frac{1}{(2+d)^2} + \left[\frac{(2-d)a - 2c_i + dc_j}{4-d^2}\right]^2 \tag{4-6}$$

其中，E_1 为总的许可得益，它由企业 i 和企业 j 接受许可后的得益增量 $\Delta\pi_i$ 和 $\Delta\pi_j$ 构成。

$$E_1 = \frac{\Delta c\left[2(2-d)^2 - (d^2+4)\Delta c\right]}{(4-d^2)^2} \tag{4-7}$$

由式（4-5）~式（4-7）可得企业 i 和企业 j 的得益增量 $\Delta\pi_i$ 和 $\Delta\pi_j$ 的表达式为

$$\Delta\pi_i = \alpha E_1, \quad \Delta\pi_j = (1-\alpha)E_1 \tag{4-8}$$

由式（4-8）可知，在固定费许可下，创新企业的得益随着其讨价还价能力的增强而增加，而技术目标企业，即受许方的得益随着创新企业讨价还价能力的增强而减少。

当企业 i 和企业 j 的得益增量 $\Delta\pi_i$ 和 $\Delta\pi_j$ 均为非负数时，企业双方才可能愿意进行固定费许可。于是由式（4-7）和非显著性创新的条件得出，当 $\Delta c \leqslant \min\left\{c^*, c_1^*\right\}$ 时，固定费许可才可能发生。其中，$c_1^* = \dfrac{2(2-d)^2}{d^2+4}$。接下来的命题给出了固定费许可与其各影响参数之间的关系。

命题 4-1　当企业 i 进行非显著性创新（ $\Delta c < c^*$ ）时，只要创新后企业间成本差异足够小（ 如 $\Delta c \leqslant c_1^*$ ），而不管产品异质性有多大，创新企业进行固定费许可均优于不许可。

证明：关于命题 4-1 中 c^* 和 c_1^* 之间的比较见本书附录 2。

易发现，创新后企业间的成本差异和产品异质性（产品替代系数 d ）与固定费许可的发生与否有着密切关系。随着 d 的增大，临界值 c_1^* 逐渐减小，固定费许可发生所要求的成本差异的空间也减小，这时创新后两企业的成本差距适中时，固定费许可才发生；而随着 d 的减小，临界值 c_1^* 逐渐增大，即便两企业的成本差距较大，固定费许可也可能发生。于是又有以下引理。

引理 4-1　当企业进行非显著性创新时，产品替代程度（ d ）与固定费许可发生的可能性（ $\dfrac{c_1^*}{c^*}$ ）成反比。

直观上，产品替代程度越大，产品越同质，则企业间竞争程度越大，因此创新企业进行固定费许可的可能性越小，相反，产品越异质，企业间竞争越小，创新企业进行许可的可能性就会越大。

由命题 4-1 知，当创新企业的创新规模不是很大时，其有进行固定费许可的动机。但当创新企业的创新规模很大，即进行显著性创新（ $\Delta c \geqslant c^*$ ）时，企业 j

将不进行生产，而创新企业也存在垄断的可能性。那么在这种情况下，它是否仍有进行许可的激励呢？以下命题给出了答案。

命题 4-2　当企业 i 进行显著性创新（$\Delta c \geqslant c^*$）时，若产品间替代程度不是很大（如 $d \leqslant 0.828\,4$），则对于创新企业而言，进行固定费许可更优；若产品间替代程度很大（如 $d > 0.828\,4$），则创新企业获取垄断利润更优。

证明见附录 2。

综合命题 4-1 和命题 4-2 的结论，得到成本差异与产品差异系数构成的表，如表 4-1 所示。

表 4-1　固定费许可与不许可时创新企业的得益比较

Δc		d	$(0,\ 0.828\,4]$	$(0.828\,4,\ 1]$
$(0,\ c^*)$	$(0,\ c_1^*]$		$\pi_i^F \geqslant \pi_i^{NL}$	$\pi_i^F \geqslant \pi_i^{NL}$
	$(c_1^*,\ c^*)$			$\pi_i^{NL} > \pi_i^F$
$\Delta c \geqslant c^*$				

由表 4-1 可知，当产品替代程度较低时（如 $d \leqslant 0.828\,4$），不管创新企业进行非显著创新还是显著创新，进行固定费许可总是更有利。这一结论与 Wang（1998）的结论相同。但当产品同质程度较高时（如 $d > 0.828\,4$），若创新后企业间成本差异较小，则进行固定费许可更有利；若创新后企业间成本差异较大，则不许可或进行垄断更有利。

直观上，当产品同质程度较低时，各企业在产品市场上竞争程度较低，在这种情况下，许可效应大于竞争效应①，因此进行固定费许可或许更有利。但当产品同质程度较大时，企业在产品市场上竞争较激烈，这时进行创新后能很明显地拉大企业间的成本差距，即竞争效应远大于许可效应，那么不进行技术许可对创新企业更优。

4.4　产量提成许可下的均衡分析

在许可阶段，创新企业 i 按企业 j 的产量收取提成的许可方式向企业 j 许可其技术，此时，创新企业 i 需要确定许可费提成率 r。但由于创新企业不具有完全的讨价还价能力，于是根据其讨价还价能力的大小，这时创新企业 i 最优的提成率

---

① 技术许可会导致两种效应的存在：一方面，创新企业会从许可中获得收益，即许可效应；另一方面，许可会导致受许方竞争力的加强，进而产生损失，即竞争效应，又称做租金耗散效应（Posner, 1975）。当许可效应超过竞争效应时，技术许可对创新一方才是有利的。

则变为 αr。其中 $\alpha \in [0,1]$。许可后，企业 i 和企业 j 的得益表达式如下所示[①]：

$$\pi_i^R = \left(a - q_i - dq_j - c_i\right)q_i - k + \alpha r q_j^R$$
$$\pi_j^R = \left(a - dq_i - q_j - c_i\right)q_j - \alpha r q_j^R \tag{4-10}$$

其中，上标 R 表示产量提成许可发生时的情况；$\left(a - q_i - dq_j - c_i\right)q_i$ 为企业 i 的利润；k 为研发总成本；$\alpha r q_j^R$ 为创新企业向受许企业 j 索取的提成收益；$\left(a - dq_i - q_j - c_i\right)q_j$ 为企业 j 获取技术许可后的利润；$\alpha r q_j^R$ 为向企业 i 支付的总费用。

在生产阶段，根据式（4-10）的一阶条件，可得企业 i 和企业 j 的均衡产量分别为

$$q_i^R = \frac{(2-d) + d\alpha r}{4 - d^2}$$
$$q_j^R = \frac{(2-d) - 2\alpha r}{4 - d^2} \tag{4-11}$$

将式（4-11）代入式（4-10），可得企业 i 和企业 j 的均衡得益分别为

$$\pi_i^R = \frac{(2-d)^2 + (2d+1)(2-d)\alpha r + (3d^2 - 8)\alpha^2 r^2}{\left(4 - d^2\right)^2} - k$$
$$\pi_j^R = \frac{\left[(2-d) - 2\alpha r\right]^2}{\left(4 - d^2\right)^2} \tag{4-12}$$

于是对于创新企业 i 而言，最优的提成率 αr^* 由下列表达式决定：

$$\max_r \pi_i^R$$
$$\text{s.t. } \pi_j^R \geq \pi_j^{\text{NL}} \tag{4-13}$$

不同于在固定费许可下的情况，产量提成许可下企业 j 愿意接受的最高的提成率可能并非企业 i 最优的提成率。关于式（4-13）中有约束条件下的最优化问题，可以通过三步来求解。首先，求出无约束条件下企业 i 的得益最大化问题。此时，$\alpha r_1^* = \dfrac{(2d+1)(2-d)}{2(8 - 3d^2)}$。其次，根据约束条件求出企业 j 愿意接受的最高的提成率。由于企业 j 的利润随提成率的提高而降低，因此由 $\pi_j^R = \pi_j^{\text{NL}}$ 求出的 r_2^*，即为企业 j 愿意接受的最高的提成率。求得，$\alpha r_2^* = \Delta c$。最后，最优的提成率由 $\alpha r^* = \min\left\{\alpha r_1^*, \alpha r_2^*\right\}$ 决定。这是因为当 $r_1^* < r_2^*$ 时，αr_1^* 即为企业 i 最大化其得益函数时所确定的提成率；而当 $r_1^* \geq r_2^*$ 时，最优的提成率 αr_2^* 即为企业 j 愿意接受的最大提成率。接下来的命题给出了不同成本差异情况下最优的提成率。

命题 4-3　企业 i 若进行产量提成许可，当创新后企业间边际成本差异较小

---

① 公式（4-9）见附录，余章同。

（如 $\Delta c \leqslant c_2^*$ ）时，最优的提成率为企业 j 愿意接受的最高提成率 αr_2^* ；当创新后企业间的边际成本差异较大（如 $\Delta c > c_2^*$ ）时，则最优的提成率为企业 i 在无条件约束下得益最大时索取的提成率 αr_1^* 。

证明：令 $c_2^* = \dfrac{(2d+1)(2-d)}{2(8-3d^2)}$ 为 $r_1^* = r_2^*$ 时企业间成本差异 Δc 的取值。且有当 $\Delta c > c_2^*$ 时有 $r_1^* < r_2^*$ ；当 $\Delta c \leqslant c_2^*$ 时有 $r_1^* \geqslant r_2^*$ 。最后根据最优提成率 $\alpha r^* = \min\left\{\alpha r_1^*, \alpha r_2^*\right\}$ 可得。

另外，不管最优的提成率 αr^* 等于 αr_1^* 还是等于 αr_2^* ，创新企业的讨价还价能力 α 对许可双方的得益均无影响。这点与固定费许可下的情况形成鲜明对比。在固定费许可下，创新企业的得益随着其讨价还价能力的增强而增大；而在产量提成许可下，创新企业的讨价还价能力对其得益大小没有影响，根据命题 4-3 可知，影响创新企业得益大小的关键因素在于创新后、许可前企业间边际成本的差异，它通过对最优提成率的选择来影响许可双方的得益。总结以上结论，可得如下引理。

引理 4-2　创新企业的讨价还价能力对产量提成许可下其得益不产生影响，对其得益大小产生影响是其创新后（许可前）企业间边际成本的差异。

由式（4-13）可知，企业 j 在产量提成许可下总是愿意接受许可。因为其得益至少不小于其在许可前的得益。那么创新企业 i 是否愿意进行产量提成许可呢？接下来的命题给出了在非显著性创新下企业 i 进行产量提成许可的条件。

命题 4-4　企业 i 进行非显著性创新（ $\Delta c < c^*$ ）：①当最优提成率为 αr_2^* 时，若产品替代程度较小（如 $0 < d \leqslant 0.4707$ ），产量提成许可比不许可更优；若产品替代程度较大（如 $d > 0.4707$ ），除非创新后企业间边际成本差异较小（ $\Delta c \leqslant c_3^*$ ），否则创新企业 i 不许可更有利。②当最优提成率为 αr_1^* 时，只有当产品替代程度较小（如 $0 < d \leqslant 0.4707$ ），且创新后企业间边际成本差异较小（ $c_2^* < \Delta c \leqslant c_4^*$ ），创新企业 i 进行产量提成许可才更优。

证明： c_2^* 和 c_4^* 的取值以及命题 4-4 的证明见附录 2。

由命题 4-4 可以发现，创新企业 i 在进行非显著性创新时有通过产量提成许可其技术的动机，那么当其进行显著性创新时，它是选择垄断利润，还是选择竞争（进行产量提成许可）？

命题 4-5　当企业间产品异质程度很高（如 $0 < d \leqslant 0.0356$ ）时，即使企业 i 进行显著性创新也有可能选择产量提成来许可其技术。

证明见附录 2。

命题 4-2 和命题 4-5 的结论与现有文献形成鲜明的对比。传统大多数文献认为，当企业进行显著创新时，其他企业将会因掠夺性定价①而不进行生产，进而被驱逐出市场，因此创新企业将会获得垄断利润。而本章的结论表明，只要产品的异质程度足够高，创新企业也有动机回避垄断，选择竞争。这样做的原因可能如下：一方面可以避免反垄断结构的调查，另一方面获得超越垄断利润的利润。直觉上，当产品替代程度趋于 0 时，产品市场由一个变为互不相关的两个市场。显著性创新企业在赚取其产品市场大部分利润的同时，又获得另一个市场的部分利润，其利润总额自然要大于其在一个市场上所赚取的利润。

综合本部分的命题 4-3~命题 4-5，可得如下成本差异与产品替代程度构成的表 4-2。

表 4-2　产量提成许可与不许可时创新企业的得益比较

Δc ＼ d		$(0, 0.035\,6]$	$(0.035\,6, 0.470\,7]$	$(0.470\,7, 1]$
$(0, c_2^*]$	$(0, c_3^*]$	$\pi_i^R \geqslant \pi_i^{NL}$		$\pi_i^R \geqslant \pi_i^{NL}$
	$(c_3^*, c_2^*]$			$\pi_i^{NL} > \pi_i^R$
(c_2^*, c^*)	$(c_2^*, c_4^*]$			
	(c_4^*, c^*)	$\pi_i^{NL} > \pi_i^R$		
$\Delta c \geqslant c^*$		$\pi_i^R \geqslant \pi_i^{NL}$	$\pi_i^{NL} > \pi_i^R$	

把表 4-1 与表 4-2 进行比较发现这样的规律，即不管是进行固定费许可还是进行产量提成许可，随着产品替代程度和创新后企业间边际成本差异的逐渐增大，创新企业的最优策略均从选择技术许可变为不许可或垄断。并且都存在一个由 Δc 和 d 构成的区域（如 $d \leqslant 0.470\,7$，$\Delta c \leqslant c_2^*$，在固定费许可下是 $d \leqslant 0.828\,4$），在这个区域里，选择技术许可总是最优的。

前面部分对创新企业在不同许可方式下的均衡策略进行了分析，那么在多种许可方式并存的情况下，哪一种许可方式更优呢？

4.5　两种许可策略的比较

为了比较这两种许可方式的优劣，首先需要找出两种许可方式都是最优的区域，然后对这两种许可方式下创新企业的得益进行比较即可。综合表 4-1 和表 4-2，得到表 4-3。

---

① 关于掠夺性定价的详细讨论，见 Sherman 和 Willett（1957）、Gilbert 和 Vives（1986）与 Lipman（1990）等的研究。

表 4-3　最优的许可方式比较

d ＼ Δc	(0, 0.035 6]	(0.035 6, 0.470 7]	(0.470 7, 0.828 4]	(0.828 4, 1]
(0, c₂*] ／ (0, c₃*]	$\pi_i^R \geqslant \pi_i^{NL}$ $\pi_i^F \geqslant \pi_i^{NL}$		$\pi_i^R \geqslant \pi_i^{NL}$ $\pi_i^F \geqslant \pi_i^{NL}$	
(0, c₂*] ／ (c₃*, c₂*]			$\pi_i^F \geqslant \pi_i^{NL} > \pi_i^R$	$\pi_i^F \geqslant \pi_i^{NL} > \pi_i^R$
(c₂*, c*) ／ (c₂*, c₄*]	$\pi_i^F \geqslant \pi_i^{NL} > \pi_i^R$		$\pi_i^F \geqslant \pi_i^{NL} > \pi_i^R$	$\pi_i^F \geqslant \pi_i^{NL} > \pi_i^R$
(c₂*, c*) ／ (c₄*, c₁*)				
(c₂*, c*) ／ (c₁*, c*)				
Δc ≥ c*	$\pi_i^R \geqslant \pi_i^{NL}$ $\pi_i^F \geqslant \pi_i^{NL}$	$\pi_i^F \geqslant \pi_i^{NL} > \pi_i^R$		$\pi_i^{NL} > \pi_i^R$ $\pi_i^{NL} > \pi_i^F$

注：关于 c_4^* 和 c_1^* 的比较，见附录 2

由表 4-3 可知，有四个区域下最优的许可方式不明确，因此需要对这四个区域下各自许可下的得益 π_i^R 和 π_i^F 的大小进行比较。这四个区域分别如下：

（1）$d \in (0,0.470\,7]$，$\Delta c \in (0,c_2^*]$ 构成的区域。

（2）$d \in (0,0.470\,7]$，$\Delta c \in (c_2^*,c_4^*]$ 构成的区域。

（3）$d \in (0.470\,7,1]$，$\Delta c \in (0,c_3^*]$ 构成的区域。

（4）$d \in (0,0.035\,6]$，$\Delta c \geqslant c^*$ 构成的区域。

接下来分别根据不同创新程度对这四个区域下最优的许可方式进行分析。

在非显著性创新（对应于前三个区域）下，企业间产品的替代程度和创新后、许可前边际成本差异对创新企业最优的许可方式产生什么样的影响呢？

命题 4-6　企业 i 进行非显著性创新：①若创新后企业间边际成本差异较小（$\Delta c \leqslant c_5^*$），则不管创新企业的讨价还价能力 α 和企业间产品替代程度 d 如何，$\pi_i^R \geqslant \pi_i^F$；②若创新后企业间边际成本差异适中（$c_5^* < \Delta c \leqslant \min\{c_2^*,c_3^*\}$①），则存在讨价还价能力的临界值 $\alpha_1^* \in (0,1]$②（使 $\pi_i^R = \pi_i^F$），且当 $\alpha < \alpha_1^*$ 时，$\pi_i^R > \pi_i^F$；当 $\alpha > \alpha_1^*$ 时，$\pi_i^F > \pi_i^R$；③若创新后企业间边际成本差异较大（$c_2^* < \Delta c \leqslant c_4^*$），同样存在讨价还价能力的临界值 $\alpha_2^* \in (0,1]$③（使 $\pi_i^R = \pi_i^F$），当 $\alpha < \alpha_2^*$ 时，$\pi_i^R > \pi_i^F$；当 $\alpha > \alpha_2^*$ 时，$\pi_i^F > \pi_i^R$。

证明见附录 2。

由命题 4-6 可知，当企业进行非显著性创新时，在创新后（许可前）企

---

① 当 $d \leqslant 0.470\,7$ 时，$\min\{c_2^*,c_3^*\} = c_2^*$；当 $d > 0.470\,7$ 时，$\min\{c_2^*,c_3^*\} = c_3^*$。

② 其中 $\alpha_1^* = \left[2\left(4-d^2\right)^2\left(c_3^*-\Delta c\right)\right]\big/\left[\left(4+d^2\right)\left(c_1^*-\Delta c\right)\right]$，详情见附录 2。

③ 其中 $\alpha_2^* = \left(c_2^*-m_1\Delta c\right)\left(c_2^*-m_2\Delta c\right)\big/\left[\left(1+2d\right)\left(4+d^2\right)\left(c_1^*-\Delta c\right)\Delta c\right]$，详情见附录 2。

业间的边际成本差异一定的情况下，最优的技术许可方式取决于其讨价还价能力的强弱。当创新企业的讨价还价能力较弱时，产量提成许可优于固定费许可，这可能是由于讨价还价能力强弱与产量提成许可得益的大小无关（引理 4-2）的缘故；而当讨价还价能力较强时，选择固定费许可优于产量提成许可，这可能因为在固定费许可下，创新企业的得益随着其讨价还价能力的增强而增大。

那么当企业 i 进行显著性创新时，在其放弃垄断利润的情况下［区域（4）］，选择哪种许可方式对创新企业更优呢？

命题 4-7　当企业 i 进行显著性创新（ $\Delta c \geqslant c^*$ ）时，若企业间产品替代程度很小（ $d \in (0, 0.035\,6]$ ），则存在创新企业讨价还价能力的一个临界值 $\alpha_3^* \in (0,1]$ [①]（使 $\pi_i^R = \pi_i^F$ ），且当 $\alpha < \alpha_3^*$ 时， $\pi_i^R > \pi_i^F$ ；当 $\alpha > \alpha_3^*$ 时， $\pi_i^F > \pi_i^R$ 。

证明见附录 2。

表 4-3、命题 4-6 和命题 4-7 共同构成了创新企业的技术许可均衡行为。这就得到了子博弈完美 Nash 均衡的解。

在固定费许可下，创新企业的得益随着其讨价还价能力的增强而增大。而在产量提成许可下，创新企业的得益不受其讨价还价能力的影响。可是在现实中，讨价还价无处不在（纵向来看，上下游企业在批发价格乃至零售价格上的讨价还价；水平来看，如在专利使用权上的讨价还价等），企业的讨价还价能力也的确对其得益产生影响。那么讨价还价所起的作用到底是什么呢？由命题 4-6 和命题 4-7 可知，在技术许可中，讨价还价的真正作用首先在于帮助创新企业选择更有利的许可方式（"质量"更优），其次才是对许可总得益大小的影响（"数量"更多）。总结以上结论得出引理 4-3。

引理 4-3　讨价还价能力通过"质量"（许可方式的选择）和"数量"（许可得益大小的获得）这两方面来影响创新企业的技术许可行为。

又由创新后企业间边际成本差异 $\Delta c = c_j - c_i = (1 - s\beta)x_i$ 可知，企业吸收能力 s 、研发溢出 β 以及创新规模 x_i 共同决定了创新后企业间边际成本差异 Δc 的大小。并且，在其他条件不变的情况下，成本差异 Δc 与创新规模 x_i 正相关，而与企业吸收能力 s （或研发溢出 β ）负相关。的确，创新规模可以反映企业的创新程度（如显著性创新还是非显著性创新），但真正反映企业创新程度的应是创新后企业间的边际成本差异，忽视影响创新后企业间边际成本差异的因素，如企业吸收能力 s 和研发溢出 β 等，都可能像 Wang（1998，2002）、Sen（2002）[②]等学者一

---

① 其中 $\alpha_3^* = \left(1 - 28d - 4d^2 + 12d^3 + 3d^4\right) / \left[\left(8 - 3d^2\right)\left(4 - 4d - d^2\right)\right]$ ，具体见附录 2。

② Wang（1998，2002）、Sen（2002）等学者在比较创新企业最优许可方式时，均隐含假定创新规模等同于企业的创新程度，这就忽视了影响创新程度的其他因素，如创新前企业间的成本差异、研发溢出、吸收能力等，进而得出的结论单一并且绝对，在现实中大多不能成立。

样得到不完全的结论。

4.6　扩展：两部制许可策略下的均衡分析

两部制许可机制是产量提成许可的变种，因此在正常产品市场上，产量提成许可成立，则两部制许可也成立。两部制许可同时又结合了固定费许可的优点，可根据消费者不同的偏好，达到完全价格歧视的目的，如出租车的起步价+超出单位历程价、游乐场的门票+单位项目收费等。因此在现实生活中被广泛应用。然而这种机制又易受到反垄断机构的调查。因为在这种机制下，创新企业可能通过"贿赂"（$F < 0$）来诱使其竞争企业接受许可，之后索取高额的产量提成（$r > \Delta c$）来达到垄断的目的。因此，创新企业若进行两部制许可，需使预付固定费 $F \geqslant 0$，产量提成率 $r \leqslant \Delta c$。企业 i 的得益函数为 $\pi_i^{\mathrm{FR}} = \pi_i^R + F$。其中 π_i^R 的表达式由式（4-11）给出。上标 FR 表示固定费加提成，即两部制许可发生时的情况。为使创新企业 i 的得益最大化，须满足以下条件：

$$\max_{F \geqslant 0, r \geqslant 0} \quad \pi_i^{\mathrm{FR}} = \pi_i^R + F = \left(q_i^R\right)^2 + \alpha r q_j^R - k + F$$

$$\mathrm{s.t.}\, \pi_j^{\mathrm{FR}} = \pi_j^R - F \geqslant \pi_j^{\mathrm{NL}} = \begin{cases} \dfrac{(2 - d - 2\Delta c)^2}{(4 - d^2)^2}, & \Delta c < c^* \\[3mm] 0, & \Delta c \geqslant c^* \end{cases} \qquad (4\text{-}18)$$

显然，在两部制许可下企业 i 所能索取的最大固定费 F_3^* 为

$$F_3^* = \pi_j^R - \pi_j^{\mathrm{NI}} = \begin{cases} \dfrac{(2 - d - 2\alpha r)^2 - (2 - d - 2\Delta c)^2}{(4 - d^2)^2}, & \Delta c < c^* \\[3mm] \dfrac{(2 - d - 2\alpha r)^2}{(4 - d^2)^2} - 0, & \Delta c \geqslant c^* \end{cases} \qquad (4\text{-}19)$$

由式（4-19）可知，固定费 F_3^* 也是提成率 r 的函数。把式（4-19）代入式（4-18），并根据最大化 π_i^{FR} 的一阶条件可得最优的提成率为

$$\alpha r_3^* = \frac{d(2 - d)^2}{2(4 - 3d^2)} \qquad (4\text{-}20)$$

可验证，此时的提成率 $\alpha r_3^* \leqslant \dfrac{2 - d}{2}$，满足产量提成许可和两部制许可发生的条件。

于是根据式（4-19）和式（4-20）得到许可企业的得益函数如下所示：

$$\pi_i^{\mathrm{FR}} = \begin{cases} \dfrac{2(2+d)^2 + \dfrac{d^2(2-d)^4}{4(4-3d^2)} - (2-d-2\Delta c)^2}{(4-d^2)^2}, & \Delta c < c^* \\[6mm] \dfrac{8(2+d)^2(4-3d^2) + d^2(2-d)^4}{4(4-3d^2)(4-d^2)^2}, & \Delta c \geqslant c^* \end{cases} \tag{4-21}$$

4.7　最优许可策略的选择

前面部分已对固定费许可和产量提成许可机制的均衡条件进行了分析，那么在固定费许可、产量提成许可以及两部制许可机制共存的情况下，哪一种许可机制或策略最优呢？接下来根据不同的成本差异程度，分别进行讨论。

1. 较小程度的非显著性创新：$\Delta c \leqslant c_2^*$

当 $\Delta c \leqslant c_2^*$ 时，此为产量提成许可下最优提成率确定的临界条件。在这种情况下，产量提成许可最优的提成率为 αr_2^*。因此只需比较两部制许可和产量提成许可下在位创新企业的得益即可。于是由式（4-12）以及式（4-21）可得

$$\pi_i^{\mathrm{FR}} - \pi_i^R = \frac{(4-3d^2)(\alpha r_3^* - \Delta c)^2}{(4-d^2)^2} > 0 \tag{4-22}$$

故在较小程度的非显著性创新下，两部制许可优于产量提成许可。

2. 较大程度的非显著性创新：$c_2^* < \Delta c < c^*$

当 $c_2^* < \Delta c < c^*$ 时，产量提成许可最优的提成率为 αr_1^*。比较 π_i^{FR} 和 π_i^R 可得

$$\pi_i^{\mathrm{FR}} - \pi_i^R = \frac{\dfrac{4(2-d)^2(2-d-d^2)^2}{(4-3d^2)(8-3d^2)} - (2-d-2\Delta c)^2}{(4-d^2)^2} \tag{4-23}$$

此时存在企业间边际成本差异 Δc 的临界值 $c_3^* = \dfrac{(2-d)}{2} \times$

$\left[1 - \dfrac{2(2-d-d^2)}{\sqrt{(4-3d^2)(8-3d^2)}} \right]$，使 $\pi_i^{\mathrm{FR}} = \pi_i^R$，且当 $\Delta c < c_3^*$ 时，$\pi_i^{\mathrm{FR}} < \pi_i^R$；当 $\Delta c > c_3^*$ 时，

$\pi_i^{\mathrm{FR}} > \pi_i^R$。又 $c_2^* - c_3^* = (2-d)(2-d-d^2)\left[\dfrac{1}{\sqrt{(4-3d^2)(8-3d^2)}} - \dfrac{1}{\sqrt{(8-3d^2)^2}} \right] \geqslant 0$，

$c_3^* - c^* = \dfrac{-(2-d)(2-d-d^2)}{\sqrt{(4-3d^2)(8-3d^2)}} \leqslant 0$。故对于 $c_2^* < \Delta c < c^*$，只存在 $\pi_i^{\mathrm{FR}} > \pi_i^R$，即在较

大程度的非显著性创新下，同样两部制许可优于产量提成许可。

3. 非显著性创新：$\Delta c < c^*$

事实上，在非显著性创新下，固定费许可的发生须使 $\Delta c \leqslant c_1^*$，而不管产品异质性有多大。因此在此种规模下，比较固定费许可和两部制许可策略即可。又 $\pi_i^{\mathrm{FR}} - \pi_i^F = \pi_i^{\mathrm{FR}} - \pi_i^{\mathrm{NL}} - \alpha E_1$，因此当 $\pi_i^{\mathrm{FR}} = \pi_i^F$ 时，存在创新企业的讨价还价能力临界值如下：

$$\alpha_4^* = \frac{\pi_i^{\mathrm{FR}} - \pi_i^{\mathrm{NL}}}{E_1}$$

$$= \frac{2(2+d)^2 + \dfrac{d^2(2-d)^4}{4(4-3d^2)} - (2-d-2\Delta c)^2 - (2-d+d\Delta c)^2}{\Delta c \left[2(2-d)^2 - (d^2+4)\Delta c \right]} \qquad (4\text{-}24)$$

可证明，对于任意的 $\Delta c \leqslant c_1^* = \dfrac{2(2-d)^2}{d^2+4}$ 而言，始终有 $\alpha_4^* \geqslant 1$。因此对于任意的 $\alpha \in [0,1)$，均有 $\pi_i^{\mathrm{FR}} > \pi_i^F$。故在这种创新规模下，两部制许可同样始终优于固定费许可。

4. 显著性创新：$\Delta c \geqslant c^*$

当 $\Delta c \geqslant c^*$ 时，当产品替代程度相对较小（如 $d < 0.7878$ 时），创新企业的得益在固定费许可和提成许可机制下由其讨价还价能力决定。因此需要把两部制许可机制与固定费许可以及产量提成许可机制分别进行比较。于是比较 π_i^{FR} 和 π_i^R 可得

$$\pi_i^{\mathrm{FR}} - \pi_i^R = \frac{4(2-d)^2(d^2+d-2)^2}{(4-3d^2)(8-3d^2)(4-d^2)^2} \geqslant 0 \qquad (4\text{-}25)$$

因此，对于任意的 $d \leqslant 1$，$\pi_i^{\mathrm{FR}} > \pi_i^R$，即两部制许可机制始终优于产量提成许可机制。接下来比较 $d < 0.7878$ 时 π_i^{FR} 和 π_i^F 的大小。

当 $\pi_i^{\mathrm{FR}} = \pi_i^F$ 时，存在创新企业的讨价还价能力临界值

$$\alpha_5^* = \frac{\pi_i^R - \pi_i^{\mathrm{NL}}}{E_2} = \frac{(d^6 - 10d^5 + 64d^3 - 45d^2 - 128d + 124)(2+d)^2}{(4-3d^2)(4-4d-d^2)} \qquad (4\text{-}26)$$

易证明，对于任意的 $d \in [0, 0.7878)$，有 $\alpha_5^* > 1$。故对于任意的 $\alpha \in [0,1]$，$\alpha < \alpha_5^*$，总有 $\pi_i^{\mathrm{FR}} > \pi_i^F$，即两部制许可机制总优于固定费许可机制。于是总结以上结论可得：命题 4-6 无论产品间替代程度如何，创新企业讨价还价能力以及创新后企业间成本差异有多大，在位创新企业进行许可总是优于不许可或垄断。而在固定费许可、产量提成许可以及两部制许可机制都可选择的情况下，两部制许

可总是最优的许可机制。

4.8　进一步讨论：多种许可机制并存的原因

学者 Rostoker（1984）对 150 家高新技术企业关于技术许可机制的使用情况进行了调查，发现约 13% 为固定费许可，39% 为产量提成许可，46% 为两部制许可。由此可见，实证结论也同样证明了两部制许可是最优的许可机制。然而，根据命题 4-6 的结论，既然两部制许可总是最优，那么为何现实中仍有企业选择固定费许可和产量提成许可呢？

本章研究认为，现实中存在这样的现象可能有以下几个原因。

首先，这与在位创新企业只考虑自身创新规模 x_i，而忽视与之竞争的潜在受许企业的吸收能力 s 以及研发的溢出效应 β 有关，即高估了其创新后企业间边际成本的差异程度。由创新后企业间边际成本差异 $\Delta c = c_j - c_i = (1 - s\beta)x_i$ 可知，企业吸收能力 s、研发溢出 β 以及创新规模 x_i 共同决定了创新后企业间边际成本差异 Δc 的大小，并且在其他条件不变的情况下，成本差异 Δc 与创新规模 x_i 正相关，而与企业吸收能力 s（或研发溢出 β）负相关。当不考虑吸收能力和溢出效应的影响（或影响很小）即 $s\beta = 0$（$s\beta \to 0$）时，有高估后的 $\Delta c = x_i$（$\Delta c \to x_i$）。接下来看高估 Δc 对两部制许可的影响。不妨取 $d = 0.8$，$x_i = 0.7$，$s\beta = 0.5$，于是得到 $c^* = 0.6$，实际 $\Delta c^* = 0.35 < c^*$，高估的 $\Delta c = x_i = 0.7 > c^*$。由式（4-19）知，这两种情况下索取的固定费差额 ΔF 约为 0.02，且高估后索取的固定费大于其低估时的固定费。因此在位创新企业若索取高估时最优的固定费时，潜在许可目标企业将不会接受，两部制许可也将不会发生。由此可见，在位创新企业只考虑技术自身创新规模这一影响创新程度的技术参数，而未考虑企业吸收能力、研发的溢出效应等非技术参数，进而导致其对创新程度高估是两部制许可不会发生的可能原因。

其次，现实中信息的不完全，可能是导致固定费许可机制存在的原因。私人信息的存在，会导致一方对另一方监督成本的存在。因此若进行产量提成（或两部制许可），在监督成本不很大的情况下，进行产量提成（或两部制许可）总是最优的；若监督成本很大，且产品间替代程度相对较小（如 $d < 0.828\,4$）时，进行固定费许可可能更有利。

最后，在创新企业对其创新程度高估的情况下，现实中固定费许可机制的存在可能与在位创新企业的讨价还价能力较高以及产品的替代程度较小有关。由命题 4-5 知，当创新企业的讨价还价能力达到临界值（如 $\alpha > \alpha_3^*$），且产品替代程度较小（如 $d < 0.787\,8$）时，选择固定费许可机制比产量提成许可更有利。

4.9　本章小结

本章建立了一个包含产品异质性、研发溢出、企业吸收能力、创新规模、创新后企业间成本差异以及创新企业的讨价还价能力等参数的多阶段博弈模型，力图对现有关于创新企业技术许可行为的研究出现多样性的结论做出统一。研究结论表明：①产品异质性、创新后企业间的边际成本差异以及创新企业的讨价还价能力对创新企业的技术许可行为起着决定性的作用。当创新后企业间边际成本差异较小（如 $\Delta c \leqslant c_3^*$ ）时，则不管创新企业的讨价还价能力 α 和企业间产品替代程度 d 如何，选择产量提成许可最优；随着企业间边际成本差异的增大，在产品替代程度较小时，创新企业最优的许可方式随其讨价还价能力的增强从产量提成许可转为固定费许可。但随着产品替代程度的增大，固定费许可方式对创新企业总是最优的。这与 Rockett（1990a）在模仿成本较低时所下结论相同；当企业间边际成本差异很大（如 $\Delta c \geqslant c^*$ ），且产品替代程度很大（ $d \geqslant 0.828\,4$ ）时，对创新企业而言，选择垄断利润，即不许可最优。这与同质产品市场（ $d=1$ ）上，企业进行显著性创新时不进行许可的结论相同。②研发溢出、吸收能力以及创新规模共同决定创新后企业间的边际成本差异的大小，进而影响创新企业的技术许可行为。③企业进行非显著性创新还是进行显著性创新，应由创新后企业间边际成本差异决定（或研发溢出、吸收能力以及创新规模共同决定），而不是仅仅由创新规模决定。这与 Wang（1998，2002）、Fan 和 Zhang（2002）以及潘小军等（2008）众多国内外学者观点不同[①]。④当创新后企业间成本差异足够大时，创新企业存在垄断的可能性，但这种可能性可能被产品间足够大的异质程度所打破（如 $d \leqslant 0.035\,6$ ）。⑤创新企业讨价还价能力的作用不仅在于"数量"（许可得益大小）上的获得，更在于"质量"（许可方式）上的选择。引理 4-3 得出的结论使得现有对技术许可中讨价还价的认识有了更深入的理解。从现有研究来看，讨价还价的作用是在给定博弈规则下直接对标的物进行分配。这样对讨价还价双方而言，较强势的一方往往得益较大，而较弱势的一方则得益较小。事实上，讨价还价的作用不仅在于直接分配，更在于选择或改变博弈规则，进而使得分配得益有改进的可能。以本书中固定费许可和产量提成许可策略为例。固定费许可下创新企业的得益随着其讨价还价能力的提高而增大，因而若其讨价还价能力较大，则选择固定费许可策略较有利；然而若文化或政策等原因导致其虽为创新企业，但讨价还

---

①　他们的结论仅仅是 $\Delta c = (1-s\beta)x_i$ 在企业吸收能力 s 或研发溢出 β 等于 0 时的特例。在这种情况下，$\Delta c = x_i$，即创新规模（创新后企业间边际成本差异）决定了企业是进行显著性创新还是非显著性创新。

价能力较弱,那么在固定费许可下讨价还价则明显不利(如当 $\alpha < \alpha_1^*$ 时, $\pi_i^R > \pi_i^F$)。而在产量提成许可下,创新企业的许可得益不受讨价还价能力的影响。其讨价还价能力筛选出了何种博弈规则更有利。例如,对于企业间边际成本差异较大时的情况,由命题 4-6 可知,创新企业在讨价还价能力较弱时选择产量提成许可对其较有利(当 $\alpha < \alpha_2^*$ 时, $\pi_i^F < \pi_i^R$)。因此若对讨价还价能力的作用进行进一步推广,则其作用表现在选择更有利的博弈规则和在规则之上获取更多的得益。⑥若两部制许可具备发生的可能,则不管创新规模、产品替代程度、创新后企业间成本差异以及在位企业的讨价还价能力如何,与其他许可机制(如固定费许可、产量提成许可)相比,在理想的状况下(如创新企业对其自身创新规模高估程度不严重、信息不完全程度较低等)始终为最优许可机制。

本章虽然以创新企业的技术许可行为为研究对象,但对于研发效率较低的企业(指许可目标企业)而言,知己知彼,才能在技术许可以及未来的竞争中处于有利地位。本章结论启示如下:第一,对政府而言,需要完善和健全专利法和知识产权相关法律法规。Arora 和 Ceccagnoli(2006)研究[①]发现,申请专利的创新者中有约 40% 会进行技术许可,同时未申请专利的创新者中仅有约 12% 会进行技术许可。因此政府通过完善和健全的法律法规,加大知识产权保护力度,增大企业的模仿成本,减少无谓的研发溢出,来诱使创新企业申请专利,进而促进企业技术许可。第二,对于研发效率较低的企业而言,应不断巩固自身的研发基础,增强吸收能力。由本章结论可知,企业的吸收能力会影响创新企业的技术许可行为,进而影响许可目标企业许可后的经济利润。因此,企业增强吸收能力,短期来讲,会增加其在技术许可中的许可得益。长期来讲,则会为进一步的创新做准备。第三,对于研发效率较低的企业而言,可以充分利用许可技术自身应用的多样性,增加所应用产品的异质性,减少竞争为进一步的创新赢得时间。第四,由引理 4-3 可知,讨价还价的作用体现在对许可方式的"质"和许可得益的"量"上。因此充分理解讨价还价的作用,增强和利用好自身讨价还价能力,对于许可双方而言,均具有重要现实意义。第五,不管监督成本如何,对于研发效率较低的企业而言,充分理解讨价还价在技术许可中的作用,增强和培育自身讨价还价能力,具有重要现实意义,即若监督成本较大,在固定费许可机制发生的情况下,潜在许可目标企业讨价还价能力越大,得益越大;若监督成本很小,同时创新企业对创新程度的高估,则仍可能导致固定费许可机制的发生。因此,此时若讨价还价能力较大,对研发效率较低企业仍较有利。

---

① Arora 和 Ceccagnoli(2006)对专利保护和技术许可的关系进行了研究。

第5章 网络产品市场在位创新企业技术许可博弈分析

第 4 章对研发成功后且专利有效性得到确认时，正常产品市场上在位企业的最优技术许可策略问题进行了详细的研究，本章则对网络产品市场上在位企业的技术许可契约问题进行分析，并根据产品市场上的寡头数量，对其研究分成两部分，即双寡头竞争时网络产品市场上的最优技术许可问题和多寡头竞争时网络产品市场上的最优许可证发放数问题。

网络效应，又称网络的外部性。它是由 Katz 和 Shapiro（1985a）提出的，是指处在某种产品网络的消费者或用户，其效用或评价随着消费此产品的消费者或用户的规模的增加而提高的一种现象，具有消费端的规模经济。这种现象在现实中比比皆是，如即时通信工具 MSN 和 QQ，在没有其他人使用的情况下，其价值为 0，但随着使用此类工具用户数量的增多，其网络价值越来越大，用户对其评价也越来越高。这种具有网络效应的产品，本章称之为网络产品[①]。而不具有网络效应的产品，称之为正常产品。

关于网络产品的最优许可契约问题鲜有研究。Lin 和 Kulatilaka（2006）对双寡头市场下最优的许可策略选择进行了研究，并得出随着网络效应强度的增大，最优的许可策略选择从提成许可转为固定费许可的结论。然而其假定网络产品间完全替代，且关于网络产品的多寡头最优技术许可证发放数的问题则至今未有所研究。因此以此为契机，对异质网络产品的最优许可策略问题以及多寡头竞争时的最优技术许可证发放数问题进行研究具有重要价值，且可以为网络产品技术许可文献方面提供有益的补充。

关于双寡头竞争时网络产品市场上在位企业最优技术许可问题的研究，本章引入消费者对产品评价的异质性（即产品存在不完全替代时）进行研究，认为市场规模、产品替代程度、网络强度以及潜在受许方企业 2 的研发成本等关

---

① 根据产品是否具有消费端的规模经济，可分为正常产品和网络产品。相关文献可参阅陈宏民（2007）、赵丹和王宗军（2010）。

键参数之间的组合在决定在位许可企业的最优许可策略上起到了关键的作用。具体结论如下：①若三种许可策略均具备发生的条件，不管市场规模如何，只要网络强度足够大（如 $\beta \geqslant 0.5$），则两部制许可总等价于固定费许可。但最优的许可策略并非总是两部制许可，这与正常产品市场上的情况不同。若市场规模较小，则最优的许可策略为固定费许可；若市场规模适中，则在受许方企业 2 的研发成本较高时，固定费许可策略最优。在受许方企业 2 的研发成本较低时，产量提成许可策略最优；若市场规模较大，则最优的许可策略主要取决于网络强度、产品替代程度以及受许方企业 2 的研发成本。具体结论可参考命题 5-4 的结论。②若网络强度相对较小（如 $\beta < 0.5$），则在市场规模较小、较大以及市场规模适中且企业 2 研发成本较高时，与在正常产品市场上的情况相同，两部制许可为最优许可策略。具体可参考命题 5-5~命题 5-7 的结论。

　　而在多寡头竞争时，作为研究的扩展部分，本章考虑一个由一家在位许可企业与多家寡头企业组成的网络产品市场，分析当产品具有网络效应时在位许可企业在固定费许可策略下最优的许可证数问题，证明在位企业是否进行许可、进行独家还是多家许可受到网络效应强度、市场规模、市场集中度、研发效率的影响。具体结论如下：首先，当市场规模较小时，在位企业将垄断；其次，当市场规模足够大时，许可总是最优的——若网络强度较小，无论市场集中度如何，多家许可均优于独家许可；若网络强度适中，对市场上具有研发潜力的企业都进行许可较优；若网络强度很大，在市场集中度较大时，多家许可优于独家许可；若市场集中度较小，则进行独家许可还是多家许可取决于发放许可证数；另外在许可企业不能实行价格歧视时，最优的固定费随着受许企业整体研发效率和许可证数的提高而减小。

5.1　网络产品市场上双寡头竞争时博弈模型的建立

5.1.1　模型博弈过程描述

　　考虑一个由两个企业构成的行业，在这个行业里，各企业可以进行新产品的开发，且其产品具有网络效应。假定企业 1 已经开发出了新产品，而企业 2 暂时落后，但其可以通过研发投入 k 来开发出具有替代性的新产品。企业 1 可以独占其技术或者许可给企业 2。而企业 2 则在考虑企业 1 的行为后，决定接受许可报价或自行开发其新产品。

　　若企业 1 选择独占其技术，则企业 2 通过其自行开发其新产品。之后两者在产品市场上进行 Cournot 竞争，且其产品间相互不完全替代，以及在不同的技术标准下相互不兼容[①]。但若市场规模较小，企业 2 将不进行生产，此时企业 1 将变成垄断者，并获取垄断利润。

若企业 1 选择许可技术给企业 2，并给出一个"要么接受，要么拒绝"的许可报价，则企业 2 根据其许可形式（固定费许可、按产量提成许可还是两部制许可）及报价，选择接受许可还是自行开发。若企业 2 接受许可，则不进行研发投入 k，并与企业 1 在产品市场上进行 Cournot 竞争。此时产品市场上只有一个技术标准。若企业 2 拒绝许可，则企业 2 进行新产品的开发且产品市场上将有两个技术标准。

5.1.2 网络产品反需求函数以及网络效应强度

对于正常产品的反需求函数不妨假定为 $p(Q,\theta)=\theta-Q$。其中，Q 为企业生产的产品产量；θ 为市场规模或潜在最大的市场需求，且所有企业均知道 θ 的值。然而对于网络产品而言，多个用户的存在使其有了增加值。而增加值的大小取决于用户基数的大小。即使用户的购买决策相互独立且在不同的时间加入网络，他们的决策也不是基于实际的用户基数或规模，而是基于期望的网络规模。本章假定这种期望是外生的，并且用户在评价网络的价值上是同质的。于是可把网络产品的反需求函数写为 $p(Q,q^{e},\theta)=\theta+v(q^{e})-Q$。其中，$q^{e}$ 为用户关于网络规模的期望；$v(q^{e})$ 则为单个用户关于网络产品的估值，且是 q^{e} 的增函数；θ 在这里则为网络产品不具有网络增加值时最大的市场需求。

由梅特卡夫（Metcalfe）法则可知，网络产品的总价值与网络中用户基数的平方成正比。对于单个用户来说，网络产品的价值可表示为 $v(q)=\beta q$[②]。其中 $\beta\in[0,1)$[③] 为网络强度，反映了网络效应的大小。在用户基数相同的情况下，β 越大，网络产品带给用户的网络价值越高。特别地当 $\beta=0$ 时，$v(q)=0$，这时网络产品将降级为正常产品。

网络效应的存在可能会影响企业 1 和企业 2 关于技术许可和开发新产品的决策。当企业 1 不许可其技术或双方在许可契约上无法达成共识，企业 2 在新产品开发上的投入将会产生两个相互排斥的标准。在这种情况下，只有从同一家企业

[①] 本章假定企业间生产具有不同标准的产品，因而产品间相互不兼容。事实上企业 2 也可以生产与企业 1 兼容的产品。另外本章还假定企业 2 与企业 1 在产品市场上竞争前的过渡阶段，企业 1 的利润忽略不计。

[②] 在这种形式下，网络的总价值为 $qv(q)=\beta q^{2}$。事实上，对于单个用户而言，网络价值的更一般形式为 $v(q)=\beta q^{\alpha}$，其中 $\alpha>0$。

[③] $\beta<1$ 是为保证需求函数具有向下倾斜的斜率及相关的性质。另外不同的网络产品，其网络强度往往不同，如即时通信工具 QQ 的网络效应要大于网上书店的网络强度，这是因为 QQ 用户之间的关系往往是亲朋好友或者是有共同爱好的人，互动性更强。而网上书店的用户之间的互动仅仅是通过书籍点评留言，网络强度要弱一些。

购买产品的用户形成网络，共享网络附加值。因此若这两种标准是兼容的，则用户不愿意或会降低其网络产品的支付意愿。企业在进行许可决策时，显然都要考虑这种效应。不同的技术标准，如操作系统（Windows 和 Mac OS）以及 3G 标准（CDMA2000、WCDMA 及 TD-CDMA）等。

若企业 1 许可其技术给企业 2，则两个企业的产品用户将形成一个大的网络产品市场，而非相互不兼容的两个小市场，这时用户关于网络产品价值的边际支付意愿更高，企业可索取的价格和利润也更大。通过技术许可，企业 1 也可建立所在行业的技术标准，并获取许可收益。

5.2　最优的许可策略分析

接下来将分别对企业 1 的三种策略（不进行技术许可、进行固定费许可、进行产量提成许可）进行研究。通过在各种许可策略发生的条件下，对网络效应存在时的固定费许可收益和产量提成收益进行比较，进而得出最优的许可策略。

5.2.1　不进行许可时的情况

假定企业 1 不许可技术给企业 2。若企业 2 投入资金 k，则两个企业拥有互不兼容的两个标准，因此每个企业的用户形成各自的网络。因为两个企业的产品不完全替代，不妨令此时的反需求函数为 $p_i = \theta + v\left(q_i^e\right) - q_i - dq_{-i}\left(i = 1, 2\right)$。其中，下标 i 为所指向的企业，$d \in [0,1]$ 为产品替代程度，d 越大，产品替代程度越强，企业竞争越激烈。特别当 $d = 1$ 时，产品间完全替代，企业进行同质性产品竞争。于是各企业的得益函数由式（5-1）给出：

$$
\begin{aligned}
\pi_1^{\mathrm{NL}} &= \left[\theta + v\left(q_1^e\right) - q_1 - dq_2\right]q_1 \\
\pi_2^{\mathrm{NL}} &= \left[\theta + v\left(q_2^e\right) - dq_1 - q_2\right]q_2 - k
\end{aligned}
\tag{5-1}
$$

其中，上标 NL 代表不许可时的情况。

为了得到各企业在产品生产阶段的最优决策，只需对式（5-1）根据其产量求出其得益最大化条件，并实施 FEE 条件[①]即可。于是可得到均衡产量和 Cournot 均衡利润为

---

① 即可实现的期望均衡。详情可参考 Katz 和 Shapiro（1985a）。另外 Leibenstein 于 1950 年在 FEE 下，对存在网络效应时的需求曲线的推导进行了详细的证明。

$$q_1^* = q_2^* = \frac{\theta}{2+d-\beta},$$

$$\pi_1^* = \pi_2^* = \frac{\theta^2}{(2+d-\beta)^2} \tag{5-2}$$

由式（5-2）可知，$\pi_2^{\mathrm{NL}} = \pi_2^* - k$。对于理性的企业 2 来说，只有当 $\pi_2^{\mathrm{NL}} > 0$，即 $\theta > \hat{\theta} = (2+d-\beta)\sqrt{k}$ 时，企业 2 才愿意进行新产品的开发。而在 $\theta \leqslant \hat{\theta}$ 时，企业 2 将不生产或退出市场，企业 1 的产品成为行业的唯一标准，企业 1 成为垄断者，并获取垄断利润 $\pi_1^{\mathrm{NL}} = \pi_1^M = \frac{\theta^2}{(2-\beta)^2}$。其中，上标 M 代表垄断时的情况。于是在企业 1 不进行许可时，企业 1 和企业 2 的得益函数分别为

$$\left(\pi_1^{\mathrm{NL}}, \pi_2^{\mathrm{NL}}\right) = \begin{cases} \left(\dfrac{\theta^2}{(2-\beta)^2}, 0\right), & \theta \leqslant \hat{\theta} \\[4mm] \left(\dfrac{\theta^2}{(2+d-\beta)^2}, \dfrac{\theta^2}{(2+d-\beta)^2} - k\right), & \theta > \hat{\theta} \end{cases} \tag{5-3}$$

5.2.2　进行固定费许可时的情况

当企业 1 以固定费的形式许可技术给企业 2 后，许可双方在随后的生产阶段进行 Cournot 竞争。与不许可的情况不同的是，此时两个企业在同一个标准下竞争，而两个企业的用户则形成了一个更大的网络，进而产生了更高的网络价值。此时的需求函数可写为 $p = \theta + v(Q) - Q$，其中 $Q = q_1 + q_2$。于是各企业的利润函数可表示为 $\pi_i = [\theta + v(Q) - Q]q_i$，$i = 1, 2$。于是根据 FEE 条件和利润最大化的条件，可得此时的均衡产量分别为 $q_1^* = q_2^* = \frac{\theta}{3 - 2\beta}$。于是可得到固定费许可下许可双方的得益函数分别为

$$\left(\pi_1^F, \pi_2^F\right) = \left(\frac{\theta^2}{(3-2\beta)^2} + F, \frac{\theta^2}{(3-2\beta)^2} - F\right) \tag{5-4}$$

在许可阶段，企业 1 在决定进行许可后，设定最优的预付固定费 F。由于企业 1 提供了一个"要么接受，要么放弃"的报价给企业 2，即企业 1 具有完全的讨价还价能力。由于企业的得益随着固定费 F 的增加而增大，因此企业 1 得益最大的固定费 F 就是所能索取的最大的固定费 F。另外，假定企业 2 在不接受许可和接受许可上无差异时，选择接受许可。最优的固定费 F 由式（5-5）给出。

$$\max_{F} \pi_1^F = \frac{\theta^2}{\left(3-2\beta\right)^2} + F$$

$$\text{s.t. } \pi_2^F = \frac{\theta^2}{\left(3-2\beta\right)^2} - F \geqslant \pi_2^{\mathrm{NL}} \tag{5-5}$$

又根据式（5-4），于是得到最大的预付固定费

$$F^* = \frac{\theta^2}{\left(3-2\beta\right)^2} - \pi_2^{\mathrm{NL}} = \begin{cases} \dfrac{\theta^2}{\left(3-2\beta\right)^2}, & \theta \leqslant \hat{\theta} \\[3mm] \dfrac{\left(5+d-3\beta\right)\left(d-1+\beta\right)}{\left(3-2\beta\right)^2\left(d+2-\beta\right)^2}\theta^2 + k, & \theta > \hat{\theta} \end{cases} \tag{5-6}$$

进而得到在固定费许可下，企业 1 的得益函数为

$$\pi_1^F = \begin{cases} \dfrac{2\theta^2}{\left(3-2\beta\right)^2}, & \theta \leqslant \hat{\theta} \\[3mm] \dfrac{\left[\left(2+d-\beta\right)^2 + \left(5+d-3\beta\right)\left(d-1+\beta\right)\right]}{\left(3-2\beta\right)^2\left(2+d-\beta\right)^2}\theta^2 + k, & \theta > \hat{\theta} \end{cases} \tag{5-7}$$

企业 2 在固定费许可下的得益与不许可时相同，由式（5-3）给出。若要使固定费许可发生，需使许可双方在许可后的得益不小于许可前的得益，即 $\Delta \pi_1 = \pi_1^F - \pi_1^{\mathrm{NL}} \geqslant 0$，$\Delta \pi_2 = \pi_2^F - \pi_2^{\mathrm{NL}} \geqslant 0$。于是得到命题 5-1。

命题 5-1　（1）若市场规模较小（如 $\theta \leqslant \hat{\theta}$），只有当网络强度足够大（如 $\beta \geqslant \beta_1^* = 0.293$）时，潜在垄断企业 1 才会选择进行固定费许可。否则对于企业 1 而言，不许可或垄断优于固定费许可。

（2）市场规模较大（如 $\theta > \hat{\theta}$），只要网络强度足够大（如 $\beta \geqslant \beta_2^* = 1-d$），固定费许可就一定会发生；然而当网络强度不是很大（如 $\beta < \beta_2^*$）时，专利持有企业 1 选择是否进行固定费许可取决于产品替代程度 d、网络强度 β 以及企业 2 的研发成本 k，具体如下。

第一，若产品替代程度非常小（如 $d < d_1 = 0.051$），则不管企业 2 的研发成本如何，企业 1 都选择不进行固定费许可。

第二，若产品替代程度较小（如 $d_1 \leqslant d \leqslant d_2 = 0.121$），则只有网络强度适中（如 $\beta_3^* < \beta < \beta_4^*$）、企业 2 的研发成本较大（如 $k_2 \leqslant k < k_1$）时，固定费许可才发生。

第三，若产品替代程度适中（如 $d_2 < d < d_3 = 0.196$），则只有网络强度较小（如 $\beta \leqslant \beta_4^*$）、企业 2 的研发成本较大（如 $k_2 \leqslant k < k_1$）时，固定费许可才发生。

第四，若产品替代程度足够大（如 $d \geqslant d_3$），则只要企业 2 的研发成本较大（如 $k_2 \leqslant k < k_1$），企业 1 都选择进行固定费许可。

证明见附录 3。

■

命题 5-1 说明，对于网络产品而言，专利持有方是否进行许可主要取决于市场规模、网络强度、产品替代程度以及潜在受许企业自行开发时的研发成本。在市场规模较小（如 $\theta \leqslant \hat{\theta}$）的情况下，由于市场容量有限，企业 1 的产品足够覆盖整个市场。此时若产品网络强度较低（如 $\beta < \beta_1^*$），则许可后用户基数增加所带来的网络附加值不足以弥补产品过剩所带来的价格降低等负效应，因此专利持有方选择不许可或垄断更有利。除非网络强度足够大，专利持有方才会放弃垄断利润，而选择进行固定费许可。

而在市场规模较大（如 $\theta > \hat{\theta}$）且网络强度足够大（如 $\beta \geqslant \beta_2^*$）时，对于专利持有方的企业 1 而言，一方面，在不许可时，自己的产品可能无法完全覆盖整个市场，且企业 2 存在自行开发新产品的可能性，与之竞争将可能导致利润降低。另一方面，由于网络强度较大，若进行许可，用户基数和网络强度的明显增大能够使用户对网络产品的估值极大地提高，进而提高利润。因此在这种情况下，企业 1 一定会选择进行固定费许可。而若网络强度不够大，则企业 1 在进行固定费许可时，存在以下考虑：①企业 2 的研发成本或单位研发效率高还是低？②企业 2 若开发新产品成功，其产品与本产品的竞争激烈程度（产品替代程度）如何？③网络强度与产品替代程度以及企业 2 的研发成本是否存在一定的替代关系？等等。这些考虑导致了以上四个结论的出现。特别地，当 $d = 1$ 时，且在市场规模足够大时，固定费许可一定发生。这一结论与 Lin 和 Kulatilaka（2006）的结论具有一致性。

5.2.3　进行产量提成许可时的情况

若企业 1 通过产量提成的方式许可技术给企业 2，则许可双方在随后的产品市场上 Cournot 产量竞争。与固定费许可时的情况相似，许可双方的产品符合同一个标准，而两个企业的用户也形成了一个更大的网络。但与固定费许可不同的是，在产量提成许可下企业 1 和企业 2 的均衡产量不同，这是由于企业 1 向企业 2 按产量索取提成率 r 的缘故。企业 1 和企业 2 的得益函数分别为

$$\pi_1^R = \left[\theta + v\left(q_1^e + q_2^e\right) - q_1 - q_2 \right] q_1 + r q_2$$

$$\pi_2^R = \left[\theta + v\left(q_1^e + q_2^e\right) - q_1 - q_2 \right] q_2 - r q_2$$

（5-9）

求解各自最优的产量并利用 FEE 条件，可得

$$q_1^* = \frac{\theta + (1-\beta)r}{3-2\beta}$$

$$q_2^* = \frac{\theta - (2-\beta)r}{3-2\beta}$$

（5-10）

其中，$r \leqslant \dfrac{\theta}{2-\beta}$ 为企业 1 所能索取的最高提成率。

于是得到在产品生产阶段的许可双方的均衡得益分别为

$$\pi_1^R = \frac{\theta^2 + (5-4\beta)\theta r - (\beta^2 - 5\beta + 5)r^2}{(3-2\beta)^2}$$

$$\pi_2^R = \frac{\left[\theta - (2-\beta)r\right]^2}{(3-2\beta)^2}$$

（5-11）

又因为 $\dfrac{\mathrm{d}\pi_2^R}{\mathrm{d}r} = \dfrac{-2(2-\beta)\left[\theta - (2-\beta)r\right]}{(3-2\beta)^2} \leqslant 0$，即企业 2 的得益函数是提成率的

减函数。那么在许可阶段，作为许可方的企业 1 选择最优的提成率 r_1^* 来最大化其得益函数的同时，其最优的提成率不能大于受许方企业 2 所愿意接受的最大的提成率 r_2^*，即 $r^* = \min\{r_1^*, r_2^*\}$。又由于企业 1 具有完全的讨价还价能力，因此企业 2 愿意接受的最大的提成率由 $\pi_2^R = \pi_2^{\mathrm{NL}}$ 决定。于是由式（5-3）和式（5-11）可得

$$r_2^* = \begin{cases} \dfrac{\theta}{2-\beta}, & \theta \leqslant \hat{\theta} \\[3mm] \dfrac{\theta}{2-\beta} - \dfrac{3-2\beta}{2-\beta}\sqrt{\dfrac{\theta^2}{(2+d-\beta)^2} - k}, & \theta > \hat{\theta} \end{cases}$$

（5-12）

而企业 1 最优的提成率由式（5-11）中最大化其得益函数得到，求解其一阶条件，可得

$$r_1^* = \frac{(5-4\beta)\theta}{2(\beta^2 - 5\beta + 5)}$$

（5-13）

可验证，r_1^* 和 r_2^* 均不大于 $\dfrac{\theta}{2-\beta}$，符合提成率的上限要求。为求得最优提成率 $r^* = \min\{r_1^*, r_2^*\}$，接下来需要对 r_1^* 和 r_2^* 的大小进行比较即可。接下来的命题 5-2 给出了最优的提成率及其条件。

命题 5-2　在产量提成许可下，许可方企业所能索取的最优提成率 r^* 由市场规模的临界值 $\tilde{\theta}$ 决定：当 $\theta \leqslant \tilde{\theta}$ 时，最优提成率 $r^* = r_1^*$；当 $\theta > \tilde{\theta}$ 时，最优提成率 $r^* = r_2^*$。

其中，$\tilde{\theta} = \dfrac{2(2+d-\beta)(5-5\beta+\beta^2)\sqrt{k}}{\sqrt{[10+(d-8)\beta+\beta^2][10-(12+d)\beta+3\beta^2]}}$。

证明见附录 3。

把命题 5-2 中最优的提成率代入式（5-11），可得到在许可阶段许可双方最优的得益函数为

$$
\pi_1^R =
\begin{cases}
\dfrac{5\theta^2}{4(5-5\beta+\beta^2)}, & \theta \leqslant \tilde{\theta} \\[4mm]
\dfrac{\dfrac{(1-2d)\beta+d^2+4d-1}{(2+d-\beta)^2}\theta^2 + \theta\beta\sqrt{\dfrac{\theta^2}{(2+d-\beta)^2}-k} + (5-5\beta+\beta^2)k}{(2-\beta)^2}, & \theta > \tilde{\theta}
\end{cases}
\tag{5-14}
$$

$$
\pi_2^R =
\begin{cases}
\dfrac{\beta^2\theta^2}{4(5-5\beta+\beta^2)^2}, & \theta \leqslant \tilde{\theta} \\[4mm]
\dfrac{\theta^2}{(2+d-\beta)^2}-k, & \theta > \tilde{\theta}
\end{cases}
\tag{5-15}
$$

与固定费许可时的情况相同，许可双方的许可得益在产量提成许可下必须不少于许可前时的情况。若一方得益的增加小于 0，则产量提成许可不会发生。又因为在产量提成许可下，作为受许方的企业 2 总是愿意接受许可，即 $\Delta\pi_2 = \pi_2^R - \pi_2^{NL} \geqslant 0$。因此在产量提成许可下，只需保证许可方企业 1 愿意接受许可即可。接下来的命题 5-3 给出了企业 1 在何种情况愿意进行产量提成许可的答案。

命题 5-3 若市场规模相对较小（如 $\theta \leqslant \tilde{\theta}$），则对于任意的网络强度 $\beta \in [0,1)$，产量提成许可总是发生；若市场规模较大（如 $\theta > \tilde{\theta}$），则产量提成许可是否发生主要取决于产品替代程度 d、网络强度 β 以及企业 2 的研发成本 k 如下。

（1）若产品替代程度较大（如 $d > d_4 = \sqrt{2}-1 \approx 0.414$）且网络强度足够大（如 $\beta \geqslant \beta_5^*$），企业 1 就有进行产量提成许可的动机。

（2）产品替代程度较大（如 $d > d_4$），但网络强度不够大（如 $\beta < \beta_5^*$）时的情况：①若网络强度适中（如 $1-d = \beta_2^* \leqslant \beta < \beta_5^*$）时，对于企业 2 任意的研发成本，企业 1 总是选择不进行产量提成许可。②而网络强度较小（如 $\beta < \beta_2^*$）时，若企业 2 的研发成本较低（如 $k_4 < k < k_3$），则有产量提成许可发生；若企业 2 的研发成本较高（如 $k_3 \leqslant k < k_1$），则企业 1 选择不进行产量提成许可更优。③只要企业 2 的研发成本足够低（如 $k \leqslant k_4$），企业 1 就有进行产量提成许可的动机。

（3）产品替代程度不是很大（如 $d \leqslant d_4$）时的许可情况：①若网络强度较大

（如 $\beta \geqslant \beta_2^*$ ），不管企业 2 的研发成本如何，企业 1 均不会选择产量提成许可。②若产品替代程度适中（如 $0.314 \approx d_5 < d \leqslant d_4$ ）且网络强度不是很大（如 $\beta < \beta_2^*$ ）时，如果企业 2 的研发成本较高（如 $k_3 \leqslant k < k_1$ ），企业 1 选择不进行产量提成许可更优；而如果企业 2 的研发成本较低（如 $k_4 < k < k_3$ ），产量提成许可才可能发生。③若产品替代程度较小（如 $0 \leqslant d \leqslant d_5$ ）且网络强度较小（如 $\beta_7^* < \beta < \beta_2^*$ ），同样可能有产量提成许可发生。④若产品替代程度较小（如 $0 \leqslant d \leqslant d_5$ ）但网络强度非常小（如 $\beta < \beta_7^*$ ）时，如果企业 2 的研发成本较高（如 $k_3 \leqslant k < k_1$ ），企业 1 选择不进行产量提成许可更优；而如果企业 2 的研发成本较低（如 $k_4 < k < k_3$ ），产量提成许可才可能发生。⑤只要企业 2 的研发成本足够低（如 $k \leqslant k_4$ ），企业 1 就有进行产量提成许可的动机。

证明见附录 3。

命题 5-3 说明，市场规模的扩大有利于许可方得益的增加，然而在市场规模足够大时，产品替代程度、产品网络强度以及潜在的受许方的研发成本决定了许可方企业的最终的许可决策。在市场规模较小（ $\theta \leqslant \hat{\theta}$ ）时，若网络产品降级为正常产品，即网络强度 β 为 0，则企业 1 进行产量提成许可往往无利可图。这可能是市场不足以容纳更多企业的进入，而且更多的企业参与产品竞争会导致行业整体利润趋于 0。这时对于具有垄断潜力的企业 1 来说，不许可显然更有利。然而对于网络产品，即网络强度 β 大于 0，虽然更多企业的竞争降低了行业利润，然而用户对许可后网络规模的增大给予了更高的评价，即更高的网络附加值，又增加了行业利润。在这种情况下，正效应——网络效应带来的事实上的市场规模的扩大以及许可带来的许可收益，超过了负效应——许可所导致的竞争加剧。因而企业 1 选择总是进行产量提成许可更有利。

然而随着市场规模的扩大（如 $\hat{\theta} < \theta \leqslant \tilde{\theta}$ ），网络效应开始减弱，因为即使网络产品降级为正常产品，企业 1 也愿意进行产量提成许可。这说明在这种情况下影响企业进行许可决策的主要是对许可带来的正效应和竞争所致的负效应之间的考虑。然而许可后不同企业的用户形成了一个更大的网络，产生了更高的网络附加值，导致许可收益增加的正效应明显高于竞争加剧所带来的负效应。又由于潜在受许方存在自行开发产品的可能，因此不进行许可的机会成本更高。综合考虑之后，发现许可的正效应更高一些，因此在市场规模适中时进行产品提成许可也较为有利。

一旦市场规模足够大（ $\theta > \tilde{\theta}$ ）时，企业 1 对于市场是否足以容纳更多企业的考虑消失。此时，一方面，其考虑的是许可后更大的、同一标准下的网络产品市场是否可以弥补许可给自己带来的损失，即网络强度 β 越大，企业 1 越有进行产量提成许可的动机；另一方面，其要考虑的是不许可时与企业 2 在不同标准下竞争的激烈程度，即反映产品间激烈程度的产品替代系数 d 越大，企业 1 进行许可的动机越强烈。事实上，企业 1 还要考虑企业 2 对于接受许可的动机。企业 2 的研发成本越高，其接受许可的动机越强烈；而企业 2 的研发成本越低，其自行开发标准的动机越强烈。企业 1 对待企业 2 不同研发成本的考虑在不同许可策略下不同。在产量提成许可下，企业 2 的研发成本越低，企业 1 越有许可的动机[1]；网络强度 β、产品替代程度 d 以及企业 2 的研发成本 k 之间的相互组合，这就形成了命题 5-3 的结论。

5.2.4　最优许可决策

最优的许可策略需要通过对固定费许可、产量提成许可等许可策略进行比较才能得出。那么何种策略最优呢？这只需对不同许可下许可方的得益进行比较即可。而许可方的得益受到市场规模、网络强度、产品替代程度、企业 2 的研发成本等参数的影响。接下来在不同的市场规模下对两种许可策略的使用方——企业 1 的得益进行比较。

在市场规模较小（$\theta \le \hat{\theta}$）时，固定费许可只有在网络强度足够大（如 $\beta \ge \beta_1^* = 0.293$）时才发生，而产量提成许可的发生则不受网络强度 β 的影响。于是对两种许可下的得益进行比较可知，存在 $\beta_8^* = \dfrac{5-\sqrt{10}}{6} \approx 0.306$，使 $\pi_1^R = \pi_1^F$，且当 $\beta < \beta_8^*$ 时，有 $\pi_1^R > \pi_1^F$；当 $\beta > \beta_8^*$ 时，有 $\pi_1^F > \pi_1^R$。

而在市场规模适中（$\hat{\theta} < \theta \le \tilde{\theta}$）时，固定费许可在 4 种情况[2]下可能发生，而产量提成许可却总是发生。因此这需要在这 4 种情况下分别对固定费许可和产量提成许可下企业 1 的得益进行比较。通过比较发现，存在企业 2 的研发成本 $k_5 = k_2 + \dfrac{(\beta-5d)^2 + 20d - 20d^2}{4(2+d-\beta)^2(5-5\beta+\beta^2)}\theta^2$，使 $\pi_1^R = \pi_1^F$。且当 $k_5 < k < k_1$ 时，有 $\pi_1^F > \pi_1^R$；当 $k_2 < k < k_5$，有 $\pi_1^R > \pi_1^F$。又因为存在 $\beta_9^* \approx 0.319$，使 $k_5 = k_1$。且当 $\beta < \beta_9^*$ 时，有 $k_1 < k_5$；当 $\beta > \beta_9^*$ 时，有 $k_1 > k_5$。于是得到如下：①当 $\beta < \beta_9^*$ 时，对于任意的 $k < k_1$，有 $\pi_1^R > \pi_1^F$。②当 $\beta > \beta_9^*$ 时，若 $k_2 < k < k_5$，有 $\pi_1^R > \pi_1^F$；若 $k_5 < k < k_1$，有 $\pi_1^F > \pi_1^R$。

---

[1] 而在固定费许可下，企业 2 的研发成本越高，企业 1 越有许可的动机。事实上，在多种许可策略均可能发生时，若企业 2 的研发成本较高，则企业 1 进行产量提成许可的动机要比进行固定费许可时要强。许可方企业 1 对待潜在受许方企业 2 研发成本关于许可的态度，详情参考 5.2.4 小节部分的内容。

[2] 这 4 种情况分别如下：①网络强度足够大（$\beta \ge \beta_2^*$）；②产品替代程度足够大（$d \ge d_3$）但网络强度不够大（$\beta < \beta_2^*$）且企业 2 的研发成本较高（$k_2 \le k < k_1$）；③产品替代程度适中（$d_2 < d < d_3$）且网络强度较小（$\beta \le \beta_4^*$）且企业 2 的研发成本较高（$k_2 \le k < k_1$）；④产品替代程度较小（$d_1 \le d \le d_2$）且网络强度适中（$\beta_3^* < \beta < \beta_4^*$）且企业 2 的研发成本较高（$k_2 \le k < k_1$）。

　　但当市场规模足够大（$\theta > \tilde{\theta}$），此时的许可情况较为复杂。固定费许可在 4 种情况下发生，而产量提成许可在 7 种情况下发生。在保证两种许可都发生的条件汇总后共有 15 种可能情况[①]。因此需要在这 15 种情况下进行比较才能得出何种许可策略最优。然而这 15 种情况下同一个许可策略的得益表达式相同，故先对得益进行比较后再放入限制条件进行逐条验证更为方便。同样对企业 1 在固定费许可下的得益 π_1^F 和产量提成许可下的得益 π_1^R 进行比较发现，存在企业 2 的研发成本为 $k_6 = \dfrac{H_4}{(2+d-\beta)^2 (3-2\beta)^2 (1-\beta)} \theta^2$[②]，使 $\pi_1^R = \pi_1^F$。其中，$H_4 = \left[-2\beta^2 + (4-6d)\beta + 2d^2 + 8d - 1 \right](2-\beta)^2 - \left[(1-2d)\beta + d^2 + 4d - 1 \right](3-2\beta)^2$。且当 $k_6 < k < k_1$，有 $\pi_1^R > \pi_1^F$；当 $k < k_6$，有 $\pi_1^F > \pi_1^R$。最后把 k_6 与这 15 种可能发生情况的临界条件进行比较，得到只有 8 种条件下两种许可策略同时发生，且有：① $d > d_4 = 0.414$ 且 $\beta \geq \beta_5^*$，若 $k_6 < k < k_1$，有 $\pi_1^R > \pi_1^F$；当 $k < k_6$ 时，有 $\pi_1^F > \pi_1^R$；② $d > d_4 = 0.414$ 且 $\beta_2^* \leq \beta < \beta_5^*$，$k \leq \min\{k_6, k_4\} = k_4$，此时 $\pi_1^F > \pi_1^R$；③ $d \leq d_4 = 0.414$ 且 $\beta \geq \beta_2^*$，$k \leq k_4$，此时 $\pi_1^F > \pi_1^R$；④ $0.196 = d_3 \leq d \leq d_5 = 0.314$ 且 $\beta_7^* < \beta < \beta_2^*$，$k_2 \leq k < k_1$，此时 $\pi_1^R > \pi_1^F$；⑤ $d > d_5$ 且 $\beta < \beta_2^*$，$k_2 \leq k < k_3$，此时 $\pi_1^R > \pi_1^F$；⑥ $d_3 \leq d \leq d_5$ 且 $\beta < \beta_7^*$，$k_2 \leq k < k_3$，此时 $\pi_1^R > \pi_1^F$；⑦ $d_2 < d < d_3$ 且 $\beta < \beta_4^*$，$k_2 \leq k < k_3$，此时 $\pi_1^R > \pi_1^F$；⑧ $d_1 \leq d \leq d_2$ 且 $\beta_3^* < \beta < \beta_4^*$，$k_2 \leq k < k_3$，此时 $\pi_1^R > \pi_1^F$。

　　综合以上不同规模下两种许可情况下企业 1 得益的比较，于是得到命题 5-4。

命题 5-4　假定固定费许可和产量提成许可均可能发生。

　　（1）当市场规模较小（$\theta \leq \hat{\theta}$）时，若 $\beta_1^* \leq \beta < \beta_8^*$，则有产量提成许可优于固定费许可；若 $\beta > \beta_8^*$，则有固定费许可优于产量提成许可。

　　（2）而在市场规模适中（$\hat{\theta} < \theta \leq \tilde{\theta}$）时：①网络强度足够大（$\beta \geq \max$

---

　　① 这 15 种可能的组合如下：① $d > d_4 = 0.414$ 且 $\beta \geq \beta_5^*$；② $d > d_4$，$\beta_2^* \leq \beta < \beta_5^*$ 且 $k \leq k_4$；③ $d \leq d_4$，$\beta \geq \beta_2^*$，且 $k \leq k_4$；④ $d > d_4$，$\beta < \beta_2^*$ 且 $k_4 < k < k_3 \cap k_2 \leq k < k_1$；⑤ $d > d_4$，$\beta < \beta_2^*$ 且 $k \leq k_4 \cap k_2 \leq k < k_1$；⑥ $0.314 = d_5 < d \leq d_4$，$\beta < \beta_2^*$ 且 $k_4 < k < k_3 \cap k_2 \leq k < k_1$；⑦ $0.196 = d_3 < d \leq d_5$，$\beta_7^* < \beta < \beta_2^*$ 且 $k_2 \leq k < k_1$；⑧ $d_3 \leq d \leq d_5$，$\beta < \beta_7^*$ 且 $k_4 < k < k_3 \cap k_2 \leq k < k_1$；⑨ $d_3 \leq d \leq d_4$，$\beta < \beta_2^*$ 且 $k \leq k_4 \cap k_2 \leq k < k_1$；⑩ $0.121 = d_2 < d < d_3$，$\beta_7^* < \beta < \beta_2^* \cap \beta \leq \beta_4^*$ 且 $k_2 \leq k < k_1$；⑪ $d_2 < d < d_3$，$\beta < \beta_7^* \cap \beta \leq \beta_4^*$ 且 $k_4 < k < k_3 \cap k_2 \leq k < k_1$；⑫ $d_2 < d < d_3$，$\beta \leq \beta_4^*$ 且 $k \leq k_4 \cap k_2 \leq k < k_1$；⑬ $0.051 = d_1 \leq d \leq d_2$，$\beta_7^* < \beta < \beta_2^* \cap \beta_3^* < \beta < \beta_4^*$ 且 $k_2 \leq k < k_1$；⑭ $d_1 \leq d \leq d_2$，$\beta < \beta_7^* \cap \beta_3^* < \beta < \beta_4^*$ 且 $k_4 < k < k_3 \cap k_2 \leq k < k_1$；⑮ $d_1 \leq d \leq d_2$，$\beta_3^* < \beta < \beta_4^*$ 且 $k \leq k_4 \cap k_2 \leq k < k_1$。

　　② $H_4 = \left[-2\beta^2 + (4-6d)\beta + 2d^2 + 8d - 1 \right](2-\beta)^2 - \left[(1-2d)\beta + d^2 + 4d - 1 \right](3-2\beta)^2$，且其值大于 0。在对命题 5-4 的证明部分将给予详细说明。

$\{\beta_2^*, \beta_9^*\}$[①]），若企业 2 的研发成本较高（$k_5 \leq k < k_1$），则固定费许可优于产量提成许可；若企业 2 的研发成本较低（$k < k_5$），则产量提成许可优于固定费许可；②产品替代程度足够大（$d \geq d_3$）但网络强度不够大（$\beta < \min\{\beta_2^*, \beta_9^*\}$）或产品替代程度适中（$d_2 < d < d_3$）且网络强度较小（$\beta \leq \min\{\beta_4^*, \beta_9^*\}$），对于任意的 $k < k_1$，有产量提成许可优于固定费许可；③产品替代程度较小（$d_1 \leq d \leq d_2$）且网络强度适中（$\max\{\beta_3^*, \beta_9^*\} < \beta < \min\{\beta_4^*, \beta_9^*\}$），若企业 2 的研发成本较高（$k_5 \leq k < k_1$），则固定费许可优于产量提成许可；若企业 2 的研发成本较低（$k_2 \leq k < k_5$），则产量提成许可优于固定费许可。

（3）当市场规模足够大（$\theta > \tilde{\theta}$）时：①产品替代程度较高（$d > d_4$）且网络强度较大（$\beta \geq \beta_5^*$）时，若企业 2 的研发成本较大（$k_6 < k < k_1$），则产量提成许可优于固定费许可；若企业 2 的研发成本较小（$k < k_6$），则固定费许可优于产量提成许可；②产品替代程度较高（$d > d_4$）但网络强度适中（$\beta_2^* \leq \beta < \beta_5^*$）时，则对于较小的企业 2 的研发成本（$k \leq k_4$），总是有固定费许可优于产量提成许可；③产品替代程度不够高（$d \leq d_4$）且网络强度较大（$\beta \geq \beta_2^*$）时，对于任意的企业 2 的研发成本（$k \leq k_4$），此时固定费许可优于产量提成许可；④产品替代程度较低（$d_3 \leq d \leq d_5$）且网络强度适中（$\beta_7^* < \beta < \beta_2^*$）时，则对于任意的企业 2 的研发成本（$k_2 \leq k < k_1$），此时产量提成许可优于固定费许可；⑤产品替代程度较高（$d > d_5$）且网络强度相对较小（$\beta < \beta_2^*$），且企业 2 的研发成本适中（$k_2 \leq k < k_3$）时，产量提成许可优于固定费许可；⑥产品替代程度适中（$d_3 \leq d \leq d_5$）且网络强度较小（$\beta < \beta_7^*$）以及企业 2 的研发成本适中（$k_2 \leq k < k_3$）时，此时产量提成许可优于固定费许可；⑦产品替代程度较低（$d_2 < d < d_3$）且网络强度很小（$\beta < \beta_4^*$），以及企业 2 的研发成本适中（$k_2 \leq k < k_3$）时，产量提成许可优于固定费许可；⑧产品替代程度很低（$d_1 \leq d \leq d_2$）且网络强度小（$\beta_3^* < \beta < \beta_4^*$），以及企业 2 的研发成本适中（$k_2 \leq k < k_3$）时，产量提成许可优于固定费许可。

证明见附录 3。

命题 5-4 的结论对于企业的许可策略具有如下暗示：首先，在市场规模较小（$\theta \leq \hat{\theta}$）时，对于任意正的网络强度，企业 1 总是进行技术许可更优，即获取垄断利润不再最优。这是因为在这样小的市场下，若企业 1 不进行技术许可，则其会变成垄断者，并获取垄断利润。然而当进行技术许可时，企业 1 和企业 2 在兼容的市场标准下总产量更高，进而产生一个更大的网络市场。而用户对扩大的

网络市场估值的提高最终会增加企业 1 的利润。而在选择技术许可策略上，则是在网络强度较小（ $\beta_1^* \leqslant \beta < \beta_8^*$ ）时，产量提成许可更优；在网络强度较大（ $\beta > \beta_8^*$ ）时，固定费许可更优。结合背后的逻辑呈现如下，即在固定费许可下，许可双方的均衡产量相同。而事实上，在产量提成许可下，提成率的存在导致作为许可方的企业 1 成为产量领导者，作为受许方的企业 2 则成为产量跟随者。并且与固定费许可时的情况相比，在产量提成许可下企业 1 的产量较高、企业 2 的产量较低、总产量也较低。对于正常产品来说，供给一方产量的提高往往会导致产品价格的降低，即供给面效应。而由于网络强度的存在，用户规模的扩大则会提高产品的价格，即网络效应或需求面效应。因此对于网络产品而言，产量的提高对企业 1 有利与否取决于网络强度的临界值水平（如 β_8^* ）。若网络强度低于临界值水平，供给面效应占优，则企业 1 作为 Stackleberg 产量领导者更有利，这就暗示了许可方选择产量提成许可更有利。若网络强度达到一定临界值，则网络效应占优，即许可方选择固定费许可更优。

其次，当市场规模适中（ $\hat{\theta} < \theta \leqslant \tilde{\theta}$ ）时，企业 2 存在自行开发技术，挑战企业 1 垄断地位的可能。并且当企业 2 选择自己的技术与企业 1 在产品市场上竞争时，产品间的不完全替代，反映了企业间竞争的激烈程度。而企业 1 对未来企业间竞争激烈程度的预期以及企业 2 开发技术后盈利能力的考虑，会明显影响其对技术许可的态度及进行技术许可的方式。因此可以预见的是，企业 1 是否会进行技术许可，除了取决于网络强度 β 以外，还取决于产品替代程度 d 和企业 2 的研发成本 k 。网络强度越大，网络效应越明显，与产量提成许可相比，固定费许可发生的可能越大。产品替代程度越大，若不进行技术许可，则两企业潜在竞争程度越激烈，进行许可的动机越强烈，且利用产量提成许可保持产量领导优势的激励相对于固定费许可更强烈。企业 2 的研发成本越高，不许可状态下开发新技术或新产品后的盈利能力越弱，相对于固定费许可，进行产量提成许可的动机也相对减弱。因此在两种许可策略都可能发生的情况下，必定存在网络强度 β 、产品替代程度 d 和企业 2 研发成本 k 三者组合的区间，使一种许可优于另一种许可。由于在市场规模适中时，固定费许可只在 4 种组合条件下发生，而产量提成许可一定发生。因此固定费许可与产量提成许可的比较事实上是在对固定费许可发生的条件下进行的。当网络强度非常大（如 $\beta \geqslant \max\{\beta_2^*, \beta_9^*\}$ 且企业 2 的研发成本较高（ $k_5 \leqslant k < k_1$ ）时，企业 1 进行固定费许可的动机更强烈。若企业 2 的研发成本较低（ $k < k_5$ ）时，企业 1 选择产量提成许可保持产量领导地位更优。下面再以网络强度不是非常大且产品替代程度不是很强的情况为例进行研究。若网络强度一般（如 $\max\{\beta_3^*, \beta_9^*\} < \beta < \min\{\beta_4^*, \beta_9^*\}$ ），此时企业 1 进行固定费许可的动机不那么强

烈。与此同时，产品替代程度又不高，故企业 1 进行产量提成许可的动机也较弱。则此时唯一决定许可策略的就是企业 2 的研发成本。若企业 2 的研发成本较低（ $k_2 \leqslant k < k_5$ ），则说明其自行开发新标准后的盈利能力越强，为保证领导地位，企业 1 选择产量提成许可优于固定费许可；若企业 2 的研发成本足够高（如 $k_5 \leqslant k < k_1$ ），则企业 1 进行固定费许可的动机非常明显，自然优于产量提成许可。

最后，当市场规模较大（ $\theta > \tilde{\theta}$ ）时，两种许可策略（产量提成许可和固定费许可）均不能保证总是优于不许可时的情况。这充分说明除了之前提到的三个关键参数（网络强度 β 、产品替代程度 d 、企业 2 的研发成本 k ）以外，技术许可策略还受到市场规模 θ 的影响。事实上，从企业 2 的研发成本 k 的临界值的诸多表达式可以清晰地看到，市场规模 θ 对其实质的影响。这直接导致企业 1 进行技术许可并非总是最优（其中固定费许可在 4 种条件下发生，产量提成许可在 7 种条件下发生）。通过找出最终的两种许可方式共同可能发生的条件，进而得出了命题 5-4 第三部分的结论。而这也说明，固定费许可特别是产量提成许可对规模较小的市场具有较大的影响力。然而对于非常大的市场规模，两种许可策略在改变企业 1 得益水平上影响有限①。尽管影响有限，但仍然存在 8 种条件满足两种许可策略实施的空间。市场规模会影响企业 2 的研发成本诸临界值水平，而且在市场规模非常大时，固定费许可较之产量提成许可对企业得益影响更大。与市场规模较小时的情况相比，这会导致各许可策略发生所需的企业 2 的研发成本水平发生变化，即在市场规模较大时，产量提成许可在企业 2 研发成本较高时更可能发生，而固定费许可在企业 2 研发成本较低时更可能发生。特别是，当企业 2 的研发成本非常低（如 $k \leqslant k_4$ ），而产品替代程度不太低以及网络强度不太小（如 $d > d_4$ 且 $\beta_5^* \leqslant \beta < \beta_2^*$ 或 $d \leqslant d_4$ 但 $\beta \geqslant \beta_2^*$ ）时，固定费许可发生的可能一定优于产量提成许可。然而在产品替代程度较低且网络强度也较小（如 $d < d_4$ 且 $\beta < \beta_2^*$ 的一系列情况）时，产量提成许可可能总是优于固定费许可。若产品替代程度非常高（ $d > d_4$ ）且网络强度较大（ $\beta \geqslant \beta_5^*$ ）时，此时则存在关键性的企业 2 研发成本的临界值 k_6 ，即若企业 2 的研发成本较大（ $k_6 < k < k_1$ ）时，企业 1 选择产量提成许可优于固定费许可；若企业 2 的研发成本较小（ $k < k_6$ ）时，企业 1 进行固定

---

① 产量提成许可受市场规模增大的影响或者对其影响力改变程度似乎更加明显。证据是在市场规模较小和适中时，产量提成许可总是发生，而不受市场规模变动影响。但市场规模很大时，提成许可立刻变得在 7 种条件下发生。而固定费许可则变化得不那么明显，仅仅是从小规模时 1 种条件到中规模和大规模时的 4 种条件。事实上，命题 5-4 第三部分中，产量提成许可在企业 2 研发成本高的时候发生，而固定费许可在企业 2 研发成本较低的时候发生。这也说明了产量提成许可在市场规模较大时对企业得益影响较之固定费费许可更弱一些。现实中，在市场规模较大时，信息的不完全导致许可方对受许方产量的监控存在难度，许可方企业 1 选择产量提成许可可能不如固定费许可，特别是受许方企业 2 在不许可的情况下潜在盈利能力较大时。

费许可优于产量提成许可。

5.3 扩展：两部制许可分析

在两部制许可下，企业 1 不但索取预付的固定费，而且还要对受许方企业 2 的产量收取提成。因此这种许可机制兼具固定费许可机制和产量提成许可机制的各自优点。在正常产品市场上，正如在第 4 章所得出的结论，两部制许可机制在信息完全且完美的情况下比固定费许可机制和产量提成许可机制更优。那么在网络产品市场上，两部制许可机制是否仍然是一种对许可方来说最优的机制或策略呢？本小节将给出结论。

当企业 1 愿意进行两部制许可时，那么许可后许可双方企业的得益函数如式（5-16）所示：

$$
\begin{aligned}
\pi_1^{FR} &= [\theta + v(q_1^e + q_2^e) - q_1 - q_2]q_1 + rq_2 + F = \pi_1^R + F \\
\pi_2^{FR} &= [\theta + v(q_1^e + q_2^e) - q_1 - q_2]q_2 - rq_2 - F = \pi_2^R - F
\end{aligned}
\tag{5-16}
$$

利用式（5-11）或对其一阶求导，求解各自最优的产量并利用 FEE 条件，可得

$$
\pi_1^{FR} = \frac{\theta^2 + (5 - 4\beta)\theta r - (\beta^2 - 5\beta + 5)r^2}{(3 - 2\beta)^2} + F
\tag{5-17}
$$

$$
\pi_2^{FR} = \frac{[\theta - (2 - \beta)r]^2}{(3 - 2\beta)^2} - F
$$

接下来只需对式（5-18）求解，得

$$
\max_{F,r} \pi_1^{FR} = \frac{\theta^2 + (5 - 4\beta)\theta r - (\beta^2 - 5\beta + 5)r^2}{(3 - 2\beta)^2} + F
\tag{5-18}
$$

$$
\text{s.t.} \ \pi_2^{FR} = \frac{[\theta - (2 - \beta)r]^2}{(3 - 2\beta)^2} - F \geqslant \pi_2^{NL}
$$

由于在不同的市场规模下，企业 2 在不许可时的得益函数不同。首先，在市场规模较小（ $\theta \leqslant \hat{\theta}$ ）时对两部制许可进行研究。根据式（5-3），可得到最优的固定费表达式如下：

$$
F_1^* = \pi_2^{FR} - \pi_2^{NL} = \frac{\left[\theta - (2 - \beta)r\right]^2}{(3 - 2\beta)^2}
\tag{5-19}
$$

把式（5-19）代入式（5-18），并求其一阶条件，得到最优的提成率

$$
r_3^* =
\begin{cases}
\dfrac{(1 - 2\beta)\theta}{2(1 - \beta)}, & \beta < \beta_{10}^* = 0.5 \\
0, & \beta \geqslant 0.5
\end{cases}
\tag{5-20}
$$

进而，最优的固定费如下：

$$F_1^* = \begin{cases} \dfrac{\beta^2\theta^2}{4(1-\beta)^2}, & \beta < 0.5 \\[3mm] \dfrac{\theta^2}{(3-2\beta)^2}, & \beta \geqslant 0.5 \end{cases} \tag{5-21}$$

其次，分别在不同临界网络强度下比较各许可策略下企业 1 的得益。当 $\beta \geqslant 0.5$ 时，最优的提成率为 0，即两部制许可降级为固定费许可。这时有 $\pi_1^{\mathrm{FR}} = \pi_1^F = \dfrac{2\theta^2}{(3-2\beta)^2}$。又根据命题 5-4 第一部分的结论，可知 $\pi_1^F > \pi_1^R$。进而有 $\pi_1^{\mathrm{FR}} > \pi_1^R$。当 $\beta < 0.5$ 时，比较 π_1^{FR} 与 π_1^R 和 π_1^F 之间的大小。把式（5-20）和式（5-21）代入式（5-16），并由式（5-7）以及式（5-14）可得到

$$\begin{aligned} \pi_1^{\mathrm{FR}} - \pi_1^F &= \frac{2\theta^2 + (1-2\beta)\theta r_3^* - (1-\beta)(r_3^*)^2}{(3-2\beta)^2} - \frac{2\theta^2}{(3-2\beta)^2} \\ &= \frac{(1-2\beta)\theta}{2(3-2\beta)^2} \cdot r_3^* > 0 \end{aligned} \tag{5-22}$$

又

$$\pi_1^{\mathrm{FR}} - \pi_1^R = \frac{H_5}{4(3-2\beta)^2(5-5\beta+\beta^2)(1-\beta)}$$

其中，

$$H_5 = (-5+20\beta-12\beta^2)(1-\beta) + (1-2\beta)^2(5-5\beta+\beta^2)$$

如图 5-1 所示，$H_5 > 0$，于是可得到 $\pi_1^{\mathrm{FR}} - \pi_1^R > 0$[①]。综合以上结论可得到命题 5-5。

命题 5-5　市场规模较小（$\theta \leqslant \hat{\theta}$）时的情况：①当 $\beta \geqslant 0.5$ 时，两部制许可降级为固定费许可，且对许可方企业 1 而言，最优的许可策略为固定费许可；②当 $\beta < 0.5$ 时，对许可方企业 1 而言，最优的许可策略为两部制许可。

若市场规模适中（$\hat{\theta} < \theta \leqslant \tilde{\theta}$），则企业 2 在不接受许可的情况下存在开发新技术或新产品的可能，即 $\pi_2^{\mathrm{NL}} > 0$。根据式（5-3），于是得到最优的固定费表达式为

---

① 不管在网络强度较小还是较大时的情况，两部制许可总是发生的，即总是优于不许可时的情况。这是因为：在市场规模较小时，若网络强度较大，固定费许可总发生；若网络强度较小，产量提成许可总是发生。而不管网络强度较大还是较小，企业 1 在两部制许可策略下的得益总是不小于其他许可策略，因此两部制许可总是优于不许可。

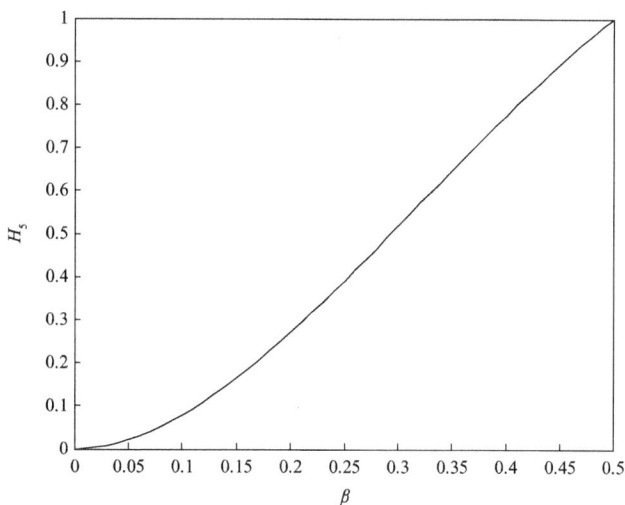

图 5-1　H_5 在 $\beta \in [0,0.5)$ 上的变化规律

$$F_2^* = \pi_2^{\mathrm{FR}} - \pi_2^{\mathrm{NL}} = \frac{\left[\theta - (2-\beta)r\right]^2}{(3-2\beta)^2} - \frac{\theta^2}{(2+d-\beta)^2} + k \qquad (5\text{-}23)$$

由式（5-18）求得，最优的提成率表达式与式（5-20）相同，而此时最优的固定费为

$$F_2^* = \begin{cases} \dfrac{\beta^2\theta^2}{4(1-\beta)^2} - \dfrac{\theta^2}{(2+d-\beta)^2} + k, & \beta < 0.5 \\[3mm] \dfrac{(5+d-3\beta)(\beta-1+d)\theta^2}{(3-2\beta)^2(2+d-\beta)^2} + k, & \beta \geqslant 0.5 \end{cases} \qquad (5\text{-}24)$$

与市场规模较小时的情况相同，接下来分别在不同网络强度下比较 π_1^{FR} 与 π_1^R 和 π_1^F 之间的大小。当 $\beta \geqslant 0.5$ 时，两部制许可下的提成率为 0，即变为固定费许可，这时有 $\pi_1^{\mathrm{FR}} = \pi_1^F$。这时企业 1 在两部制许可和产量提成许可下的得益比较，实质上变为在固定费许可和产量提成许可下的得益比较。又根据命题 5-4 第二部分的结论及结合此时网络强度的临界值，可得到当网络强度 $\beta \geqslant \max\{\beta_2^*, \beta_{10}^*\}$ [①] 时，若 $k_5 \leqslant k < k_1$，则 $\pi_1^{\mathrm{FR}} = \pi_1^F > \pi_1^R$；若 $k < k_5$，则 $\pi_1^R > \pi_1^F = \pi_1^{\mathrm{FR}}$。接下来在 $\beta < 0.5$ 时找出对企业 1 最优的许可策略。根据式（5-20）、式（5-24）以及企业 1 在固定费许可下的得益，可得到

———————————

① 当 $d > 0.5$ 时，有 $\beta \geqslant \beta_{10}^* = 0.5$；当 $d \leqslant 0.5$ 时，有 $\beta \geqslant \beta_2^*$。

$$\pi_1^{FR} - \pi_1^{F} = \frac{r_3^* \left[(1-2\beta)\theta - (1-\beta)r_3^* \right]}{(3-2\beta)^2} > 0 \qquad （5\text{-}25）$$

又

$$\pi_1^{FR} - \pi_1^{R} = k - k_7 = k - \left[k_1 - \frac{\beta^2\theta^2}{4(1-\beta)(5-5\beta+\beta^2)} \right]$$

其中，

$$k_7 = -\frac{H_6}{4(2+d-\beta)^2(5-5\beta+\beta^2)(1-\beta)}\theta^2$$

$$H_6 = \beta^2(2+d-\beta)^2 - 4(1-\beta)(5-5\beta+\beta^2)$$

易知，$H_6(d)$ 是关于 $d \in [0,1]$ 的增函数，如图 5-2 所示，$H_6(1) < 0$，即 $k_7 > 0$，又由 k_7 关于 k_1 的表达式可知：$0 < k_7 \leqslant k_1$。

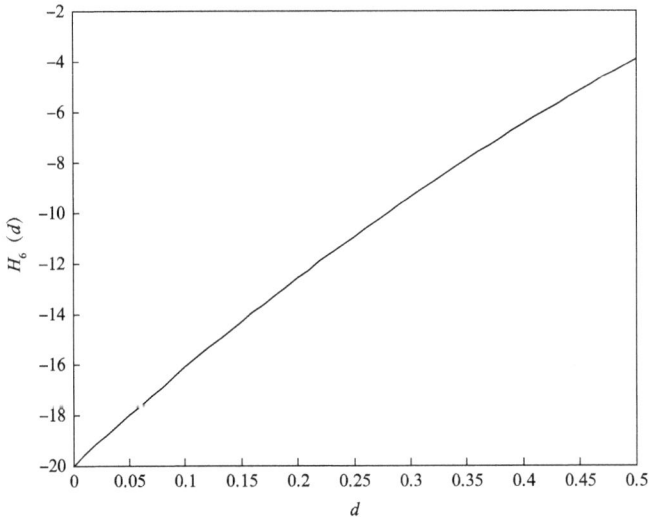

图 5-2　$H_6(d)$ 在 $d=1$ 时的变化规律

于是可得到：当 $k_7 < k < k_1$ 时，有 $\pi_1^{FR} > \pi_1^{R}$；若 $k < k_7$，则 $\pi_1^{R} > \pi_1^{FR}$。然而在市场规模适中时，两部制许可是否总是发生或者是否满足发生的条件，这就需要比较 π_1^{FR} 和 π_1^{NL} 的大小。又因为 $\pi_1^{FR} - \pi_1^{NL} = k - k_8$，即只有 $k > k_8$ 时两部制许可才具备发生的条件。其中，$k_8 = \dfrac{8(5+d-3\beta)(1-d-\beta)(1-\beta) - (1-2\beta)^2(2+d-\beta)^2}{4(3-2\beta)^2(2+d-\beta)^2(1-\beta)}\theta^2$。

如图 5-3 和图 5-4 所示，$k_8 - k_7 < 0$。因此以上结论能够保证两部制许可发生。总结不同网络强度下的结论，可得到命题 5-6。

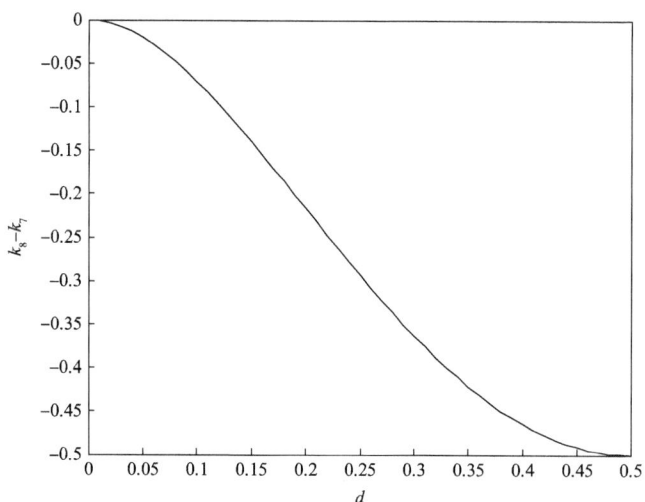

图 5-3　临界值 $k_8 - k_7$ 在 $d = 0$ 下的变化规律

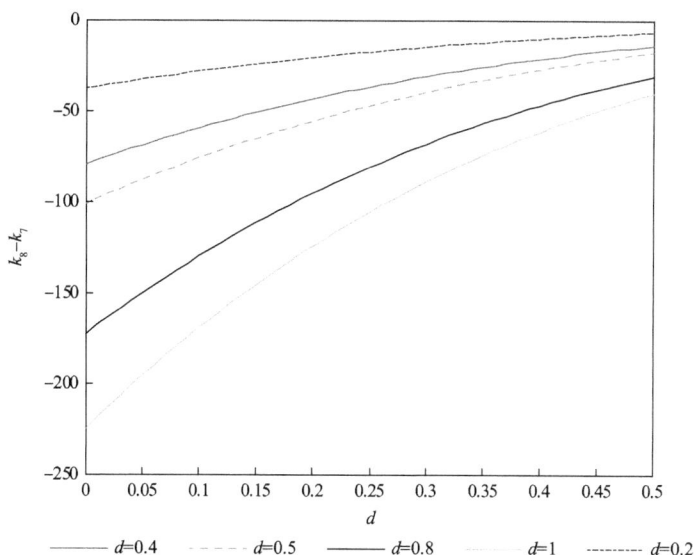

——— $d=0.4$　　- - - - $d=0.5$　　——— $d=0.8$　　········ $d=1$　　- · - · - $d=0.2$

图 5-4　临界值 $k_8 - k_7$ 在不同 d 值下的变化规律

命题 5-6　市场规模适中（$\hat{\theta} < \theta \leqslant \tilde{\theta}$）时的情况：①当 $\beta \geqslant 0.5$ 时，两部制许可降级为固定费许可。对于许可方企业 1 而言，只有网络强度较大（如 $\beta \geqslant \max\{\beta_2^*, \beta_{10}^*\}$）时，三种许可策略才发生。若企业 2 的研发成本较高（如 $k_5 \leqslant k < k_1$），则固定费许可策略最优；若企业 2 的研发成本较低（如 $k < k_5$），则产量提成许可策略最优。②当 $\beta < 0.5$ 时，对于许可方企业 1 而言，最优的许可策略同样取决于企业 2 的研发成本。若企业 2 的研发成本较高（如 $k_7 \leqslant k < k_1$），则两部制许可策略最优；若

企业 2 的研发成本较低（如 $k < k_7$），则产量提成许可策略最优。

　　而当市场规模较大（$\theta > \tilde{\theta}$）时，最优的固定费和提成率与市场规模适中时的相同，并由式（5-20）和式（5-24）给出。当网络强度较大（如 $\beta \geqslant 0.5$）时，最优的提成率为 0，两部制许可等价于固定费许可。这时最优的许可策略由固定费许可和产量提成许可之间的大小决定。而关于固定费许可和产量提成许可之间的比较已由命题 5-4 第三部分给出。因此只剩下考虑网络强度较小（如 $\beta < 0.5$）时的情况。与市场规模适中时的情况相同，两部制许可总是优于固定费许可。接下来只需比较两部制许可与产量提成许可之间的大小。

　　又因为

$$\pi_1^{\mathrm{FR}} - \pi_1^{R} = \frac{(1-\beta)\left[\sqrt{\dfrac{\theta^2}{(2+d-\beta)^2} - k} - \dfrac{\beta\theta}{2(1-\beta)}\right]^2}{(2-\beta)^2} > 0$$

　　因此在网络强度较小（如 $\beta < 0.5$）时，两部制许可总是优于固定费许可和产量提成许可。于是在市场规模较大（$\theta > \tilde{\theta}$）时，可得到命题 5-7。

　　命题 5-7　市场规模较大（$\theta > \tilde{\theta}$）时的情况：①当 $\beta \geqslant 0.5$ 时，两部制许可等价于固定费许可。最优的许可策略由命题 5-4 第三部分给出。②当 $\beta < 0.5$ 时，对许可方企业 1 而言，两部制许可策略始终是最优的。

　　命题 5-5~命题 5-7 说明了当两部制许可、产量提成许可、固定费许可这三种许可策略均具备发生的条件时，只要网络强度不是很大（如 $\beta < 0.5$），且企业 2 的研发成本足够高（如 $k_7 \leqslant k < k_1$），则两部制许可策略总是最优的。事实上，这一结论与第 4 章在正常产品市场上得出的两部制许可策略最优的结论具有相当程度的一致性。这也说明了两部制许可策略的确是在某种程度上兼具固定费许可和产量提成许可两者的优点。但网络产品市场毕竟不同于正常产品市场，由于市场规模、产品替代程度、企业 2 的研发成本，特别是网络效应等因素的存在，促使两部制许可策略并非在任何时候总是最优的。这种情况在企业 2 的研发成本、网络强度等关键参数存在极端情况时表现得更加明显，具体如下：①市场规模较小但网络强度较大时，网络效应明显优于供给面效应。又由于固定费许可在较强的网络效应及较小的市场规模下优势发挥明显，因此可以想象固定费许可一定优于产量提成许可及处于折中位置的两部制许可。②市场规模适中且网络强度非常大时，由于随着市场规模的扩大，固定费许可对市场的影响力开始减弱，因此在网络强度达到一定临界值以后，还需考虑企业 2 的研发成本的高低。正如在命题 5-4 下所讨论的，较高的研发成本，对固定费许可的实施更有利。而较低的研发成本，则迫使企业 1 为保持产量领导地位而实施产量提成许可。③市场规模较大且网络强度较大时，固定费许可和产量提成许可对

市场的影响力明显减弱，但产量提成许可对市场的影响力改变得更为明显。此时许可企业 1 不仅需要考虑企业 2 的研发成本的高低，还要考虑其对产品替代程度的预期（若企业 2 不接受许可而开发新产品时的情况）。此时的情况详见命题 5-4 结论后面的讨论。

5.4　多寡头竞争时博弈模型的建立及描述

考虑一个由 $m+1$ 家企业组成的网络产品 Cournot 寡头竞争市场。与双寡头时的情况相同，假定网络产品的市场反需求曲线为线性，并由 $p = \theta + v(q) - Q$ 表示。其中，θ 为市场规模，即市场上不存在网络效应时，用户对产品的最大需求量，假定用户是同质的，则单个用户对产品网络规模的预期相同；q 为所有用户对产品网络规模的预期；$v(q)$ 为用户对一定网络规模的产品的估值，并且 $v(q)$ 是 q 的增函数。由 5.1.3 小节可知，单个用户对网络的估值可以由 $v(q) = \beta q$ 表示。其中 β（$0 \leqslant \beta < 1$）为网络效应的强度，它反映了网络的本质属性。在其他条件不变的情况下，β 越大，网络产品的价值就越大。当 $\beta = 0$ 时，网络产品降级为正常商品，不存在网络效应。当 $\beta \geqslant 1$ 时，不能保证需求曲线向下倾斜的条件，以及 β 值过大，可能出现网络堵塞的现象，因此限定 $\beta < 1$。

$m+1$ 家企业的博弈过程可分如下几个阶段。第一阶段，企业 1 决定是否进行许可以及许可时发放的许可证数量；第二阶段，其他企业决定接受许可还是自行研发；第三阶段，$m+1$ 家企业在产品市场上进行 Cournot 竞争。为得到子博弈 Nash 均衡的解，采用逆推归纳法。接下来分别考虑如下：①不发放许可证，其余 m（$m \geqslant 2$）家企业研发；②发放 m（$m \geqslant 2$）张许可证；③发放 1 张许可证，其余 $m-1$ 家企业研发；④发放 n_1（$1 < n_1 < m$）张许可证，其余 $m-n_1$ 家企业研发四种情况，比较在这四种情况下企业 1 的利润，并最终得出子博弈 Nash 均衡解。

5.5　不发放许可证，m 家企业进行研发

假定企业 1 不发放许可给企业 j（$j = 2, 3, \cdots, m+1$），企业 j 投资 k_j[①]进行研发，这时市场上有 $m+1$ 种产品。每一种产品的消费者都形成了自己的网络，由于所有这些产品都是完全替代，进而得到每种产品的价格 $p_i = \theta + v(q_i) - Q$，总产

---

① k_j 为企业 j 的研发成本，反映了该企业的研发效率。一般而言，研发效率越高，研发成本越低。k_j 也可能为企业 j 的机会成本，即把这笔资金用于其他用途可能会获得最大收益。

量 $Q = \sum q_i \left(i = 1, 2, 3, \cdots, m+1 \right)$。于是得到各企业的利润函数表达式如下：

$$\pi_1 = [\theta + v(q_1) - Q]q_1$$
$$\pi_i = [\theta + v(q_i) - Q]q_i - k_i, \quad (i = 2, 3, \cdots, m+1) \tag{5-26}$$

利润最大化各竞争企业的利润，得到各企业的均衡产量为

$$q_1 = q_2 = \cdots = q_{m+1} = \frac{\theta}{m+2-2\beta} \tag{5-27}$$

把式（5-27）代入式（5-26），可得

$$\pi_1^0 = \frac{\theta^2}{\left(m+2-2\beta\right)^2}$$
$$\pi_i^0 = \frac{\theta^2}{\left(m+2-2\beta\right)^2} - k_i, \quad (i = 2, 3, \cdots, m+1) \tag{5-28}$$

其中，上标 0 代表不发放许可证。

令 $\bar{k} = \max\{k_2, k_3, \cdots, k_{m+1}\}$，由式（5-28）得到，当 $\theta \geq \theta_1 = (m+2-2\beta)\sqrt{\bar{k}}$ 时，m 家企业均进行研发。令 $\tilde{k} = \min\{k_2, k_3, \cdots, k_{m+1}\}$，则当 $\theta < \theta_2 = (2-2\beta)\sqrt{\tilde{k}}$ 时，其他 m 家企业均退出市场，企业 1 成为垄断者。此时企业 1 的产量为 $\dfrac{\theta}{2(1-\beta)}$，利润为 $\dfrac{\theta^2}{\left[2(1-\beta)\right]^2}$。于是得到命题 5-8。

命题 5-8　在各企业研发效率一定的条件下，当企业 1 不发放许可证时，只有市场规模足够大（如 $\theta \geq \theta_1$）时，其他企业参与产品开发才是有利可图的；若市场规模足够小（如 $\theta < \theta_2$），则企业 1 成为垄断者。

我国在 3G 市场上存在 CDMA2000、WCDMA、TDCDMA 三种 3G 标准，分别由三家企业运营。中国政府之所以发放三张 3G 牌照，并由三家企业运营的原因之一便是，在相互竞争的情况下，中国 3G 市场大到足以容纳各持有一张牌照的三家企业仍能有利可图。韩国和日本的 3G 标准以 CDMA 2000 为主，而其他标准在该国发展缓慢。归其原因，除了技术问题、CDMA 2000 的先占优势对消费者增加的转换成本[①]外，很大可能还在于潜在进入者对该国市场规模是否使进入有利可图的考虑。

---

① 关于消费者从一品牌到另一品牌的转换成本的研究，参见 Klemperer（1987）、Caminal 和 Matutes（1990）与 Shy（2001）等的著述。

5.6　发放 $m \geq 2$ 张许可证

在发放 $m \geq 2$ 张许可证的情况下，市场上的 m 家企业都将得到许可证，这时市场上只有一种产品。产品价格 $p = \theta + v(Q) - Q$，其中 $Q = \sum q_i \, (i = 1, 2, 3, \cdots, m+1)$。企业 1 采取固定费许可机制，假定企业 1 知道这 m 家企业的研发效率的集合 $\{k_2, k_3, \cdots, k_{m+1}\}$，但不能区分市场上哪些是研发效率较高者，哪些是研发效率较低者，因而其不能对这 m 家企业进行价格歧视，即企业 1 只能对这 m 家企业索取相同的预付固定费 F。由于均衡结果并不受一次性支付 F 的影响，故固定费许可后，各企业的均衡产量为

$$q_1 = q_2 = \cdots = q_{m+1} = \frac{\theta}{(1-\beta)(m+2)} \tag{5-29}$$

此时各企业的净利润为

$$\pi_1^m = \frac{\theta^2}{[(1-\beta)(m+2)]^2} + mF$$

$$\pi_i^m = \frac{\theta^2}{[(1-\beta)(m+2)]^2} - F, \quad (i = 2, 3, \cdots, m+1) \tag{5-30}$$

其中，上标 m 表示发放 m 张许可证。

假定受许企业 i（$i = 2, 3, \cdots, m+1$）在许可得益上不具有讨价还价能力，因此对于许可企业 1 而言，最优的固定费 F 为受许企业 i 许可后与许可前利润的差额。由式（5-30）与式（5-28）可得 $F = \dfrac{\theta^2}{(1-\beta)^2 (m+2)^2} - \dfrac{\theta^2}{(m+2-2\beta)^2} + k_i$。为保证受许企业都愿意接受许可，而不去开发产品，只需 $F \geq 0$。于是得到命题 5-9。

命题 5-9　当企业 1 收取的固定费 $F^* = \theta^2 \big/ \big[(1-\beta)^2 (m+2)^2\big] - \theta^2 \big/ \big[(m+2-2\beta)^2\big] + \tilde{k}$ 时，企业 i 愿意接受许可，而不去开发产品。其中 $\tilde{k} = \min\{k_2, k_3, \cdots, k_{m+1}\}$。

■

证明：当 $F^* = \theta^2 \big/ \big[(1-\beta)^2 (m+2)^2\big] - \theta^2 \big/ \big[(m+2-2\beta)^2\big] + \tilde{k}$ 时，接受许可的企业的得益均不小其在许可前的得益，即 $\pi_i^m - \pi_i \geq 0$，易得 $F^* \geq 0$。证毕。其中 $\tilde{k}$ 为 m 家企业中研发效率最高者。由命题 5-9 又可得到推论 5-1。

推论 5-1　最优固定费 F 是 $\tilde{k}$ 的增函数。受许企业中研发效率最高者其研发效率越高，许可企业所索取的固定费越小。

■

推论 5-1 说明，许可企业若发放 m 张许可证，则索取的固定费大小取决于受许可企业研发成本最低者的研发效率。其研发效率越高，研发成本 k 就越低，F 就越小。

将命题 5-9 中最优固定费 F^* 代入式（5-30），可得发放 m 张许可证后，企业 1 的利润函数为

$$\pi_1^m = (m+1)\left[\theta^2\Big/\left[(1-\beta)(m+2)\right]^2\right] - m\left[\theta^2\Big/\left[(m+2-2\beta)^2\right] - \tilde{k}\right] \quad （5-31）$$

当市场足够大（如 $\theta \geq \theta_1$）时，企业 1 应该不发放许可证还是对市场上的 m（$m \geq 2$）家企业均发放许可证？

命题 5-10　当市场足够大（如 $\theta \geq \theta_1$）时，市场上所有的企业均有开发新产品的动机。这时对企业 1 而言，对这 m（$m \geq 2$）家企业发放许可证优于不发放许可证。 ■

证明：由式（5-31）和式（5-28）可得 $\pi_1^0 - \pi_1^m = \dfrac{m(m+1)\theta^2\beta\left[\beta(m+4) - 2(m+2)\right]}{(1-\beta)^2(m+2)^2} -$

$m\tilde{k}$。对于任意的 $m \geq 2$，易得 $\pi_1^0 - \pi_1^m < 0$。

证毕。

5.7　发放 1 张许可证，其余 $m-1$ 家企业研发

在发放 1 张许可证，其余 $m-1$ 家企业研发的情况下，市场存在 m 种产品。企业 i（$i = 1,2$）的产品反需求曲线 $p_i = \theta + v\left(\sum q_i\right) - Q$。企业 j（$j = 3,4,\cdots,m+1$）的产品反需求曲线 $p_j = \theta + v(q_j) - Q$。于是在固定费许可后，企业 i 和企业 j 的均衡产量分别为

$$q_i = \frac{\theta(1-2\beta)}{T(1)}$$

$$q_j = \frac{\theta(1-3\beta)}{T(1)} \quad （5-32）$$

令

$$T(x) = (x+2)(1-\beta)(1-2\beta) + (m-x)\left[1 - (x+2)\beta\right]$$

则

$$T(1) = 3(1-\beta)(1-2\beta) + (m-1)(1-3\beta)$$

欲使式（5-32）有内解，须 $q_i > 0$，$q_j > 0$。于是得到表 5-1。

表 5-1　q_i 和 q_j 的符号变化

$\diagdown$ β q	$\beta < 1/3$	$1/3 \leqslant \beta < \beta_1$	$\beta_1 < \beta \leqslant 1/2$	$\beta > 1/2$
q_i	> 0	< 0	$\leqslant 0$	> 0
q_j	> 0	$\leqslant 0$	> 0	

注：$\beta_1 = [3(m+2) - \sqrt{9(m+2)^2 - 24(m+2)}]/12$ 为 $T(1) = 0$ 在 $\beta \in \left(\dfrac{1}{3}, \dfrac{1}{2}\right)$ 上的解

由表 5-1 可知，当 $\beta < \dfrac{1}{3}$ 或 $\beta > \dfrac{1}{2}$ 时，式（5-32）存在内解。

当存在内解时，由式（5-32）可得，固定费许可后的企业 i 和企业 j 的 Cournot 利润分别为

$$\pi_1^1 = \frac{(1-2\beta)^2 \theta^2}{T(1)^2} + F$$

$$\pi_2^1 = \frac{(1-2\beta)^2 \theta^2}{T(1)^2} - F \qquad (5\text{-}33)$$

$$\pi_j^1 = \frac{(1-3\beta)^2 \theta^2}{T(1)^2} - k_j$$

其中，上标 1 表示发放 1 张许可证。

由于企业 2 在许可得益上不具有讨价还价能力，因此对企业 1 而言，最优的固定费为企业 2 在许可后和许可前利润的差额。由式（5-33）和式（5-28），可得 $F^* = \dfrac{(1-2\beta)^2 \theta^2}{T(1)^2} - \dfrac{\theta^2}{(m+2-2\beta)^2} + k_2$。由于企业 1 不能够进行价格歧视，故 $k_2 = \bar{k} = \max\{k_2, k_3, \cdots, k_{m+1}\}$，因此这 m 家企业中只有研发效率最低者接受许可。于是得到推论 5-2。

推论 5-2　当企业 1 进行独家许可时，最优固定费 F 是 $\bar{k}$ 的增函数，即受许企业整体研发效率越高，研发成本就越低，企业 1 所索取的固定费越小。

■

由 F^* 和式（5-33），可得企业 1 的利润为

$$\pi_1^1 = \frac{2(1-2\beta)^2 \theta^2}{T(1)^2} - \frac{\theta^2}{(m+2-2\beta)^2} + \bar{k} \qquad (5\text{-}34)$$

那么对所有企业发放许可证与只发放 1 张许可证，哪一种情况对企业 1 更有利呢？命题 5-11 给出了答案。

命题 5-11　当市场足够大（如 $\theta \geqslant \theta_1$）时，若 $\beta < \dfrac{1}{3}$ 或 $\beta > \dfrac{1}{2}$，对于企业 1 而

言，发放 1 张许可证优于对所有企业发放许可证。　■

证明见附录 3。

5.8　发放 $1<n_1<m$ 张许可证，其余 $m-n_1$ 家企业研发

当企业 1 发放 n_1 张许可证时，企业 i（$i=1,2,\cdots,n_1+1$）生产相同的产品，其产品的价格为 $p_i=\theta+v\left(\sum q_i\right)-Q$。企业 j（$j=n_1+2,n_1+3,\cdots,m+1$）各自生产自己的产品，其价格 $p_j=\theta+v\left(q_j\right)-Q$。于是在固定费许可后，各自的均衡产量为

$$q_i=\frac{\theta(1-2\beta)}{T(n_1)}$$

$$q_j=\frac{\theta\left[1-(n_1+2)\beta\right]}{T(n_1)} \tag{5-35}$$

其中，$T(n_1)=(n_1+2)(1-\beta)(1-2\beta)+(m-n_1)\left[1-(n_1+2)\beta\right]$。与式（5-32）的条件相同，欲使式（5-35）有内解，须 $q_i>0$，$q_j>0$。于是得到表 5-2。

表 5-2　q_i 和 q_j 的符号变化

$\diagdown^{\beta}_{q}$	$\beta<1/(n_1+2)$	$1/(n_1+2)\le\beta<\beta_2$	$\beta_2<\beta\le1/2$	$\beta>1/2$
q_i	>0	<0	≤0	>0
q_j	>0	≤0	>0	

注．β_2 为 $T(n_1)=(n_1+2)(1-\beta)(1-2\beta)+(m-n_1)[1-(n_1+2)\beta]=0$ 在 $\beta\in\left(\dfrac{1}{n_1+2},\dfrac{1}{2}\right)$ 上的解

同样由表 5-2 可知，当 $\beta<\dfrac{1}{n_1+2}$ 或 $\beta>\dfrac{1}{2}$ 时，式（5-35）存在内解。

当存在内解时，由式（5-35）可得，固定费许可后，各企业的利润分别为

$$\pi_1^{n_1}=\frac{(1-2\beta)^2\theta^2}{T(n_1)^2}+n_1F$$

$$\pi_i^{n_1}=\frac{(1-2\beta)^2\theta^2}{T(n_1)^2}-F \tag{5-36}$$

$$\pi_j^{n_1}=\frac{[1-(n_1+2)\beta]^2\theta^2}{T(n_1)^2}-k_j$$

其中，上标 n_1 表示发放 n_1 张许可证。下标 i（$i=2,3,\cdots,n_1+1$）为第 i 个企业；下

标 j（$j = n_1 + 2, n_1 + 3, \cdots, m + 1$）为第 j 个企业。

式（5-36）中最优固定费 $F^* = \dfrac{(1 - 2\beta)^2 \theta^2}{T(n_1)^2} - \dfrac{\theta^2}{(m + 2 - 2\beta)^2} + \hat{k}$，其中 $\tilde{k} < \hat{k} < \overline{k}$。

$\hat{k}$ 为集合 $\{k_2, k_3, \cdots, k_{m+1}\}$ 中第 n_1 大的数，因此研发效率最低的 n_1 家企业接受许可，而剩余的 $m - n_1$ 家企业进行研发。于是综合推论 5-1 和推论 5-2，可得推论 5-3。

推论 5-3　最优固定费受受许企业整体研发效率和许可发放数的影响。整体研发效率越高，许可发放数越多，则最优固定费越小。

■

推论 5-3 说明最优固定费与企业整体研发效率和许可证发放数负相关。

得到许可后企业 1 的利润为

$$\pi_1^{n_1} = \frac{(n_1 + 1)(1 - 2\beta)^2 \theta^2}{T(n_1)^2} - n_1 \left[\frac{\theta^2}{(m + 2 - 2\beta)^2} - \hat{k} \right] \tag{5-37}$$

那么当 $\beta < \dfrac{1}{n_1 + 2}$ 或 $\beta > \dfrac{1}{2}$ 时，企业 1 应该进行独家许可还是多家许可呢？于是引出命题 5-12。

命题 5-12　当企业 1 预期市场上企业竞争数较大（如 $n = m + 1 - n_1 \geqslant 3$）时，若 $\beta < \dfrac{1}{n_1 + 2}$，多家许可优于独家许可；若 $\beta > \dfrac{1}{2}$，企业 1 进行独家许可还是进行多家许可取决于许可数 n_1。若 $n_1 > n^*$（$\pi_1^{n_1} = \pi_1^1$），则独家许可优于多家许可；若 $n_1 < n^*$，则多家许可优于独家许可。当企业 1 预期市场上研发的企业数目较小（如 $n = 2$）时，对于 $\beta < \dfrac{1}{n_1 + 2}$ 或 $\beta > \dfrac{1}{2}$，多家许可均优于独家许可。

■

证明见附录 3。

命题 5-12 中 n 是企业 1 在确定许可数目之后，市场上进行研发的企业数。在其他条件不变的情况下，若市场上的企业竞争数越大，则市场集中度[①]越小；若市场上的企业竞争数越小，则市场集中度越大。因此命题 5-12 也反映了市场集中度、网络强度与企业发放许可证数的关系。当市场集中度较小时，若产品的网络强度较小，则发放多张许可证更有利于扩大市场份额，增强企业 1 的垄断势力，以获得更多利润；若产品的网络强度较大，则在发放许可证上有个度，超过这个度，

---

① 关于市场集中度的性能，可由 Herfindahl 指数衡量。在其他因素保持不变的情况下，Herfindahl 指数越高，市场集中度也越高。在各企业规模相同的情况下，市场企业竞争数是 Herfindahl 指数的倒数，即市场企业竞争数与市场集中度成反比。关于此指数的进一步研究，可参见 Weinstock（1982，1984）和 Hirschman（1964）。

独家许可也许更有利。当市场集中度较大时，各个研发企业都拥有较大的市场势力。为抢占市场份额，增加产品的网络值，加大用户的转换成本，企业 1 应进行多家许可更有利。

综合命题 5-8~命题 5-12，可得到子博弈 Nash 均衡解。以下结论给出了在不同路径下其的最优解。

命题 5-13　市场上有 $m+1$ 家企业进行竞争时，技术持有企业 1 根据市场规模 θ、竞争企业研发成本 k、网络强度 β 以及预期企业竞争数 n 决定不许可、独家许可还是多家许可。

（1）当市场规模较小（如 $\theta < \theta_2$）时，企业 1 垄断，不许可更优。

（2）当市场足够大（如 $\theta \geqslant \theta_1$）时，许可均优于不许可，具体如下：

第一，若 $\dfrac{1}{n_1 + 2} \leqslant \beta \leqslant \dfrac{1}{2}$，与不许可相比，对市场上 m 家企业都进行许可更优。

第二，若 $\beta < \dfrac{1}{n_1 + 2}$，对于任意的 $n \geqslant 2$，多家许可优于独家许可。

第三，若 $\beta > \dfrac{1}{2}$，当 $n = 2$ 时，多家许可优于独家许可；当 $n \geqslant 3$ 时，企业 1 进行独家许可还是进行多家许可取决于许可数 n_1。若 $n_1 > n^*$（$\pi_1^{n_1} = \pi_1^1$），则独家许可优于多家许可；若 $n_1 < n^*$，则多家许可优于独家许可。

5.9　本章小结

本章对网络产品市场上在位企业的技术许可问题进行了研究，比较了双寡头竞争时在位企业不进行技术许可、进行固定费许可、进行产量提成许可以及进行两部制许可这四种策略时的得益情况，得出在位企业选择何种策略主要取决于市场规模、网络产品替代程度、网络强度以及潜在受许企业的研发成本等参数之间的组合。而且证明了当网络产品之间完全替代时，正常产品和网络产品市场上在位企业最优的许可策略总是两部制许可策略，这与 Lin 和 Kulatilaka（2006）的结论相一致。但在网络产品之间不完全替代①时，两部制许可并非总是最优的许可策略。这说明了在网络产品市场不存在总是最优的许可策略，而在正常产品市场或具有完全产品替代时的网络产品市场上所得出的最优许可策略——两部制许可的结论仅仅是特例。至于何种策略最优，就需要考虑以上所提到的各参数之间的组合，详情见命题 5-1~命题 5-7 的结论。

---

① 引起网络产品间不完全替代的因素非常多，如消费者偏好、转换成本、广告以及网络平台性能等。不管怎样，这些因素总会或多或少的造成消费者或用户对某一种产品的偏见。

　　而对于多寡头竞争时在位企业的技术许可问题，本章以企业 1 为视角，研究了许可企业 1 与 m 家企业在产品市场竞争时的技术许可策略。当所开发的产品具有网络效应时，企业 1 的最优许可费以及许可证数受到网络强度、预期企业竞争数（市场集中度）、竞争企业研发效率、市场规模等因素的影响。证明了在固定费许可策略下，对于企业 1 而言，最优的固定费受到受许企业整体研发效率和许可证发放数的影响。受许企业整体研发效率越高，许可证发放数越大，最优的固定费也就越小。当市场规模较小时，企业 1 先行进入市场，能够很容易使自己的产品覆盖市场并建立标准，因此企业 1 不许可更优。当市场规模足够大时，若产品的网络效应较弱，类似于正常产品的情况，无论预期企业竞争数如何，多家许可均优于独家许可；若产品的网络强度适中时，对于企业 1 而言，对市场上所有企业（不许可则开发产品）都进行许可更优；若产品的网络强度很大时，如果企业 1 预期市场竞争数较小，那么市场集中度较大，则多家许可优于独家许可；如果企业 1 预期市场竞争数较大，那么市场集中度较小，则进行独家许可还是多家许可取决于发放许可证数。

第6章　双边政府R&D补贴与技术许可选择博弈分析

前面诸多章节分别对研发成功前、研发成功后但专利有效性得到确认前、专利有效性得到确认后的正常产品市场和网络产品市场上的企业技术许可行为进行了详细的研究。然而这些研究中均隐含了一个假定条件，即政府研发政策不对该国企业的研发行为以及技术许可行为有任何的影响，而企业的研发行为和技术许可行为也不对政府的研发政策做出任何的响应。事实上，各国政府经常对其国的研发进行补贴，并对各研究机构的研究行为进行引导。而各研究机构也对政府的研发政策做出或多或少的响应。因此本章认为很有必要在考虑政府研发政策的前提下，考察研发企业的技术许可行为的变化及其对社会净福利的影响问题。

本章在考虑这一假定条件的前提下，又放松第三市场模型假定条件，引入企业技术许可这一策略性行为，建立一个四阶段的双寡头研发竞赛博弈模型，利用非合作博弈中常用的逆推归纳法，来考察具有不完全议价能力的竞争企业各自的政府在考虑消费者剩余时最优的研发政策。研究结论表明：首先，各国政府对本国消费者剩余的考虑影响其对本国企业研发的补贴率，进而影响竞争企业的研发行为。其次，只有当技术领先企业进行较小程度的非显著性创新时，技术许可这一策略性行为才会对政府的研发政策产生影响。最后，在不同的技术许可策略下，双边政府最优的研发政策不同。例如，对于许可企业而言，该国对其研发的补贴率在固定费许可下要高于在产量提成许可下的情况。而在一定的技术许可策略下，许可双方企业对议价能力的预期则会明显影响各自政府的研发政策。例如，在产量提成许可下，对于受许企业而言，该国对其研发的补贴率随着竞争企业的讨价还价能力的提高而增大。

6.1　问题的提出

众所周知，技术创新是经济、社会可持续发展的源动力，同时作为创新主体的企业进行研发所获得的收益也是巨大的。Griliches（1991）对此提供了经验支持，他指出研发的年平均收益率往往在 40% 以上，远大于一般投资的 8% 的收益率。然而高收益带来的高风险以及研发的公共产品特性导致企业实际研发投入相对不足。为纠正这种市场失灵，需要政府的干预。为鼓励企业研发，政府可采取的政策主要有三种——专利保护、鼓励研发合作、提供政府补贴。专利可以对创新企业的创新成果提供事后保护，然而在专利有效期内不利于技术扩散和减缓研发溢出；组建研发合作组织有利于分担企业在研发中的风险，并使研发的外部性内部化。然而根据 d'Aspremont 和 Jacquemin（1988）以及 Martin（2004）的研究，当资金投入的负外部性占优（指研发给创新企业带来的利润增加量小于给其他企业所致的利润减少量）时，创新企业反而可能会削减研发投入，这就与政府的初衷相违背。而且这些研发企业有可能在其他阶段（如生产阶段）形成共谋，进而减少竞争，反而给社会带来损失。而政府对企业的研发提供补贴是最为直接和效果显著的研发政策，但我国企业创新能力相对较弱，创新结局的不确定性也较高，一味鼓励企业进行技术创新，可能得不偿失。而作为当今提高创新能力最为有效以及普遍的方式——技术许可，它的存在则可能对政府研发补贴政策产生重大的影响。

　　政府对企业研发进行补贴以及技术许可的存在会对企业的研发行为产生何种影响，一直受到众学者的关注。Spencer 和 Brander（1983）、Brander 和 Spencer（1985）的研究表明，政府对企业 R&D 进行补贴可以起到和出口补贴同样的效果，且能明显地鼓励企业进行技术创新并改变 R&D 竞赛的均衡结果。Hinloopen（2001）则比较了研发补贴和构建研发合作组织这两种促进企业研发的政策，认为研发补贴比构建研发合作组织更能促进企业的 R&D。Davidson 和 Segerstrom（1998）则认为，与模仿性创新相比，政府对企业原始性创新提供补贴更有利。Hujer 和 Radic（2005）则采用实证的方式对政府研发补贴的作用进行了评估，并证实了政府补贴确实能够鼓励企业进行 R&D，但对不同的创新类型或创新规模作用也不同。国内也有学者，如许春和刘奕（2005）、安同良等（2009）、周绍东（2008）冯振中和吴斌（2008）对政府研发补贴进行了研究，但同样也未考虑技术许可这一策略性行为的存在。然而，企业的 R&D 行为在技术许可存在的情况下，其均衡行为可能与不存在技术许可时的情况不同，这可能也会影响各国政府的研发政策。Gallini 和 Winter（1985）的研究表明，技术许可对企业研发的影响可能是正面的也可能是负面的，它由创新企业间的成本差异决定。Shapiro（1985）建立了一个同质 Cournot 竞争不对称双寡头研发竞赛模型，研究了固定费许可策略对研发激励的影响。Fan 和 Zhang（2002）、钟德强等（2008）利用博弈论的思想对存在技术许可时的政府 R&D 政策进行了研究，然而他们仍沿袭 Brander（1995）所采用的"第三市场模型"，即创新企业在第三市场竞争。显然这种假定条件可能符合发达国家在国外拓展产品市场的现状，然而这种假定条件明显不符合我国企业创新的现状，因此得出的结论很可能不符合或贴近我国的国情，有必要放松此假定条件。

以上文献对鼓励企业研发的研究主要分为政府研发政策对企业 R&D 的影响以及技术许可对 R&D 行为的影响，而少有同时结合以上两方面来对企业 R&D 行为的研究。本章则以政府的角度，结合政府研发政策与技术许可这一企业策略性行为，并放松第三市场模型假定条件，来考察创新企业具有不完全讨价还价能力时的 R&D 行为以及政府的最优研发政策。

6.2 存在外部干预时四阶段博弈模型描述与假定

假定两个企业位于不同的国家，一个是本国企业，一个是外国企业，企业的产品同质，均进行成本降低性工艺创新，并且在其中一国市场上进行 Cournot 竞争，并假设运输成本为零。产品的逆需求函数为 $p = a - (q_i + q_j)$，其中 q_i 和 q_j 分别为企业 i 和企业 j 的产量 $(i, j = 1, 2)$。假定初始时企业 i 和企业 j 具有相同的技术水平，从而具有相同的边际成本 c。然后企业 i 和企业 j 同时进行研发，且研发后的边际成本分别为 $c_i = c - x_i$，$c_j = c - x_j$，其中 x_i 为企业 i 的 R&D 产出的成本缩减量。成本缩减量 x_i 与 R&D 投入总成本 y_i 呈二次函数关系 $y_i = r_i x_i^2$，且有 $y_i' > 0$，$y_i'' < 0$，符合边际收益递减规律。其中，r_i 为企业 i 的 R&D 效率，可以理解为单位研发成本，且 r_i 越小，企业 i 的 R&D 效率越高。x_i^2 为 R&D 投入数量，且各国政府都对其国企业的 R&D 投入数量进行补贴。下标为 j 时符号有类似的含义。

四阶段博弈过程如下所示：在博弈的第 1 阶段，各国政府以各自社会净福利最大化为目标，选择各自对本国企业 R&D 的补贴率 s_i 和 s_j；第 2 阶段，各国企业根据各国的补贴率选择成本缩减量 x_i 和 x_j；第 3 阶段，企业决定是否进行技术许可活动；第 4 阶段，企业选择产品市场并进行 Cournot 产量竞争。为得到子博弈完美的 Nash 均衡解，采用逆推归纳法。

在对上述博弈过程进行求解之前，需知道技术许可的存在如何对企业的决策产生影响。在战略性 R&D 竞赛中，不存在技术许可时，每个企业是否进行创新取决于其竞争对手的行为。当一个企业认为其竞争对手不会进行创新时，那么它会进行创新，因为其作为 Stackelberg 领导者时的得益要大于没有企业进行创新时的得益。因此没有企业进行创新肯定不是 R&D 竞赛的均衡结果。而当一个企业认为其竞争对手会进行创新时，它也必定会进行创新，因为其作为 Stackelberg 跟随者的得益要小于两个企业都进行创新时的得益。因此在不存在技术许可的情况下，两个企业都存在 R&D 过度的情况（Spencer and Brander，1983）。

　　然而在存在技术许可的情况下，两个企业都会过度 R&D 的均衡结果可能会得到改变。因为一个效率较低的企业，得知自己可能成为技术的受许方且其收益得到提高，那么它不会进行创新。或者即使它进行创新，但研发成本过大，可能导致其创新后的利润小于创新之前的利润。因此，在存在技术许可的情况下，两个企业都进行 R&D 可能不是均衡结果（Shapiro，1985）。这样就出现了两种均衡情况：第一种是两个企业都进行 R&D；第二种是只有一个企业进行 R&D。根据 Fan 和 Zhang（2002）、钟德强等（2008）的研究，只有一个企业进行 R&D 时，各国政府对其企业的研发既不征税也不补贴，即采取不干预政策。因此就只存在两个企业都进行 R&D 时的情况。接下来将分别在固定费许可以及产量提成许可可能发生时双边政府最优的研发政策进行均衡分析。

6.3　固定费许可下的均衡分析

6.3.1　Cournot 竞争阶段

　　不妨假定企业 i 的研发效率较高，即 $r_i < r_j$，且企业 i 为许可方。许可前，在企业 i 创新后，各企业在产品市场上进行 Cournot 竞争。各企业利润函数如式（6-1）所示：

$$\pi_i^{\mathrm{NL}} = \left(a - q_i - q_j - c_i\right)q_i, \quad i, j = 1, 2 \qquad （6\text{-}1）$$

　　根据利润最大化的条件，为计算方便，以后不妨令 $a - c = 1$。可得到企业 i 和企业 j 在许可前的均衡产量分别为

$$q_i^{\mathrm{NL}} = \frac{a - 2c_i + c_j}{3} = \frac{1 + 2x_i - x_j}{3}, \quad i, j = 1, 2 \qquad （6\text{-}2）$$

其中，上标 NL（non-licensing）表示不进行技术许可的情况。

　　由式（6-2）可得均衡利润分别为

$$\pi_i^{\mathrm{NL}} = \frac{\left(1 + 2x_i - x_j\right)^2}{9} - r_i x_i^2 + s_i x_i^2, \quad i, j = 1, 2 \qquad （6\text{-}3）$$

其中，$\dfrac{\left(1 + 2x_i - x_j\right)^2}{9}$ 为利润；$r_i x_i^2$ 为研发总成本；$s_i x_i^2$ 为政府补贴。

　　若企业 i 的创新规模 $x_i < x_i^* = 1 + 2x_j$，则企业 i 进行非显著性创新，各企业在产品市场上均有正的产量；若 $x_i \geq x_i^* = 1 + 2x_j$，则企业 i 进行显著性创新，除非企业 j 得到企业 i 的技术许可，否则企业 j 在产品市场上将不进行生产或被驱逐出市场。

　　固定费许可后，企业 i 和企业 j 使用相同的技术，其边际生产成本相同，即

$c_j = c_i = c - x_i$，其均衡产量相同为

$$q_i^F = q_j^F = \frac{1 + x_i}{3} \qquad (6-4)$$

由式（6-4）同样可得此时均衡利润为

$$\pi_i^F = \frac{(1 + x_i)^2}{9} - r_i x_i^2 + s_i x_i^2 + F$$

$$\pi_j^F = \frac{(1 + x_i)^2}{9} - r_j x_j^2 + s_j x_j^2 - F \qquad (6-5)$$

其中，F代表企业i索取的预付固定费。

6.3.2　固定费许可阶段

预付固定费 F 可由最优化下列问题，即由 Nash 积（Nash，1950）求得

$$\max_F \left[\frac{(1 + x_i)^2}{9} + F - \frac{(1 + 2x_i - x_j)^2}{9} \right]^\alpha \left[\frac{(1 + x_i)^2}{9} - F - \frac{(1 - x_i + 2x_j)^2}{9} \right]^{1-\alpha} \quad (6-6)$$

其中，α 为企业 i 的讨价还价能力，$\alpha \in (0,1)$。第一个中括号为企业 i 许可前后的利润增量 $\Delta \pi_i$，第二个中括号为企业 j 接受许可后的利润增量 $\Delta \pi_j$。

由其一阶条件得到

$$\begin{aligned} F = &\frac{\alpha \left[2(1 + x_i)^2 - (1 + 2x_i - x_j)^2 - (1 - x_i + 2x_j)^2 \right]}{9} \\ &- \frac{(1 + x_i)^2}{9} + \frac{(1 + 2x_i - x_j)^2}{9} \end{aligned} \qquad (6-7)$$

固定费许可发生须使 $\Delta \pi_i + \Delta \pi_j \geqslant 0$。由式（6-6）和式（6-7）可得

$$\Delta \pi_i = \alpha \frac{2(1 + x_i)^2 - (1 + 2x_i - x_j)^2 - (1 - x_i + 2x_j)^2}{9}$$

$$\Delta \pi_j = (1 - \alpha) \frac{2(1 + x_i)^2 - (1 + 2x_i - x_j)^2 - (1 - x_i + 2x_j)^2}{9} \qquad (6-8)$$

由此，可得到命题 6-1。

命题 6-1　若企业 i 的创新规模较小（ $x_i \leqslant x_2^* = \frac{2 + 5x_j}{3}$ ），则固定费许可才可能发生。

由此可见，当企业 i 进行较大程度的非显著性创新（ $x_2^* < x_i < x_1^*$ ），或进行显著性创新（ $x_i \geqslant x_1^*$ ）时，固定费许可均不会发生。

6.3.3 创新阶段

每个企业都选择最优的成本缩减量来使其总利润最大化。将式（6-7）代入式（6-5）可得

$$9\pi_i^F = \alpha\left[2(1+x_i)^2 - (1+2x_i-x_j)^2 - (1-x_i+2x_j)^2\right] \\ + (1+2x_i-x_j)^2 + 9(s_i-r_i)x_i^2 \tag{6-9}$$

$$9\pi_j^F = -\alpha\left[2(1+x_i)^2 - (1+2x_i-x_j)^2 - (1-x_i+2x_j)^2\right] + 2(1+x_i)^2 \\ - (1+2x_i-x_j)^2 + 9(s_j-r_j)x_j^2 \tag{6-10}$$

由其一阶条件得到

$$[9(r_i-s_i)-(4-3\alpha)]x_i + 2(1-2\alpha)x_j = 2+\alpha \\ -2(1-2\alpha)x_i + [9(r_j-s_j)+(1-5\alpha)]x_j = 1+\alpha \tag{6-11}$$

根据 Cramer 法则，可得均衡条件下的成本缩减额为

$$x_i^* = \frac{D_1}{D} \\ x_j^* = \frac{D_2}{D} \tag{6-12}$$

其中，

$$D_1 = 9(2+\alpha)(r_j-s_j) - \alpha(7+\alpha)$$
$$D_2 = 9(1+\alpha)(r_i-s_i) - \alpha(7+\alpha)$$
$$D = \left[9(r_j-s_j)+(1-5\alpha)\right]\left[9(r_i-s_i)-(4-3\alpha)\right] + 4(1-2\alpha)^2$$

把式（6-12）代入命题 6-1 下固定费发生的条件，可得到命题 6-2。

命题 6-2 当创新企业 i 进行较小程度的非显著性创新（如 $x_i \leqslant x_2^*$）时，只有其讨价还价能力足够大（ $\alpha \geqslant \alpha_1^* = \dfrac{14(r_j-s_j)-7(r_i-s_i)-18(r_i-s_i)(r_j-s_j)}{3(r_j-s_j)-5(r_i-s_i)}$ ）时，许可企业 i 才可能进行固定费许可。

由命题 6-2 可知，只有创新企业 i 的单位有效研发成本 r_i-s_i 较小，即研发效率足够高时，创新企业才会选择固定费许可机制。

6.3.4 R&D 补贴阶段

由于放松了第三市场模型的假定条件，这时竞争市场就分两种情况，即在 i 国市场竞争以及在 j 国市场竞争。因此在这个阶段，各个竞争企业的政府在最大化

本国社会净福利时还需考虑本国市场上的消费者剩余。

情况 6-1 在 j 国竞争

由于在研发效率较低的企业 j 所在的国家进行产品竞争，j 国的社会净福利还需考虑消费者剩余。因此社会净福利为 $G_i = \pi_i^F - s_i x_i^2$，$G_j = \pi_j^F - s_j x_j^2 + \text{CS}$。其中 $\text{CS} = \dfrac{\left(q_i^F + q_j^F\right)^2}{2} = \dfrac{2\left(1+x_i\right)^2}{9}$。政府根据社会净福利最大化原则选择补贴率 s_i 和 s_j。社会福利函数 G_i 和 G_j 最大化所需的一阶条件为

$$\frac{\mathrm{d}G_i}{\mathrm{d}s_i} = \frac{\mathrm{d}\pi_i^F}{\mathrm{d}s_i} - x_i^2 - 2s_i x_i \frac{\mathrm{d}x_i}{\mathrm{d}s_i} = 0$$

$$\frac{\mathrm{d}G_j}{\mathrm{d}s_j} = \frac{\mathrm{d}\pi_j^F}{\mathrm{d}s_j} - x_j^2 - 2s_j x_j \frac{\mathrm{d}x_j}{\mathrm{d}s_j} + \frac{\mathrm{d}\text{CS}}{\mathrm{d}x_i}\frac{\mathrm{d}x_i}{\mathrm{d}s_j} = 0$$

（6-13）

根据包络定理可得

$$\frac{\mathrm{d}\pi_i^F}{\mathrm{d}s_i} = x_i^2 + \frac{\partial\pi_i^F}{\partial x_j}\cdot\frac{\mathrm{d}x_j}{\mathrm{d}s_i}$$

$$\frac{\mathrm{d}\pi_j^F}{\mathrm{d}s_j} = x_j^2 + \frac{\partial\pi_j^F}{\partial x_i}\cdot\frac{\mathrm{d}x_i}{\mathrm{d}s_j}$$

（6-14）

将式（6-14）代入式（6-13）得

$$s_i^* = \left(\frac{\partial\pi_i^F}{\partial x_j}\cdot\frac{\mathrm{d}x_j}{\mathrm{d}s_i}\right)\bigg/\left(2x_i\frac{\mathrm{d}x_i}{\mathrm{d}s_i}\right)$$

$$s_j^* = \left(\frac{\partial\pi_j^F}{\partial x_i} + \frac{\mathrm{d}\text{CS}}{\mathrm{d}x_i}\right)\cdot\frac{\mathrm{d}x_i}{\mathrm{d}s_j}\bigg/\left(2x_j\frac{\mathrm{d}x_j}{\mathrm{d}s_j}\right)$$

（6-15）

由式（6-9）~式（6-11）可得

$$\frac{\partial\pi_i^F}{\partial x_j} = \alpha\left[2\left(1+2x_i-x_j\right)-4\left(1-x_i+2x_j\right)\right]\big/9 - 2\left(1+2x_i-x_j\right)\big/9 = -2\left(r_j-s_j\right) < 0$$

$$\frac{\partial\pi_j^F}{\partial x_i} + \frac{\mathrm{d}\text{CS}}{\mathrm{d}x_i} = 2\left[(2-\alpha)+3\alpha x_i+(2-4\alpha)x_j\right]\big/9 > 2(2-\alpha)\left(1+x_j\right)\big/9 > 0$$

$$\frac{\mathrm{d}x_j}{\mathrm{d}s_i} = \frac{D_2'D - D_2 D'}{D^2} = \frac{36(1-2\alpha)D_1}{D^2}$$

$$\frac{\mathrm{d}x_i}{\mathrm{d}s_j} = \frac{D_1'D - D_1 D'}{D^2} = \frac{36(2\alpha-1)D_2}{D^2}$$

对于 $\alpha < \dfrac{1}{2}$，有 $\dfrac{\mathrm{d}x_j}{\mathrm{d}s_i} > 0$，$\dfrac{\mathrm{d}x_i}{\mathrm{d}s_j} < 0$；$\alpha > \dfrac{1}{2}$，有 $\dfrac{\mathrm{d}x_j}{\mathrm{d}s_i} < 0$，$\dfrac{\mathrm{d}x_i}{\mathrm{d}s_j} > 0$；$\alpha = \dfrac{1}{2}$，有

$\dfrac{\mathrm{d}x_j}{\mathrm{d}s_i} = 0$，$\dfrac{\mathrm{d}x_i}{\mathrm{d}s_j} = 0$。于是得到命题 6-3。

命题 6-3　当两个企业都进行创新且固定费许可发生（$x_i < x_1^*$，且 $\alpha \geq \alpha_1^*$）时，则各自政府最优的研发政策由其国企业的讨价还价能力决定。

（1）当 $\alpha < \dfrac{1}{2}$ 时，$s_i^* < 0$，$s_j^* < 0$。

（2）当 $\alpha = \dfrac{1}{2}$ 时，$s_i^* = s_j^* = 0$。

（3）当 $\alpha > \dfrac{1}{2}$ 时，$s_i^* > 0$，$s_j^* > 0$。

其中，s_i^*，$s_j^* < 0$，代表征税；s_i^*，$s_j^* > 0$，代表补贴。

证明：由上述不等式以及式（6-15）可得到命题 6-3 的结论。

情况 6-2　在 i 国竞争

在研发效率较高的企业 i 所在国家进行产品竞争时，i 国政府选择最优的补贴率以最大化其社会净福利时同样还需靠消费者剩余的问题。因此社会净福利为

$G_i = \pi_i^F - s_i x_i^2 + \mathrm{CS}$，$G_j = \pi_j^F - s_j x_j^2$。其中 $\mathrm{CS} = \dfrac{\left(q_i^F + q_j^F\right)^2}{2} = \dfrac{2\left(1 + x_i\right)^2}{9}$。此时各国的最优的研发补贴政策由命题 6-4 给出。

命题 6-4　当两国企业在研发效率较高的 i 国竞争时，各国政府是征税、补贴还是采取不干预政策以及补贴率大小由许可企业讨价还价能力和创新规模决定。

（1）当 $\alpha < \dfrac{1}{2}$ 时，$s_i^* < 0$ 或 $s_i^* = 0$ 或 $s_i^* > 0$ 且 $s_i^* < s_1^{**}$，$s_j^* > 0$。

（2）当 $\alpha = \dfrac{1}{2}$ 时，$s_i^* > 0$ 且 $s_i^* = s_1^{**}$，$s_j^* = 0$。

（3）当 $\alpha > \dfrac{1}{2}$ 时，$s_i^* > 0$ 且 $s_i^* > s_1^{**}$，$s_j^* < 0$。

其中，$s_1^{**} = \dfrac{2\left(1 + x_i\right)}{9x_i}$。

证明：类似于在 j 国竞争时的情况，于是得到

$$2x_i s_i^* - \frac{\mathrm{d}\mathrm{CS}}{\mathrm{d}x_i} = \frac{\partial \pi_i^F}{\partial x_j} \cdot \frac{\mathrm{d}x_j}{\mathrm{d}s_i} \bigg/ \frac{\mathrm{d}x_i}{\mathrm{d}s_i}$$

$$s_j^* = \frac{\partial \pi_j^F}{\partial x_i} \cdot \frac{\mathrm{d}x_i}{\mathrm{d}s_j} \bigg/ \left(2x_j \frac{\mathrm{d}x_j}{\mathrm{d}s_j} \right)$$

（6-16）

又因为 $\dfrac{\partial \pi_j^F}{\partial x_i} = 2\left[(3\alpha - 2)x_i + 2(1 - 2\alpha)x_j - \alpha \right]/9 < 0$，$\dfrac{\mathrm{d}\mathrm{CS}}{\mathrm{d}x_i} = 4(1 + x_i)/9$，其

他各式符号变化在情况 6-1 中已给出。综合可得命题 6-4 的结论。

6.4　固定费许可下最优研发政策的比较

在固定费许可机制可能发生的条件下，综合命题 6-3 和命题 6-4，与 Fan 和 Zhang（2002）"第三国市场模型"假定下的结论对比，如表 6-1 所示。

表 6-1　固定费许可下不同市场上各国研发政策比较

市场 ＼ 政策	i 国政府的补贴率 s_i^*			j 国政府的补贴率 s_j^*		
	$\alpha < 1/2$	$\alpha = 1/2$	$\alpha > 1/2$	$\alpha < 1/2$	$\alpha = 1/2$	$\alpha > 1/2$
在第三国市场竞争	$s_i^* < 0$	$s_i^* = 0$	$s_i^* > 0$	$s_j^* > 0$	$s_j^* = 0$	$s_j^* < 0$
在 i 国竞争	$s_i^* < s_1^{**} > 0$	$s_i^* = s_1^{**} > 0$	$s_i^* > s_1^{**} > 0$	$s_j^* > 0$	$s_j^* = 0$	$s_j^* < 0$
在 j 国竞争	$s_i^* < 0$	$s_i^* = 0$	$s_i^* > 0$	$s_j^* < 0$	$s_j^* = 0$	$s_j^* > 0$

通过对表 6-1 进行研究，得到如下结论：①各国政府对消费者剩余的考虑导致了不同竞争市场上最优研发政策的差异；②创新企业的讨价还价能力以及创新规模则决定了各国研发补贴率的大小。

当不考虑消费者剩余（在第三国市场竞争）时，各国最优的研发政策仅取决于其国企业的讨价还价能力。对企业 i 而言，当讨价还价能力较小（如 $\alpha < \dfrac{1}{2}$）时，i 国如对其征税能够降低企业 j 的成本缩减额（$\dfrac{\mathrm{d}x_j}{\mathrm{d}s_i} > 0$），而企业 j 成本缩减程度的减小又会增加企业 i 的利润（$\dfrac{\partial \pi_i^F}{\partial x_j} < 0$），此时 i 国政府对企业 i 征税更有利；当讨价还价能力适中（如 $\alpha = \dfrac{1}{2}$）时，由于 i 国政府对企业 i 补贴与否都不影响企业 j 的成本缩减额（$\dfrac{\mathrm{d}x_j}{\mathrm{d}s_i} = 0$），因此 i 国政府对企业 i 应采取不干预政策；当讨价还价能力较大（如 $\alpha > \dfrac{1}{2}$）时，i 国如对其补贴能显著降低竞争企业 j 的成本缩减额（$\dfrac{\mathrm{d}x_j}{\mathrm{d}s_i} < 0$），而其竞争企业 j 成本缩减程度的减小又会增加许可企业 i 的利润（$\dfrac{\partial \pi_i^F}{\partial x_j} < 0$），显然，此时 i 国政府对其企业 i 研发进行补贴更有利。以上结论对 j 国的研发政策同样成立。

　　然而当考虑消费者剩余时，各国的研发政策则明显不同。对于作为许可方的企业 i（i 国产品市场上竞争）而言，其国最优的研发政策不仅取决于讨价还价能力，而且取决于其国企业 i 的创新规模。当讨价还价能力较小（如 $\alpha < \dfrac{1}{2}$）时，i 国政府本应对本国企业征税更有利，但由于鼓励企业 i 研发有助于本国消费者剩余的增加（$\dfrac{\mathrm{d}CS}{\mathrm{d}x_i} > 0$），因此 i 国政府可以对本国企业的研发进行补贴，但最优的补贴率不应大于某一临界值（如 $s_i^* < s_1^{**}$，且 s_1^{**} 由企业 i 的创新规模决定）。当讨价还价能力适中（如 $\alpha = \dfrac{1}{2}$）时，由于在不考虑消费者剩余时，i 国政府对企业 i 补贴与否都不影响企业 j 的成本缩减额（$\dfrac{\mathrm{d}x_j}{\mathrm{d}s_i} = 0$），因此在 i 国竞争时最优的补贴率仅取决于本国企业研发对本国消费者剩余的影响。同时由于鼓励企业 i 研发有助于本国消费者剩余的增加（$\dfrac{\mathrm{d}CS}{\mathrm{d}x_i} > 0$），因此此时 i 国政府应对企业 i 进行补贴更有利，且最优的补贴率为 s_1^{**}。当讨价还价能力较大（如 $\alpha > \dfrac{1}{2}$）时，在不考虑消费者剩余时，i 国政府应对本国企业的研发进行补贴，同时由于企业 i 研发有助于本国消费者剩余的增加（$\dfrac{\mathrm{d}CS}{\mathrm{d}x_i} > 0$），因此 i 国政府不仅要对企业 i 的研发的补贴，而且必须足够大（$s_i^* > s_1^{**}$），才能使本国社会净福利最大化。

　　而对于作为受许方的企业 j（j 国产品市场上竞争）而言，当企业 j 的讨价还价能力较小（如 $\alpha > \dfrac{1}{2}$）时，j 国政府如对企业 j 的研发进行补贴能够促进企业 i 的成本缩减额的增加（$\dfrac{\mathrm{d}x_i}{\mathrm{d}s_j} > 0$），而企业 i 成本缩减额的增加对 j 国社会净福利有两方面的影响。一方面，企业 i 成本缩减额的增加会降低企业 j 的利润（$\dfrac{\mathrm{d}\pi_j}{\mathrm{d}x_i} < 0$）（负效应）；另一方面，由于在 j 国进行技术许可的可能性，又会增加 j 国的消费者剩余（正效应）。总的来说，在固定费许可下正效应大于负效应，即企业 i 成本缩减额的增加有利于 j 国社会净福利的提高（$\dfrac{\partial \pi_j^F}{\partial x_i} + \dfrac{\mathrm{d}CS}{\mathrm{d}x_i} > 0$）。因此 j 国政府对其国企业 j 的研发进行补贴更有利；当企业 j 的讨价还价能力适中

（如 $\alpha = \dfrac{1}{2}$）时，由于 j 国政府对其国企业 j 的研发进行补贴与否不对竞争企业 i 的成本缩减额产生任何的影响（$\dfrac{\mathrm{d}x_i}{\mathrm{d}s_j} = 0$），因此 j 国政府采取不干预政策更优；

而当企业 j 的讨价还价能力较大（如 $\alpha < \dfrac{1}{2}$）时，由于对企业 j 征税有利于提高企业 i 的成本缩减额（$\dfrac{\mathrm{d}x_i}{\mathrm{d}s_j} < 0$），同时企业 i 为许可企业且在 j 国市场竞争，其成本缩减额的增加有利于 j 国社会净福利的提高，因此 j 国政府对其企业研发进行征税更优。

6.5　产量提成许可下的均衡分析

在产量提成许可之前以及在产品市场上竞争前后，许可双方的均衡产量、均衡得益由式（6-1）~式（6-3）给出。而在产量提成许可阶段，许可企业 i 以按产量提成许可方式向企业 j 许可其技术，此时，许可企业 i 需要确定最优的提成率 r^*。如果企业 i 在确定提成率 r 时具有完全的讨价还价能力，则根据 Gallini 和 Winter（1985）的研究，最优提成率 r^* 为受许者和许可者在许可前的单位成本差，即 $r^* = c_j - c_i = x_i - x_j$。但由于创新企业不具备完全的讨价还价能力 α，于是最优的提成率变为 αr^*。此时，许可企业 i 获得的许可收入为 $\alpha r^* q_j^R$，其中 q_j^R 为受许企业 j 许可后的产量。产量提成许可后各企业的得益函数如式所示：

$$\pi_i^R = \left(1 + x_i - q_i^R - q_j^R\right)q_i^R + (s_i - r_i)x_i^2 + \alpha\left(x_i - x_j\right)q_j^R$$
$$\pi_j^R = \left(1 + x_i - q_i^R - q_j^R\right)q_j^R + (s_j - r_j)x_j^2 - \alpha\left(x_i - x_j\right)q_j^R \qquad （6\text{-}17）$$

其中，π_i^R、π_j^R 分别为企业 i 和企业 j 的得益；$\left(1 + x_i - q_i^R - q_j^R\right)q_i^R$、$\left(1 + x_i - q_i^R - q_j^R\right)q_j^R$ 分别为企业 i 和企业 j 的利润；$(s_i - r_i)x_i^2$、$(s_j - r_j)x_j^2$ 分别为企业 i 和企业 j 的净研发成本；$\alpha\left(x_i - x_j\right)q_j^R$ 为索取（或支付）的提成收入。

根据得益最大化的一阶条件，得到企业 i 和企业 j 的均衡产量为

$$q_i^R = \frac{1 + (1+\alpha)x_i - \alpha x_j}{3}$$
$$q_j^R = \frac{1 + (1-2\alpha)x_i + 2\alpha x_j}{3} \qquad （6\text{-}18）$$

将式（6-18）代入式（6-17），可得企业 i 和企业 j 的均衡得益为

$$\pi_i^R = \frac{\left[1+(1+\alpha)x_i - \alpha x_j\right]^2}{9} + \alpha\left(x_i - x_j\right)\frac{1+(1-2\alpha)x_i + 2\alpha x_j}{3}$$
$$+\left(s_i - r_i\right)x_i^2 \tag{6-19}$$

$$\pi_j^R = \frac{\left[1+(1-2\alpha)x_i + 2\alpha x_j\right]^2}{9} + \left(s_j - r_j\right)x_j^2$$

比较式（6-19）与式（6-3）可知，对于企业 j 而言，其总是愿意接受更有利可图的产量提成许可（$\pi_j^R > \pi_j^{NL}$），但对于许可企业 i 而言，其是否愿意接受产量提成许可取决于其创新规模的大小。

命题 6-5　只有创新企业 i 进行较小程度的非显著性创新（$x_i < x_3^*$）时，产量提成许可才可能发生。而对于较大程度的非显著性创新（$x_3^* \leqslant x_i < x_1^*$）以及显著性创新（$x_i \geqslant x_1^*$），产量提成许可则不会发生。

证明：比较企业 i 选择产量提成许可前后的均衡得益可知若使 $\pi_j^R > \pi_j^{NL}$，须使 $x_i < x_3^* = \dfrac{5\alpha - 2 + (5\alpha^2 + 1)x_j}{5\alpha^2 - 5\alpha + 3}$。故对于较小程度的非显著性创新（小于 x_1^* 的情况）或显著性创新（大于等于 x_1^* 的情况），创新企业 i 不会选择产量提成许可。

6.5.1　研发阶段

在研发阶段，创新企业 i 和企业 j 均根据各自政府确定的补贴率选择各自最优的成本缩减额 x_i 和 x_j。于是最大化式（6-19）的得益，并根据 Cramer 法则，可得均衡条件下的成本缩减额为

$$x_i^* = \frac{E_1}{E}$$
$$x_j^* = \frac{E_2}{E} \tag{6-20}$$

其中，

$$E_1 = 9(2+5\alpha)\left(r_j - s_j\right) - 18\alpha^2$$
$$E_2 = 18\alpha\left[2\left(r_i - s_i\right) - \alpha\right]$$
$$E = 2\left[9\left(r_j - s_j\right) - 4\alpha^2\right]\left[9(r_i - s_i) + 5\alpha^2 - 5\alpha - 1)\right] + 10\alpha^2(1-2\alpha)^2$$

把式（6-20）代入命题 6-5 可得，关于 α 的二次函数，存在唯一的 $0 < \alpha_2^* < 1$，使 $T = (5\alpha - 2)(1+x_i) - (5\alpha^2 + 1)(x_i - x_j) = 0$，且对于 $\alpha > \alpha_2^*$，有 $T > 0$。又由 T 的表达式可知，$\alpha_2^* < \dfrac{1}{2}$。于是得到命题 6-6。

命题 6-6　当两个企业都进行创新时，只有作为许可方的企业讨价还价能力足

够大（如 $\alpha > \alpha_2^*$）时，产量提成许可才可能发生。

6.5.2　补贴阶段

各国政府在这个阶段根据社会净福利最大化的原则，选择各自最优的补贴率。但 Cournot 竞争市场的不同会导致各国政府社会福利函数的不同，于是各国最优的补贴政策也可能不同。与固定费许可时的情况相同，各自企业竞争的市场分为两种情况：①在 j 国竞争；②在 i 国竞争。

情况 6-3　在 j 国竞争

由于在研发效率较低的企业 j 所在的国家进行竞争，j 国的净福利还需考虑消费者剩余。因此 i 国和 j 国社会净福利为 $G_i = \pi_i^R - s_i x_i^2$，$G_j = \pi_j^R - s_j x_j^2 + \mathrm{CS}$。其

中 $\mathrm{CS} = \dfrac{\left(q_i^R + q_j^R\right)^2}{2} = \dfrac{\left[2 + (2-\alpha)x_i + \alpha x_j\right]^2}{18}$。根据社会福利最优化的一阶条件可得

$$\frac{\mathrm{d}G_i}{\mathrm{d}s_i} = \frac{\mathrm{d}\pi_i^R}{\mathrm{d}s_i} - x_i^2 - 2s_i x_i \frac{\mathrm{d}x_i}{\mathrm{d}s_i}$$

$$\frac{\mathrm{d}G_j}{\mathrm{d}s_j} = \frac{\mathrm{d}\pi_j^R}{\mathrm{d}s_j} + \frac{\mathrm{d}\mathrm{CS}}{\mathrm{d}s_j} - x_j^2 - 2s_j x_j \frac{\mathrm{d}x_j}{\mathrm{d}s_j} \tag{6-21}$$

又由包络定理得

$$\frac{\mathrm{d}\pi_i^R}{\mathrm{d}s_i} = x_i^2 + \frac{\partial \pi_i^R}{\partial x_j} \cdot \frac{\mathrm{d}x_j}{\mathrm{d}s_i}, \quad i, j = 1, 2$$

$$\frac{\mathrm{d}\mathrm{CS}}{\mathrm{d}s_j} = \frac{\partial \mathrm{CS}}{\partial x_i} \cdot \frac{\mathrm{d}x_i}{\mathrm{d}s_j} + \frac{\partial \mathrm{CS}}{\partial x_j} \cdot \frac{\mathrm{d}x_j}{\mathrm{d}s_j} \tag{6-22}$$

故由 $\dfrac{\mathrm{d}G_i}{\mathrm{d}s_i} = 0$ 以及 $\dfrac{\mathrm{d}G_j}{\mathrm{d}s_j} = 0$，可得最优的补贴率 s_i^* 和 s_j^* 为

$$s_i^* = \frac{\partial \pi_i^R}{\partial x_j} \cdot \frac{\mathrm{d}x_j}{\mathrm{d}s_i} \Big/ \left(2x_i \cdot \frac{\mathrm{d}x_i}{\mathrm{d}s_i}\right)$$

$$\left(2s_j^* x_j - \frac{\partial \mathrm{CS}}{\partial x_j}\right)\frac{\mathrm{d}x_j}{\mathrm{d}s_j} = \left(\frac{\partial \pi_j^R}{\partial x_i} + \frac{\partial \mathrm{CS}}{\partial x_i}\right)\frac{\mathrm{d}x_i}{\mathrm{d}s_j} \tag{6-23}$$

命题 6-7　两个企业都进行创新且在研发效率较低的 j 国进行产量竞争时，若产量提成许可可能发生（$x_i < x_3^*$，且 $\alpha > \alpha_2^*$），则各国政府是进行补贴、征税还是采取不干预，取决于许可企业的讨价还价能力以及创新程度。

（1）当 $\alpha < \dfrac{1}{2}$ 时，$s_i^* < 0$，$s_j^* < 0$ 或 $s_j^* = 0$ 或 $s_j^* > 0$ 且 $s_j^* < s_2^{**}$。

（2）当 $\alpha = \dfrac{1}{2}$ 时，$s_i^* = 0$，$s_j^* > 0$ 且 $s_j^* = s_2^{**}$。

（3）当 $\alpha > \dfrac{1}{2}$ 时，$s_i^* > 0$，$s_j^* > 0$ 且 $s_j^* > s_2^{**}$。

其中，$s_2^{**} = \dfrac{\alpha\left[2 + (2-\alpha)x_i + \alpha x_j\right]}{18x_j}$。

证明：因为 $\dfrac{dx_j}{ds_i} = \dfrac{36\alpha(1-2\alpha)x_i}{E}$，$\dfrac{dx_i}{ds_j} = \dfrac{45\alpha(2\alpha-1)x_j}{E}$，故对于 $\alpha < \dfrac{1}{2}$，有

$\dfrac{dx_j}{ds_i} > 0$，$\dfrac{dx_i}{ds_j} < 0$；$\alpha > \dfrac{1}{2}$，有 $\dfrac{dx_j}{ds_i} < 0$，$\dfrac{dx_i}{ds_j} > 0$；$\alpha = \dfrac{1}{2}$，有 $\dfrac{dx_j}{ds_i} = 0$，$\dfrac{dx_i}{ds_j} = 0$。

又因为 $\dfrac{\partial \pi_i^R}{\partial x_j} = -\dfrac{5}{3}\alpha q_j^R < 0$，$\dfrac{\partial \pi_j^R}{\partial x_i} + \dfrac{\partial CS}{\partial x_i} = \dfrac{(2-\alpha)q_i^R + (4-5\alpha)q_j^R}{3} > 0$，以及 $\dfrac{dx_j}{ds_j} > 0$，

$\dfrac{dx_i}{ds_i} > 0$，于是由式（6-23）可得到命题 6-7 的结论。

情况 6-4　在 i 国竞争

类似于在固定费许可下的情况，在研发效率较高的 i 国竞争时，i 国政府选择最优的补贴率以最大化其社会净福利时还需靠消费者剩余的问题。因此 i 国和 j 国

社会净福利为 $G_i = \pi_i^R - s_i x_i^2 + CS$，$G_j = \pi_j^R - s_j x_j^2$。其中，$CS = \dfrac{\left(q_i^R + q_j^R\right)^2}{2} =$

$\dfrac{\left[2 + (2-\alpha)x_i + \alpha x_j\right]^2}{18}$。类同于在 i 国竞争时的情况，此时最优的补贴率 s_i^* 和 s_j^* 为

$$\left(2s_i^* x_i - \dfrac{\partial CS}{\partial x_i}\right)\dfrac{dx_i}{ds_i} = \left(\dfrac{\partial \pi_i^R}{\partial x_j} + \dfrac{\partial CS}{\partial x_j}\right)\dfrac{dx_j}{ds_i}$$

$$s_j^* = \dfrac{\partial \pi_j^R}{\partial x_i} \cdot \dfrac{dx_i}{ds_j} \Big/ \left(2x_j \cdot \dfrac{dx_j}{ds_j}\right) \tag{6-24}$$

命题 6-8　两个企业都进行创新且在研发效率较高的 i 国进行产量竞争时，若产量提成许可可能发生（$x_i < x_3^*$，且 $\alpha > \alpha_2^*$），则各国政府是进行补贴、征税还是采取不干预，取决于许可企业的讨价还价能力以及创新程度。

（1）当 $\alpha < \dfrac{1}{2}$ 时，$s_i^* < 0$ 或 $s_i^* = 0$ 或 $s_i^* > 0$ 且 $s_i^* < s_3^{**}$，$s_j^* < 0$。

（2）当 $\alpha = \dfrac{1}{2}$ 时，$s_i^* > 0$ 且 $s_i^* = s_3^{**}$，$s_j^* = 0$。

（3）当 $\alpha > \dfrac{1}{2}$ 时，$s_i^* > 0$ 且 $s_i^* > s_3^{**}$，$s_j^* < 0$。

其中，$s_3^{**} = \dfrac{(2-\alpha)\left[2+(2-\alpha)x_i + \alpha x_j\right]}{18x_i}$。

证明：因为 $\dfrac{\partial \pi_j^R}{\partial x_i} = \dfrac{2}{3}(1-2\alpha)q_j^R$，$\dfrac{dx_j}{ds_i} = \dfrac{36\alpha(1-2\alpha)x_i}{E}$，$\dfrac{dx_i}{ds_j} = \dfrac{45\alpha(2\alpha-1)x_j}{E}$，

故 $\alpha < \dfrac{1}{2}$ 时，有 $\dfrac{\partial \pi_j^R}{\partial x_i} > 0$，$\dfrac{dx_j}{ds_i} > 0$，$\dfrac{dx_i}{ds_j} < 0$；$\alpha > \dfrac{1}{2}$ 时，有 $\dfrac{\partial \pi_j^R}{\partial x_i} < 0$，$\dfrac{dx_j}{ds_i} < 0$，$\dfrac{dx_i}{ds_j} > 0$；

$\alpha = \dfrac{1}{2}$ 时，有 $\dfrac{\partial \pi_j^R}{\partial x_i} = 0$，$\dfrac{dx_j}{ds_i} = 0$，$\dfrac{dx_i}{ds_j} = 0$。又因为 $\dfrac{dx_j}{ds_j} > 0$，$\dfrac{dx_i}{ds_i} > 0$，以及

$\dfrac{\partial \pi_i^R}{\partial x_j} + \dfrac{\partial CS}{\partial x_j} = -\alpha\left[1+(1-3\alpha)x_i + 3\alpha x_j\right] < 0$，于是由式（6-24）可得命题 6-8 的结论。

6.6　产量提成许可下最优研发政策的比较

在产量提成许可可能发生的情况下，命题 6-7 和命题 6-8 与"第三国市场模型"假定下的结论进行对比得到表 6-2。

表 6-2　产量提成许可下不同竞争市场上各国研发政策比较

政策\市场	i 国政府的补贴率 s_i^*			j 国政府的补贴率 s_j^*		
	$\alpha < 1/2$	$\alpha = 1/2$	$\alpha > 1/2$	$\alpha < 1/2$	$\alpha = 1/2$	$\alpha > 1/2$
在第三国市场竞争	$s_i^* < 0$	$s_i^* = 0$	$s_i^* > 0$	$s_j^* < 0$	$s_j^* = 0$	$s_j^* < 0$
在 i 国竞争	$s_i^* < s_3^{**} > 0$	$s_i^* = s_3^{**} > 0$	$s_i^* > s_3^{**} > 0$	$s_j^* < 0$	$s_j^* = 0$	$s_j^* < 0$
在 j 国竞争	$s_i^* < 0$	$s_i^* = 0$	$s_i^* > 0$	$s_j^* < s_2^{**} > 0$	$s_j^* = s_2^{**} > 0$	$s_j^* > s_2^{**} > 0$

在不考虑消费者剩余时，若许可企业 i 的讨价还价能力较小（如 $\alpha < \dfrac{1}{2}$），对企业 i（企业 j）而言，该国政府对其征税能够促使竞争企业 j（企业 i）成本缩减程度的降低（增加）（$\dfrac{dx_j}{ds_i} > 0$，$\dfrac{dx_i}{ds_j} < 0$），而企业 j（企业 i）成本缩减程度的降低（增加）又引起企业 i（企业 j）利润的增加（$\dfrac{\partial \pi_i^R}{\partial x_j} < 0$，$\dfrac{\partial \pi_j^R}{\partial x_i} > 0$），因此征税更有利。若许可企业 i 的讨价还价能力适中（如 $\alpha = \dfrac{1}{2}$），对于企业 i（企业 j）

而言，由于该国政府对其补贴与否并不影响其竞争企业 j（企业 i）的成本缩减程度（$\frac{\mathrm{d}x_j}{\mathrm{d}s_i} = \frac{\mathrm{d}x_i}{\mathrm{d}s_j} = 0$），因此政府采取不干预政策更有利。若许可企业 i 的讨价还价能力较大（如 $\alpha > \frac{1}{2}$），则各国最优的研发政策发生变化。对于企业 i 而言，由于政府对其研发进行补贴有利于竞争企业 j 成本缩减程度的减少，而企业 j 成本缩减程度的减少又有利于企业 i 利润的增加，因此 i 国政府补贴更有利。而对于企业 j 而言，该国政府征税能促使竞争企业 i 成本缩减程度的降低（$\frac{\mathrm{d}x_i}{\mathrm{d}s_j} > 0$），而企业 i 成本缩减额的降低又有利于企业 j 利润的增加（$\frac{\partial \pi_j^R}{\partial x_i} < 0$），因此征税更有利。

　　由于企业的研发有利于竞争市场所在国家消费者剩余的提高，因此在考虑消费者剩余时各国最优的研发政策受到各国消费者剩余的影响，且补贴率比在第三国市场竞争时的情况要高。对于企业 i 而言（在 i 国市场上竞争），消费者剩余导致的补贴率的增幅，由在讨价还价能力适中（即 $\alpha = \frac{1}{2}$）时不同竞争市场（在 i 国市场竞争与不在 i 国市场竞争）上的补贴率差额，即 s_3^{**} 所决定。当许可企业 i 讨价还价能力较小（$\alpha < \frac{1}{2}$）时，该国政府可以对其研发进行补贴，但补贴额度不能超过 s_3^{**}；而当许可企业 i 讨价还价能力较大（$\alpha > \frac{1}{2}$）时，该国政府不但应对本国企业研发进行补贴，而且补贴额度须足够大（$s_i^* > s_3^{**}$）才更有利。而对于企业 j 而言（在 j 国市场上竞争），不管其讨价还价能力如何，虽然在产量提成许可下 j 国政府始终不对其补贴更有利（征税或不干预），但竞争企业 i 的研发有利于本国消费者剩余的提高。正是该国政府对消费者剩余的考虑，促使其通过研发竞赛的方式即对本国企业进行补贴，来促进竞争企业 i 的研发。并且消费者剩余导致的补贴率的增幅同样由在讨价还价能力适中（即 $\alpha = \frac{1}{2}$）时不同竞争市场（在 j 国市场竞争与不在 j 国市场竞争）上的补贴率差额，即 s_2^{**} 所决定。当受许企业 j 讨价还价能力较大（$\alpha < \frac{1}{2}$）时，该国政府可以对其研发进行补贴，但补贴额度不能超过讨价还价能力适中时最优的补贴率 s_2^{**}；而当受许企业 j 讨价还价能力较小（$\alpha > \frac{1}{2}$）时，该国政府不但应对本国企业研发进行补贴，而且补贴额度须足够大（$s_j^* > s_2^{**}$），这样才能提高企业间的研发竞赛激烈程度，对本国社会净福利才更有利。

6.7　不同许可机制下各国最优研发政策的比较

综合固定费许可下和产量提成许可下最优的研发政策，可发现在不同的许可机制可能发生的情况下，各国最优的研发政策有着相同之处：首先，表面上看，竞争市场的位置对各国最优的研发政策产生影响。实际上是各国对消费者剩余的考虑导致了最优研发政策的不同。竞争市场位置差异的问题实际上是一方政府考虑消费者剩余（在 i 国市场竞争或在 j 国市场竞争）还是双方政府都不考虑消费者剩余（第三国市场）的问题。其次，不管是哪种许可机制可能发生，各国最优的研发政策均受到消费者剩余的影响，且在考虑消费者剩余的情况下，各国最优的补贴率会更高。以企业 i 为例，在固定费许可下，与不考虑消费者剩余相比，其国对其研发提供的最优补贴率要高出 s_1^{**} 以上。在产量提成许可下，其得到的最优补贴率则高出 s_3^{**} 以上。最后，在技术许可可能发生的情况下，各国最优的研发政策受到许可双方企业讨价还价能力以及创新规模的影响。由表 6-1 和表 6-2 以及 s_1^{**} 和 s_3^{**} 的表达式可知，一般而言，讨价还价能力越大，其国政府越倾向于补贴，而不是征税；许可企业的创新规模越大，补贴率则越小。

然而，由表 6-1 和表 6-2 可知，不管是考虑消费者剩余与否，不同许可机制对各国最优的研发政策也会产生不同的影响。

在许可双方都不考虑消费者剩余（在第三国市场竞争）时，在固定费许可可能发生的情况下，各国最优的研发政策均随着本国企业的讨价还价能力的提高从征税、不干预到补贴。而在产量提成许可可能发生的情况下，对许可企业 i 而言，其国最优的研发政策和在固定费许可下相同。而对于受许企业 j 而言，无论其讨价还价能力如何，其国最优的研发政策均为征税或不干预（当 $\alpha = \dfrac{1}{2}$ 时），而非补贴。

而在需要考虑消费者剩余的市场（在 i 国市场或在 j 国市场）上，对于企业 i 而言，即使其讨价还价能力较小，其国政府仍可能对其研发进行补贴，但在固定费许可下的补贴率要高于在产量提成许可下的补贴率（ $s_1^{**} > s_3^{**}$ ）。而对于企业 j 而言，只有其讨价还价能力较小（ $\alpha > \dfrac{1}{2}$ ），在固定费许可下其国政府才会对其进行补贴，但补贴率及补贴范围要小于在产量提成许可下的补贴率以及补贴范围（在产量提成许可下几乎总是补贴）。

不同许可机制下研发政策不同可能是不同许可机制下许可双方企业在许可后实际的边际成本不同所造成的。在固定费许可下，许可双方的边际成本相同，因此若在许可企业的国家进行产量竞争，由于对消费者剩余的考虑，其国政府总是会通过补贴的方式鼓励其研发，但最优的补贴率随着其国企业讨价还价能力的增大而提高；若在受许企业的国家进行产量竞争，由于企业间的研发竞争有助于本国消费者剩余的提高，于是当受许企业的政府预期到许可企业讨价还价能力较大时，便对本国企业的研发进行补贴；而当预期到许可企业讨价还价能力较小时，便对本国企业的研发进行征税或不干预。而在产量提成许可下，名义上许可双方边际成本相同，实际上由于许可企业对受许企业成本的扭曲（通过提成率），受许企业在许可后的成本仍高于许可企业。因此在产量提成许可可能发生的情况下，许可企业的政府只需对本国企业的研发提供相对较小的补贴率（相对于固定费许可下的补贴率）即可；而对于受许企业而言，在产量提成许可下的边际成本要高于在固定费许可下的边际成本，且本国政府一方面为了鼓励本国企业研发积极参与研发竞赛，另一方面对消费者剩余的考虑（许可企业的研发有利于本国消费者剩余的提高），于是导致受许企业的政府在产量提成许可下对其研发的补贴率要大于在固定费许可下的补贴率，且随着许可企业讨价还价能力的增大而提高（或随受许企业讨价还价能力的增大而减少）。

本章之前各小节一直假定技术领先企业 i 为研发效率较高的企业，实际上研发效率较低的企业也有可能通过"蛙跳"成为技术领先企业，这也可能是不同许可机制下各国研发政策不同的原因。在固定费许可可能发生的情况下，在不考虑消费者剩余的条件下，只要许可企业的讨价还价能力不太强（ $\alpha < \frac{1}{2}$ ），企业 j 的实际单位研发成本就可能小于企业 i（ $r_j - s_j < r_i - s_i$ ），企业 j 就可能成为技术领先者。而在考虑消费者剩余的条件下，特别是在 j 国市场竞争时，即使许可企业的讨价还价能力很强（ $\alpha > \frac{1}{2}$ ），企业 j 的实际单位研发成本也有可能小于企业 i（ $r_j - s_j < r_i - s_i$ ）进而成为技术领先者；而在产量提成许可可能发生的情况下，企业 j 可能成为技术领先者的范围明显缩小。在第三国市场或 i 国市场竞争时，企业 j 几乎不可能成为技术领先者，因为其实际单位研发成本几乎均大于企业 i 的单位研发成本（ $r_j - s_j > r_i - s_i$ ），但在本国市场即 j 国市场竞争时，不管企业 i 的讨价还价能力如何，企业 j 几乎总有可能成为技术领先者（ $r_j - s_j < r_i - s_i$ ），但 j 国对本国企业 j 的研发补贴相对较高才有可能。这也可能是 j 国政府在产量提成许可下的研发补贴率要高于在固定费许可下的研发补贴率的原因。

6.8　本章小结

本章通过建立了一个四阶段的双寡头研发竞赛博弈模型，在固定费许可机制及产量提成许可机制可能发生的情况下，以及在不同的竞争市场（i 国市场、j 国市场以及第三国市场）上考察了各国最优的研发政策。研究的结论表明：在不同的竞争市场上各国最优研发政策的不同归根到底是各国对消费者剩余的考虑与否所造成的，而且不同的许可机制下受许企业的成本差异以及许可双方的讨价还价能力也是造成各国最优研发政策不同的重要原因。最后在各国研发政策一定的情况下，许可双方企业的创新规模对各国政府所选补贴率大小起决定性的作用。

通过本章研究的命题 6-1~命题 6-8 的结论可知，我国的研发政策在制定时，还需考虑到技术许可发生的可能性以及本国的消费者剩余，并且在考虑消费者剩余、不同技术许可机制可能发生时，旨在鼓励企业创新的研发政策也应有所区别。在固定费许可可能发生时，由表 6-1 可知，对于我国研发效率较高的企业（潜在许可方）而言，本国政府始终应对其研发进行补贴，但补贴率大小应根据其创新规模以及讨价还价能力大小进行调整。具体地，对本国创新企业（潜在许可方）的补贴率应随其创新规模的增大而相对减小（实际补贴可能更大），随讨价还价能力的提高而增大。对于研发成功但非技术领先的企业（潜在受许方）而言，由于本国政府的补贴会抑制竞争企业的研发，于是为鼓励竞争企业许可其先进技术，本国政府的研发政策应随着竞争企业讨价还价能力的提高从征税、不干预转向补贴。而在产量提成许可下，潜在许可方对潜在受许方边际成本的扭曲进而导致许可后双方实际边际成本不同，因此对于本国研发效率较高的企业而言，本国研发政策和在固定费许可下相同，但最优补贴率应小于在固定费许可下的补贴率。而对于潜在受许方而言，本国政府应始终应对其进行补贴，以弥补边际成本的扭曲而导致研发竞赛减弱所产生的负效应，但最优的补贴率应随着竞争企业的讨价还价能力的提高而增大。

第7章 技术市场存在竞争时企业交叉许可策略及其影响

7.1 引言

技术许可对于持有专利技术的企业或研发机构，特别处于具有寡头特征的市场上时尤为重要。这不仅是因为技术许可可以提早回收研发投入，增加经济利润，更在于其策略性的使用。技术许可由于不转让技术的所有权，而仅仅是转让其使用权，因此技术许可策略成为专利持有企业影响竞争对手以及上下游企业行为的最重要的方式和手段之一。这一典型行为与国内外科技界近些年频繁发生的苹果、三星、诺基亚与搭载 Android 系统的各手机厂商之间的专利大战有直接、密切的关系。Nagaoka 和 Kwon（2006）在对日本上市的 260 多家制造企业的 1 100 多项技术许可契约进行实证研究发现，市场集中度较高的行业，与单向许可相比，交叉许可发生的可能性更高。这就意味着行业寡头特征越明显，这些企业交叉许可的可能性就越高，如信息技术、电子制造等行业。这也同样意味着现有对企业单向技术许可策略性分析的研究不足以准确且完善地阐释企业的技术许可行为。

然而在具有寡头特征下对企业交叉许可的研究却相对滞后。目前关于企业技术许可行为策略性分析的文献主要集中在单向技术许可上，并依托于成本降低性创新或质量改善性创新这两类创新类型上。对于成本降低性技术的许可策略研究文献较多，且角度各有不同。相关文献有从不同市场结构下对企业技术许可进行研究的（如 Arrow，1962；Katz and Shapiro，1985b，1986a），有从竞争模式着手的（Kabiraj，2004，2005；Erkal，2005；Filippini，2005；Mukherjee and Pennings，2006），还有从信息结构进行探讨的（Gallini and Wright，1990；Macho-Stadler et al.，1996；Beggs，1992；Choi，2001；Poddar and Sinha，2004；Sen，2005b；Crama et al.，2008）。而同时在一定市场结构、竞争模式以及信息结构下，则从产品差异（Kamien and Tauman，1986，2002；Muto，1993；Wang，1998，2002）、模仿成本（Rockett，1990a；Mukherjee and Balasubramanian，2001）、企业议价能力（Tombak，2003）、网络外部性（Lin and Kulatilaka，2006；Zhao et al.，2014）等多角度进行了讨论。尽管这些学者从不同关键因素对成本降低性创新技术的许可策略问题进行了深入研究，然而他们对技术市场完全垄断的假定与现实有非常大的冲突，而这很可能使所得结论变得缺乏稳健性。

相对而言，对于质量改善性创新的许可策略问题，则研究的并不多。然而不管是在直觉上，还是在实证研究中（Lunn，1987；Petsas and Giannikos，2005），质量改善性创新（或产品创新）在多数行业中似乎占据主流地位，而且不像成本降低性工艺创新，质量改善性创新能够直接影响消费者偏好以及其购买产品的支付意愿，进而可能影响质量改善性创新技术的许可策略。Stamatopoulos 和 Tauman（2008）以及 Li 和 Wang（2010）在假定不同的效用函数下，对外部创新者的许可策略进行了研究，均得到提成许可策略在非排他性许可中最优的结论，并且与 Li 和 Song（2009）对在位创新者（insider or incumbent）许可策略研究结论相一致的是，均认为消费者更偏好高质量产品，进而许可质量改善性程度更高的新技术更优（与落后技术相比）。然而遗憾的是，这些学者均未考虑影响技术许可最为关键的因素——许可双方的议价能力，即与成本降低性工艺创新下的情况一样，均假定技术市场的完全垄断。

一旦技术市场出现竞争性，则成本降低性技术许可或质量改善性技术许可变为企业许可博弈结果中的一种而已。而这也意味着交叉许可有可能出现。最早对企业交叉许可进行策略性分析的是 Fershtman 和 Kamien（1992）。他们从企业研发的角度，得出了互补性技术交叉许可会延迟许可双方技术研发的进程，进而促成企业默契合谋的结论。因此从社会的角度来看，交叉许可是不利于创新的。之后 Eswaran（1994）也对交叉许可的反垄断以及福利暗示进行了策略性分析。他虽然从企业生产的角度且有着不同于 Fershtman 和 Kamien（1992）的替代性专利技术的假定，但同样认为企业交叉许可可能会促使串谋且损害社会福利。Pastor 和 Sandonís（2002）则将交叉许可和研发合作组织（Research Joint Venture，RJV）进行了比较，并指出由于参与者道德风险的存在，交叉许可在运行效率上更优。然而在促进研发的动机上，交叉许可的存在不利于社会福利的提高。Choi（2010）则考虑了专利诉讼下技术交叉许可对反垄断的暗示和社会福利的影响。其研究与以往关于交叉许可不利于竞争以及损失社会福利的结论基本保持一致。

易发现，现有从博弈论角度对交叉许可进行分析的文献主要集中在其对反垄断和福利影响的问题上。而在这一问题上，本章研究所得到的结论却不同。事实上，企业交叉许可并不总是会促成企业合谋且损害社会福利。造成本章研究与之结论迥异的原因之一可能在于企业在产品市场上不同的竞争模式有关，现有关于交叉许可的文献均假定企业进行价格竞争。然而不同于一般产品，对于具有高科技特征的产品市场，企业价格竞争并不那么频繁，而更多的是以市场份额（产量）

竞争居多［关于数量假定的合理性，Kreps 和 Scheinkman（1983）、Anderson 和 Neven（1991）、de Fraja（1996）、Avenel 和 Caprice（2006）等也给予了详细阐释］。因此以数量竞争为主的产品市场，现有交叉许可文献的研究结论存在偏差。另外，以上研究还存在以下不合理的假定或不足：第一，未考虑不许可、企业单向许可发生的可能。显然这些条件构成了企业交叉许可激励相容的约束；第二，虽然现有交叉许可文献，如 Eswaran（1994）等以考察其对反垄断以及社会福利的影响为主，但假定交叉许可提成率为零［类似于 Lin（1996）在单向许可中的零固定费假定］，这一设定与现实极为不符且过于特殊；第三，和单向许可中质量改善性创新的情况类似，交叉许可也同样未考虑许可双方的议价能力；第四，现有文献尚未比较成本降低性创新和质量改善性创新对企业竞争的影响。

本章则试图放松技术市场完全垄断这一在单向技术许可中的通用假定，弥补上述所提到的现有交叉许可文献的不足，对交叉许可的反垄断和福利暗示、交叉许可的激励相容条件、企业议价能力在许可中的作用以及质量改善性创新和成本降低性创新在竞争中的意义这四大问题进行详细且深入地阐释。主要研究结论如下：首先，企业技术交叉许可在数量竞争下不会促使企业合谋，进而产生损害消费者剩余以及社会福利的后果。其次，在竞争企业均有许可动机的情况下，技术许可博弈结果取决于企业创新规模、生产成本差异以及产品质量差异。在创新规模较小的情况下，若生产成本差异和产品质量差异均较小，则成本降低性技术许可发生；若产品质量差异较小，但生产成本差异较大，则质量改善性技术许可发生；若生产成本差异较小，但产品质量差异较大，则质量-成本交叉许可发生；一旦较大规模成本降低性非显著创新或显著创新发生，则无论企业生产成本差异和质量差异如何，只有持有质量改善性技术的企业单向许可发生。再次，质量改善性技术可在不减少用户群体数量的前提下，提高消费者支付意愿。然而持有成本降低性技术企业却可利用创新规模，在许可发生前后，使竞争企业不生产或被驱逐出市场。最后，企业不完全议价能力促使许可双方在增加产业利润上具有一致性目标，促进了行业良性循环。

本章剩余的研究结构安排如下：首先，对博弈模型、假定、博弈过程及可能的结果进行详细描述；其次，对四种可能的博弈结果进行均衡分析；再次，对比找出企业交叉许可激励相容的条件以及对反垄断和社会福利的暗示；最后，给出本章的结论、政策建议以及未来可能研究的方向。

7.2　博弈模型描述与假定

考虑一个由两家寡头企业构成的行业。初始状态下，企业 1 和企业 2 具有相

同的质量 $s \in (0,1)$ 和边际生产成本 $c \in (0,1)$。然而，企业 1 通过一次性投入 k_1 进行质量改善性创新，使其质量从 s 提高到 s_1。与此同时，企业 2 也投入 k_2 进行成本降低性工艺创新，使其边际生产成本从 c 降低到 c_2。一旦两家企业创新成功，则所有的研发投入均变为沉没成本[①]。另外假定消费者具有不同的质量偏好 θ，且其均匀分布在 $[0,1]$ 的区间上，密度为 1。对于具有不同质量偏好的消费者而言，不购买产品时其得到的效用为 0，而其购买一单位产品时的净效用为 $U_i = \theta s_i - p_i$（$i = 1,2$）。其中 θ 为单位质量的边际效用，反映了消费者的质量偏好。θ 越大，消费者越偏好质量高的产品。

当消费者在购买不同质量的产品之间无差异时，可得到 $U_1 = U_2$，即临界质量偏好 $\overline{\theta} = \dfrac{p_1 - p_2}{s_1 - s_2}$。进而得到质量偏好 $\theta > \overline{\theta}$ 的消费者购买质量高的产品，即企业 1 的产品。而对于质量偏好 $\theta < \overline{\theta}$ 的消费者，若其购买相对质量较低的企业 2 的产品，需满足其参与约束，即购买低质量产品时的效用不小于 0，即 $U_2 = \theta s_2 - p_2 \geqslant 0$。于是可得到质量偏好在 $\dfrac{p_2}{s_2} = \underline{\theta} < \theta < \overline{\theta}$ 的消费者购买企业 2 的产品。根据临界条件 $\underline{\theta}$ 和 $\overline{\theta}$，进而得到企业 1 和企业 2 产品的需求函数为

$$q_1 = \int_{\overline{\theta}}^{1} \mathrm{d}\theta = 1 - \frac{p_1 - p_2}{s_1 - s_2} \qquad (7\text{-}1)$$

$$q_2 = \int_{\underline{\theta}}^{\overline{\theta}} \mathrm{d}\theta = \frac{p_1 s_2 - p_2 s_1}{(s_1 - s_2) s_2} \qquad (7\text{-}2)$$

由上述式（7-1）和式（7-2），进而得到此时的反需求函数为

$$\begin{aligned} p_1 &= s_1 - s_1 q_1 - s_2 q_2 \\ p_2 &= s_2 (1 - q_1 - q_2) \end{aligned} \qquad (7\text{-}3)$$

整个博弈过程描述如下：首先，企业 1 和企业 2 同时决定是否进行技术许可；其次，若至少其中一方进行许可，则许可双方在出价上讨价还价直到达成共识；最后，两家企业在产品市场上进行 Cournot 产量竞争。假定两企业议价的时间相对于专利有效期较短且不存在无谓损失。为得到子博弈完美均衡结果，逆推归纳法成为首选。

对于持有质量改善性技术的企业 1 和持有成本降低性技术的企业 2 而言，技

---

① 事实上，我们还隐含假定了各企业的研发效率足够高，以至于两企业即便不进行技术许可，其所获得的净利润仍然为正。否则两企业都将不进行创新，且具有相同的产品质量和生产成本。现有单向许可文献中，沈克慧等（2012）对研发不确定下的在位企业许可策略进行了分析。而在技术市场存在竞争的情况下，不确定性（包括研发的不确定以及盈利的不确定）对企业交叉许可策略的影响也显然值得研究。

术许可博弈可能会出现以下四种可能的均衡结果（表 7-1）[①]：①企业 1 和企业 2 均不接受技术许可；②企业 1 许可，但企业 2 不许可；③企业 2 许可，但企业 1 不许可；④企业 1 和企业 2 均进行许可，即交叉许可。接下来本章将在 Cournot 产量竞争下对这四种可能的情况进行详细讨论。

表 7-1　多企业技术许可博弈均衡结果

企业 2 ＼ 企业 1	不许可	成本降低性技术许可
不许可	$(\pi_1^0,\ \pi_2^0)$	$(\pi_1^0,\ \pi_2^{F_2})$
质量改善性技术许可	$(\pi_1^{F_1},\ \pi_2^{F_1})$	$(\pi_1^{F_1F_2},\ \pi_2^{F_1F_2})$

注：上标 0 代表两企业均不进行许可时的情况；上标 F_i 代表只有企业 i（$i = 1, 2$）进行（固定费 F）许可时的情况；上标 F_1F_2 则表示两企业进行交叉许可时的情况

7.3　数量竞争下的均衡分析

7.3.1　企业 1 和企业 2 均不接受许可

在企业 1 和企业 2 均不接受许可的情况下，进行质量改善性创新的企业 1 和成本降低性创新的企业 2 若均不许可其专利技术给对方，则此时在产品市场上的竞争情况将取决于企业 2 的创新规模。若企业 2 进行成本降低性非显著创新 $\left[\Delta c = c_1 - c_2 < \dfrac{1}{2}(2 - s)^{②}\right]$，则两企业均有正的产量；若进行成本降低性显著创新 $\left[\Delta c \geqslant \dfrac{1}{2}(2 - s)\right]$，即便企业 1 具有较高的产品质量，然而其生产成本过高的缘故，仍然可能会导致其被企业 2 驱逐。接下来将分别讨论这两种情况下的均衡价格、产量、企业利润、消费者剩余以及社会福利情况。

1. 成本降低性非显著创新：$\Delta c < \dfrac{1}{2}(2 - s)$

将 $s_1 = 1$ 和 $s_2 = s$ 代入式（7-3），可得到此时的反需求函数为

$$p_{1C}^0 = 1 - q_{1C}^0 - s q_{2C}^0$$
$$p_{2C}^0 = s\left(1 - q_{1C}^0 - q_{2C}^0\right)$$

（7-4）

---

① 任何以扩展型表达的博弈均可转换成矩阵型。企业 1 和企业 2 之间的完全且完美动态博弈并未以扩展型或博弈树的形态展现的原因在于：首先整个博弈过程已通过文字进行详细描绘；其次博弈的结果通过矩阵型展现出来，结果更清晰，读者也更易懂。

② 为方便计算且使得到的结果更加明显，不妨令持有质量改善性技术的企业 1 产品质量 $s_1 = 1$。同样也可以令进行成本降低性工艺创新的企业 2 在创新成功后的边际生产成本降为零。

其中，下标 C 代表 Cournot 竞争时的情况；上标 0 代表许可不发生时的情况。

于是根据此时企业 1 和企业 2 的成本，可得到此时两企业的利润表达式[①]为

$$\pi_{1C}^0 = (p_{1C}^0 - c)q_{1C}^0 = (1 - q_{1C}^0 - sq_{2C}^0 - c)q_{1C}^0 \tag{7-5}$$

$$\pi_{2C}^0 = p_{2C}^0 q_{2C}^0 = s(1 - q_{1C}^0 - q_{2C}^0)q_{2C}^0 \tag{7-6}$$

在 Cournot 产量竞争下，根据企业利润最大化时的一阶条件，可得到均衡状态下两企业的产量为

$$q_{1C}^0 = (2 - s - 2c)/(4 - s) \tag{7-7}$$
$$q_{2C}^0 = (1 + c)/(4 - s)$$

易证 $0 < q_{1C}^0 + q_{2C}^0 < 1$，于是由式（7-7）代入式（7-4）可得到

$$p_{1C}^0 = (1 + c)(2 - s)/(4 - s) \tag{7-8}$$
$$p_{2C}^0 = (1 + c)s/(4 - s)$$

相应的各企业的利润为

$$\pi_{1C}^0 = (2 - s - 2c)^2 \big/ (4 - s)^2 \tag{7-9}$$
$$\pi_{2C}^0 = (1 + c)^2 s \big/ (4 - s)^2$$

根据购买企业 1 和企业 2 产品的消费者的效用函数，可得到此时的消费者剩余为

$$\mathrm{CS}_C^0 = q_{1C}^0 + sq_{2C}^0 - \frac{(q_{1C}^0)^2 + 2sq_{1C}^0 q_{2C}^0 + s(q_{2C}^0)^2}{2} - p_{1C}^0 q_{1C}^0 - p_{2C}^0 q_{2C}^0 \tag{7-10}$$

进而得到此时的社会福利为

$$W_C^0 = q_{1C}^0 + sq_{2C}^0 - \frac{(q_{1C}^0)^2 + 2sq_{1C}^0 q_{2C}^0 + s(q_{2C}^0)^2}{2} - cq_{1C}^0 \tag{7-11}$$

其中，价格和产量的表达式已由式（7-7）和式（7-8）给出。

2. 成本降低性显著创新：$\Delta c \geqslant \frac{1}{2}(2 - s)$

当企业 2 进行成本降低性显著创新时，即便企业 1 的产品质量高于企业 2，企业 1 仍然会被驱逐出市场。届时，企业 2 将垄断整个产品市场，由消费者的参与约束 $s\theta - p \geqslant 0$，可得到偏好在 $[p/s, 1]$ 的消费者将会购买企业 2 的产品。在这种情况下企业 2 的产量和价格表达式为

---

① 在以后的分析中，两企业的利润表达式均省略了各自的研发投入一项。这是因为在对企业技术许可博弈四种结果的参与动机、激励相容条件比较的过程中，研发投入一项会被抵消。也就是说，研发投入对最终的博弈结果及变动不产生任何影响。

$$q_{2M}^0 = 1 - \frac{1}{s} p_{2M}^0$$

$$p_{2M}^0 = s(1 - q_{2M}^0) \tag{7-12}$$

其中，下标 M 表示完全垄断时的情况。

在企业 2 垄断的情况下，根据其利润最大化时的一阶条件，可得到在均衡状态下的垄断产量、价格及利润为

$$q_{2M}^0 = \frac{1}{2}, \quad p_{2M}^0 = \frac{1}{2}s$$

$$\pi_{2M}^0 = \frac{1}{4}s, \quad \pi_{1M}^0 = 0 \tag{7-13}$$

同样根据购买企业 2 产品的消费者的效用函数，可得到此时的消费者剩余为

$$\mathrm{CS}_M^0 = sq_{2M}^0 - \frac{1}{2}s(q_{2M}^0)^2 - p_{2M}^0 q_{2M}^0 = \frac{1}{8}s \tag{7-14}$$

进而得到此时的社会福利为

$$W_M^0 = sq_{2M}^0 - \frac{1}{2}s\left(q_{2M}^0\right)^2 = \frac{3}{8}s \tag{7-15}$$

7.3.2　企业 1 许可但企业 2 不许可

若企业 1 许可技术给企业 2，则企业 2 具有和企业 1 相同的产品质量，即 $s_2 = 1$。于是得到此时企业 1 和企业 2 的反需求函数为 $p = 1 - q_1 - q_2$。由于进行成本降低性创新的企业 2 不许可其技术给企业 1，因此两企业的边际生产成本仍然有 $\Delta c = c$ 的差距。由于企业 1 采用固定费的许可策略，于是得到两企业的得益函数为

$$\pi_{1C}^{F_1} = (p_C^{F_1} - c)q_{1C}^{F_1} + F_1 = (1 - q_{1C}^{F_1} - q_{2C}^{F_1} - c)q_{1C}^{F_1} + F_{1C} \tag{7-16}$$

$$\pi_{2C}^{F_1} = p_C^{F_1} q_{2C}^{F_1} - F_1 = (1 - q_{1C}^{F_1} - q_{2C}^{F_1})q_{2C}^{F_1} - F_{1C} \tag{7-17}$$

其中，F_{1C} 为在 Cournot 竞争下企业 1 许可其技术时向企业 2 索取的预付固定费；上标 F_1 表示只有企业 1 进行固定费许可时的情况。

1. 较小程度的非显著创新：$\Delta c < 0.5$

在 Cournot 产量竞争阶段，两企业选择各自的产量来最大化其利润。于是根据式（7-16）和式（7-17）的一阶条件，得到在企业 2 进行较小程度非显著创新时各企业的均衡产量、价格以及得益分别为

$$q_{1C}^{F_1} = \frac{1}{3}(1 - 2c)$$

$$q_{2C}^{F_1} = p_C^{F_1} = \frac{1}{3}(1 + c) \tag{7-18}$$

$$\pi_{1C}^{F_1} = \frac{1}{9}(1-2c)^2 + F_{1C}$$

$$\pi_{2C}^{F_1} = \frac{1}{9}(1+c)^2 - F_{1C}$$

（7-19）

进而得到此时的消费者剩余和社会福利为

$$\mathrm{CS}_C^{F_1} = q_{1C}^{F_1} + q_{2C}^{F_1} - \frac{1}{2}(q_{1C}^{F_1} + q_{2C}^{F_1})^2 - p_C^{F_1}(q_{1C}^{F_1} + q_{2C}^{F_1}) = \frac{1}{18}(2-c)^2 \quad （7\text{-}20）$$

$$W_C^{F_1} = q_{1C}^{F_1} + q_{2C}^{F_1} - \frac{1}{2}(q_{1C}^{F_1} + q_{2C}^{F_1})^2 - cq_{1C}^{F_1} = \frac{1}{18}(8-8c+11c^2) \quad （7\text{-}21）$$

在固定费许可阶段，由于作为许可方的企业 1 不具有完全的议价能力 $\alpha \in (0,1)$，因此其所能索取的最优固定费 F_{1C}^* 由下述表达式，即 Nash 积[①]的形式求解得到

$$\max_{F_1}(\pi_{1C}^{F_1} - \pi_{1C}^0)^\alpha \cdot (\pi_{2C}^{F_1} - \pi_{2C}^0)^{1-\alpha} \quad （7\text{-}22）$$

其中，π_{1C}^0 和 π_{2C}^0 为许可前企业 1 和企业 2 的利润，其表达式由式（7-9）给出。前一个括号的部分为企业 1 许可前后的利润增量 $E_{1C}^{F_1}$，后一括号里的部分为企业 2 接受许可前后的利润增量 $E_{2C}^{F_1}$。那么行业利润增量 $E_C^{F_1} = E_{1C}^{F_1} + E_{2C}^{F_1}$。

由式（7-9）和式（7-19）可知，式（7-22）可重写为

$$\max_{F_{1C}} \left[\frac{(1-2c)^2}{9} + F_{1C} - \frac{(2-s-2c)^2}{(4-s)^2} \right]^\alpha \cdot \left[\frac{(1+c)^2}{9} - F_{1C} - \frac{(1+c)^2}{(4-s)^2}s \right]^{1-\alpha} \quad （7\text{-}23）$$

由最大化时的一阶条件，可求解得到最优的固定费和行业利润增量

$$F_{1C}^* = \alpha E_C^{F_1} - \frac{(1-2c)^2}{9} + \frac{(2-s-2c)^2}{(4-s)^2} \quad （7\text{-}24）$$

$$E_C^{F_1} = \frac{(1-2c)^2}{9} + \frac{(1-c)^2}{9} - \frac{(2-s-2c)^2}{(4-s)^2} - \frac{(1+c)^2}{(4-s)^2}s \quad （7\text{-}25）$$

为使许可双方均接受，则需保证 $E_{1C}^{F_1} > 0, E_{2C}^{F_1} > 0$。把式（7-24）代入式（7-23）可以得到 $E_{1C}^{F_1} = \alpha E_C^{F_1}, E_{2C}^{F_1} = (1-\alpha)E_C^{F_1}$。这就意味着，只需保证行业利润增量 $E_C^{F_1} > 0$ 即可。式（7-25）重新整理成关于 $1+c$ 的函数后可以得到

$$E_C^{F_1} = (1+c)\big[(5s^2 - 31s + 44)(1+c) - 12(4-s)(1-s)\big]。令 \frac{12(4-s)(1-s)}{(5s^2-31s+44)} = 1+c_1^*。$$

又 $0 < 1+c < \frac{3}{2}$，易证明 $1+c_1^* < \frac{3}{2}$。同时当 $s \geqslant \frac{1}{7} \approx 0.1429$ 时，有 $1+c_1^* \leqslant 1$，而当

---

① 关于具有凹性的 Nash 讨价还价解的详细分析由 Roth（1979）以及 Binmore 和 Dasqupta（1987）给出。而对于持有动态观点以及议价双方对待时间或风险具有不同偏好时 Nash 议价模型构建问题的讨论，可参见 Rubinstein（1982）以及 Binmore 等（1986）。

$s < 0.142\,9$ 时，有 $1 + c_1^* > 1$ 成立。综上可得，$s \geqslant 0.142\,9$ 时，有 $E_C^{F_1} > 0$；而当 $s < 0.142\,9$ 时，只有 $c > c_1^* = (7s^2 - 29s + 4)/(5s^2 - 31s + 44)$ 才有 $E_C^{F_1} > 0$。于是得到命题 7-1。

命题 7-1　假定企业进行 Cournot 产量竞争。若企业 2 进行较小程度的成本降低性非显著创新（$\Delta c < 0.5$），则进行质量改善性创新的企业 1 是否进行固定费许可取决于产品间质量差异 Δs 的大小和其边际生产成本 c 的高低。若质量差异相对较小（$\Delta s = 1 - s \leqslant 0.857\,1$）时，企业 1 总是可能进行固定费许可；而当质量差异相对较大（$\Delta s > 0.857\,1$）时，只有企业 1 边际生产成本较高（$c > c_1^*$），其才会进行固定费许可。

命题 7-1 的结论与直觉是一致的。不同企业间产品的质量差异越小，产品越同质，这就意味着潜在的竞争越激烈。对于不占成本优势的企业 1 而言，只要质量差异程度足够小（如 $\Delta s \leqslant 0.857\,1$），则许可其改善质量的技术予企业 2 以获取一次性支付，相比较于微弱的质量优势所带来的收益，或许更有利。但若质量差异较大，则质量改善性创新的企业 1 往往不会许可其技术给其他企业，除非生产高质量产品的边际成本足够高（$c > c_1^*$）。Li 和 Song（2009）假定生产不同质量产品的企业边际成本相同且均为 0 的情况下，得出质量差异只要小于 0.428 6，则固定费许可一定会发生。而事实上，由命题 7-1 的结论可知，即便产品质量差异大于 0.428 6 的情况下，通过固定费的形式许可质量改善性技术的可能性仍然存在。然而在产品质量差异足够大（如 $\Delta s > 0.857\,1$）时，只有持有质量改善性技术的企业 1 生产成本较高的情况下，固定费许可才会发生。这也说明，考虑企业间生产成本的差异得到的结论可能更准确，也更贴近现实。

把式（7-24）代入式（7-19），可得到两企业的得益为

$$\pi_{1C}^{F_1} = \alpha E_C^{F_1} + \frac{(2 - s - 2c)^2}{(4 - s)^2} \qquad (7\text{-}26)$$

$$\pi_{2C}^{F_1} = (1 - \alpha) E_C^{F_1} + \frac{(1 + c)^2}{(4 - s)^2} s \qquad (7\text{-}27)$$

其中，$E_C^{F_1}$ 的值由式（7-25）给出。

2. 较大程度的非显著创新：$0.5 \leqslant \Delta c < \frac{1}{2}(2 - s)$

固定费许可前的情况仍由 7.3.1 小节中的"1. 成本降低性非显著创新"给出。在企业 2 进行较大程度的非显著创新下，一旦持有质量改善性技术的企业 1 许可其技术给企业 2，则企业 1 将不参与生产。而作为回报，其将获取一次性的固定费收益 F_{1C}。这也就意味着固定费许可后，企业 2 将垄断整个市场。此时的反需

求函数为 $p_{2M}^{F_1}=1-q_{2M}^{F_1}$。在产量竞争阶段，根据企业完全垄断时的一阶条件，可得到此时的企业 2 的均衡产量、价格以及两家企业的得益分别为

$$p_{2M}^{F_1}=q_{2M}^{F_1}=\frac{1}{2} \qquad (7\text{-}28)$$

$$q_{1M}^{F_1}=0$$

$$\pi_{2M}^{F_1}=p_{2M}^{F_1}q_{2M}^{F_1}-F_{1C}=\frac{1}{4}-F_{1C} \qquad (7\text{-}29)$$

$$\pi_{1M}^{F_1}=F_{1C}$$

在固定费许可阶段，最优的固定费 F_{1C}^* 由下述的 Nash 积表达式求解得到

$$\max_{F_{1C}}\left(\pi_{1M}^{F_1}-\pi_{1C}^0\right)^{\alpha}\cdot\left(\pi_{2M}^{F_1}-\pi_{2C}^0\right)^{1-\alpha} \qquad (7\text{-}30)$$

将式（7-9）和式（7-29）代入式（7-30），并对式（7-30）求解关于固定费的一阶导数，得到最优的固定费和行业利润增量分别为

$$F_{1C}^*=\alpha E_C^{F_1}+\frac{(2-s-2c)^2}{(4-s)^2} \qquad (7\text{-}31)$$

$$E_C^{F_1}=\frac{1}{4}-\frac{(2-s-2c)^2}{(4-s)^2}-\frac{(1+c)^2}{(4-s)^2}s \qquad (7\text{-}32)$$

其中，$E_C^{F_1}=E_{1C}^{F_1}+E_{2C}^{F_1}=\left(\pi_{1M}^{F_1}-\pi_{1C}^0\right)+\left(\pi_{2M}^{F_1}-\pi_{2C}^0\right)$。

与较小程度的非显著创新下的情况相似，同样可得到 $E_{1C}^{F_1}=\alpha E_C^{F_1}$，$E_{2C}^{F_1}=(1-\alpha)E_C^{F_1}$。这就意味着只需保证行业利润增量 $E_C^{F_1}>0$，即可促使许可双方均愿意接受固定费许可。接下来的命题 7-2 给出了此类创新规模下固定费许可发生的条件。

命题 7-2 假定企业进行 Cournot 产量竞争。若企业 2 进行较大程度的成本降低性非显著创新（$0.5\leqslant\Delta c<\frac{1}{2}(2-s)$），即使具有不完全议价能力的企业 1 在许可后不参与产品竞争，其仍然总是愿意许可其改善质量的技术给企业 2。

证明：若 $E_C^{F_1}=\frac{1}{4}-\frac{(2-s-2c)^2}{(4-s)^2}-\frac{(1+c)^2}{(4-s)^2}s>0$ 成立，则需保证下式 $T_1=-4(4+s)(1+c)^2+16(4-s)(1+c)-3(4-s)^2>0$ 成立。T_1 是关于 $1+c$ 在区间 $[\frac{3}{2},\frac{1}{2}(4-s))$ 的二次函数，且易证明其小根为 $\frac{4-\sqrt{4-3s}}{2(4+s)}\cdot(4-s)<\frac{3}{2}$，而大根 $\frac{4+\sqrt{4-3s}}{2(4+s)}\cdot(4-s)>\frac{4-s}{2}$。又其开口向下，因此始终有 $T_1>0$ 成立。从而意味着行业利润增量 $E_C^{F_1}$ 始终大于 0。这也就证明了命题 7-2 的结论。

命题 7-2 说明当持有质量改善性技术的企业生产产品的边际成本足够高时，其宁愿许可其技术给其他企业以获取一次性收益，也不愿自己生产。朗科以专利权收益作为其主要的盈利模式从侧面反映了其应用通用串行总线（universal serial bus，USB）移动存储技术的 U 盘生产成本过高的弱势（相对于低质量产品如软盘等），同时与其他规模庞大的闪存盘生产厂商，如 Sandisk、Kingston 等相比也不具有明显成本优势的现状。

在较大程度的非显著创新下，两家企业的得益表达式与式（7-26）和式（7-27）相同。其中，$E_C^{F_1}$ 的值由式（7-32）给出。而经过简单计算，此时的消费者剩余和社会福利分别为

$$CS_C^{F_1} = \frac{1}{8}, w_C^{F_1} = \frac{3}{8} \tag{7-33}$$

3. 成本降低性显著创新：$\Delta c \geqslant \frac{1}{2}(2-s)$

不同于 7.3.2 小节中"2. 较大程度的非显著创新"中企业 1 在许可其质量改善技术给企业 2 后不参与生产的情况，在成本降低性显著创新下，企业 1 在许可前便由于成本较高而无法参与生产，进而成为外部创新者[①]。这意味着此时企业 2 垄断整个产品市场。许可前的市场情况已由 7.3.1 小节中"2. 成本降低性显著创新"给出。而若企业 1 许可其技术，企业 2 仍将垄断市场。此时企业 2 和企业 1 的得益分别为 $\pi_{2M}^{F_1} = \frac{1}{4} - F_{1M}$ ，$\pi_{1M}^{F_1} = F_{1M}$。其中，F_{1M} 表示在完全垄断的情况下企业 1 所能索取的固定费。若许可发生需使行业利润增量 $E_M^{F_1} > 0$。

$E_M^{F_1} = E_{1M}^{F_1} + E_{2M}^{F_1} = \left(\pi_{1M}^{F_1} - \pi_{1M}^0\right) + \left(\pi_{2M}^{F_1} - \pi_{2M}^0\right) = \frac{1}{4}(1-s) > 0$ 对于任意的 $s \in (0,1)$ 总是成立。于是得到命题 7-3。

命题 7-3　假定企业进行 Cournot 产量竞争。当进行成本降低性显著创新的企业 2 完全垄断市场时，企业 1 总是愿意通过许可其改善产品质量的技术给企业 2 以获取一次性的许可收益。

在固定费许可阶段，最优的固定费由类似式（7-22）或式（7-30）求解得到。此时企业 1 能索取的最大固定费 $F_{1M}^* = \alpha E_M^{F_1}$，进而在固定费许可阶段两企业的均衡得益分别为

---

①　根据是否参与产品竞争，可分为外部创新者和在位创新者。外部创新者主要包括高校、研究机构及上游企业等，而在位创新者则主要包括同类产品或替代产品的生产企业以及纵向一体化企业，如三星、谷歌及微软等。

$$\pi_{1M}^{F_1} = \alpha E_M^{F_1} = \frac{1}{4}(1-s)\alpha$$

$$\pi_{2M}^{F_1} = (1-\alpha)E_M^{F_1} + \frac{1}{4}s = \frac{1}{4} - \frac{1}{4}(1-s)\alpha \qquad (7\text{-}34)$$

在成本降低性显著创新下，消费者剩余和社会福利与 7.3.2 小节的情况相同，由式（7-33）给出。

7.3.3 企业 2 许可但企业 1 不许可

若持有成本降低性创新技术的企业 2 愿意通过固定费的方式许可其技术给持有质量改善性专利的企业 1，与此同时企业 1 却不愿许可其技术给企业 2。则固定费许可后，两企业的边际生产成本相同，但企业 1 的产品质量更高。企业 2 的创新规模不同，可能导致许可双方的接受许可的条件也不同，因此接下来将在不同的创新规模下对其进行均衡分析。

1. 成本降低性非显著创新：$\Delta c < \frac{1}{2}(2-s)$

在固定费许可前，企业 1 和企业 2 的利润情况已由 3.1.1 小节给出。在固定费许可后，企业 1 的产品质量高于企业 2，此时的反需求函数为 $p_{1C}^{F_2} = 1 - q_{1C}^{F_2} - sq_{2C}^{F_2}$ 和 $p_{2C}^{F_2} = s(1 - q_{1C}^{F_2} - q_{2C}^{F_2})$。其中，上标 F_2 表示企业 2 进行固定费许可时的情况。由于许可后两企业的边际生产成本均为 0，因此得到此时两企业在竞争阶段的得益函数分别为

$$\pi_{1C}^{F_2} = p_{1C}^{F_2} q_{1C}^{F_2} - F_{2C} = \left(1 - q_{1C}^{F_2} - sq_{2C}^{F_2}\right)q_{1C}^{F_2} - F_{2C} \qquad (7\text{-}35)$$

$$\pi_{2C}^{F_2} = p_{2C}^{F_2} q_{2C}^{F_2} + F_{2C} = s\left(1 - q_{1C}^{F_2} - q_{2C}^{F_2}\right)q_{2C}^{F_2} + F_{2C} \qquad (7\text{-}36)$$

其中，等式（7-35）和等式（7-36）的右边第一部分为企业利润，第二部分为在数量竞争下企业 2 索取的固定费。

在数量竞争阶段，两企业同时选择最优的产量以最大化各自得益函数。由式（7-35）和式（7-36）的一阶条件，得到企业 1 和企业 2 的均衡产量、价格、得益分别为

$$q_{1C}^{F_2} = p_{1C}^{F_2} = \frac{2-s}{4-s}, \quad q_{2C}^{F_2} = \frac{1}{4-s}, \quad p_{2C}^{F_2} = \frac{s}{4-s} \qquad (7\text{-}37)$$

$$\pi_{1C}^{F_2} = \frac{(2-s)^2}{(4-s)^2} - F_{2C}, \quad \pi_{2C}^{F_2} = \frac{s}{(4-s)^2} + F_{2C} \qquad (7\text{-}38)$$

由式（7-37），可验证 $q_{1C}^{F_2} + q_{2C}^{F_2} = (3-s)/(4-s) < 1$。在固定费许可阶段，企业 2 选择最优的固定费 F_{2C}^* 满足如下表达式：

$$\max_{F_{2C}} \left(\pi_{1C}^{F_2} - \pi_{1C}^0 \right)^{\alpha} \cdot \left(\pi_{2C}^{F_2} - \pi_{2C}^0 \right)^{1-\alpha} \tag{7-39}$$

把式（7-38）代入式（7-39），根据其一阶条件，可得到最优的固定费

$$F_{2C}^* = (1-\alpha) E_C^{F_2} - \frac{s}{(4-s)^2} + \frac{(1+c)^2}{(4-s)^2} \cdot s \tag{7-40}$$

$$E_C^{F_2} = \frac{c}{(4-s)^2} \left[(8-6s) - (4+s)c \right] \tag{7-41}$$

其中，$E_C^{F_2}$ 为 Cournot 竞争下企业 2 进行固定费许可前后的行业利润增量。其大小由企业 1 和企业 2 的得益增量构成，即 $E_C^{F_2} = E_{1C}^{F_2} + E_{2C}^{F_2} = \left(\pi_{1C}^{F_2} - \pi_{1C}^0 \right) + \left(\pi_{2C}^{F_2} - \pi_{2C}^0 \right)$。

将式（7-40）代入式（7-39），可得到 $E_{1C}^{F_2} = \alpha E_C^{F_2}$，$E_{2C}^{F_2} = (1-\alpha) E_C^{F_2}$。为保证固定费许可发生则需满足两企业的参与约束，即 $E_{1C}^{F_2} > 0$ 和 $E_{2C}^{F_2} > 0$。由于两企业均具有不完全的议价能力（如 $\alpha \in (0,1)$），这也就意味着只需行业利润增量为正，即 $E_C^{F_2} > 0$，固定费许可就可能发生。命题 7-4 给出了在这种情况下固定费许可发生的条件。

命题 7-4　假定企业进行 Cournot 产量竞争。若只有进行成本降低性非显著创新 $\left(\Delta c < \frac{1}{2}(2-s) \right)$ 的企业 2 具有固定费许可动机，则固定费许可是否发生取决于产品质量差异 Δs 和企业 1 的边际生产成本 c。

（1）若产品质量差异相对较小（$\Delta s < 0.1231$），则只有潜在被许可企业 1 的边际生产成本相对较低（$c < c_2^*$）时，固定费许可才会发生。

（2）若产品质量差异相对较大（$\Delta s \geqslant 0.1231$），则固定费许可总是可能发生。

证明：当行业利润增量 $E_C^{F_2} > 0$ 时，固定费许可则可能发生。由式（7-41）可得，当 $c < c_2^* = (8-6s)/(4+s)$ 时，固定费许可发生。$c \in \left(0, \frac{1}{2}(2-s) \right)$，将 c_2^* 和临界值比较，易证明当 $s > 5 - \sqrt{7} \approx 0.8769$，有 $(8-6s)/(4+s) < (2-s)/2$；当 $s \leqslant 0.8769$，有 $(8-6s)/(4+s) \geqslant (2-s)/2$。综上结论，即可得到在非显著创新下，固定费许可发生需满足的条件。

命题 7-4 说明了在固定费许可下，进行成本降低性非显著创新的企业 2 更愿意在产品质量差异较大时许可其技术给进行质量改善性创新的企业 1。这是因为在单向许可下，两企业产品质量差异越大，则具有不同偏好（高质量和低质量）的消费群体定位越明显，两家企业之间的竞争激烈程度也就越弱，这就增加了企业 2 许可其成本降低的技术给企业 1 的动机，同时满足了企业 2 获取企业 1 高质量产品市场部分利润的目的。而在产品同质或消费者具有一致性偏好时，事实上，只要许可企业 2 的创新规模足够小或潜在被许可企业 1 的边际生产成本相对较低，则固定费许

可一定发生（Wang，1998，2002；Mukherjee and Pennings，2006）。而这仅是命题 7-4 中第一个结论的特殊形式而已。

将式（7-40）代入式（7-38），可得到在进行成本降低性非显著创新的企业 2 进行固定费许可时两企业的得益分别为

$$\pi_{1C}^{F_2} = \alpha E_C^{F_2} + \frac{(2-s-2c)^2}{(4-s)^2} \tag{7-42}$$

$$\pi_{2C}^{F_2} = (1-\alpha) E_C^{F_2} + \frac{(1+c)^2}{(4-s)^2} s \tag{7-43}$$

其中，$E_C^{F_2}$ 的表达式已由式（7-40）给出。

与此同时，消费者剩余和社会福利分别为

$$CS_C^{F_2} = q_{1C}^{F_2} + s q_{2C}^{F_2} - \frac{(q_{1C}^{F_2})^2 + 2s q_{1C}^{F_2} q_{2C}^{F_2} + s(q_{2C}^{F_2})^2}{2} - p_{1C}^{F_2} q_{1C}^{F_2} - p_{2C}^{F_2} q_{2C}^{F_2} \tag{7-44}$$

$$= \frac{-s^2 + s + 4}{2(4-s)^2}$$

$$W_C^{F_2} = q_{1C}^{F_2} + s q_{2C}^{F_2} - \frac{(q_{1C}^{F_2})^2 + 2s q_{1C}^{F_2} q_{2C}^{F_2} + s(q_{2C}^{F_2})^2}{2} = \frac{s^2 - 5s + 12}{2(4-s)^2} \tag{7-45}$$

其中，企业 1 和企业 2 的产量、价格已式（7-37）给出。

2. 成本降低性显著创新：$\Delta c \geqslant \frac{1}{2}(2-s)$

许可后的情况与 7.3.3 小节"1. 成本降低性非显著创新"中相同，两企业的利润表达式与式（7-38）相同。与 7.3.3 小节"1. 成本降低性非显著创新"中唯一不同的是许可前的情况。在成本降低性显著创新下，若企业 2 不许可技术给企业 1，则其将垄断整个产品市场。此时由 7.3.1 小节中"2. 成本降低性显著创新"可知，两家企业的利润分别为 $\pi_{1M}^0 = 0$，$\pi_{2M}^0 = \frac{1}{4}s$。将许可前后两企业的利润表达式代入式（7-39），可求解得到最优的固定费为 $F_{2M}^* = (1-\alpha) E_M^{F_2} - \frac{s}{(4-s)^2} + \frac{1}{4}s$。而在成本降低性显著创新下，固定费许可的发生需使行业利润增量 $E_M^{F_2}$ 为正，即满足如下：

$$E_M^{F_2} = \frac{-s^3 + 12s^2 - 28s + 16}{4(4-s)^2} > 0 \tag{7-46}$$

由于式（7-46）的分子是关于 $s \in (0,1)$ 的减函数，且在 $s=0.8769$ 时，有唯一零点。这也就意味着，当 $s \geqslant 0.8769$ 时，$E_M^{F_2} \leqslant 0$；当 $s<0.8769$ 时，$E_M^{F_2} > 0$。

命题 7-5　假定企业进行 Cournot 产量竞争。若只有进行成本降低性显著创新

$\left(\Delta c \geqslant \dfrac{1}{2}(2-s) \right)$ 的企业 2 具有固定费许可动机，则固定费许可是否发生取决于产品质量差异 Δs 的大小：①若 $\Delta s > 0.1231$ 时，则固定费许可发生；②若 $\Delta s \leqslant 0.1231$ 时，企业 2 将选择完全垄断市场，企业 1 将被驱逐出市场。

在本小节中，与现有相关的单向技术许可文献，如 Wang（2002）进行比较。在他们的研究中，其假定消费者具有一致性偏好，得到只有产品横向差异[①]大于 0.1716 时（本书则假定消费者不具有一致性偏好，产品纵向差异大于 0.1231），垄断企业才会放弃垄断利润，从而具有选择固定费许可的动机。而这和命题 7-5 的结论一致，则说明：不管是存在纵向差异还是横向差异，即便是进行成本降低性显著创新的企业 2，只要产品间具有足够大的差异性，其仍然有动机进行固定费许可，而非选择完全垄断市场。

根据最优的固定费和行业利润增量的表达式（7-46），可得到均衡状态下两企业的利润分别为

$$\pi_{1M}^{F_2} = \alpha E_M^{F_2} = \frac{-s^3 + 12s^2 - 28s + 16}{4(4-s)^2}\alpha \tag{7-47}$$

$$\pi_{2M}^{F_2} = (1-\alpha)E_M^{F_2} + \frac{1}{4}s = \frac{-s^3 + 12s^2 - 28s + 16}{4(4-s)^2}(1-\alpha) + \frac{1}{4}s \tag{7-48}$$

在企业 2 进行固定费许可的情况下，不管是其进行成本降低性非显著创新还是显著创新，均衡状态下的消费者剩余、社会福利表达式相同，均由式（7-44）和式（7-45）给出。

7.3.4　企业 1 与企业 2 交叉许可

若持有质量改善性技术的企业 1 与持有成本降低性技术的企业 2 愿意许可各自技术给对方，那么交叉许可后，两家企业具有相同的产品质量以及边际生产成本。此时两企业产品的反需求函数为 $p_C^{F_1F_2} = 1 - q_{1C}^{F_1F_2} - q_{2C}^{F_1F_2}$。其中，上标 F_1F_2 代表两家企业均进行固定费许可时的情况。由于此时两企业的边际生产成本为 0，于是可得到在交叉许可后，两企业的得益表达式分别为

$$\pi_{1C}^{F_1F_2} = \left(1 - q_{1C}^{F_1F_2} - q_{2C}^{F_1F_2}\right)q_{1C}^{F_1F_2} + F_{1C} - F_{2C} \tag{7-49}$$

$$\pi_{2C}^{F_1F_2} = \left(1 - q_{1C}^{F_1F_2} - q_{2C}^{F_1F_2}\right)q_{2C}^{F_1F_2} + F_{2C} - F_{1C} \tag{7-50}$$

---

① 在消费者具有相同偏好时，其可由代表性消费者效用函数（Singh and Vives, 1984）表达。此时的横向差异和纵向差异反映了消费者对产品外观、颜色、品牌、质量等因素具有一致性的判断。而当消费者具有不同偏好时，相同产品给其带来的效用具有差异：当存在横向差异时，可用 Hotelling 线性城市模型或 Salop 圆形城市模型来反映不同运输成本或位置下消费者的效用；而当存在纵向差异时，即产品质量可按照不同分布来反映消费者质量偏好，此时均匀分布、正态分布反映质量偏好最为常用。

其中，F_{1C} 和 F_{2C} 分别代表企业 1 和企业 2 同时向对方索取的预付固定费。

在 Cournot 产量竞争阶段，两企业同时选择各自的产量以最大化各自的得益函数。于是根据其一阶条件可得到交叉许可后均衡状态下的产量、价格及得益分别为

$$p_C^{F_1F_2} = \frac{1}{3}, \quad q_{1C}^{F_1F_2} = q_{2C}^{F_1F_2} = \frac{1}{3} \tag{7-51}$$

$$\pi_{1C}^{F_1F_2} = \frac{1}{9} + F_{1C} - F_{2C}, \quad \pi_{2C}^{F_1F_2} = \frac{1}{9} + F_{2C} - F_{1C} \tag{7-52}$$

而在固定费交叉许可阶段，两企业各自选择最优的固定费以最大化其得益。由于两企业均具有不完全的议价能力 $\alpha \in (0,1)$ 或 $1-\alpha \in (0,1)$，因此其最优的固定费 F_{1C}^* 和 F_{2C}^* 由下列 Nash 讨价还价表达式得出

$$\max_{F_{1C}, F_{2C}} \left(\pi_{1C}^{F_1F_2} - \pi_{1C}^0 \right)^\alpha \cdot \left(\pi_{2C}^{F_1F_2} - \pi_{2C}^0 \right)^{1-\alpha} \tag{7-53}$$

由于企业 2 的创新规模不同，进而许可前两企业的利润也不同。接下来将在不同创新规模下分别进行讨论。

1. 成本降低性非显著创新：$\Delta c < \frac{1}{2}(2-s)$

在成本降低新非显著创新下，许可前两企业的利润已由 7.3.1 小节的式（7-9）给出。于是将式（7-9）和式（7-52）代入式（7-53），则式（7-53）可重新写为

$$\max_{F_{1C}, F_{2C}} \left[\frac{1}{9} + F_{1C} - F_{2C} - \frac{(2-s-2c)^2}{(4-s)^2} \right]^\alpha \cdot \left[\frac{1}{9} - (F_{1C} - F_{2C}) - \frac{(1+c)^2}{(4-s)^2} s \right]^{1-\alpha} \tag{7-54}$$

求解式（7-54），可得到企业 1 和企业 2 各自最优的固定费 F_{1C}^* 和 F_{2C}^* 具有如下关系：

$$F_{1C}^* - F_{2C}^* = \alpha E_C^{F_1F_2} - \frac{1}{9} + \frac{(2-s-2c)^2}{(4-s)^2} \tag{7-55}$$

$$E_C^{F_1F_2} = \frac{2}{9} - \frac{(2-s-2c)^2}{(4-s)^2} - \frac{(1+c)^2}{(4-s)^2} s \tag{7-56}$$

其中，$E_C^{F_1F_2}$ 为 Cournot 竞争下企业选择固定费的方式交叉许可时的行业利润增量。

交叉许可发生需满足两企业的参与约束，即两企业在许可后的得益增量 $E_{1C}^{F_1F_2}$ 和 $E_{2C}^{F_1F_2}$ 均大于 0。将式（7-55）代入式（7-54），得到 $E_{1C}^{F_1F_2} = \alpha E_C^{F_1F_2}$ 和 $E_{2C}^{F_1F_2} = (1-\alpha) E_C^{F_1F_2}$。由于 $\alpha \in (0,1)$，这也就意味着只要行业利润增量 $E_C^{F_1F_2} > 0$，就可保证两企业有参与交叉许可的动机。以下命题给出了在成本降低性非显著创新下，两企业进行交叉技术许可的条件。

命题 7-6　假定企业进行 Cournot 产量竞争，企业 2 进行成本降低性非显著创

新（$\Delta c < \frac{1}{2}(2-s)$）。持有质量改善性技术的企业 1 和持有成本降低性技术的企业 2 均有选择固定费许可策略进行交叉技术许可的参与动机，当且仅当产品间质量差异 Δs 和企业 1 的边际生产成本 c 满足如下条件之一。

（1）产品间质量差异足够大（$\Delta s > 0.1111$）且企业 1 的边际生产成本较大（$c > c_3^*$）。

（2）产品间质量差异较小（$\Delta s \leqslant 0.1111$）且企业 1 的边际生产成本相对适中（$c_3^* < c < c_4^*$）。

证明：$E_C^{F_1F_2} > 0$ 可重写为 $T_2 = -9(4+s)(1+c)^2 + 36(4-s)(1+c) - 7(4-s)^2 > 0$。$T_2$ 是关于 $1+c$ 在区间 $\left(1, \frac{1}{2}(4-s)\right)$ 上开口向下的二次函数。易证明，T_2 的两根分别为 $1 + c_3^* = \frac{6 - \sqrt{8-7s}}{3(4+s)}(4-s)$，$1 + c_4^* = \frac{6 + \sqrt{8-7s}}{3(4+s)}(4-s)$。接下来只需判定两根的位置即可得到 $T_2 > 0$ 的条件。因为 $1 + c_3^* > 1 \Leftrightarrow 7s^3 + 17s^2 - 40s + 144 > 0$。而 $7s^3 + 17s^2 - 40s + 144 > 0$ 对于任意的 $s \in (0,1)$ 恒成立，于是有 $1 + c_3^* > 1$ 成立。又易证明 $1 + c_3^* < \frac{1}{2}(4-s)$，这说明小根落在了有效的区间 $\left(1, \frac{1}{2}(4-s)\right)$ 内。而对于大根，易证明 $\mathrm{sign}\left\{\frac{1}{2}(4-s) - (1+c_4^*)\right\} = \mathrm{sign}\left\{9s^2 + 28s - 32\right\}$。而当 $s < 0.8889$ 时，有 $9s^2 + 28s - 32 < 0$；当 $s > 0.8889$ 时，有 $9s^2 + 28s - 32 > 0$。根据两根的位置以及开口方向，可得到当 $s < 0.8889$ 时，只有 $1 + c > 1 + c_3^*$，才有 $T_2 > 0$；而当 $s \geqslant 0.8889$ 时，只有 $1 + c_3^* < 1 + c < 1 + c_4^*$，才有 $T_2 > 0$。经过一些调整后，这就得到了命题 7-6 的结论。

将式（7-55）代入式（7-52），此时两企业的得益分别为

$$\pi_{1C}^{F_1F_2} = \alpha E_C^{F_1F_2} + \frac{(2-s-2c)^2}{(4-s)^2} \tag{7-57}$$

$$\pi_{2C}^{F_1F_2} = (1-\alpha) E_C^{F_1F_2} + \frac{(1+c)^2}{(4-s)^2} s \tag{7-58}$$

其中，$E_C^{F_1F_2}$ 已由式（7-56）给出。

与此同时，消费者剩余和社会福利分别为

$$\mathrm{CS}_C^{F_1F_2} = \frac{1}{2}(q_{1C}^{F_1F_2} + q_{2C}^{F_1F_2})^2 = \frac{2}{9} \tag{7-59}$$

$$W_C^{F_1F_2} = \frac{1}{2}(q_{1C}^{F_1F_2} + q_{2C}^{F_1F_2})^2 + (q_{1C}^{F_1F_2})^2 + (q_{2C}^{F_1F_2})^2 = \frac{4}{9} \tag{7-60}$$

2. 成本降低性显著创新：$\Delta c \geqslant \dfrac{1}{2}(2-s)$

成本降低性显著创新下，企业 2 在交叉许可前已完全垄断整个产品市场，此时两企业的利润已由 7.3.1 小节的式（7-13）给出。于是将式（7-13）和式（7-52）代入式（7-53），则式（7-53）可重新写为

$$\max_{F_{1C},F_{2C}}\left[\frac{1}{9}+F_{1C}-F_{2C}-0\right]^{\alpha}\cdot\left[\frac{1}{9}-\left(F_{1C}-F_{2C}\right)-\frac{1}{4}s\right]^{1-\alpha} \qquad （7\text{-}61）$$

根据式（7-61）的一阶条件，可得到企业 1 和企业 2 各自最优的固定费 F_{1C}^{*} 和 F_{2C}^{*} 具有如下关系：

$$F_{1C}^{*}-F_{2C}^{*}=\alpha E_{C}^{F_{1}F_{2}}-\frac{1}{9} \qquad （7\text{-}62）$$

$$E_{C}^{F_{1}F_{2}}=\frac{2}{9}-\frac{1}{4}s \qquad （7\text{-}63）$$

类似地，由于 $\alpha \in (0,1)$，这也意味着，同样只要行业利润增量 $E_{C}^{F_{1}F_{2}}>0$，就可保证两家企业有参与交叉许可的动机。命题 7-7 给出了在成本降低性显著创新下，两企业进行交叉技术许可的参与条件。

命题 7-7 假定企业进行 Cournot 产量竞争。在持有成本降低性显著创新技术的企业 2 完全垄断的情况下 $\left[\Delta c \geqslant \dfrac{1}{2}(2-s)\right]$，只有产品间质量差异足够大（$\Delta s > 0.1111$）时，两家企业才有选择固定费策略交叉许可其技术的参与动机。否则企业 2 将选择垄断产品市场。

证明：略。

由式（7-63）可知，产品间质量差异越大（s 越小），行业利润增量也越大。由命题 7-7 可知，一旦产品间质量差异达到临界值，则两个企业均开始有许可其技术给对方的动机。一方面，对于企业 1 而言，虽其产品质量很高，但其边际生产成本相对过大会导致生产无利可图的局面。这时，不管是许可其技术给其他企业还是获取成本降低性技术，均有利可图。事实上，在 7.3.5 小节，也可得到企业 1 始终有许可其质量改善性技术的激励。另一方面，对于企业 2 而言，若其产品质量较低，则获取质量改善性技术是其动机之一。同时若低端市场的大部分利润以及高端市场的部分利润之和超过低端市场时的垄断利润，另外又能规避反垄断调查，则企业 2 也和企业 1 一样也产生了许可其技术给对方的动机。而在非显著创新下，由命题 7-6 可知，即便企业 1 生产高质量产品有利可图，但只要其生产成本足够高，则其就有动机许可其技术或从其他企业获取成本降低性技术。特别地，在两企业产品质量差异足够小时（如 $\Delta s \leqslant 0.1111$），这时两企业的成本差异

决定了两家企业交叉许可的参与动机。当两企业的成本差异较小时，企业 1 缺少许可的动机；当两企业的成本差异较大时，企业 2 缺少许可的动机。只有两企业产品生产的边际成本差异适中时（如 $c_3^* < c < c_4^*$），这才能协调两企业的许可动机，最终导致了交叉许可的可能。

将式（7-62）代入式（7-52），可得到此时两企业的得益分别为

$$\pi_{1C}^{F_1F_2} = \alpha E_C^{F_1F_2} \tag{7-64}$$

$$\pi_{2C}^{F_1F_2} = (1-\alpha) E_C^{F_1F_2} + \frac{1}{4}s \tag{7-65}$$

其中，$E_C^{F_1F_2}$ 已由式（7-63）给出。

与此同时，消费者剩余和社会福利分别与式（7-59）和式（7-60）相同。

7.3.5　企业进行交叉许可的激励

命题 7-1~命题 7-7 已经给出了各企业进行技术许可的参与动机及其条件。然而具体何种结果出现取决于参与方企业 1 和企业 2 在何种情况下得益最大。接下来将对企业 1 单向许可、企业 2 单向许可、企业 1 和企业 2 交叉许可下的两企业的得益进行比较。在比较之前，综合以上不同许可情况下的结论，可得到行业利润增量如下。

（1）在企业 1 单向许可时，

$$E_C^{F_1} = \begin{cases} \dfrac{(1-2c)^2 + (1+c)^2}{9} - \dfrac{(2-s-2c)^2 + (1+c)^2 s}{(4-s)^2}, & \Delta c < 0.5 \\[3mm] \dfrac{1}{4} - \dfrac{(2-s-2c)^2 + (1+c)^2 s}{(4-s)^2}, & 0.5 \leqslant \Delta c < \dfrac{2-s}{2} \\[3mm] \dfrac{1}{4}(1-s), & \Delta c \geqslant \dfrac{2-s}{2} \end{cases} \tag{7-66}$$

（2）在企业 2 单向许可时，

$$E_C^{F_2} = \begin{cases} \dfrac{(2-s)^2 + s}{(4-s)^2} - \dfrac{(2-s-2c)^2 + (1+c)^2 s}{(4-s)^2}, & \Delta c < \dfrac{2-s}{2} \\[3mm] \dfrac{(2-s)^2 + s}{(4-s)^2} - \dfrac{1}{4}s, & \Delta c \geqslant \dfrac{2-s}{2} \end{cases} \tag{7-67}$$

（3）在企业 1 和企业 2 交叉许可时，

$$E_C^{F_1F_2} = \begin{cases} \dfrac{2}{9} - \dfrac{(2-s-2c)^2 + (1+c)^2 s}{(4-s)^2}, & \Delta c < \dfrac{2-s}{2} \\[4mm] \dfrac{2}{9} - \dfrac{1}{4}s, & \Delta c \geqslant \dfrac{2-s}{2} \end{cases} \qquad (7\text{-}68)$$

由于 $\text{sign}\left\{\pi_{iC}^{F_1F_2} - \pi_{iC}^{F_1}\right\} = \text{sign}\left\{\left(\pi_{iC}^{F_1F_2} - \pi_{iC}^0\right) - \left(\pi_{iC}^{F_1} - \pi_{iC}^0\right)\right\} = \text{sign}\left\{E_C^{F_1F_2} - E_C^{F_1}\right\}$。类似地，同样有 $\text{sign}\left\{\pi_{iC}^{F_1F_2} - \pi_{iC}^{F_2}\right\} = \text{sign}\left\{E_C^{F_1F_2} - E_C^{F_2}\right\}$ 和 $\text{sign}\left\{\pi_{iC}^{F_1} - \pi_{iC}^{F_2}\right\} = \text{sign}\left\{E_C^{F_1} - E_C^{F_2}\right\}$。其中，$i=1$，2。由此可见，不需要逐个比较不同许可情况下企业 1 和企业 2 的得益大小，只需要比较行业利润增量即可。事实上，以下定理 7-1 给出了持有质量改善性技术的企业 1 和持有成本降低性技术的企业 2 在均有许可动机的前提下，在不同创新规模下的激励相容条件。

定理 7-1 假定企业进行 Cournot 产量竞争。在保证两企业均有许可其技术给对方的参与动机下（由命题 7-1~命题 7-7 给出），企业 1 单向许可、企业 2 单向许可，还是企业 1 和企业 2 交叉许可，取决于企业 2 的创新规模 Δc、企业 1 的边际生产成本 c 以及产品间质量差异程度 Δs 如下。

（1）若企业 2 进行较小规模的成本降低性非显著创新（ $\Delta c < 0.5$ ）。

第一，若 $c \leqslant 0.4$ 且 $\Delta s \geqslant 0.4286$，则 $\max\left\{E_C^{F_1}, E_C^{F_2}, E_C^{F_1F_2}\right\} = E_C^{F_1F_2}$，企业 1 和企业 2 进行交叉技术许可。

第二，若 $c \leqslant 0.4$ 且 $\Delta s < 0.4286 c \leqslant 0.4$，则 $\max\left\{E_C^{F_1}, E_C^{F_2}, E_C^{F_1F_2}\right\} = E_C^{F_2}$，企业 2 进行单向技术许可。

第三，若 $c > 0.4$，则不管产品间质量差异如何，始终有 $\max\left\{E_C^{F_1}, E_C^{F_2}, E_C^{F_1F_2}\right\} = E_C^{F_1}$，企业 1 进行单向技术许可。

（2）企业 2 进行较大规模的非显著创新（ $0.5 \leqslant \Delta c < (2-s)/2$ ）或显著创新（ $\Delta c \geqslant (2-s)/2$ ）。

不管企业 1 的边际生产成本和产品间质量差异如何，始终有 $\max\left\{E_C^{F_1}, E_C^{F_2}, E_C^{F_1F_2}\right\} = E_C^{F_1}$，即企业 1 总是进行单向技术许可。

证明：由式（7-66）~式（7-68）可得到

（1）当 $\Delta c < 0.5$ 时的情况

$$E_C^{F_1F_2} - E_C^{F_1} = c(2-5c)/9 \begin{cases} \geqslant 0 & c \leqslant 0.4 \\ < 0 & c > 0.4 \end{cases}$$

$$E_C^{F_1F_2} - E_C^{F_2} = (1-s)(7s-4)\big/\left[9(4-s)^2\right] \begin{cases} \geqslant 0 & s \leqslant \dfrac{4}{7} \approx 0.5714 \\[3mm] < 0 & s > \dfrac{4}{7} \approx 0.5714 \end{cases}$$

若 $c \leqslant 0.4$ 且 $s > \dfrac{4}{7}$，则 $\max = E_C^{F_2}$；若 $c > 0.4$ 且 $s \leqslant \dfrac{4}{7}$，则 $\max = E_C^{F_1}$；然而若

$c > 0.4$ 且 $s > \dfrac{4}{7}$，则需要直接比较企业 1 单向许可和企业 2 单向许可下的行业利润增

量。通过式（7-66）和式（7-67），可得 $E_C^{F_1} - E_C^{F_2} = \dfrac{5(4-s)^2 c^2 - 2(4-s)^2 c - 7s^2 + 11s - 4}{9(4-s)^2}$。

等式右边的分子表达式是关于 c 在区间（0，0.5）的二次函数，且开口向上。易

证明其有两根，且对于 $s > \dfrac{4}{7}$ 时，两根始终有 $0 < \dfrac{1}{5} \pm \dfrac{3\sqrt{4s^2 - 7s + 4}}{5(4-s)} < 0.4$。故根据

两根的位置以及函数开口方向，可得到对于任意的 $c > 0.4$ 且 $s > \dfrac{4}{7}$，始终有等式右

边的分子表达式的符号为正，这也就意味着 $E_C^{F_1} > E_C^{F_2}$。

（2）当 $0.5 \leqslant \Delta c < (2-s)/2$ 时的情况

$$E^{F_1} - E^{F_1 F_2} = 1/36 > 0，\quad E^{F_1} - E^{F_2} = (4-3s)s/[4(4-s)^2] > 0$$

（3）当 $\Delta c \geqslant (2-s)/2$ 时的情况

$$E^{F_1} - E^{F_1 F_2} = 1/36 > 0，\quad E^{F_1} - E^{F_2} = (4-3s)s/[4(4-s)^2] > 0$$

综合以上结论，这就得到了定理 7-1。

定理 7-1 说明技术市场存在策略性竞争行为时，现有文献关于成本降低性工艺创新企业进行技术许可的大部分结论并不成立。例如，技术市场在仅有进行成本降低性工艺创新的一家企业时，即便进行较大程度的非显著创新或显著创新，其仍有动机许可技术给竞争对手。然而由定理 7-1 可知，持有成本降低性工艺创新技术的企业 2 只有在创新规模较小时，其才有许可技术给竞争对手的激励。其中企业 2 的创新规模较小或企业 1 的边际生产成本较低（如 $c \leqslant 0.4$）时，若产品间质量差异较低（如 $\Delta s < 0.428\,6$），只有企业 2 进行成本降低性创新技术的许可情况发生；而当产品间质量差异较大（如 $\Delta s \geqslant 0.428\,6$）时，持有质量改善性技术的企业 1 和持有成本降低性技术的企业 2 将会交叉许可其技术给对方。这是因为：第一，技术市场上企业的策略性互动影响了最终的均衡结果。企业 1 的边际生产成本越大，其越有动机获取成本降低性技术。同样的，企业 2 的产品质量越低，其越有动机改善其产品质量。在一定成本和质量范围内，两企业的动机相互作用促成了定理 7-1 中第一部分的结论。第二，成本优势可以相当程度地弥补产品质量的劣势，然而产品质量的优势却无法替代成本的明显劣势。事实上，这也是为何进行成本降低性工艺创新的企业 2 在其创新规模较大时可以驱逐企业 1 离开市场，而即使是在其产品质量非常高时，进行质量改善性创新的企业 1 也无法迫使企业 2 离开市场的根本原因。在消费者具有不同质量偏好时，较大的产品质量差异的结果最终导致一家企业定位低端市场，而另一家企业定位高端市场。然而，

若当生产高质量产品的企业 1 由于生产工艺的原因，边际成本过高，甚至无法生产时，其就有极大的动机去获取降低成本的技术。而对于拥有成本降低性技术的企业 2 而言，在其创新规模较大时，其较大的成本优势，即便其产品质量较低，企业 2 也足以占领整个低端市场。同时随着企业 1 产品定价的提高，进而导致原来购买的企业 1 产品的消费者转而购买企业 2 的产品，因此企业 2 并没有动机许可其成本降低性专利技术给企业 1。于是在企业 2 没有许可其技术的动机的情况下，企业 1 无法获取降低成本的技术，进而只能通过单向许可其质量改善性技术给企业 2 以获取许可收益的方式来弥补之前巨大的研发成本或开发降低边际成本的工艺技术。最终，在企业 2 创新规模较大的情况下，只有质量改善性单向技术许可发生。

那么交叉技术许可的发生，是否像 Eswaran（1994）现有交叉许可文献以及 Lin（1996）[①]等单向许可文献所说的那样，交叉许可以及固定费策略有利于企业进行合谋，进而损害了消费者剩余和社会福利呢？定理 7-2 给出了否定答案。

定理 7-2　假定企业进行 Cournot 产量竞争。两企业均有许可其技术给对方的参与动机（由命题 7-1~命题 7-7 给出），则与企业 1 单向许可和企业 2 单向许可时的情况相比，企业 1 和企业 2 交叉许可时的消费者剩余以及社会福利最大。

证明：在 $\Delta c < 0.5$ 和 $\Delta c \geqslant 0.5$ 时，企业 1 单向许可下的消费者剩余和社会福利分别由式（7-20）和式（7-21）以及式（7-33）给出。企业 2 单向许可下的消费者剩余和社会福利由式（7-44）和式（7-45）给出，而企业 1 和企业 2 交叉许可下的消费者剩余和社会福利则由式（7-59）和式（7-60）给出。易证明与企业 1 单向许可相比，交叉许可下的消费者剩余和社会福利均更大。接下来比较企业 2 单向许可和交叉许可下的消费者剩余和社会福利。因为对于任意的 $s \in (0,1)$，始终有 $\mathrm{CS}_C^{F_1 F_2} - \mathrm{CS}_C^{F_2} - (1-s)(28-13s) \big/ \big[18(4-s)^2\big] > 0$，以及 $W_C^{F_1 F_2} - W_C^{F_1} = (1-s)(20+s) \big/ \big[18(4-s)^2\big] > 0$。这就意味着在三种类型的技术许可均可能发生的情况下，企业 1 和企业 2 交叉许可下的消费者剩余和社会福利最大。这就证明了定理 7-2 的结论。

7.4　本章小结

在放松技术市场完全垄断的假定条件下，本章对持有成本降低性技术和质量

---

① Lin（1996）假定企业进行价格竞争，并指出在单向固定费许可下，触发策略的实施会导致许可双方偏离默契合谋的惩罚远大于其收益，因此固定费许可不利于竞争且损害了社会福利。然而其结论的稳健性严重依靠零固定费的假定。事实上，在固定费很大的情况下，许可中的一方总会有动机偏离垄断定价，进而默契合谋失败。另外其零固定费的假定本身隐含着串谋的动机，因而暗示了默契合谋的结论。当然，这也为政府反垄断调查提供了线索。

改善性技术的在位竞争企业技术许可策略性行为、对反垄断和福利的暗示、企业议价能力在交叉许可中的作用以及成本降低性技术和质量改善性技术在竞争中的意义等问题进行了详细而深入的分析。研究结论如下。

首先，根据定理 7-2，在数量竞争下，企业间技术的交叉许可并未促成企业合谋，进而产生损害消费者剩余以及社会福利的结果。这与现有交叉许可文献的结论有显著不同，且本章研究更贴近现实。原因有两个，其一，现有交叉许可文献（Fershtman and Kamien，1992；Eswaran，1994；Pastor and Sandonís，2002；Choi，2010）假定企业进行价格竞争。在价格竞争下，一旦持有质量改善性创新技术的企业 1 和持有成本降低性创新技术的企业 2 交叉许可其技术，则两家企业在产品市场具有相同的质量和生产成本，且均分整个市场。在这种情况下，两家企业将根据给定的市场份额最大化其利润。于是两家企业在均衡状态下的总产量和价格与整个市场被完全垄断时的垄断产量和垄断价格一致，而这碰巧是默契串谋的结果。因此在价格竞争下的交叉许可的确不利于竞争且损害了消费者和整个社会。然而在本章数量竞争的假定下，两家企业各自选择最优的产量最大化其利润。对于消费者而言，一方面，质量改善的结果提高了低端消费者的评价和边际支付意愿。另一方面，成本降低的结果导致了更低的产品价格，进而又增加了高端消费者的剩余。而对于持有质量改善性专利技术的企业而言，相对较低的产品价格，不仅提高了高端消费者的评价，而且增加了部分相对低端的消费群体。与交叉许可前的情况相比，同时持有成本降低性专利技术的企业，其产品价格得到提高且产品品质得到提升。结合消费者更高的支付意愿和更多的消费群体，企业在产量上的竞争，提高了消费者剩余和企业利润，进而在均衡状态下改善了社会福利。其二，交叉许可所依托的产品往往具有较高的技术含量，且企业所在行业，如信息技术、电子制造等也往往具有明显的寡头特征，价格竞争并不如产量竞争如此频繁。因此在产量竞争（市场份额）为主的行业，技术的交叉许可反而有利于企业、消费者以及社会，并不会造成企业串谋等反竞争的后果。而政府在专利法规或发垄断法规制定中，无须制定阻止企业技术交叉许可的条款，反而还要鼓励这种有利于技术扩散、有益于消费者以及社会的企业行为。

其次，根据定理 7-1 的结论，持有质量改善性专利的企业 1 和持有成本降低性专利的企业 2 技术许可博弈的结果主要取决于创新规模以及企业间生产成本差异和产品间质量差异程度。对于企业 2 进行较小程度的成本降低性非显著创新（如 $c < 0.5$ ）：①当两企业的生产成本差异和产品质量差异均较小（如 $\Delta c \leqslant 0.4$ 且 $\Delta s < 0.4286$ ）时，只有成本降低性单向许可发生。这与现有关于成本降低性创新的单向许可文献中不考虑质量差异且创新规模较小时的结论基本一致；②当企业间生产成本差异较小但质量差异足够大（如 $\Delta c \leqslant 0.4$ ，$\Delta s \geqslant 0.4286$ ）时，则企业

交叉技术许可才发生；③当企业间生产成本差异足够大（如 $\Delta c > 0.4$ ）时，则不管产品间质量差异如何，始终有质量改善性单向许可发生。这与现有质量改善性单向技术许可文献中，只有在质量差异足够大时才发生的结论不同。而对于企业 2 进行较大程度的成本降低性非显著创新 $(0.5 \leqslant c < (2-s)/2)$ 或显著创新 $(c \geqslant (2-s)/2)$ 时，则不管企业间生产成本差异和产品间质量差异如何，始终只有质量改善性单向许可发生，而成本降低性技术许可不会发生。显然，这又与现有成本降低性单向许可文献中关于固定费许可在较大创新规模下也可能发生的结论相矛盾。以上结论的差异或矛盾说明忽视技术许可激励相容的条件以及交叉许可发生的可能，难以得到准确且完善的结论。

再次，根据命题 7-1~命题 7-7 的结论，质量改善性专利技术和成本降低性专利技术对企业在竞争中的作用具有明显差异：①质量改善性创新可提高消费者的支付意愿且不以减少用户群体数量为前提，因而质量较高的产品（除了成本因素之外），往往被制定更高的价格，进而持有质量改善性技术的企业能够获取更多的利润[①]。②持有成本降低性技术的企业 2 可以驱逐持有质量改善性技术的企业 1，但反之则不行。成本降低性创新虽然不能像质量改善性创新一样，能够帮助企业直接提高产品价格，但能够保持或增加持有企业相对于高质量产品生产企业的竞争优势（成本优势）。特别是当创新规模足够大时，持有成本降低性技术的企业 2 可在许可前或许可后便可迫使持有质量改善性技术的企业 1 不生产或被驱逐出市场，同时还愿意许可其质量改善性技术。一旦这种情况发生，持有成本降低性技术的企业 2 将会制定垄断价格，进而获取近乎垄断的利润（其中一部分以固定费的形式转移给了持有质量改善性技术的企业）。③不管是何种许可结果出现，许可双方不完全的议价能力促使两企业均以增加行业或产业利润为目的，而非以损害竞争企业利益来获利，这促进了行业良性循环。

最后，政府在鼓励企业研发的政策方面，应鼓励企业签订技术交叉许可协议，而非研发合作，如 RJV 等组织的形式上。在这一点，本书的观点与 Pastor 和 Sandonis（2002）较为一致。虽然研发合作组织在成员间研发协同及成员内技术扩散上更胜一筹，但研发成员的机会主义倾向所导致的"搭便车"现象，会延迟整个项目的研发进度。例如，微软在 WP8 系统功能完善和硬件支持开发进度上远远落后于高通、诺基亚等研发合作伙伴（直到 2013 年，WP8 系统才开始支持大尺寸屏幕、四核移动处理器等硬件需求和功能，另外 WP8 系统的不少功能更是诺基亚先开发出来）。而且由本章定理 7-2 可知，技术交叉许可的结果，不仅没有产生以往研究中所出现的企业利润和社会福利这一似乎不可调和的矛盾，而且还达到了企业、

[①] 就效率市场而言，高质量产品往往占据更大的市场份额以及更高的利润。然而在具有网络外部性特征的产品市场上，产品质量和网络效应，哪个因素更具决定性作用，详见 Zhao 和 Chen（2013）的研究。

消费者以及社会之间利益的和谐统一。因此支持企业研发合作这一"事前"行为，不如鼓励技术交叉许可这一"事后"结果。

　　本章试图对现有技术许可中交叉许可文献的匮乏提供有益补充，并给予指导企业实践，同时还带有"抛砖引玉"的目的。故不可避免的是，也同样存在一些不足或可进一步挖掘的部分。首先，"混合"策略的可能出现，如一方以固定费形式进行许可，而另一方却采用提成的策略。这样在许可双方不同议价能力下，激励相容条件的变化可能导致最终博弈结果的不同。其次，本章假定双方在出价上同时进行，不存在明显的先后顺序，且无时间价值和无谓损失。而双方在出价顺序上的不同以及时间价值的出现，会对最终结果产生怎样的影响，这显然也是一个有趣的课题。最后，在单向技术许可中，信息结构的变化以及溢出效应的出现，会导致许可方对自家专利技术的高估。而这对技术交叉许可双方以及博弈进程有何影响，值得深究。

第8章 考虑供应商决策的在位创新企业技术许可策略研究

8.1 引言

本书前几章与现有的大多数研究文献一样主要研究了下游市场上企业间的技术许可与竞争关系，没有考虑上游原材料供应市场的决策对下游市场的影响。事实上，随着市场竞争的日趋激烈化，企业开始关注自身核心竞争力的打造，越来越多的企业通过外包（outsourcing）的方式将其非核心业务委托给竞争对手或上游企业。据 Corbett（2004）的调查发现，超过 90% 的企业都将资源外包作为企业总体战略（overall business strategy）的一个重要组成部分。企业的生产离不开上游市场的原材料供应，上游市场的决策会对下游企业间的生产决策和技术许可策略的选择产生影响。下游企业间的生产决策和技术许可行为同样也会影响上游原材料供应商的批发价格和产量决策。

从现有的研究文献来看，目前考虑供应商决策对下游市场的影响的文献还很少见。Mukherjee（2003）研究了上游市场中潜在进入者的进入决策对下游市场技术许可策略的影响以及下游市场的技术许可对上游市场结构的影响。Arya 和 Mittendorf（2006）研究了下游在位创新企业对潜在进入者的技术许可策略，研究结果表明，在位创新企业对潜在进入者的技术许可可以降低因"双重边际效应"（double marginalization effects）给供应链带来的效率损失，从而能够实现供应链协调。王怀祖（2010）研究了网络产品市场上供应商决策对在位创新企业技术许可策略的影响。上述文献都假定下游市场上许可方和受许可方进行同质 Cournot 竞争，而本章拟研究产品异质性情况下在位创新者的技术许可决策，分析两产品替代程度对在位创新企业及上游市场结构的影响。

8.2　问题描述与假设

假设上游在位企业为 R_1，潜在进入企业为 R_2，二者均可为下游提供同种原材料，原材料价格为 w。R_2 与 R_1 的技术水平相同，但是要进入上游市场需付出进入成本 E，R_2 进入上游市场后将与 R_1 进行 Cournot 竞争。

假设下游潜在许可企业为 L_1，潜在许可目标企业为 L_2。L_1 与 L_2 均利用上游提供的原材料进行生产，为了便于分析，我们假定下游企业在生产时仅需要一种原材料，且 L_1 生产一单位最终产品需要一单位原材料，而 L_2 生产一单位最终产品需要 k（$k>1$）单位原材料。k 反映了下游企业间的技术差距，也代表着二者之间的研发效率的差别。L_1 与 L_2 相比表明 L_1 的研发效率高于 L_2。L_1 与 L_2 在最终产品市场进行 Cournot 竞争。

设反需求函数为 $p_i = a - q_i + dq_j$（$0 \leqslant d < 1$，$i \neq j$），其中，$i,j = 1,2$ 分别表示潜在许可企业和潜在许可目标企业；a 表示市场规模；p_i 表示企业 i 的市场价格；q_i 表示企业 i 的产量。

本章所考虑的上下游的博弈包括四个阶段：第一阶段，下游企业 L_1 决定是否将技术许可给 L_2，若决定许可，L_1 将向 L_2 提出一个"要么接受、要么拒绝"的许可报价。假定当 L_2 许可前后的利润无差异时，L_2 将接受许可。第二阶段，上游潜在进入企业 R_2 决定是否进入上游市场。第三阶段，上游企业做出产量决策。假定 R_2 进入后两企业将进行同质 Cournot 竞争。第四阶段，下游两企业同时做出产量决策（即下游两企业进行异质 Cournot 竞争）。可以采用逆向归纳法求解上述博弈问题。

8.3　无技术许可

在博弈的第一阶段，如果 L_1 不许可技术给 L_2，则此时两家企业的利润函数可分别表示为

$$\pi_1^{\mathrm{NL}} = \left(a - q_1 + dq_2 - w\right)q_1$$
$$\pi_2^{\mathrm{NL}} = \left(a - q_2 + dq_1 - kw\right)q_2$$

其中，上标 NL 表示下游企业间不发生许可的情形。

在原材料价格一定的情况下，L_1 与 L_2 的产量分别为

$$q_1^{\mathrm{NL}} = \frac{(2-d)a - 2w + kdw}{4 - d^2}$$

$$q_2^{\mathrm{NL}} = \frac{(2-d)a - 2kw + dw}{4 - d^2} \tag{8-1}$$

需要指出的是，在不发生技术许可的情况下，当 $w \geqslant w_1^* = \dfrac{(2-d)a}{2k-d}$ 时，L_2 将不生产或被逐出市场。

因此，在原材料价格一定的情况下，上游提供的原材料的总量为

$$q^* = q_1^{\mathrm{NL}} + kq_2^{\mathrm{NL}} = \begin{cases} \dfrac{(2-d)(1+k)a - 2(1-kd+k^2)w}{4-d^2}, & w < \dfrac{(2-d)a}{2k-d} \\[3mm] \dfrac{a-w}{2}, & w \geqslant \dfrac{(2-d)a}{2k-d} \end{cases} \tag{8-2}$$

由此可得下游两企业的利润分别为

$$\pi_1^{\mathrm{NL}} = \begin{cases} \dfrac{\left[(2-d)a - 2w + kdw\right]^2}{\left(4-d^2\right)^2}, & w < \dfrac{(2-d)a}{2k-d} \\[3mm] \dfrac{(a-w)^2}{4}, & w \geqslant \dfrac{(2-d)a}{2k-d} \end{cases} \tag{8-3}$$

$$\pi_2^{\mathrm{NL}} = \begin{cases} \dfrac{\left[(2-d)a - 2kw + dw\right]^2}{\left(4-d^2\right)^2}, & w < \dfrac{(2-d)a}{2k-d} \\[3mm] 0, & w \geqslant \dfrac{(2-d)a}{2k-d} \end{cases} \tag{8-4}$$

在博弈的第一阶段若下游市场不实施技术许可，则第二阶段的博弈存在两种可能性：① R_2 不进入上游市场；② R_2 进入上游市场。下面，将 R_2 分为不进入和进入上游市场这两种情况分别进行研究。

8.3.1 R_2 不进入上游市场

当 R_2 不进入上游市场时，R_1 独自垄断上游原材料的供应。

当 $w < \dfrac{(2-d)a}{2k-d}$ 时，企业 R_1 的最优化问题可表示为

$$\max_w \pi_{R_1}^M = \frac{(2-d)(1+k)a - (4-d^2)q_{R_1}}{2(1-kd+k^2)} q_{R_1} \tag{8-5}$$

其中，上标 M 表示上游存在寡头垄断的市场情形。

由式（8-5）关于 q_{R_1} 的一阶条件可得 $w^{M^*}=\dfrac{(2-d)(1+k)a}{4(1-kd+k^2)}<w_1^*$，$q_{R_1}^{M^*}=\dfrac{(1+k)a}{2(2+d)}$。

当 $w \geqslant \dfrac{(2-d)a}{2k-d}$ 时，企业 R_1 的最优化问题可表示为

$$\max_w \pi_{R_1}^M = \left(a-2q_{R_1}\right)q_{R_1} \tag{8-6}$$

由式（8-6）关于 q_{R_1} 的一阶条件可得 $w^{M^*}=\dfrac{a}{2}$，$q_{R_1}^{M^*}=\dfrac{a}{4}$。

又因为，当 $k \geqslant \dfrac{4-d}{2} \geqslant$ 时，$w^{M^*}>w_1^*$，此时，$w^{M^*}=\dfrac{a}{2}$。

而当 $1<k<\dfrac{4-d}{2}$ 时，$w^{M^*}<w_1^*$。此时，$w^{M^*}=w_1^*=\dfrac{(2-d)a}{2k-d}$，$q_{R_1}^{M^*}=\dfrac{(k-1)a}{2k-d}$。

因此有

$$\pi_{R_1}^{M^*}=\begin{cases} \dfrac{(2-d)(1+k)^2 a^2}{8(2+d)(1-kd+k^2)} & & w<\dfrac{(2-d)a}{2k-d} \\[3mm] \dfrac{(2-d)(k-1)a^2}{(2k-d)^2} & 1<k<\dfrac{4-d}{2} & w\geqslant\dfrac{(2-d)a}{2k-d} \\[3mm] \dfrac{a^2}{8} & k\geqslant\dfrac{4-d}{2} & w\geqslant\dfrac{(2-d)a}{2k-d} \end{cases} \tag{8-7}$$

当 R_2 不进入上游市场时，R_1 是仅为下游研发效率高的企业供应原材料，还是为下游两企业同时提供原材料？为了分析这个问题，需根据下游市场的结构，对 R_1 的利润进行比较分析。比较以上结果，可以得到命题 8-1 和命题 8-2。

命题 8-1 若企业 R_2 不进入上游市场，且下游两企业间的研发效率差距较小（$1<k<\dfrac{4-d}{2}$）时，则上游企业（即 R_1）给下游的两家企业均提供原材料更有利。

证明见附录 3。

命题 8-2 若企业 R_2 不进入上游市场，且下游两企业间的研发效率差距较大（$k \geqslant \dfrac{4-d}{2}$）时，则上游企业（即 R_1）是为下游研发效率高的企业独家提供原材料，还是为下游两家企业均提供原材料，取决于产品之间的替代程度以及下游企业间研发效率的差距大小。

（1）当下游产品完全不相关（$d=0$）时，上游企业 R_1 同时给下游两家企业提供原材料更有利。

（2）当下游产品之间具有一定程度的替代性（$d>0$）时，若两企业间的研

发效率差距较大（$\dfrac{4-d}{2}\leqslant k<\dfrac{2}{d}$）时，则给两家企业提供原材料更有利；若两企业间的研发效率差距很大（$k\geqslant\dfrac{2}{d}$）时，则只为下游研发效率高的企业提供原材料更有利。

证明见附录3。

8.3.2　R_2 进入上游市场

当 R_2 进入上游市场时，上游两企业将进行 Cournot 竞争。此时两企业的技术水平相同，产量也相同。

当 $w<\dfrac{(2-d)a}{2k-d}$ 时，企业 R_2 的最优化问题可表示为

$$\max_{q_{R_2}}\pi_{R_2}^{D}=\frac{(2-d)(1+k)a-(4-d^2)q_{R_1}-(4-d^2)q_{R_2}}{2(1-kd+k^2)}q_{R_2}\qquad(8\text{-}8)$$

其中，上标 D 表示上游存在双寡头垄断的市场情形。

由式（8-8）关于 q_{R_2} 的一阶条件得 $q_{R_1}=q_{R_2}=\dfrac{(1+k)a}{3(2+d)}$，$w^{D^*}=\dfrac{(2-d)(1+k)a}{6(1-kd+k^2)}<w_1^*$。

当 $w\geqslant\dfrac{(2-d)a}{2k-d}$ 时，企业 R_2 的最优化问题可表示为

$$\max_{q_{R_2}}\pi_{R_2}^{D}=\left(a-2q_{R_1}-2q_{R_2}\right)q_{R_2}\qquad(8\text{-}9)$$

此时，若 $k\geqslant3-d$，则有 $q_{R_1}^{D^*}=q_{R_2}^{D^*}=\dfrac{a}{6}$，$w^{D^*}=\dfrac{a}{3}$。

若 $1<k<3-d$，则有 $q_{R_1}^{D^*}=q_{R_2}^{D^*}=\dfrac{(k-1)a}{2(2k-d)}$，$w^{D^*}=\dfrac{(2-d)a}{2k-d}$。

因此有

$$\pi_{R_2}^{D^*}=\begin{cases}\dfrac{(2-d)(1+k)^2a^2}{18(2+d)(1-kd+k^2)}-E,&w<\dfrac{(2-d)a}{2k-d}\\[3mm]\dfrac{(2-d)(k-1)a^2}{2(2k-d)^2}-E,&1<k<3-d,w\geqslant\dfrac{(2-d)a}{2k-d}\\[3mm]\dfrac{a^2}{18}-E,&k\geqslant3-d,w\geqslant\dfrac{(2-d)a}{2k-d}\end{cases}\qquad(8\text{-}10)$$

总结以上结论，可得命题 8-3 和命题 8-4。

命题 8-3　当下游两企业之间的研发效率差距较小（$1<k<3-d$），且

$E < \dfrac{(2-d)(k-1)a^2}{2(2k-d)^2}$ 时，企业 R_2 进入上游市场，此时 R_1 和 R_2 都愿意为下游的两家企业供应原材料。

证明见附录 3。

命题 8-4　当企业间研发效率差距较大（$k \geqslant 3-d$），且 $E <$ $\min\left(\dfrac{(2-d)(1+k)^2 a^2}{18(2+d)(1-kd+k^2)}, \dfrac{a^2}{18}\right)$ 时，企业 R_2 进入上游市场，此时上游企业是仅为研发效率高的企业提供原材料还是为两家企业同时提供原材料，取决于下游企业间研发效率的差距以及产品之间的替代程度。

（1）当下游产品不相关（$d=0$）时，上游企业同时给下游两企业提供原材料更优。

（2）当下游产品完全替代（$d=1$）时，上游企业只给下游研发效率高的企业提供原材料更优。

（3）当下游产品之间具有一定的替代性（$0 < d < 1$）时，若 $3-d \leqslant k < \dfrac{2}{d}$，则同时给下游两企业提供原材料更优；若 $k \geqslant \dfrac{2}{d}$，则只给下游研发效率高的企业提供原材料更优。

证明见附录 3。

8.4　固定费许可

与 Katz 和 Shapiro（1985b）、Marjit（1990）、Mukherjee（2001，2002，2003）等研究文献相同，本章只考虑下游实施固定费许可的情况。现实当中，由于可能存在的技术模仿及缺少产量提成许可时被许可方的产量信息等原因，一些企业倾向于采取固定费许可的方式（Katz and Shapiro，1985b；Rockett，1990b）。

固定费许可时，下游企业 L_2 需向 L_1 支付固定费用 F 以获取 L_1 的技术。固定费许可发生后，下游两企业的技术水平相同，此时 $k=1$ 且两企业的单位生产成本都为 w，于是有

$$\begin{aligned} \pi_1^F &= (a - q_1 - dq_2 - w)q_1 + F \\ \pi_2^F &= (a - q_2 - dq_1 - w)q_2 - F \end{aligned} \tag{8-11}$$

由式（8-11）可得，固定费许可后下游两企业的均衡产量分别为

$$q_1^F = q_2^F = \frac{a-w}{2+d}$$

需要指出的是，在博弈的第一阶段当下游两企业达成固定费许可协议时，只要 $w < a$ 下游两企业总会有正的产量。

此时，上游供应原材料的总量以及下游两企业的利润分别为

$$q^* = q_1^F + q_2^F = \frac{2(a-w)}{2+d}, \quad \pi_1^F = \frac{(a-w)^2}{(2+d)^2} + F, \quad \pi_2^F = \frac{(a-w)^2}{(2+d)^2} - F$$

由以上分析结果，可得如下结论。

命题 8-5 不论创新规模如何，当 L_1 和 L_2 产品间的替代程度较小时（$d < 0.828\,4$），在位创新企业愿意以固定费许可许可的方式许可其技术。

证明见附录 3。

命题 8-5 表明，不论下游在位创新者的创新是显著性创新还是非显著性创新，只要下游两企业之间的竞争不是非常激烈，固定费许可方就有可能发生。而当两产品间的替代程度较大时（$d \geqslant 0.828\,4$），对在位创新企业而言，不许可优于固定费许可，此时固定费许可不会发生。

不难理解，当固定费许可发生时，下游两企业的技术水平相同，生产成本也相同，此时不管上游市场结构如何，上游企业必定会同时为下游两家企业提供原材料。这一结论与 Mukherjee（2003）在同质产品市场上的结论相一致。

8.5 下游许可对上游市场结构的影响

当下游实施固定费许可时，下游的许可决策是否会对企业 R_2 的进入决策产生影响呢？为了分析固定费许可对上游市场结构的影响，本节将下游创新分为显著性创新和非显著性创新两种情况进行讨论。

8.5.1 显著性创新

1. R_2 不进入上游市场

当 R_2 不进入上游市场时，R_1 将独自垄断上游原材料的供应，即 $q^* = q^M$。

于是，$w^M = \dfrac{2a - (2+d)q^M}{2}$。上游企业 R_1 的利润可以表示为

$$\max_{q^M} \pi_{R_1}^M = w^M q^M = \frac{2a - (2+d)q^M}{2} q^M \tag{8-12}$$

其中，上标 M 表示上游存在寡头垄断的市场情形。

由式（8-12）关于 q^M 的一阶条件可得 $q^{M^*} = \dfrac{a}{2+d}$，$w^{M^*} = \dfrac{a}{2}$。

又因为 $w \geqslant \dfrac{(2-d)a}{2k-d}$，因此，当 $k \geqslant \dfrac{4-d}{2}$ 时，$\dfrac{a}{2} \geqslant \dfrac{(2-d)a}{2k-d}$。此时，$w^{M^*} = \dfrac{a}{2}$，

$q^{M^*} = \dfrac{a}{2+d}$，所以 $\pi_{R_1}^{M^*} = \dfrac{a^2}{2(2+d)}$。

当 $1 < k < \dfrac{4-d}{2}$ 时，$\dfrac{a}{2} < \dfrac{(2-d)a}{2k-d}$，此时，$w^{M^*} = \dfrac{(2-d)a}{2k-d}$，$q^{M^*} = \dfrac{4(k-1)a}{(2+d)(2k-d)}$，

所以 $\pi_{R_1}^{M^*} = \dfrac{4(k-1)(2-d)a^2}{(2+d)(2k-d)^2}$。

综合上述结论，当 $d < 0.828\,4$ 时，企业 R_1 的利润为

$$\pi_{R_1}^{M^*} = \begin{cases} \dfrac{a^2}{2(2+d)}, & k \geqslant \dfrac{4-d}{2} \\[3mm] \dfrac{4(k-1)(2-d)a^2}{(2+d)(2k-d)^2}, & 1 < k < \dfrac{4-d}{2} \end{cases}$$

2. R_2 进入上游市场

当企业 R_2 进入上游市场时，需付出进入成本 E，此时 R_1 和 R_2 共同为下游两企业提供原材料。上游提供原材料的总量为 $q^* = q_{R_1}^D + q_{R_2}^D$，于是 $q_{R_1}^D = q_{R_2}^D = \dfrac{a-w^D}{2+d}$。因此，$w^D = a - (2+d)q_{R_i}^D$，$i=1,2$，分别表示企业 R_1 和 R_2。

因此，R_1 和 R_2 的利润可以分别表示为

$$\max_{q_{R_1}^D} \pi_{R_1}^D = w^D q_{R_1}^D = \left[a - (2+d)q_{R_1}^D \right] q_{R_1}^D \tag{8-13}$$

$$\max_{q_{R_2}^D} \pi_{R_2}^D = w^D q_{R_2}^D = \left[a - (2+d)q_{R_2}^D \right] q_{R_2}^D - E \tag{8-14}$$

其中，上标 D 表示上游存在双寡头垄断的市场情形。

由式（8-13）和式（8-14）关于 $q_{R_1}^D$ 和 $q_{R_2}^D$ 的一阶条件可得

$$q_{R_1}^{D^*} = q_{R_2}^{D^*} = \dfrac{a}{2(2+d)}, \quad w^{D^*} = \dfrac{a}{2}$$

又因为 $w \geqslant \dfrac{(2-d)a}{2k-d}$，因此，当 $k \geqslant \dfrac{4-d}{2}$ 时，$\dfrac{a}{2} \geqslant \dfrac{(2-d)a}{2k-d}$。此时，$w^{D^*} = \dfrac{a}{2}$，

$q_{R_1}^{D^*} = q_{R_2}^{D^*} = \dfrac{a}{2(2+d)}$，所以 $\pi_{R_1}^{D^*} = \dfrac{a^2}{4(2+d)}$，$\pi_{R_2}^{D^*} = \dfrac{a^2}{4(2+d)} - E$。

当 $1 < k < \dfrac{4-d}{2}$ 时，$\dfrac{a}{2} < \dfrac{(2-d)a}{2k-d}$，而此时，$w^{D^*} = \dfrac{(2-d)a}{2k-d}$，$q_{R_1}^{D^*} = q_{R_2}^{D^*} =$

$\dfrac{2(k-1)a}{(2+d)(2k-d)}$，所以 $\pi_{R_1}^{D^*} = \dfrac{2(k-1)(2-d)a^2}{(2+d)(2k-d)^2}$，$\pi_{R_2}^{D^*} = \dfrac{2(k-1)(2-d)a^2}{(2+d)(2k-d)^2} - E$。

综合上述结论，当 $d < 0.828\,4$ 时，R_1 和 R_2 的利润分别为

$$\pi_{R_1}^{D^*} = \begin{cases} \dfrac{a^2}{4(2+d)}, & k \geqslant \dfrac{4-d}{2} \\[4mm] \dfrac{2(k-1)(2-d)a^2}{(2+d)(2k-d)^2}, & 1 < k < \dfrac{4-d}{2} \end{cases}$$

$$\pi_{R_2}^{D^*} = \begin{cases} \dfrac{a^2}{4(2+d)} - E, & k \geqslant \dfrac{4-d}{2} \\[4mm] \dfrac{2(k-1)(2-d)a^2}{(2+d)(2k-d)^2} - E, & 1 < k < \dfrac{4-d}{2} \end{cases}$$

其中，$E < \min\left(\dfrac{a^2}{4(2+d)}, \dfrac{2(k-1)(2-d)a^2}{(2+d)(2k-d)^2} \right)$。

8.5.2 非显著性创新

1. R_2 不进入上游市场

当下游在位企业进行非显著性创新且 R_2 不进入上游市场时，参照下游在位企业进行显著性创新且 R_2 不进入上游市场时的分析方法可知，当 $d < 0.828\,4$ 时，企业 R_1 的利润为

$$\pi_{R_1}^{M} = \begin{cases} \dfrac{a^2}{2(2+d)}, & 1 < k < \dfrac{4-d}{2} \\[4mm] \dfrac{4(k-1)(2-d)a^2}{(2+d)(2k-d)^2}, & k \geqslant \dfrac{4-d}{2} \end{cases}$$

2. R_2 进入上游市场

当下游在位企业进行非显著性创新且 R_2 进入上游市场时，参照下游在位企业进行显著性创新且 R_2 进入上游市场时的分析方法可知，当 $d < 0.828\,4$ 时，企业 R_1 和 R_2 的利润分别为

$$\pi_{R_1}^{D^*} = \begin{cases} \dfrac{a^2}{4(2+d)}, & 1 < k < \dfrac{4-d}{2} \\[4mm] \dfrac{2(k-1)(2-d)a^2}{(2+d)(2k-d)^2}, & k \geqslant \dfrac{4-d}{2} \end{cases}$$

$$\pi_{R_2}^{D^*} = \begin{cases} \dfrac{a^2}{4(2+d)} - E, & 1 < k < \dfrac{4-d}{2} \\[3mm] \dfrac{2(k-1)(2-d)a^2}{(2+d)(2k-d)^2} - E, & k \geqslant \dfrac{4-d}{2} \end{cases}$$

其中，$E < \min\left(\dfrac{a^2}{4(2+d)}, \dfrac{2(k-1)(2-d)a^2}{(2+d)(2k-d)^2} \right)$。

命题 8-6　上游潜在进入者的进入决策受进入成本、下游在位创新者的许可决策、下游企业间研发效率的差距和下游市场上产品间的替代程度的影响，具体如下。

（1）固定费许可发生时（即 $0 < d < 0.8284$ 时），若 $E < \dfrac{2(k-1)(2-d)a^2}{(2+d)(2k-d)^2}$，则 R_2 进入上游市场；若 $E \geqslant \dfrac{a^2}{4(2+d)}$，则 R_2 不进入上游市场；若 $\dfrac{2(k-1)(2-d)a^2}{(2+d)(2k-d)^2} < E < \dfrac{a^2}{4(2+d)}$，当 $k \geqslant \dfrac{4-d}{2}$ 且下游在位创新者的创新规模较大时（显著性创新），R_2 将进入上游市场，当 $1 < k < \dfrac{4-d}{2}$ 且下游在位创新者的创新规模较小时（非显著性创新），R_2 将进入上游市场。

（2）固定费许可不发生时（即 $0.8284 \leqslant d < 1$ 时），若 $E \leqslant \dfrac{(k-1)(2-d)a^2}{2(2k-d)^2}$，则 R_2 进入上游市场；若 $E \geqslant \dfrac{a^2}{18}$，则 R_2 不进入上游市场；若 $\dfrac{(k-1)(2-d)a^2}{2(2k-d)^2} < E < \dfrac{(2-d)(1+k)^2 a^2}{18(2+d)(1-kd+k^2)}$，则当下游在位创新者的创新规模较小时（非显著性创新），R_2 将进入上游市场；若 $\dfrac{(2-d)(1+k)^2 a^2}{18(2+d)(1-kd+k^2)} < E < \dfrac{a^2}{18}$，则当下游在位创新者的创新规模较大时（显著性创新），R_2 将进入上游市场。

证明见附录 4。

命题 8-6 表明，企业的决策不但受到自身因素的影响，而且还受到供应链上其他企业决策和相关因素的影响。因此，对上游潜在进入者来说，仅从进入成本的角度来决定是否进入上游市场是不够的，潜在进入者在进入上游市场之前还要考虑下游在位创新者创新规模的大小、下游企业间技术水平的差距以及下游市场上产品间替代程度的高低等因素。

为了更直观地判断 R_2 的进入决策，我们将上述求解和分析结果做成表格，如表 8-1 所示。

表8-1　上游潜在进入者的进入决策

	0<d<0.8284（许可）				0.8284≤d<1（不许可）		
	$w\geq\dfrac{(2-d)a}{2k-d}$		$w<\dfrac{(2-d)a}{2k-d}$		$w\geq\dfrac{(2-d)a}{2k-d}$		$w<\dfrac{(2-d)a}{2k-d}$
	$1<k<\dfrac{4-d}{2}$	$k\geq\dfrac{4-d}{2}$	$1<k<\dfrac{4-d}{2}$	$k\geq\dfrac{4-d}{2}$	$1<k<3-d$	$k\geq3-d$	$\forall k$
R_2 的均衡利润	$\dfrac{2(2-d)(k-1)a^2}{(2+d)(2k-d)^2}$	$\dfrac{a^2}{4(2+d)}$	$\dfrac{a^2}{4(2+d)}$	$\dfrac{2(2-d)(k-1)a^2}{(2+d)(2k-d)^2}$	$\dfrac{(2-d)(k-1)a^2}{2(2k-d)^2}$	$\dfrac{a^2}{18}$	$\dfrac{(2-d)(k+1)^2a^2}{18(2+d)(1-kd+k^2)}$
E	$E<\dfrac{2(2-d)(k-1)a^2}{(2+d)(2k-d)^2}$	$E\geq\dfrac{a^2}{4(2+d)}$	$\dfrac{2(2-d)(k-1)a^2}{(2+d)(2k-d)^2}<E<\dfrac{a^2}{4(2+d)}$		$E\leq\dfrac{(2-d)(k-1)a^2}{2(2k-d)^2}$	$E\geq\dfrac{a^2}{18}$	（1）$\dfrac{(2-d)(k-1)a^2}{2(2k-d)^2}<E<\dfrac{(2-d)(k+1)^2a^2}{18(2+d)(1-kd+k^2)}$　（2）$\dfrac{(2-d)(k+1)^2a^2}{18(2+d)(1-kd+k^2)}<E<\dfrac{a^2}{18}$
R_2 的决策	进入	不进入	当 $k\geq\dfrac{4-d}{2}$ 且下游为显著性创新时进入；当 $1<k<\dfrac{4-d}{2}$ 非显著性创新时进入		进入	不进入	满足条件（1）且下游为非显著性创新时进入；满足条件（2）且下游为显著性创新时进入

8.6　上游市场结构对下游许可决策的影响

8.6.1　R_2 进入上游市场

在 R_2 进入上游市场的情况下，分下游是否许可两种情况分别研究下游企业的产量决策，并以此求出其利润。

1. 不许可

在博弈的第一阶段，若在位创新企业不许可其技术。则显著性创新下，两企业的均衡产量和利润分别为

$$q_1^{\mathrm{NL}} = \frac{a - w}{2} \ , \quad q_2^{\mathrm{NL}} = 0$$

$$\pi_1^{\mathrm{NL}} = \frac{(a - w)^2}{4}, \quad \pi_2^{\mathrm{NL}} = 0$$

此时，若 $k \geqslant 3 - d$，$w^{D^*} = \dfrac{a}{3}$；若 $1 < k < 3 - d$，$w^{D^*} = \dfrac{(2 - d)a}{2k - d}$。

因此，在考虑上游的批发价格决策后，两企业的均衡产量和利润为

$$q_1^{\mathrm{NL}} = \begin{cases} \dfrac{a}{3} & k \geqslant 3 - d \\[3mm] \dfrac{a(k - 1)}{2k - d} & 1 < k < 3 - d \end{cases}$$

$$q_2^{\mathrm{NL}} = 0$$

$$\pi_1^{\mathrm{NL}} = \begin{cases} \dfrac{a^2}{9} & k \geqslant 3 - d \\[3mm] \dfrac{a^2(k - 1)^2}{(2k - d)^2} & 1 < k < 3 - d \end{cases}$$

$$\pi_2^{\mathrm{NL}} = 0$$

同样，可求得非显著性创新下，下游两企业的均衡产量和利润分别为

$$q_1^{\mathrm{NL}} = \frac{a\left(4 - 5kd + 6k^2 - 2k + k^2 d\right)}{6(2 + d)\left(1 - kd + k^2\right)}$$

$$q_2^{\mathrm{NL}} = \frac{a\left(6 - 5kd + 4k^2 - 2k + d\right)}{6(2 + d)\left(1 - kd + k^2\right)}$$

$$\pi_1^{\mathrm{NL}} = \frac{a^2\left(4 - 5kd + 6k^2 - 2k + k^2 d\right)^2}{36(2 + d)^2\left(1 - kd + k^2\right)^2}$$

$$\pi_2^{\text{NL}} = \frac{a^2 \left(6 - 5kd + 4k^2 - 2k + d\right)^2}{36(2+d)^2 \left(1 - kd + k^2\right)^2}$$

2. 固定费许可

在博弈的第一阶段，若在位创新企业决定以固定费许可的方式许可其技术。则显著性创新下，两家企业的均衡产量为

$$q_1^F = \frac{a - w}{2 + d}$$

$$q_1^F = \frac{a - w}{2 + d}$$

此时，在位创新者将通过最优化以下问题来最大化其利润：

$$\max \pi_1^F = \frac{(a - w)^2}{(2 + d)^2} + F$$

$$\text{s.t. } \pi_2^F = \frac{(a - w)^2}{(2 + d)^2} - F \geqslant \pi_2^{\text{NL}}$$

（8-15）

由式（8-15）的约束条件，可得在位创新企业所能索取的最大固定费为

$$F^* = \frac{(a - w)^2}{(2 + d)^2}$$

又因为 $w \geqslant \dfrac{(2 - d)a}{2k - d}$，因此，当 $k \geqslant \dfrac{4 - d}{2}$ 时，$\dfrac{a}{2} \geqslant \dfrac{(2 - d)a}{2k - d}$，$w^{D^*} = \dfrac{a}{2}$；当 $1 < k < \dfrac{4 - d}{2}$ 时，$\dfrac{a}{2} < \dfrac{(2 - d)a}{2k - d}$，取 $w^{D^*} = \dfrac{(2 - d)a}{2k - d}$。

综合以上分析可得，两家企业的均衡产量和利润分别为

$$q_1^F = q_2^F = \begin{cases} \dfrac{a}{2(2 + d)}, & k \geqslant \dfrac{4 - d}{2} \\[3mm] \dfrac{2a(k - 1)}{(2 + d)(2k - d)}, & 1 < k < \dfrac{4 - d}{2} \end{cases}$$

$$\pi_1^F = \pi_2^F = \begin{cases} \dfrac{a^2}{4(2 + d)^2}, & k \geqslant \dfrac{4 - d}{2} \\[3mm] \dfrac{4a^2 (k - 1)^2}{(2 + d)^2 (2k - d)^2}, & 1 < k < \dfrac{4 - d}{2} \end{cases}$$

同样，可以求出非显著性创新下，两家企业的均衡产量和利润分别为

$$q_1^F = q_2^F = \begin{cases} \dfrac{a}{2(2+d)}, & 1 < k < \dfrac{4-d}{2} \\[3mm] \dfrac{2a(k-1)}{(2+d)(2k-d)}, & k \geqslant \dfrac{4-d}{2} \end{cases}$$

$$\pi_1^F = \pi_2^F = \begin{cases} \dfrac{a^2}{4(2+d)^2}, & 1 < k < \dfrac{4-d}{2} \\[3mm] \dfrac{4a^2(k-1)^2}{(2+d)^2(2k-d)^2}, & k \geqslant \dfrac{4-d}{2} \end{cases}$$

8.6.2　R_2 不进入上游市场

在 R_2 不进入上游市场的情况下，同样也分下游是否许可两种情况分别研究下游企业的产量决策，并以此求出其利润。

1. 不许可

在博弈的第一阶段，若在位创新企业不许可其技术。则显著性创新下，两家企业的均衡产量和利润分别为

$$q_1^{\mathrm{NL}} = \frac{a-w}{2}, \quad q_2^{\mathrm{NL}} = 0$$

$$\pi_1^{\mathrm{NL}} = \frac{(a-w)^2}{4}, \quad \pi_2^{\mathrm{NL}} = 0$$

又因为，当 $k \geqslant \dfrac{4-d}{2}$ 时，$w^{M^*} > w_1^*$，此时，$w^{M^*} = \dfrac{a}{2}$。当 $1 < k < \dfrac{4-d}{2}$ 时，$w^{M^*} < w_1^*$。此时，$w^{M^*} = w_1^* = \dfrac{(2-d)a}{2k-d}$。

因此，两企业的均衡产量和利润分别为

$$q_1^{\mathrm{NL}} = \begin{cases} \dfrac{a}{4}, & k \geqslant \dfrac{4-d}{2} \\[3mm] \dfrac{a(k-1)}{2k-d}, & 1 < k < \dfrac{4-d}{2} \end{cases}$$

$$q_2^{\mathrm{NL}} = 0$$

$$\pi_1^{\mathrm{NL}} = \begin{cases} \dfrac{a^2}{16}, & k \geqslant \dfrac{4-d}{2} \\[3mm] \dfrac{a^2(k-1)^2}{(2k-d)^2}, & 1 < k < \dfrac{4-d}{2} \end{cases}$$

$$\pi_2^{\mathrm{NL}} = 0$$

同样，可以求出非显著性创新下，两家企业的均衡产量和利润分别为

$$q_1^{NL} = \frac{a(2 - 3kd + 4k^2 - 2k + k^2d)}{4(2+d)(1 - kd + k^2)}$$

$$q_2^{NL} = \frac{a(4 - 3kd + 2k^2 - 2k + d)}{4(2+d)(1 - kd + k^2)}$$

$$\pi_1^{NL} = \frac{a^2(2 - 3kd + 4k^2 - 2k + k^2d)^2}{16(2+d)^2(1 - kd + k^2)^2}$$

$$\pi_2^{NL} = \frac{a^2(4 - 3kd + 2k^2 - 2k + d)^2}{16(2+d)^2(1 - kd + k^2)^2}$$

2. 固定费许可

在博弈的第一阶段，若在位创新企业决定以固定费许可的方式许可其技术。参照上面的方法，可求得显著性创新下，两家企业的均衡产量和利润分别为

$$q_1^F = q_2^F = \begin{cases} \dfrac{a}{2(2+d)}, & k \geqslant \dfrac{4-d}{2} \\[3mm] \dfrac{2a(k-1)}{(2+d)(2k-d)}, & 1 < k < \dfrac{4-d}{2} \end{cases}$$

$$\pi_1^F = \pi_2^F = \begin{cases} \dfrac{a^2}{4(2+d)^2} & k \geqslant \dfrac{4-d}{2} \\[3mm] \dfrac{4a^2(k-1)^2}{(2+d)^2(2k-d)^2}, & 1 < k < \dfrac{4-d}{2} \end{cases}$$

同样，可求得非显著性创新下，两家企业的均衡产量和利润分别为

$$q_1^F = q_2^F = \begin{cases} \dfrac{a}{2(2+d)}, & 1 < k < \dfrac{4-d}{2} \\[3mm] \dfrac{2a(k-1)}{(2+d)(2k-d)}, & k \geqslant \dfrac{4-d}{2} \end{cases}$$

$$\pi_1^F = \pi_2^F = \begin{cases} \dfrac{a^2}{4(2+d)^2}, & 1 < k < \dfrac{4-d}{2} \\[3mm] \dfrac{4a^2(k-1)^2}{(2+d)^2(2k-d)^2}, & k \geqslant \dfrac{4-d}{2} \end{cases}$$

为便于分析，将上述求解结果进行汇总，并求出了下游市场的总利润（即产业利润），如表8-2所示。结合表8-2可得命题8-7和命题8-8。

表 8-2　下游市场的产量和利润

上游结构	许可决策	创新类型	k 值	L_1 的产量	L_2 的产量	L_1 的均衡利润	L_2 的均衡利润	产业利润
上游双头垄断	许可	显著性创新	$k \geq \dfrac{4-d}{2}$	$\dfrac{a}{2(2+d)}$	$\dfrac{a}{2(2+d)}$	$\dfrac{a^2}{4(2+d)^2}$	$\dfrac{a^2}{4(2+d)^2}$	$\dfrac{a^2}{2(2+d)^2}$
		非显著性创新	$1 < k < \dfrac{4-d}{2}$	$\dfrac{2(k-1)a}{(2+d)(2k-d)}$	$\dfrac{2(k-1)a}{(2+d)(2k-d)}$	$\dfrac{4(k-1)^2 a^2}{(2+d)^2(2k-d)^2}$	$\dfrac{4(k-1)^2 a^2}{(2+d)^2(2k-d)^2}$	$\dfrac{8(k-1)^2 a^2}{(2+d)^2(2k-d)^2}$
	不许可	显著性创新	$k \geq \dfrac{4-d}{2}$	$\dfrac{2(k-1)a}{(2+d)(2k-d)}$	$\dfrac{2(k-1)a}{(2+d)(2k-d)}$	$\dfrac{4(k-1)^2 a^2}{(2+d)^2(2k-d)^2}$	$\dfrac{4(k-1)^2 a^2}{(2+d)^2(2k-d)^2}$	$\dfrac{8(k-1)^2 a^2}{(2+d)^2(2k-d)^2}$
		非显著性创新	$1 < k < \dfrac{4-d}{2}$	$\dfrac{a}{2(2+d)}$	$\dfrac{a}{2(2+d)}$	$\dfrac{a^2}{4(2+d)^2}$	$\dfrac{a^2}{4(2+d)^2}$	$\dfrac{a^2}{2(2+d)^2}$
		显著性创新	$k \geq 3-d$	$\dfrac{a}{3}$	0	$\dfrac{a^2}{9}$	0	$\dfrac{a^2}{9}$
		非显著性创新	$1 < k < 3-d$	$\dfrac{(k-1)a}{2k-d}$	0	$\dfrac{(k-1)^2 a^2}{(2k-d)^2}$	0	$\dfrac{(k-1)^2 a^2}{(2k-d)^2}$
		非显著性创新	任何 k 值	$\dfrac{(4-5kd+6k^2-2k+k^2 d)a}{6(2+d)(1-kd+k^2)}$	$\dfrac{(6-5kd+4k^2-2k+k^2 d)a}{6(2+d)(1-kd+k^2)}$	$\dfrac{(4-5kd+6k^2-2k+k^2 d)^2 a^2}{36(2+d)^2(1-kd+k^2)^2}$	$\dfrac{(6-5kd+4k^2-2k+k^2 d)^2 a^2}{36(2+d)^2(1-kd+k^2)^2}$	$\dfrac{(4-5kd+6k^2-2k+k^2 d)^2 a^2}{36(2+d)^2(1-kd+k^2)^2}+\dfrac{(6-5kd+4k^2-2k+k^2 d)^2 a^2}{36(2+d)^2(1-kd+k^2)^2}$
上游独占垄断	许可	显著性创新	$k \geq \dfrac{4-d}{2}$	$\dfrac{a}{2(2+d)}$	$\dfrac{a}{2(2+d)}$	$\dfrac{a^2}{4(2+d)^2}$	$\dfrac{a^2}{4(2+d)^2}$	$\dfrac{a^2}{2(2+d)^2}$
		非显著性创新	$1 < k < \dfrac{4-d}{2}$	$\dfrac{2(k-1)a}{(2+d)(2k-d)}$	$\dfrac{2(k-1)a}{(2+d)(2k-d)}$	$\dfrac{4(k-1)^2 a^2}{(2+d)^2(2k-d)^2}$	$\dfrac{4(k-1)^2 a^2}{(2+d)^2(2k-d)^2}$	$\dfrac{8(k-1)^2 a^2}{(2+d)^2(2k-d)^2}$
	不许可	显著性创新	$k \geq \dfrac{4-d}{2}$	$\dfrac{2(k-1)a}{(2+d)(2k-d)}$	$\dfrac{2(k-1)a}{(2+d)(2k-d)}$	$\dfrac{4(k-1)^2 a^2}{(2+d)^2(2k-d)^2}$	$\dfrac{4(k-1)^2 a^2}{(2+d)^2(2k-d)^2}$	$\dfrac{8(k-1)^2 a^2}{(2+d)^2(2k-d)^2}$
		非显著性创新	$1 < k < \dfrac{4-d}{2}$	$\dfrac{a}{2(2+d)}$	$\dfrac{a}{2(2+d)}$	$\dfrac{a^2}{4(2+d)^2}$	$\dfrac{a^2}{4(2+d)^2}$	$\dfrac{a^2}{2(2+d)^2}$

续表

			L_1 的产量	L_2 的产量	L_1 的均衡利润	L_2 的均衡利润	产业利润
上游独占垄断	不许可	显著性创新 $k\geqslant\dfrac{4-d}{2}$	$\dfrac{a}{4}$	0	$\dfrac{a^2}{16}$	0	$\dfrac{a^2}{16}$
		非显著性创新 $1<k<\dfrac{4-d}{2}$	$\dfrac{(k-1)a}{2k-d}$	0	$\dfrac{(k-1)^2 a^2}{(2k-d)^2}$	0	$\dfrac{(k-1)^2 a^2}{(2k-d)^2}$
		$\forall k$	$\dfrac{(2-3kd+4k^2-2k+k^2d)a}{4(2+d)(1-kd+k^2)}$	$\dfrac{(4-3ka+2k^2-2k+d)a}{4(2+d)(1-kd+k^2)}$	$\dfrac{(2-3kd+4k^2-2k+k^2d)^2 a^2}{16(2+d)^2(1-kd+k^2)^2}$	$\dfrac{(4-3kd+2k^2-2k+d)^2 a^2}{16(2+d)^2(1-kd+k^2)^2}$	$\dfrac{(2-3kd+4k^2-2k+k^2d)^2 a^2}{16(2+d)^2(1-kd+k^2)^2}+\dfrac{(4-3kd+2k^2-2k+d)^2 a^2}{16(2+d)^2(1-kd+k^2)^2}$

命题 8-7　当下游企业实施固定费许可时，潜在进入者 R_2 是否进入上游市场均不影响下游两企业的产量、利润以及下游产业利润的大小。

命题 8-7 表明，在下游实施固定费许可的情况下，不管上游市场结构如何，下游企业的产量和利润均不受影响。

命题 8-8　当 $k \geqslant \dfrac{4-d}{2}$ 且下游为显著性创新或当 $1 < k < \dfrac{4-d}{2}$ 且下游为非显著性创新时，上游潜在进入者的进入成本范围是 $\dfrac{2a^2(k-1)(2-d)}{(2+d)(2k-d)^2} < E < \dfrac{a^2}{4(2+d)}$。这时，若下游实施固定费许可，则潜在进入者 R_2 将会进入上游市场，否则，R_2 不进入上游市场。

（1）显著性创新下，下游实施许可会推动潜在进入者 R_2 进入上游市场，这时在位创新企业的利润增加，因此，对在位创新企业而言，最优的决策是实施许可。

（2）非显著性创新下，当下游不许可且潜在进入者 R_2 不进入上游市场时，下游产业利润较大。因此，对在位创新企业而言，最优的决策是不实施许可。

证明见书后附录 4。

命题 8-8 表明，潜在进入者 R_2 的进入决策除受到进入成本的限制外，还受下游是否实施技术许可、下游两家企业间技术差距的大小以及产品之间替代程度大小的影响。下游在位创新企业的创新规模和许可决策会影响上游的市场结构，而且在创新规模一定的情况下，上游市场结构也会影响下游企业的技术许可决策。

8.7　本章小结

现有关于在位创新者技术许可方面的研究文献多是针对产品市场进行研究的，而从供应链的角度研究上游原材料供应市场结构的变化对下游许可决策的文献还很缺乏。本章在 Mukherjee（2003）的基础上引入产品差异系数，研究了上游市场潜在进入的进入决策和下游技术市场的许可决策，分析了下游技术许可对上游市场结构的影响以及上游市场结构对下游许可策略的影响。

研究结果表明：①上游潜在进入者的进入决策受进入成本、下游在位创新者的许可决策、下游企业间研发效率的差距和下游市场上产品间的替代程度的影响。这一结论与 Mukherjee（2003）的结论有很大的不同，Mukherjee（2003）研究表明，在同质产品市场上只有当在位创新者的创新规模较小时，固定费许可才会发生。而本章的研究表明，不论在位创新者的创新规模如何，只要下游市场产品间的替代程度不是很大时（ $0 < d < 0.828\,4$ ），固定费许可就具备发生的条件。因此，

本章综合考虑了显著性创新和非显著性创新下在位创新企业的技术许可决策，该决策对上游潜在进入者是否进入上游市场有很大的影响。②当潜在进入者的进入成本适中（$\dfrac{2a^2(k-1)(2-d)}{(2+d)(2k-d)^2} < E < \dfrac{a^2}{4(2+d)}$）、下游企业间的技术差距较大（$k \geqslant \dfrac{4-d}{2}$）且在位创新者进行显著性创新时，下游许可能够改变上游的市场结构。此时，在位创新企业将会实施固定费许可。③当潜在进入者的进入成本适中（$\dfrac{2a^2(k-1)(2-d)}{(2+d)(2k-d)^2} < E < \dfrac{a^2}{4(2+d)}$）、下游企业间的技术差距较小（$1 < k < \dfrac{4-d}{2}$）且在位创新者进行非显著性创新时，在位创新企业将不会实施固定费许可。

第9章　上游具有市场势力时网络产品市场最优许可策略研究

9.1　引言

在前面的几章里，本书对正常产品市场上在位创新企业的最优许可策略进行了比较分析。根据产品是否具有消费端的规模经济，可将产品分为正常产品和网络产品（赵丹和王宗军，2010）。就现有的研究文献来看，关于正常产品技术许可方面的研究较多，而有关网络产品技术许可问题的研究则相对较少，与第 4 章不同，本章将着重对网络产品的技术许可问题进行分析，并且考虑上游供应商决策对下游市场技术许可策略的影响。

网络外部性又称网络效应[①]，为需求端的规模经济，即使用此类产品（本书称之为网络产品）的消费者的效用随其用户规模的增大而提高。此类产品，如 QQ 和 MSN、windows 和 Linux 以及 HD-DVD 和 Blu-Ray（DVD 标准）等。这些产品均在不同的标准之下，且其只有在用户使用的情况下才有价值，而其价值会随着用户的增多而提高。

在具有网络外部性的产品市场上在位企业或潜在进入者存在两种技术行为：自行开发产品建立自己的标准或接受技术许可使用他人的标准。据彭博（Bloomberg News）网站的消息，微软通过向诺基亚一次性支付逾 10 亿美元的费用，要求其放弃开发自己的 MeeGo 系统，转而研制基于 windows phone 的手机。与此同时，诺基亚每销售一部手机需向微软支付一定的专利提成费。微软为何愿意采用这种方式许可自己的技术给诺基亚，而诺基亚为何愿意放弃开发自己的产品而接受微软的许可要约呢？而所有这些均涉及具有网络外部性产品市场上的企业技术许可行为问题。

[①] 当这种外部性不能通过外部干预内部化以及能够在成本或收益函数上显示出来时，网络外部性等同于网络效应。关于网络外部性和网络效应讨论的具有代表性的文献详见 Katz 和 Shapiro（1985a，1992）以及 Economides（1996）。

对于不具有网络外部性，即正常产品市场上企业的技术许可行为已有大量的文献对此进行了较深入的研究。而对具有网络外部性的产品的技术许可问题则鲜有研究。Lin 和 Kulatilaka（2006）对同质双寡头市场上最优的技术许可策略选择进行了研究。研究表明网络强度对在位企业技术许可的选择具有关键性的作用，且随着网络强度的增大，最优的许可策略选择从产量提成许可转为固定费许可。王怀祖（2010）研究了网络产品市场上供应商决策对在位创新企业技术许可策略的影响。

以上文献对具有网络外部性的产品市场上企业技术许可问题进行了较深入的研究，对此类产品的技术许可文献进行了有益的补充，但仍有明显不足。这些文献仅研究了下游企业之间的竞争和技术许可行为，没有考虑上游市场的决策对下游企业的影响。而事实上，随着供应链的发展尤其是外包的盛行，下游企业对上游供应商的依赖性越来越强。根据 Corbett（2004）的调查，超过 90% 的企业认为外包是其总体战略的重要组成部分。在业务外包的背景下，上游供应商的决策会对下游企业间的技术许可策略产生重要的影响，同时下游企业的技术许可决策也可以影响行业的订购量，从而影响供应商的批发价格决策。因此，技术许可策略可以作为一种供应链协调机制来使用。Arya 和 Mittendorf（2006）从供应链协调的角度研究了下游创新者对潜在进入者的技术许可策略，研究表明在位企业对潜在进入者的技术许可可以降低供应商的批发价格，从而减少因双重边际效应而给供应链带来的效率损失。但是他们没有考虑网络外部性的影响，且假定供应商可以对下游企业实行差别定价。由于差别定价会受到市场条件和法律条文的约束，本章将研究供应商统一定价下网络产品的最优技术许可策略问题。

9.2　模型描述与假设

考虑一个由两家企业（企业 1 和企业 2）组成的产品市场，两家企业生产同质产品且在市场上进行 Cournot 竞争，两家企业的产品具有网络效应。两企业都具有新产品开发的能力，假定企业 1 已完成了新产品的开发而企业 2 暂时落后。企业 1 可以选择是否将其技术许可给企业 2，企业 2 也可以决定是否接受许可。

若企业 1 不许可技术给企业 2，或者两家企业在技术许可上未能达成协议，则企业 2 将投入资金 K 进行新产品开发。开发成功后两家企业在市场上进行 Cournot 竞争，此时两家企业的产品完全替代，但两家企业的技术标准不同且互不兼容。

若企业 1 决定将技术许可给企业 2，并向企业 2 提出一个"要么接受，要么拒绝"的许可邀约。此时，企业 2 会根据企业 1 的具体许可方式（固定费许可、产量提成许可或者是两部制许可）及许可费用的高低决定是否接受许可，若企业 2 拒绝接受许可，则其将投入资金 K 进行新产品开发。本章假定在接受许可与拒绝许可无差异时，企业 2 会选择接受许可。许可发生后，两家企业的产品标准相同。

与 Lin 和 Kulatilaka（2006）相同，可以假定网络产品的逆需求函数为 $p(q,q^e,a)=a+v(q^e)-q$，其中，a 表示网络产品单独使用（即不具有网络价值）时的最大市场需求；q 表示企业的产量；q^e 表示用户对于网络规模的期望；$v(q^e)$ 表示单个用户对于网络产品的支付意愿，且 $v(q^e)$ 是关于 q^e 的增函数（$v'>0$）。

根据 Metcalfe 法则，网络产品的总价值以网络中用户数量的平方的方式递增（Gilder，2000）。单个用户的网络产品价值可以表示为 $v(q)=\beta q$，其中，β 表示网络效应强度，β 越小，则网络产品带给用户的价值就越低，当 $\beta=0$ 时，$v(q)=0$，此时网络产品降级为正常产品。为了使需求函数变现为单调递减的性质，限定 $\beta<1$，因此，β 的取值范围应为 $\beta\in[0,1)$。

为了便于分析，假定如下：①下游企业每生产一单位产品需要一单位原材料；②上游供应商的边际成本为 c，$c<a$；③原材料的单位批发价格为 w；④下游企业的边际成本为 c_i $(i=1,2)$，分别表示企业 1 和企业 2。对信息产品（如电脑操作系统）来说，其单位生产成本接近于 0，因此，假定下游两企业的生产成本为 $c_i=0$。

下面，首先分析企业 1 和企业 2 之间不发生技术许可的情形。

若企业 1 不许可其技术给企业 2，则企业 2 将会投入资金 K 去开发新的技术，这样的话市场上就会存在两个互不兼容的标准，每个企业的用户将形成各自的网络。因为两个企业的产品相互之间可以完全替代，所以定义两产品的市场逆需求函数为 $p_i=a+v(q_i^e)-q_1-q_2$ $(i=1,2)$。

在不发生技术许可的情况下，供应商和下游企业将进行以下四个阶段的博弈。第一阶段，上游供应商决定批发价格 w；第二阶段，企业 1 决定不许可技术给企业 2；第三阶段，企业 2 决定是否开发新产品，如果企业 2 决定投入资金 K 去开发新产品，则两企业将拥有互不兼容的两个标准；第四阶段，两企业在产品市场上进行 Cournot 竞争。

给定批发价格 w，两企业将各自选择使自己达到最大化的产量，两企业的利润函数分别为

$$
\begin{aligned}
\pi_1^N &= \left[a+v(q_1^e)-q_1-q_2-w\right]q_1 \\
\pi_2^N &= \left[a+v(q_2^e)-q_1-q_2-w\right]q_2 - K
\end{aligned}
\tag{9-1}
$$

其中，上标 N 表示不许可的情形。

为了求得两企业的最优产量，可以运用 FEE 条件和式（6-1）的一阶条件来求解两家企业的利润最大化问题。于是两家企业的均衡产量和利润分别为

$$q_1^* = q_2^* = \frac{a-w}{3-\beta} \qquad (9\text{-}2)$$

$$\pi_1^* = \pi_2^* = \left(\frac{a-w}{3-\beta}\right)^2 \qquad (9\text{-}3)$$

如果企业 2 投入资金 K 去开发新的标准，其净利润为 $\pi_2 = \pi_2^* - K$。此时，只有当 $\pi_2 = \pi_2^* - K > 0$，即 $a > (3-\beta)\sqrt{K} + w$ 时企业 2 才会进入下游市场。而当 $a \leqslant (3-\beta)\sqrt{K} + w$ 时，因市场规模较小，企业 2 将不会投入新技术的开发，这是企业 1 将垄断市场。

当 $a \leqslant (3-\beta)\sqrt{K} + w$ 时，两家企业的产量为

$$q_1^* = \frac{a-w}{2-\beta}, \quad q_2^* = 0 \qquad (9\text{-}4)$$

给定下游企业产量的情况下，供应商将选择 w 以最大化其利润，供应商的利润函数为

$$\max_w \pi_s^N = (w-c)(q_1^* + q_2^*) \qquad (9\text{-}5)$$

其中，下标 s 表示供应商。

利用式（9-5）关于批发价格 w 的一阶条件，可以得到 $w^N = \frac{a+c}{2}$。将 $w^N = \frac{a+c}{2}$ 代入式（9-4）得

$$q_1^N = \frac{a-c}{2(2-\beta)}, \quad q_2^N = 0$$

当 $a > (3-\beta)\sqrt{K} + w$ 时，企业 2 将投入资金 K 去开发新的标准。此时，两家企业的均衡产量分别为

$$q_1^* = q_2^* = \frac{a-w}{3-\beta} \qquad (9\text{-}6)$$

同样的，供应商将会通过最大化以下问题来决定自己的批发价格 w：

$$\max_w \pi_s^N = (w-c)(q_1^* + q_2^*) \qquad (9\text{-}7)$$

由式（9-7）和式（9-6）易得

$$w^N = \frac{a+c}{2}, \quad q_1^N = q_2^N = \frac{a-c}{2(3-\beta)}$$

由上面的结果可知，当两家企业不发生技术许可时，不管企业 2 是否进入下游市场，供应商的批发价格总为 $w^N = \frac{a+c}{2}$。

不难发现，供应商的批发价格高于其边际成本，此时，下游两家企业对原材料的需求量会低于批发价格为 c 时的需求量。这就是供应链中常见的"双重边际

效应"问题，即整个供应链的利润低于渠道成员集中决策时的利润（Arya and Mittendorf，2006）。

将 $w^N = \dfrac{a+c}{2}$ 代入 $a > (3-\beta)\sqrt{K} + w$，可得 $a > 2(3-\beta)\sqrt{K} + c$，其中，$\hat{a} = 2(3-\beta)\sqrt{K} + c$ 为企业 2 进入下游市场时的市场需求量的临界值。

因此，当企业 1 不许可其技术给企业 2 时，企业的利润为

$$\pi_1^{N^*} = \begin{cases} \dfrac{(a-c)^2}{4(2-\beta)^2}, & a \leqslant \hat{a} \\[3mm] \dfrac{(a-c)^2}{4(3-\beta)^2}, & a > \hat{a} \end{cases}$$

当市场需求量低于临界值时，企业 2 将不会进入下游市场，此时企业 1 将垄断市场。因此，企业 2 的利润为

$$\pi_2^{N^*} = \begin{cases} 0, & a \leqslant \hat{a} \\[3mm] \dfrac{(a-c)^2}{4(3-\beta)^2} - K, & a > \hat{a} \end{cases}$$

9.3　固定费许可

固定费许可发生后，两企业运用相同的技术标准生产同质产品并在市场进行 Cournot 竞争。此时，两企业的用户组成一个更大的网络，网络价值比许可前的高。固定费许可下市场逆需求函数可以表示为 $p = a + v(q_1^e + q_2^e) - q_1 - q_2$。

固定费许可下，供应商和下游企业在市场上进行以下四个阶段的博弈：第一阶段，企业 1 决定以固定费许可的方式将技术许可给企业 2；第二阶段，供应商决定批发价格 w；第三阶段，企业 2 决定是否接受许可；第四阶段，两企业在产品市场上进行 Cournot 竞争。

固定费许可时，两企业的利润函数可分别表示为

$$\begin{aligned} \pi_1^F &= \left[a + v(q_1^e + q_2^e) - q_1 - q_2 - w \right] q_1 + F \\ \pi_2^F &= \left[a + v(q_1^e + q_2^e) - q_1 - q_2 - w \right] q_2 - F \end{aligned} \tag{9-8}$$

其中，上标 F 表示固定费许可发生时的情况。

根据 FEE 条件和式（9-8）关于 q_1 和 q_2 的一阶条件，可得两家企业的均衡产量分别为

$$q_1^* = q_2^* = \frac{a-w}{3-2\beta} \tag{9-9}$$

给定式（9-9），供应商决定批发价格 w 来最优化以下问题：

$$\max_{w} \pi_s^F = (w-c)(q_1^* + q_2^*) \tag{9-10}$$

利用式（9-10）的一阶条件可得 $w^F = \dfrac{a+c}{2}$。将 $w^F = \dfrac{a+c}{2}$ 代入式（9-9）可得

$$q_1^F = q_2^F = \frac{a-c}{2(3-2\beta)} \tag{9-11}$$

将式（9-11）代入式（9-8），可得两企业的利润分别为

$$\pi_1^F = \frac{(a-c)^2}{4(3-2\beta)^2} + F, \quad \pi_2^F = \frac{(a-c)^2}{4(3-2\beta)^2} - F$$

由此可见，与不许可相比，固定费许可也不能降低因"双重边际效应"而给供应链带来的效率损失。

正如前面所提到的那样，假定与不许可相比企业 2 的利润若没有受到损失则企业 2 将会接受许可。固定费许可下，企业 1 通过优化以下问题来决定固定费 F：

$$\max_{F} \pi_1^F = \frac{(a-c)^2}{4(3-2\beta)^2} + F$$

$$\text{s.t. } \pi_2^F = \frac{(a-c)^2}{4(3-2\beta)^2} - F \geqslant \pi_2^N$$

由此，可以得到企业 1 所能索取的最大固定费为

$$F^* = \begin{cases} \dfrac{(a-c)^2}{4(3-2\beta)^2}, & a \leqslant \hat{a} \\[3mm] \dfrac{3\beta(2-\beta)(a-c)^2}{4(3-2\beta)^2(3-\beta)^2} + K, & a > \hat{a} \end{cases}$$

根据上面所求得的最大固定费，可以得到企业 1 和供应商在固定费许可下的最大利润如下：

$$\pi_1^{F^*} = \begin{cases} \dfrac{(a-c)^2}{2(3-2\beta)^2}, & a < \hat{a} \\[3mm] \dfrac{(9-2\beta^2)(a-c)^2}{4(3-2\beta)^2(3-\beta)^2} + K, & a \geqslant \hat{a} \end{cases}$$

$$\pi_s^{F^*} = \frac{(a-c)^2}{2(3-2\beta)}$$

在这里，没有给出企业 2 的利润，这是因为本章重点研究企业 1 和供应商的决策问题，企业 2 的利润不是本章关注的重点。

总结上面的结论可得命题 9-1。

命题 9-1　固定费许可下：①当市场规模较小（ $a \leqslant \hat{a}$ ）且网络效应强度较低时（ $\beta \leqslant 0.2929$ ），企业 1 不会许可其技术给企业 2；②当市场规模较小（ $a \leqslant \hat{a}$ ）且网络效应强度较高时（ $\beta > 0.2929$ ），固定费许可发生；③当市场规模较大时（ $a > \hat{a}$ ），不管网络效应强度如何，固定费许可总会发生。

证明见书后附录 4。

命题 9-1 表明，固定费许可下，若市场规模较小（ $a \leqslant \hat{a}$ ）且网络效应强度较低，则企业 1 将会选择垄断其技术。这是因为，当市场规模较小时（ $a \leqslant \hat{a}$ ），企业 1 的产量足够满足市场的需要，此时，若网络效应强度较低（ $\beta \leqslant 0.2929$ ），许可后因用户数量增多而带来的网络价值的增加不足以弥补因产量过剩所带来的价格降低给企业 1 带来的利润损失，因此，企业 1 不会许可其技术给企业 2。若网络强度较大时（ $\beta > 0.2929$ ），许可后因用户数量增多而带来的网络价值的增加可以弥补因产量过剩所带来的价格降低给企业 1 带来的利润损失，此时，企业 1 愿意许可其技术给企业 2。

当市场规模较大时（ $a > \hat{a}$ ），不管网络效应强度如何，企业 1 总愿意许可其技术给企业 2。这是因为：①市场规模较大，企业 1 的产量无法满足市场的需要，这时如果没有技术许可，企业 2 可能会投入资金进行新产品开发，开发成功后，市场上将会存在两个互不兼容的技术标准，此时因竞争加剧，企业 1 的利润可能会降低；②如果企业 1 许可技术给企业 2，则市场上只有一个技术标准，此时网络效应强度将会更大，两家企业都能从中受益。因此，当市场规模较大时，不管网络效应强度如何，固定费许可总会发生。

9.4　产量提成许可

与固定费许可相同，产量提成许可时供应商和下游企业在市场也进行类似的四个阶段的博弈。

产量提成许可时两家企业的利润函数分别为

$$\pi_1^R = \left[a + v(q_1^e + q_2^e) - q_1 - q_2 - w \right] q_1 + r q_2$$
$$\pi_2^R = \left[a + v(q_1^e + q_2^e) - q_1 - q_2 - w - r \right] q_2 \tag{9-12}$$

其中，上标 R 表示产量提成许可发生时的情况。

利用 FEE 条件和式（9-12）关于 q_1 和 q_2 的一阶条件，可得两家企业的均衡产量分别为

$$q_1^* = \frac{(a-w) + (1-\beta)r}{3 - 2\beta}, \quad q_2^* = \frac{(a-w) - (2-\beta)r}{3 - 2\beta} \tag{9-13}$$

给定式（9-13），供应商决定批发价格 w 来最优化以下问题：

$$\max_{w} \pi_s^R = (w-c)\left(q_1^* + q_2^*\right) \tag{9-14}$$

由式（9-14）关于批发价格 w 的一阶条件，可得

$$w^R = \frac{a+c}{2} - \frac{r}{4} \tag{9-15}$$

将式（9-15）代入式（9-13）得

$$q_1^R = \frac{2(a-c)+(5-4\beta)r}{4(3-2\beta)}, \quad q_2^R = \frac{2(a-c)-(7-4\beta)r}{4(3-2\beta)} \tag{9-16}$$

由式（9-15）可知，产量提成许可可以降低供应链的"双重边际效应"，因此，与不许可和固定费许可相比，产量提成许可可以在一定程度上实现对供应链的协调。

将式（9-15）和式（9-16）代入式（9-12）和式（9-14），可得两家企业的利润分别为

$$\pi_1^R = \frac{\left[2(a-c)+(5-4\beta)r\right]^2}{16(3-2\beta)^2} + r\frac{2(a-c)-(7-4\beta)r}{4(3-2\beta)}$$

$$\pi_2^R = \frac{\left[2(a-c)-(7-4\beta)r\right]^2}{16(3-2\beta)^2}$$

接下来，分析企业 1 如何决定最优提成率的问题。在企业 1 提出的"要么接受、要么拒绝"的许可报价下，企业 1 的最优提成率应该由下面的最优化问题来确定：

$$\max_{r} \pi_1^R = \frac{\left[2(a-c)+(5-4\beta)r\right]^2}{16(3-2\beta)^2} + r\frac{2(a-c)-(7-4\beta)r}{4(3-2\beta)}$$

$$\text{s.t.} \ \pi_2^R = \frac{\left[2(a-c)-(7-4\beta)r\right]^2}{16(3-2\beta)^2} \geqslant \pi_2^N$$

与第 2 章和第 3 章使用的方法相同，可以参照 Lin 和 Kulatilaka（2006）中的三步分析法来确定企业 1 的最优回收率。首先，在不考虑企业 2 是否接受的情况下，可以得到企业 1 所能索取的最大提成率为 $r_1^* = \frac{2(11-8\beta)(a-c)}{59-64\beta+16\beta^2}$。

其次，与固定费许可时的假设相同，假定若产量提成许可下企业 2 的收益不低于不许可的收益则企业 2 会选择接受许可。在此假设下，由 $\pi_2^R = \pi_2^N$ 可得企业 2 愿意接受的最大提成率为

$$r_2^* = \begin{cases} \dfrac{2(a-c)}{7-4\beta}, & a \leqslant \hat{a} \\ \dfrac{2(a-c)}{7-4\beta} - \dfrac{4(3-2\beta)}{7-4\beta}\sqrt{\dfrac{(a-c)^2}{4(3-\beta)^2} - K}, & a > \hat{a} \end{cases}$$

最后，由第 2 章和第 3 章得分析可知，企业 1 所能索取的最优提成率为 $r^* \equiv \min\left(r_1^*, r_2^*\right)$。

容易发现，当 $a \leqslant \hat{a}$ 且 $0 < \beta < 0.75$ 时，有 $r_1^* > r_2^*$，此时，企业 1 的最优提成率为 $r^* \equiv \min\left(r_1^*, r_2^*\right) = r_2^*$；当 $a \leqslant \hat{a}$ 且 $0.75 < \beta < 1$ 时，有 $r_1^* < r_2^*$，此时，企业 1 的最优提成率为 $r^* \equiv \min\left(r_1^*, r_2^*\right) = r_1^*$。

对于 $a > \hat{a}$ 的情况而言，可以发现，当 $a > \hat{a}$ 且 $0 < \beta < 0.75$ 时，有 $r_1^* > r_2^*$，此时，企业 1 的最优提成率为 $r^* \equiv \min\left(r_1^*, r_2^*\right) = r_2^*$；当 $a > \hat{a}$ 且 $0.75 < \beta < 1$ 时，若

$$a = \frac{2(3-\beta)(59-64\beta+16\beta^2)}{\sqrt{(7-6\beta)(11-4\beta)(41-34\beta+8\beta^2)}}\sqrt{K} + c，$$ 则有 $r_1^* = r_2^*$。

令 $\tilde{a} \equiv \dfrac{2(3-\beta)(59-64\beta+16\beta^2)}{\sqrt{(7-6\beta)(11-4\beta)(41-34\beta+8\beta^2)}}\sqrt{K} + c$，易得，当 $\hat{a} < a \leqslant \tilde{a}$ 时 $r_1^* < r_2^*$；当 $a > \tilde{a}$ 时 $r_1^* > r_2^*$。因此，当 $\hat{a} < a \leqslant \tilde{a}$ 时，有 $r^* \equiv \min\left(r_1^*, r_2^*\right) = r_1^*$；当 $a > \tilde{a}$ 时，有 $r^* \equiv \min\left(r_1^*, r_2^*\right) = r_2^*$。

结合以上分析，可得企业 1 的最优提成率如下。

（1）当 $0 < \beta < 0.75$ 时，

$$r^* = \begin{cases} \dfrac{2(a-c)}{7-4\beta}, & a \leqslant \hat{a} \\ \dfrac{2(a-c)}{7-4\beta} - \dfrac{4(3-2\beta)}{7-4\beta}\sqrt{\dfrac{(a-c)^2}{4(3-\beta)^2} - K}, & a > \hat{a} \end{cases}$$

（2）当 $0.75 < \beta < 1$ 时，

$$r^* = \begin{cases} \dfrac{2(11-8\beta)(a-c)}{59-64\beta+16\beta^2}, & a \leqslant \tilde{a} \\ \dfrac{2(a-c)}{7-4\beta} - \dfrac{4(3-2\beta)}{7-4\beta}\sqrt{\dfrac{(a-c)^2}{4(3-\beta)^2} - K}, & a > \tilde{a} \end{cases}$$

由此，可以得到上游供应商和下游企业 1 的利润分别如下。

（1）当 $0 < \beta < 0.75$ 时，

$$\pi_s^R = \begin{cases} \dfrac{2(3-2\beta)(a-c)^2}{(7-4\beta)^2}, & a < \hat{a} \\[4mm] 2(3-2\beta)\left[\dfrac{a-c}{7-4\beta} + \dfrac{1}{7-4\beta}\sqrt{\dfrac{(a-c)^2}{4(3-\beta)^2} - K}\right]^2, & a > \hat{a} \end{cases}$$

$$\pi_1^{R^*} = \begin{cases} \dfrac{4(a-c)^2}{(7-4\beta)^2}, & a \leqslant \hat{a} \\[4mm] \dfrac{(85-32\beta)(a-c)^2}{4(7-4\beta)^2(3-\beta)^2} + \dfrac{59-64\beta+16\beta^2}{(7-4\beta)^2}K - \dfrac{2(3-4\beta)(a-c)}{(7-4\beta)^2}\sqrt{\dfrac{(a-c)^2}{4(3-\beta)^2} - K}, & a > \hat{a} \end{cases}$$

（2）当 $0.75 < \beta < 1$ 时，

$$\pi_s^R = \begin{cases} \dfrac{32(2-\beta)^2(3-2\beta)(a-c)^2}{(59-64\beta+16\beta^2)^2}, & a < \tilde{a} \\[4mm] 2(3-2\beta)\left[\dfrac{a-c}{7-4\beta} + \dfrac{1}{7-4\beta}\sqrt{\dfrac{(a-c)^2}{4(3-\beta)^2} - K}\right]^2, & a > \tilde{a} \end{cases}$$

$$\pi_1^R = \begin{cases} \dfrac{5(a-c)^2}{59-64\beta+16\beta^2}, & a \leqslant \tilde{a} \\[4mm] \dfrac{(85-32\beta)(a-c)^2}{4(7-4\beta)^2(3-\beta)^2} + \dfrac{59-64\beta+16\beta^2}{(7-4\beta)^2}K - \dfrac{2(3-4\beta)(a-c)}{(7-4\beta)^2}\sqrt{\dfrac{(a-c)^2}{4(3-\beta)^2} - K}, & a > \tilde{a} \end{cases}$$

总结以上结论，可得命题 9-2。

命题 9-2　产量提成许可下，企业 1 总愿意许可其技术给企业 2。

证明见书后附录 5。

命题 9-2 表明，不管市场规模和网络效应强度如何，产量提成许可总是优于不许可。其原因如下：①当市场规模较大时（ $a > \hat{a}$ ），对于企业 1 而言，产量提成许可优于不许可，这是因为不许可时市场上会存在两个互不兼容的技术标准，两个不同标准之间的竞争会降低企业 1 的利润；②当市场规模较低时（ $a \leqslant \hat{a}$ ），企业 1 之所以放弃垄断而选择将技术许可给企业 2，这主要与网络产品的特性有关。许可后的总产量比不许可时的产量要高，此时会形成一个更大的市场网络，对用户而言网络价值提高，两企业也会因此而获得更大的收益。③产量提成许可时供应商的批发价格低于不许可时的批发价格，在位创新者可以从供应商的批发价格决策中获益。由此可见，产量提成许可下，在位创新者（企业 1）不但可以从与企业 2 的横向竞争中获益，而且还可以从纵向的供应链协调方面获益，因此，与不许可相比，产量提成许可总是最优的。

9.5　两部制许可

两部制许可下，企业 1 和企业 2 的利润函数可分别表示为

$$\pi_1^{FR} = \left[a + \beta\left(q_1^e + q_2^e\right) - q_1 - q_2 - w\right]q_1 + rq_2 + F$$
$$\pi_2^{FR} = \left[a + \beta\left(q_1^e + q_2^e\right) - q_1 - q_2 - w - r\right]q_2 - F \tag{9-17}$$

利用 FEE 条件和式（9-17）关于 q_1 和 q_2 的一阶条件，可得两家企业的均衡产量为

$$q_1^* = \frac{(a-w)+(1-\beta)r}{3-2\beta} , \quad q_2^* = \frac{(a-w)-(2-\beta)r}{3-2\beta} \tag{9-18}$$

给定式（9-18），供应商决定批发价格 w 来最优化以下问题：

$$\max_w \pi_s^R = (w-c)\left(q_1^* + q_2^*\right) \tag{9-19}$$

由式（9-19）关于批发价格 w 的一阶条件，可得

$$w^R = \frac{a+c}{2} - \frac{r}{4} \tag{9-20}$$

由式（9-20）可知，两部制许可时的批发价格与产量提成许可时的批发价格相同，因此，两部制许可有利于降低"双重边际效应"给供应链带来的效率损失，在一定程度上可以实现供应链的协调。

将式（9-20）代入式（9-18）可得

$$q_1^{FR} = \frac{2(a-c)+(5-4\beta)r}{4(3-2\beta)} , \quad q_2^{FR} = \frac{2(a-c)-(7-4\beta)r}{4(3-2\beta)} \tag{9-21}$$

由此可知，企业 2 所能接受的最大提成率为 $r' = \dfrac{2(a-c)}{7-4\beta}$。

将式（9-21）代入式（9-17）可得

$$\pi_1^{FR} = \frac{\left[2(a-c)+(5-4\beta)r\right]^2}{16(3-2\beta)^2} + r\frac{2(a-c)-(7-4\beta)r}{4(3-2\beta)} + F$$
$$\pi_2^{FR} = \frac{\left[2(a-c)-(7-4\beta)r\right]^2}{16(3-2\beta)^2} - F \tag{9-22}$$

接下来，分析企业 1 如何决定其最优固定费和最优提成率的问题。在企业 1 提出的"要么接受、要么拒绝"的许可报价下，企业 1 的最优固定费和最优提成率应该由下面的最优化问题来确定：

$$\max_{F,r} \pi_1^{FR} = \frac{\left[2(a-c)+(5-4\beta)r\right]^2}{16(3-2\beta)^2} + r\frac{2(a-c)-(7-4\beta)r}{4(3-2\beta)} + F$$

$$\text{s.t.}\ \pi_2^{FR} = \frac{\left[2(a-c)-(7-4\beta)r\right]^2}{16(3-2\beta)^2} - F \geqslant \pi_2^N$$

（1）当 $a < \hat{a}$ 时，由 $\pi_2^{FR} - \pi_2^N = \frac{\left[2(a-c)-(7-4\beta)r\right]^2}{16(3-2\beta)^2} - F - 0 \geqslant 0$，易知企业 1 的最优固定费为

$$F = \frac{\left[2(a-c)-(7-4\beta)r\right]^2}{16(3-2\beta)^2} \tag{9-23}$$

将式（9-23）代入式（9-22）可得

$$\pi_1^{FR} = \frac{8(a-c)^2 + 16(1-\beta)(a-c)r - 2(5-4\beta)r^2}{16(3-2\beta)^2} \tag{9-24}$$

由式（9-24）关于 r 的一阶条件，可得在不考虑企业 2 接受与否的情况下企业 1 的最大提成率为

$$r^* = \frac{4(1-\beta)(a-c)}{5-4\beta}$$

由 9.5.4 小节的分析知，企业 1 的最优提成率为 $r \equiv \min(r^*, r')$，因此，需要对 r^* 和 r' 的大小进行比较。

易知，当 $0 < \beta < 0.75$ 时，有 $r^* > r'$。此时 $r = \min(r^*, r') = r = \frac{2(a-c)}{7-4\beta}$。将 $r = \frac{2(a-c)}{7-4\beta}$ 代入式（9-23）得，$F = 0$，即两部制许可等价于产量提成许可。

当 $0.75 < \beta < 1$ 时，有 $r^* < r'$。此时 $r = \min(r^*, r') = r^* = \frac{4(1-\beta)(a-c)}{5-4\beta}$。将 $r = \frac{4(1-\beta)(a-c)}{5-4\beta}$ 代入式（9-23）得

$$F = \frac{(3-4\beta)^2(a-c)^2}{4(5-4\beta)^2}, \quad q_1^{FR} = \frac{a-c}{2}, \quad q_2^{FR} = \frac{(-3+4\beta)(a-c)}{2(5-4\beta)}$$

$$\pi_1^{FR} = \frac{(a-c)^2}{2(5-4\beta)}, \quad \pi_2^{FR} = 0, \quad \pi_s^{FR} = \frac{(3-2\beta)(a-c)^2}{2(5-4\beta)^2}$$

（2）当 $a \geqslant \hat{a}$ 时，由 $\pi_2^{FR} - \pi_2^N = \dfrac{\left[2(a-c)-(7-4\beta)r\right]^2}{16(3-2\beta)^2} - F - \dfrac{(a-c)^2}{4(3-\beta)^2} + K \geqslant 0$，

易知企业 1 的最优固定费为

$$F = \frac{\left[2(a-c)-(7-4\beta)r\right]^2}{16(3-2\beta)^2} - \frac{(a-c)^2}{4(3-\beta)^2} + K \qquad （9\text{-}25）$$

将式（9-25）代入式（9-22）可得

$$\pi_1^{FR} = \frac{8(a-c)^2 + 16(1-\beta)(a-c)r - 2(5-4\beta)r^2}{16(3-2\beta)^2} - \frac{(a-c)^2}{4(3-\beta)^2} + K \qquad （9\text{-}26）$$

由式（9-26）关于 r 的一阶条件，可得在不考虑企业 2 接受与否的情况下企业 1 的最大提成率为

$$r^* = \frac{4(1-\beta)(a-c)}{5-4\beta}$$

根据上面的分析知，当 $0 < \beta < 0.75$ 时，$r = \dfrac{2(a-c)}{7-4\beta}$，由此可得

$$F = -\frac{(a-c)^2}{4(3-\beta)^2} + K，\quad \pi_1^{FR} = \frac{\left(13-8\beta+2\beta^2\right)(a-c)^2}{4(5-4\beta)(3-\beta)^2} + K$$

$$\pi_2^{FR} = \frac{(a-c)^2}{4(3-\beta)^2} - K，\quad \pi_s^{FR} = \frac{2(3-2\beta)(a-c)^2}{(7-4\beta)^2}$$

当 $0.75 < \beta < 1$ 时，$r = \dfrac{4(1-\beta)(a-c)}{5-4\beta}$，由此可得

$$F = \frac{\left(13-8\beta+2\beta^2\right)(a-c)^2}{4(5-4\beta)(3-\beta)^2} + K，\quad \pi_1^{FR} = \frac{(a-c)^2}{2(5-4\beta)} - \frac{(a-c)^2}{4(3-\beta)^2} + K$$

$$\pi_2^{FR} = \frac{(a-c)^2}{4(3-\beta)^2} - K，\quad \pi_s^{FR} = \frac{(3-2\beta)(a-c)^2}{2(5-4\beta)}$$

综上可得如下。

（1）当 $0 < \beta < 0.75$ 时，

$$\pi_1^{FR} = \begin{cases} \dfrac{4(a-c)^2}{(7-4\beta)^2}, & a < \hat{a} \\[3mm] \dfrac{\left(13-8\beta+2\beta^2\right)(a-c)^2}{4(5-4\beta)(3-\beta)^2} + K, & a \geqslant \hat{a} \end{cases}$$

$$\pi_2^{FR} = \begin{cases} 0, & a < \hat{a} \\ \dfrac{(a-c)^2}{4(3-\beta)^2} - K, & a \geqslant \hat{a} \end{cases}$$

$$\pi_s^{FR} = \frac{2(3-2\beta)(a-c)^2}{(7-4\beta)^2}$$

（2）当 $0.75 < \beta < 1$ 时，

$$\pi_1^{FR} = \begin{cases} \dfrac{(a-c)^2}{2(5-4\beta)^2}, & a < \hat{a} \\ \dfrac{(13-8\beta+2\beta^2)(a-c)^2}{4(5-4\beta)(3-\beta)^2} + K, & a \geqslant \hat{a} \end{cases}$$

$$\pi_2^{FR} = \begin{cases} 0, & a < \hat{a} \\ \dfrac{(a-c)^2}{4(3-\beta)^2} - K, & a \geqslant \hat{a} \end{cases}$$

$$\pi_s^{FR} = \frac{(3-2\beta)(a-c)^2}{2(5-4\beta)}$$

综合以上结论，可得命题 9-3。

命题 9-3　两部制许可下，企业 1 总愿意许可其技术给企业 2。

证明见书后附录 5。

命题 9-3 表明无论市场规模和网络效应强度如何，两部制许可总是优于不许可。两部制许可总会发生的原因与产量提成许可相同，这里就不再赘述。

9.6　三种许可策略的比较

在本节中，将从企业 1 利润最大化的角度出发，对固定费许可、产量提成许可和两部制许可三种许可策略进行比较分析，以确定企业 1 的最优许可策略选择问题。

9.6.1　固定费许可与产量提成许可的比较

与上面的分析相同，可以将分两种情况对固定费许可和产量提成许可下企业 1 的利润进行比较。

情形 9-1　$0 < \beta < 0.75$

当 $a < \hat{a}$ 时，易得

$$\pi_1^R - \pi_1^F = \frac{\left(23 - 40\beta + 16\beta^2\right)\left(a - c\right)^2}{2\left(3 - 2\beta\right)^2\left(7 - 4\beta\right)^2} \tag{9-27}$$

由式（9-27）可得，当 $0 < \beta < 0.75$ 时，$\pi_1^R - \pi_1^F > 0$，即产量提成许可优于固定费许可。

当 $a \geqslant \hat{a}$ 时，易得

$$\pi_1^R - \pi_1^F = \frac{\left[(85 - 32\beta)(3 - 2\beta)^2 - (9 - 2\beta^2)(7 - 4\beta)^2\right](a - c)^2}{4(7 - 4\beta)^2(3 - 2\beta)^2(3 - \beta)^2} \tag{9-28}$$
$$+ \frac{2(5 - 4\beta)}{(7 - 4\beta)^2}K - \frac{2(3 - 4\beta)(a - c)}{(7 - 4\beta)^2}\sqrt{\frac{(a - c)^2}{4(3 - \beta)^2} - K}$$

式（9-28）是关于 K 的增函数，当 $K = 0$ 时取得最小值，于是得到其最小值为

$$\pi_1^R - \pi_1^F = \frac{2\beta\left(84 - 165\beta + 96\beta^2 - 16\beta^3\right)}{4\left(7 - 4\beta\right)^2\left(3 - 2\beta\right)^2\left(3 - \beta\right)^2} \tag{9-29}$$

由式（9-29）可得，当 $0 < \beta < 0.75$ 时，$\pi_1^R - \pi_1^F > 0$，即产量提成许可优于固定费许可。

情形 9-2 $0.75 < \beta < 1$

当 $a < \hat{a}$ 时，易得

$$\pi_1^R - \pi_1^F = \frac{\left(31 - 56\beta + 24\beta^2\right)\left(a - c\right)^2}{2\left(3 - 2\beta\right)^2\left(59 - 64\beta + 16\beta^2\right)} \tag{9-30}$$

由式（9-30）可得，当 $0.75 < \beta \leqslant 0.90$ 时，$\pi_1^R - \pi_1^F \geqslant 0$；当 $0.90 < \beta < 1$ 时，$\pi_1^R - \pi_1^F < 0$。

当 $\hat{a} \leqslant a < \tilde{a}$ 时，易得

$$\pi_1^R - \pi_1^F = \frac{\left(1\,089 - 2\,664\beta + 2\,314\beta^2 - 848\beta^3 + 112\beta^4\right)\left(a - c\right)^2}{4\left(3 - 2\beta\right)^2\left(3 - \beta\right)^2\left(59 - 64\beta + 16\beta^2\right)} - K$$

由题设可得 $K \leqslant \dfrac{(a - c)^2}{4(3 - \beta)^2}$，因此有

$$\pi_1^R - \pi_1^F > B = \frac{\left(31 - 56\beta + 24\beta^2\right)\left(a - c\right)^2}{2\left(3 - 2\beta\right)^2\left(59 - 64\beta + 16\beta^2\right)} \tag{9-31}$$

由式（9-31）可得，当 $0.75 < \beta \leqslant 0.90$ 时，$B > 0$，因此 $\pi_1^R - \pi_1^F > 0$ 恒成立；当 $0.90 < \beta < 1$ 时，令 $K_0 = \dfrac{\left(1\,089 - 2\,664\beta + 2\,314\beta^2 - 848\beta^3 + 112\beta^4\right)\left(a - c\right)^2}{4\left(3 - 2\beta\right)^2\left(3 - \beta\right)^2\left(59 - 64\beta + 16\beta^2\right)}$，则有当 $K < K_0$ 时，$\pi_1^R - \pi_1^F > 0$，当 $K > K_0$ 时，$\pi_1^R - \pi_1^F < 0$。

当 $a \geqslant \tilde{a}$ 时，

$$\pi_1^R - \pi_1^F = \frac{[(85-32\beta)(3-2\beta)^2 - (9-2\beta^2)(7-4\beta)^2](a-c)^2}{4(7-4\beta)^2(3-2\beta)^2(3-\beta)^2} + \frac{2(5-4\beta)}{(7-4\beta)^2}K$$

$$- \frac{2(3-4\beta)(a-c)}{(7-4\beta)^2}\sqrt{\frac{(a-c)^2}{4(3-\beta)^2} - K}$$

令 $H = (85-32\beta)(3-2\beta)^2 - (9-2\beta^2)(7-4\beta)^2$。

因为，当 $0.75 < \beta < 1$ 时，$-\frac{2(3-4\beta)(a-c)}{(7-4\beta)^2}\sqrt{\frac{(a-c)^2}{4(3-\beta)^2} - K} > 0$，则当 $H > 0$ 时，

有 $\pi_1^R - \pi_1^F > 0$。

利用 Matlab 作图并计算可得，当 $\beta < 0.85$ 时，$H > 0$，因此有 $\pi_1^R - \pi_1^F > 0$。

当 $0.85 < \beta < 1$ 时，$H < 0$。若 $\pi_1^R - \pi_1^F > 0$，则有

$$-2(3-4\beta)(a-c)\sqrt{\frac{(a-c)^2}{4(3-\beta)^2} - K} > M(\beta) \qquad (9\text{-}32)$$

其中，$M(\beta) = \frac{\left[(9-2\beta^2)(7-4\beta)^2 - (85-32\beta)(3-2\beta)^2\right](a-c)^2}{4(3-2\beta)^2(3-\beta)^2} - 2(5-4\beta)K$，

$0 \leqslant K \leqslant K_1 = \frac{(a-c)^2}{4(3-\beta)^2}$。

若 $M(\beta) \leqslant 0$，则式（9-32）总成立，即存在

$$K \geqslant K_2 = \frac{\left[(9-2\beta^2)(7-4\beta)^2 - (85-32\beta)(3-2\beta)^2\right](a-c)^2}{8(5-4\beta)(3-2\beta)^2(3-\beta)^2}$$

使 $\pi_1^R \geqslant \pi_1^F$。

若 $M(\beta) > 0$，式（9-32）可得

$$C_1K^2 + C_2K + C_3 < 0$$

其中，

$$C_1 = 64(5-4\beta)^2(3-\beta)^4(3-2\beta)^4$$

$$C_2 = 16(3-\beta)^2(3-2\beta)^2$$
$$\left[4(3-\beta)^2(3-2\beta)^2(3-4\beta)^2 - (5-4\beta)\left((9-2\beta^2)(7-4\beta^2) - (85-32\beta)(3-2\beta)^2\right)\right]$$

$$C_3 = \left[\left((9-2\beta^2)(7-4\beta^2) - (85-32\beta)(3-2\beta)^2\right)^2 - 16(3-\beta)^2(3-4\beta)^2(3-2\beta)^4\right] \times$$
$$(a-c)^4$$

易验证，$\Delta = C_2^2 - 4C_1C_3 > 0$，$C_2 > 0$，$C_1C_3 > 0$。因此，方程 $C_1K^2 + C_2K + C_3 = 0$ 的两根为 $K_3 = \dfrac{-C_2 - \sqrt{\Delta}}{2C_1} < 0$，$K_4 = \dfrac{-C_2 + \sqrt{\Delta}}{2C_1} < 0$。

此时易验证，当 $0 \leqslant K < K_2$ 时，$C_1K^2 + C_2K + C_3 > 0$。所以原假设不成立，因此当 $0 \leqslant K < K_2$ 时，有 $\pi_1^R < \pi_1^F$。

综合以上分析结果可得命题 9-4。

命题 9-4　第一，当产品网络外部性较小时（$0 < \beta < 0.75$），产量提成许可优于固定费许可；第二，当市场规模小（$a < \hat{a}$）且产品网络外部性强度较大时（$0.75 < \beta < 0.90$），产量提成许可优于固定费许可，当市场规模较小（$a < \hat{a}$）且产品网络外部性很大时（$0.90 < \beta < 1$），固定费许可优于产量提成许可；第三，当市场规模适中（$\hat{a} \leqslant a < \tilde{a}$）且产品的网络外部性强度交大时（$0.75 < \beta < 0.90$），产量提成许可优于固定费许可，当市场规模适中（$\hat{a} \leqslant a < \tilde{a}$）且产品的网络外部性强度很大时（$0.90 < \beta < 1$），若研发投入较小（$K \leqslant K_0$），则产量提成许可优于固定费许可；若研发投入较大（$K > K_0$），固定费许可优于产量提成许可；第四，当市场规模较大时（$a > \tilde{a}$），若网络外部性强度适中（$0.75 < \beta < 0.85$），则产量提成许可优于固定费许可，若网络外部性强度较大（$0.85 < \beta < 1$）且研发投入较大时（$K > K_2$），产量提成许可优于固定费许可，若研发投入较小时（$0 < K < K_2$），固定费许可优于产量提成许可。

9.6.2　两部制许可和产量提成许可的比较

情形 9-3　$0 < \beta < 0.75$

当 $a < \hat{a}$ 时，两部制许可和产量提成许可等价，此时对企业 1 而言选择两部制许可还是产量提成许可利润是一样的。

当 $a \geqslant \hat{a}$ 时，易得

$$\pi_1^{FR} - \pi_1^R = \frac{\left[(13 - 8\beta + 2\beta^2)(7 - 4\beta)^2 - (85 - 32\beta)(5 - 4\beta)\right](a - c)^2}{4(5 - 4\beta)(7 - 4\beta)^2(3 - \beta)^2}$$
$$- \frac{2(5 - 4\beta)}{(7 - 4\beta)^2}K + \frac{2(3 - 4\beta)(a - c)}{(7 - 4\beta)^2}\sqrt{\frac{(a - c)^2}{4(3 - \beta)^2} - K} \tag{9-33}$$

式（9-33）是关于 K 的减函数，在 $K = \dfrac{(a - c)^2}{4(3 - \beta)^2}$ 时取到最小值，其最小值为

$\dfrac{(3 - 4\beta)^2(a - c)^2}{2(5 - 4\beta)(7 - 4\beta)^2} > 0$，因此，$\pi_1^{FR} - \pi_1^R > 0$ 恒成立。

情形 9-4 $0.75 < \beta < 1$

当 $a < \tilde{a}$ 时，易证 $\pi_1^{FR} - \pi_1^R = \dfrac{(3-4\beta)(a-c)^2}{2(5-4\beta)(59-64\beta+16\beta^2)} > 0$ 恒成立。

当 $a \geqslant \tilde{a}$ 时，易得

$$\pi_1^{FR} - \pi_1^R = \frac{\left[(13-8\beta+2\beta^2)(7-4\beta)^2 - (85-32\beta)(5-4\beta)\right](a-c)^2}{4(5-4\beta)(3-\beta)^2(7-4\beta)^2}$$

$$- \frac{2(5-4\beta)}{(7-4\beta)^2}K + \frac{2(3-4\beta)(a-c)}{(7-4\beta)^2}\sqrt{\frac{(a-c)^2}{4(3-\beta)^2} - K}$$

令 $X = (13-8\beta+2\beta^2)(7-4\beta)^2 - (85-32\beta)(5-4\beta)$。

因为，当 $0.75 < \beta < 1$ 时，$-\dfrac{2(3-4\beta)(a-c)}{(7-4\beta)^2}\sqrt{\dfrac{(a-c)^2}{4(3-\beta)^2} - K} > 0$。

利用 Matlab 作图并计算可得，当 $0.75 < \beta < 1$ 时，$X > 0$ 恒成立。若 $\pi_1^{FR} > \pi_1^R$，则应有

$$-2(3-4\beta)(a-c)\sqrt{\frac{(a-c)^2}{4(3-\beta)^2} - K} < N(\beta) \tag{9-34}$$

其中，$N(\beta) = \dfrac{\left[(13-8\beta+2\beta^2)(7-4\beta)^2 - (85-32\beta)(5-4\beta)\right](a-c)^2}{4(5-4\beta)(3-\beta)^2} - 2(5-4\beta)K$。

若 $N(\beta) \leqslant 0$，即 $K \geqslant K_5 = \dfrac{\left[(13-8\beta+2\beta^2)(7-4\beta)^2 - (85-32\beta)(5-4\beta)\right](a-c)^2}{8(5-4\beta)^2(3-\beta)^2}$

时，可得 $\pi_1^{FR} < \pi_1^R$。此时易验证 $K_5 \geqslant K_1$，不满足 $0 \leqslant K \leqslant K_1$ 的条件，因此 $N(\beta) \leqslant 0$ 的假设不成立。

若 $N(\beta) > 0$，由式（9-34）可得

$$C_4 K^2 + C_5 K + C_6 > 0$$

其中，

$$C_4 = 64(3-\beta)^4(5-4\beta)^4$$

$$C_5 = \left[16(3-\beta)^2(3-4\beta)^2 - 4\big((13-8\beta+2\beta^2)(7-4\beta)^2 - (85-32\beta)(5-4\beta)\big)\right](a-c)^2$$

$$C_6 = \left[\frac{\big((13-8\beta+2\beta^2)(7-4\beta)^2 - (85-32\beta)(5-4\beta)\big)^2}{4(3-\beta)^2(5-4\beta)^2} - 4(3-4\beta)^2\right](a-c)^4$$

易验证，$\Delta = C_5^2 - 4C_4 C_6 \leqslant 0$，并且对于任意的 $0.75 < \beta < 1$ 而言，总有

$C_4 K^2 + C_5 K + C_6 > 0$。即当 $0.75 < \beta < 1$ 时，有 $\pi_1^{FR} > \pi_1^R$。

总结以上结论，可得命题 9-5。

命题 9-5　第一，当市场规模较小（$a < \hat{a}$）且网络效应强度较小（$0 < \beta < 0.75$）时，两部制许可等价于产量提成许可，当市场规模较大（$a \geqslant \hat{a}$）且网络效应强度较小（$0 < \beta < 0.75$）时，两部制许可优于产量提成许可；第二，当网络效应强度较大（$0.75 < \beta < 1$）时，不管市场规模如何，两部制许可总是优于产量提成许可。

9.6.3　两部制许可和固定费许可比较

情形 9-5　$0 < \beta < 0.75$

当 $a < \hat{a}$ 时，两部制许可等价于产量提成许可，前面已证明产量提成许可在这种情况下优于固定费许可，故此时两部制许可优于固定费许可。

当 $a \geqslant \hat{a}$ 时，易证 $\pi_1^{FR} - \pi_1^F = \dfrac{2(1-\beta)^2(a-c)^2}{(5-4\beta)(3-2\beta)^2} > 0$ 恒成立。所以，当网络外部性强度较小且市场规模较大时，两部制许可优于固定费许可。

情形 9-6　$0.75 < \beta < 1$

当 $a < \hat{a}$ 时，易证 $\pi_1^{FR} - \pi_1^F = \dfrac{2(1-\beta)^2(a-c)^2}{(5-4\beta)(3-2\beta)^2} > 0$ 恒成立。所以，当网络外部性强度较大且市场规模较小时，两部制许可优于固定费许可。

当 $\hat{a} \leqslant a < \tilde{a}$ 时，易得

$$\pi_1^{FR} - \pi_1^F = \frac{(a-c)^2}{2(5-4\beta)} - \frac{(9-2\beta^2)(a-c)^2}{4(3-2\beta)^2(3-\beta)^2} - K \qquad (9\text{-}35)$$

式（9-35）是关于 K 的减函数，在 $K = \dfrac{(a-c)^2}{4(3-\beta)^2}$ 时取得最小值，其最小值为

$\dfrac{2(1-\beta)^2(a-c)^2}{(5-4\beta)(3-2\beta)^2} > 0$，因此，$\pi_1^{FR} - \pi_1^F > 0$ 恒成立。所以，当产品网络外部性强度较大且市场规模适中时，两部制许可优于固定费许可。

当 $a \geqslant \tilde{a}$ 时，易证 $\pi_1^{FR} - \pi_1^F = \dfrac{2(1-\beta)^2(a-c)^2}{(5-4\beta)(3-2\beta)^2} > 0$ 恒成立。所以，当网络外部性强度较大且市场规模较大时，两部制许可优于固定费许可。

综合以上结论可得命题 9-6。

命题 9-6　不管市场规模和网络效应强度大小如何，两部制许可总是优于固定费许可。

9.7　三种许可策略下供应商利润的比较

9.3 节~9.5 节分析了供应商批发价格决策对供应链协调的影响，9.6 节从在位创新者的角度分析了技术许可方最优许可策略的选择问题。本节将从供应商的角度分析不同技术许可策略对供应商利润的影响。

9.7.1　产量提成许可下供应商利润和固定费许可下供应商利润比较

情形 9-7　$0 < \beta < 0.75$

当 $a < \hat{a}$ 时，易证 $\pi_s^R - \pi_s^F = \dfrac{(-13+8\beta)(a-c)^2}{2(3-2\beta)(7-4\beta)^2} < 0$ 恒成立，所以当市场规模较小且网络效应强度较小时，固定费许可下供应商的利润高于产量提成许可下供应商的利润。

当 $a > \hat{a}$ 时，易得

$$\pi_s^R - \pi_s^F = \frac{(-108+138\beta-57\beta^2+8\beta^3)(a-c)^2}{2(7-4\beta)^2(3-\beta)^2} - \frac{2(3-2\beta)}{(7-4\beta)^2}K \\ + \frac{4(3-2\beta)(a-c)}{7-4\beta}\sqrt{\frac{(a-c)^2}{4(3-\beta)^2}-K} \tag{9-36}$$

式（9-36）是关于 K 的减函数，当 $K = 0$ 时，式（9-36）取最大值，最大值为 $\dfrac{-\beta(42-39\beta+8\beta^2)(a-c)^2}{2(7-4\beta)^2(3-\beta)^2(3-2\beta)} < 0$，因此，$\pi_s^R - \pi_s^F < 0$ 恒成立。所以当市场规模较大且网络效应强度较小时，固定费许可下供应商的利润高于产量提成许可下供应商的利润。

情形 9-8　$0.75 < \beta < 1$

当 $a < \tilde{a}$ 时，易证 $\pi_s^R - \pi_s^F = \dfrac{-(11-8\beta)^2(107-120\beta+32\beta^2)(a-c)^2}{2(3-2\beta)(59-64\beta+16\beta^2)^2} < 0$ 恒成立。

当 $a > \tilde{a}$ 时，易得

$$\pi_s^R - \pi_s^F = \frac{\left(-108 + 138\beta - 57\beta^2 + 8\beta^3\right)(a-c)^2}{2(7-4\beta)^2(3-\beta)^2} - \frac{2(3-2\beta)}{(7-4\beta)^2}K$$

$$+ \frac{4(3-2\beta)(a-c)}{7-4\beta}\sqrt{\frac{(a-c)^2}{4(3-\beta)^2} - K}$$

由式（9-36）的证明可知，当 $a > \tilde{a}$ 时，$\pi_s^R - \pi_s^F < 0$ 恒成立。所以，当网络效应强度较大时，不管市场规模如何，固定费许可下供应商的利润高于产量提成许可下供应商的利润。

综合以上结论，可得命题 9-7。

命题 9-7　从供应商的角度来讲，不管市场规模和网络效应强度如何，固定费许可总是优于产量提成许可。

9.7.2　两部制许可下供应商利润和固定费许可下供应商利润比较

情形 9-9　$0 < \beta < 0.75$

不管市场规模如何，当网络效应强度较小时，两部制许可下供应商利润与固定费许可下供应商利润的大小关系总满足：$\pi_s^{FR} - \pi_s^F = \dfrac{(-13+8\beta)(a-c)^2}{2(3-2\beta)(7-4\beta)^2} < 0$ 恒成立。

情形 9-10　$0.75 < \beta < 1$

同样，不管市场规模如何，当网络效应强度较大时，两部制许可下供应商利润与固定费许可下供应商利润的大小关系总满足 $\pi_s^{FR} - \pi_s^F = \dfrac{4(1-\beta)^2(a-c)^2}{2(3-2\beta)(5-4\beta)^2} > 0$，且恒成立。

综合以上结论，可得命题 9-8。

命题 9-8　从供应商的角度来讲，不管市场规模如何，当网络效应强度较小时，固定费许可优于两部制许可；当网络效应强度较大时，两部制许可优于固定费许可。

9.7.3　两部制许可下供应商利润和产量提成许可下供应商利润比较

情形 9-11　$0 < \beta < 0.75$

当 $a < \hat{a}$ 时，两部制许可下供应商利润和产量提成许可下供应商利润相同，因此，从供应商的角度来讲，两种许可方式无差异。

当 $a > \hat{a}$ 时，易证

$$\pi_s^{FR} - \pi_s^R = \frac{2(3-2\beta)(a-c)^2}{(7-4\beta)^2} - 2(3-2\beta)\left[\frac{a-c}{7-4\beta} + \frac{1}{7-4\beta}\sqrt{\frac{(a-c)^2}{4(3-\beta)^2} - k}\right]^2 < 0$$

恒成立。

情形 9-12 $0.75 < \beta < 1$

当 $a < \tilde{a}$ 时，易证

$$\pi_s^{FR} - \pi_s^R = \frac{(3-2\beta)(2\,201 - 5\,248\beta + 4\,640\beta^2 - 1\,792\beta^3 + 256\beta^4)(a-c)^2}{2(5-4\beta)^2(59-64\beta+16\beta^2)^2} > 0$$

当 $a > \tilde{a}$ 时，易得

$$\pi_s^{FR} - \pi_s^R = \frac{(3-2\beta)(a-c)^2}{2(5-4\beta)^2} \\ -2(3-2\beta)\left[\frac{a-c}{7-4\beta} + \frac{1}{7-4\beta}\sqrt{\frac{(a-c)^2}{4(3-\beta)^2} - k}\right]^2 \tag{9-37}$$

式（9-37）是关于 K 的增函数，当 $K = 0$ 时式（9-37）取得最小值，最小值为

$$\frac{(196 - 462\beta + 397\beta^2 - 136\beta^3 + 16\beta^4)(a-c)^2}{2(5-4\beta)^2(59-64\beta+16\beta^2)^2} > 0$$，因此，$\pi_s^{FR} - \pi_s^R > 0$ 恒成立。

综合以上结论，可得命题 9-9。

命题 9-9 从供应商的角度来讲：①当市场规模较小（$a < \hat{a}$）且网络效应强度较小（$0 < \beta < 0.75$）时，两部制许可等价于产量提成许可；②当市场规模较大（$a > \hat{a}$）且网络效应强度较小（$0 < \beta < 0.75$）时，产量提成许可优于两部制许可；③当网络效应强度较大（$0.75 < \beta < 1$）时，不管市场规模如何，两部制许可总是优于产量提成许可。

9.8　本章小结

本章从供应链协调的角度研究了供应商的批发价格决策、网络效应强度、市场规模和潜在受许可方的研发投入对在位创新企业最优技术许可策略选择的影响。本章分不许可、固定费许可、产量提成许可和两部制许可四种策略，从在位创新企业的角度对最优的许可策略进行了分析。研究表明：①当产品网络外部性强度较小时（$0 < \beta < 0.75$），产量提成许可优于固定费许可；②当网络外部性强度较大（$0.75 < \beta < 0.90$）或很大（$0.90 < \beta < 1$）时，固定费许可与产量提成许可的选择会受到市场规模、网络外部性强度和潜在受许可方研发投入高低的影响；③不管市场规模和网络效应强度大小如何，两部制许

可总是优于固定费许可；④与产量提成许可相比，当市场规模较小（$a < \hat{a}$）且网络效应强度较小（$0 < \beta < 0.75$）时，两部制许可等价于产量提成许可。而当市场规模较大时（$a \geqslant \hat{a}$），两部制许可总是优于固定费许可。

综合以上研究结论，对于在位创新企业而言，不论市场规模、网络效应强度和潜在受许可方的研发成本如何，两部制许可为最优的技术许可策略。这一结论与正常产品同质 Cournot 竞争下大部分研究文献的结论相同，而与王怀祖（2010）的研究结论不同。王怀祖（2010）的研究结论表明，当网络外部性强度较小时，在位创新企业的最优许可策略是产量提成许可；当网络外部性强度较大时，在位创新者的最优许可策略是两部制许可。这主要是因为本章假定两部制许可下固定许可费可以为负，这与王怀祖（2010）在两部制许可中假定固定费严格大于零不同。正如本章在引言部分列举的实例那样，现实中两部制许可时固定费为负的现象并不少见。

而从供应商的角度来看，当三种许可策略都具备发生的条件时，研究表明：①固定费许可总是优于产量提成许可；②与固定费许可相比，当网络效应强度较小时，固定费许可优于两部制许可，而当网络效应强度较大时，两部制许可优于固定费许可；③两部制许可与产量提成许可的优劣取决于市场规模和网络效应强度的大小。

另外，本章还分析了不同技术许可策略对供应链协调的影响，研究结果表明，产量提成许可和两部制许可可以有效降低因"双重边际效应"给供应链带来的效率损失，从而在一定程度上实现了供应链的协调。这一结论与 Arya 和 Mittendorf（2006）与王怀祖（2010）的研究结论相一致。

第 10 章　总结与展望

10.1　全书总结

本书按照时间顺序，在研发成功前、研发成功后但专利有效性确认前、专利有效性确认后的正常产品市场和网络产品市场以及存在外部干预时，如政府干预、上游供应商存在市场势力的不同阶段下，对创新者的技术许可契约问题进行了详细且深入的研究。具体结论如下所示。

（1）对于研发结局存在随机性，即研发成功前的在位企业的许可行为，本书得出如下结论：①许可方企业的议价能力影响其对许可策略的选择，在这一观点上，本书与 Tombak（2003）、Fan 和 Zhang（2002）的结论相同。当许可方在许可得益上的议价能力较小时，对于 R&D 企业而言，无论 R&D 溢出多大，固定费许可总优于产量提成许可。②当许可方在许可得益上的议价能力适中时，若 R&D 溢出较小，则产量提成许可优于固定费许可；若 R&D 溢出较大，则固定费许可优于产量提成许可。③当许可方在许可得益上的议价能力较大时，与议价能力较小时的结论相反。对于 R&D 企业而言，无论 R&D 产出溢出多大，产量提成许可总优于固定费许可。④若两部制许可不带有任何的约束限制，则对于具有完全议价能力的许可方而言，两部制许可不仅总是发生，且与其他许可策略相比，总是最优。⑤许可方应根据研发成功的概率，来决定研发投入的高低，以及依据研发溢出的程度以及议价能力等关键参数，最终决定不同的许可策略。

（2）对于存在弱专利有效性时，即研发成功后但专利有效性确认前的在位企业的许可行为，本书得出如下结论：①弱专利有效性的问题不局限于小规模的创新，甚至有些较为显著的创新也可能存在这样的问题。②专利持有方所能索取的最优提成率水平取决于阻止诉讼时的最大提成率，如实际的提成率大于临界提成率水平，则最优的许可契约是阻止诉讼时的纯产量提成许可。这一结论与 Farrell 和 Shapiro（2008）的研究结论具有一致性。若实际的提成率小于临界水平，则专利持有方偏好于发放许可证给部分下游企业，并以最优的两部制许可形式进行报价，而这将引发诉讼发生的可能。由此可知，诉讼威胁的存在可有效降低许可方的市场势力。③许可弱专利并非总是导致过度补偿这样负面的结果。本书第 3 章分别选取了提成率和许可收益与基准模型中的期望最大提成率和期望最大许可收益进行了比较，这样得出的结论比 Farrell 和 Shapiro（2008）的研究更加完善和可信。特别地，当专利有效性得到完美确认，且提供使所有企业均接受的许可契约最优时，若所有企业接受的最大提成率较低，则对弱专利而言，补偿不足则可能出现。

（3）对于专利有效性得到确认时，正常产品市场上在位企业的许可行为，本书得出如下结论：①产品异质性、创新后企业间的边际成本差异以及创新企业的讨价还价能力对创新企业的技术许可行为起着决定性的作用。在两部制许可不具备发生的条件时，在位企业选择进行不许可、固定费许可、产量提成许可中的哪一种策略，取决于以上提到的关键参数之间的组合；②一旦两部制许可具备发生的条件，则不管实际创新程度以及产品异质性如何，最优的许可机制始终是两部制许可，且与不许可相比，进行两部制许可总是最优；③在位创新企业对创新程度的高估、监督成本的过大以及不完全的议价能力，可能是现实中多种许可机制并存的原因。

（4）而对于专利有效性得到确认后，网络产品市场上在位企业的许可行为，本书得出如下结论：①当双寡头竞争时，在位企业选择何种策略主要取决于市场规模、网络产品替代程度、网络强度以及潜在受许企业的研发成本等参数之间的组合。而且证明了当网络产品之间完全替代时，正常产品和网络产品市场上在位企业最优的许可策略总是两部制许可策略，这与 Lin 和 Kulatilaka（2006）的结论相一致。但当产品间不完全替代时，在网络产品市场上在位企业选择两部制许可策略并不总是最优的，这取决于上述参数之间的组合；②当多寡头竞争时，在位企业关于不许可、独家许可还是多家许可的决策不仅取决于双寡头竞争时提到的关键参数，还取决于市场集中度。具体结论见第 5 章命题 5-1~命题 5-13 的结论。

（5）针对现有文献关于技术市场完全垄断这一在单向技术许可中的通用假定，本书则弥补现有交叉许可文献的不足，对交叉许可的反垄断和福利暗示、交叉许可的激励相容条件、企业议价能力在许可中的作用以及质量改善性创新和成本降低性创新在竞争中的意义这四大问题进行详细且深入地阐释。主要研究结论如下：首先，企业技术交叉许可在数量竞争下不会促成企业合谋，进而产生损害消费者剩余以及社会福利的后果。其次，在竞争企业均有许可动机的情况下，技术许可博弈结果取决于企业创新规模、生产成本差异以及产品质量差异。在创新规模较小的情况下，若生产成本差异和产品质量差异均较小，则成本降低性技术许可发生；若产品质量差异较小，但生产成本差异较大，则质量改善性技术许可发生；若生产成本差异较小，但产品质量差异较大，则质量-成本交叉许可发生；一旦较大规模成本降低性非显著创新或显著创新发生，则无论企业生产成本差异和质量差异如何，只有持有质量改善性技术的企业单向许可发生。再次，质量改善性技术可在不减少用户群体数量的前提下，提高消费者支付意愿。然而持有成本降低性技术企业却可利用创新规模，在许可发生前后，使竞争企业不生产或被驱逐出市场。最后，企业不完全议价能力促使许可双方在增加产业利润上具有一致性目标，这促进了行业良性循环。

（6）对于市场存在外部干预，如存在研发政策影响时的在位企业的研发动机和技术许可行为，本书得出如下结论：①各国政府对本国消费者剩余的考虑影响其对本国企业研发的补贴率，进而影响竞争企业的研发行为。②只有当技术领先企业进行较小程度的非显著性创新时，技术许可这一策略性行为才会对政府的研发政策产生影响。③在不同的技术许可策略下，双边政府最优的研发政策不同，如对许可企业而言，该国对其研发的补贴率在固定费许可下要高于在产量提成许可下的情况。而在一定的技术许可策略下，许可双方企业对议价能力的预期则会明显影响各自政府的研发政策，如在产量提成许可下，对受许企业而言，该国对其研发的补贴率随着竞争企业的讨价还价能力的提高而增大。

（7）而在上游市场存在市场势力的外部干预下，本书得到如下结论：无论是正常产品还是网络产品，以及市场规模和潜在受许可方的研发成本如何，两部制许可对于在位企业始终为最优的技术许可策略。而从供应商的角度来看，当三种许可策略都具备发生的条件时，研究表明，第一，固定费许可总是优于产量提成许可。第二，与固定费许可相比，当网络效应强度较小时，固定费许可优于两部制许可，而当网络效应强度较大时，两部制许可优于固定费许可。第三，两部制许可与产量提成许可的优劣取决于市场规模和网络效应强度的大小。

10.2　研究展望

本书的研究虽然已经几近完善，但由于时间有限及学术浅薄，仍有以下不足以及扩展需要进一步研究。

（1）在研发成功前时，研发的结局存在随机性。当在位企业欲发放多张许可证时，即市场上存在多寡头且产品间存在不完全替代时，此时的企业技术许可行为是否和产品同质时的情况相同，值得进一步研究。

（2）本书在研究时，事实上隐含了这样一个思维——创新企业不能同时决定所选择的许可策略和许可证发放数，即按照一般情况下人的思维过程，不是先选择许可策略，后决定许可证发放数，就是先决定许可证发放数，后选择许可策略。是否存在一个人在利用右脑选择许可策略的同时，左脑选择欲发放的许可证数呢？博弈论和实验经济学或心理学的结合来研究这一行为，显然也是未来值得研究的方向之一。

（3）关于存在外部干预，即存在研发政策影响时企业的许可行为。本书在研发补贴阶段，设定政府是以社会净福利最大化来选择最优的研发补贴的。然而，根据委托代理理论，官员和经理人一样，都存在偏离其委托人（政府和企业）所设定的目标，来使自身政绩最大化或短期利益最大化的行为。因此当作为代理人的政府官员偏离其政府所设定的目标时，可知社会净福利最大化的目标函数设定存在问题。故设定政府官员行为偏离参数，作为社会净福利最大化的目标函数的约束条件，可能是未来可进一步研究的方向且更符合现实。

（4）当只有一国企业进行研发时，各国政府都会采取不干预政策，然而不进行研发的企业所属国家的政府可能通过控制知识产权保护力度（如我国对盗版的打击力度）来对另一国企业的研发进行干预，因此这时各国的政策如何是值得研究的一个方向；另外，本书假定各国企业在第二阶段进行非合作研发，实际上各国企业还可以采取组建研发合作组织或研发卡特尔等研发合作方式。不同研发合作方式与各国研发政策的结合，同样是一个值得深入研究的方向。

（5）本书只是在单期下以一个技术持有企业为视角研究了创新企业的技术许可策略性行为。这就隐含了技术市场只有一家的假定条件。而在现实中技术市场往往并非假定的垄断的情况，并且在多期下，前期未得到许可而自行研发产品的企业可能在下期成为许可方。因此多个许可企业在多期下的技术许可策略成为未来研究的又一个方向。

（6）关于定价机制的选择问题。本书选定的定价机制为一口价（即要么接受，要么放弃）、讨价还价这两种定价机制。事实上当竞争企业较多时，在信息存在不完全的情况下，拍卖也是一种非常有效的确定价格的机制。因此在以后的研究中依托本书的框架，加入拍卖机制会是新的研究方向之一。

（7）把不同阶段的在位企业和外部创新机构的技术许可行为集中在一个可视化的平台中，根据外部环境参数变化以及内部技术变动程度及响应，为高新技术企业和研究机构的技术许可行为提供可量化的指导和辅助。这个方向的发展显然更具实用价值。

参 考 文 献

安同良，周绍东，皮建才. 2009. R&D 补贴对中国企业自主创新的激励效应. 经济研究，43(10)：87-98.

包海波. 2004. 专利许可交易的微观机制分析. 科学学与科学技术管理，25（10）：76-80.

陈宏民. 2007. 网络外部性与规模经济性的关系. 管理科学学报，10（3）：1-6.

冯珩，高山行. 2002. 专利竞赛中企业的创新动力研究述评. 科研管理，23（6）：80-86.

冯振中，吴斌. 2008. 政府研发补贴政策的有效性研究. 技术经济，27（9）：26-29.

郭红珍，李莹. 2006. 差异 Bertrand 寡占厂商的技术许可策略. 经济数学，23（4）：386-393.

郭红珍，郭瑞英. 2007. 创新厂商的技术许可策略研究. 华北电力大学学报（社会科学版），14（2）：36-40.

霍沛军，宣国良. 2001. 在位企业最优事后许可策略的比较. 系统工程理论与实践，21（10）：58-65.

霍沛军，陈继祥，宣国良. 2000a. 在企业具有单位成本优势时的最优事后许可策略. 中国管理科学，8（11）：585-592.

霍沛军，宣国良，杨娥. 2000b. 单位成本不对称时的进入与许可策略. 系统工程理论方法应用，9（4）：313-320.

刘兴，顾海英. 2008. 不同创新类型下的技术许可对象选择策略研究. 科学学与科学技术管理，29（10）：53-57.

马丁 S. 2003. 高级产业经济学. 史东辉，等译. 上海：上海财经大学出版社.

潘小军，陈宏民，胥莉. 2008. 基于网络外部性的固定与比例抽成技术许可. 管理科学学报，11（6）：12-17.

沈克慧，赵丹，陈承，等. 2012. 单边随机 R&D 企业最优技术许可策略研究，24（5）：73-79.

泰勒尔 J. 1997. 产业组织理论. 马捷，等译. 北京：中国人民大学出版社.

王怀祖. 2010. 网络外部性下的技术许可策略研究. 重庆大学博士学位论文.

吴延兵. 2005. 创新、溢出效应与社会福利. 产业经济研究，（2）：23-33.

许春，刘奕. 2005. 技术溢出与企业研发政府补贴政策的相机选择. 科学学与科学技术管理，26（1）：25-30.

张元鹏. 2005. 科技创新与最优专利转让方式的选择问题. 经济科学，（2）：109-118.

赵丹，王宗军. 2010. 网络效应与多寡头市场技术许可竞争策略研究. 中国管理科学，18（1）：107-112.

赵丹，钟德强，罗定提. 2008. 企业固定费许可策略与政府 R&D 补贴激励研究. 湖南工业大学学报（社会科学版），22（4）：96-101.

钟德强，罗定提，仲伟俊. 2007a. 异质产品 Cournot 寡头市场技术许可策略分析. 系统工程学报，22（3）：248-255.

钟德强，罗定提，仲伟俊，等. 2007b. 异质产品 Cournot 寡头竞争企业替代技术许可竞争策略分析. 系统工程理论与实践, 27（9）: 24-37.

钟德强, 赵丹, 罗定提. 2008. 具有 R&D 溢出时的企业提成许可策略与政府 R&D 补贴激励. 系统工程, 26（9）: 111-115.

周绍东. 2008. 企业技术创新与政府 R&D 补贴: 一个博弈. 产业经济评论, 7（3）: 38-51.

Amir R, Wooders J. 2000. One-way spillovers, endogenous innovator/imitator roles, and research joint ventures. Games and Economic Behavior, 31（1）: 1-25.

Anderson S P, Neven D J. 1991. Cournot competition yields spatial agglomeration. International Economic Review, 32（4）: 793-808.

Aoki R, Tauman Y. 2001. Patent licensing with spillovers. Economics Letters, 73（1）: 125-130.

Arora A, Fosfuri A. 2003. Licensing the market for technology. Journal of Economic Behavior & Organization, 52（2）: 277-295.

Arora A, Ceccagnoli M. 2006. Patent protection, complementary assets, and firms' incentives for technology licensing. Management Science, 52（2）: 293-308.

Arrow K J. 1962. Economic Welfare and the Allocation of Resources for Innovation. Princeton: Princeton University Press.

Arya A, Mittendorf B. 2006. Enhancing vertical efficiency through horizontal licensing. Journal of Regulatory Economics, 29（3）: 333-342.

Arya A, Mittendorf B, Sappington D E M. 2008. Outsourcing, vertical integration and price vs. quantity competition. International Journal of Industrial Organization, 26（1）: 1-16.

Avenel E, Caprice S. 2006. Upstream market power and product line differentiation in retailing. International Journal of Industrial Organization, 24（2）: 319-334.

Ayres I, Klemperer P. 1999. Limiting patentees' market power without reducing innovation incentives: The perverse benefits of uncertainty and non-injunctive remedies. Michigan Law Review, 97（4）: 985-1033.

Beggs A W. 1992. The licensing of patents under asymmetric information. International Journal of Industrial Organization, 10（2）: 171-191.

Bester H, Petrkis E. 1993. The incentives for cost reduction in a differentiated industry. International Journal of Industrial Organization, 11（4）: 519-534.

Binmore K, Dasqupta P. 1987. The Economics of Bargaining. Cambridge: Blackwell.

Binmore K, Rubinstein A, Wolinsky A. 1986. The Nash bargaining solution in economic modelling. The RAND Journal of Economics, 17（2）: 176-188.

Bonanno G. 1986. Vertical differentiation with Cournot competition. Economic Notes, 15（2）: 68-91.

Bousquet A, Cremer H, Ivaldi M, et al. 1998. Risk sharing in licensing. International Journal of Industrial Organization, 16（5）: 535-554.

Bowley A L. 1924. The Mathematical Groundwork of Economics. Oxford: Oxford University Press.

Brander J A. 1995. Strategic trade policy. Handbook of International Economics, 3: 1395-1455.

Brander J A, Spencer B J. 1985. Export subsidies and market share rivalry. Journal of International Economics, 18（1~2）: 83-100.

Bucovetsky S, Chilton J. 1986. Concurrent renting and selling in a durable-goods monopoly under threat of entry. The RAND Journal of Economics, 17（2）: 261-275.

Bughin J, Vannini S. 1995. Strategic direct investment under unionized oligopoly. International Journal of Industrial Organization, 13（1）: 127-145.

Bulow J. 1982. Durable-goods monopolists. The Journal of Political Economy, 90（2）: 314-332.

Bulow J. 1986. An economic theory of planned obsolescence. The Quarterly Journal of Economics, 101（4）: 729-750.

Caminal R, Matutes C. 1990. Endogenous switching costs in a duopoly model. International Journal of Industrial Organization, 8（3）: 353-373.

Champsaur P, Rochet J C. 1989. Multiproduct duopolists. Journal of the Econometric Society, 57（3）: 533-557.

Chatterji D. 1996. Accessing external sources of technology. Research-Technology Management, 39（2）: 48-56.

Choi J P. 2001. Technology transfer with moral hazard. International Journal of Industrial Organization, 19（1~2）: 249-266.

Choi J P. 2010. Patent pools and cross-licensing in the shadow of patent litigation. International Economic Review, 51（2）: 441-460.

Cohen W M, Levinthal D A. 1989. Innovation and learning: the two faces of R & D. The Economic Journal, 99（397）: 569-596.

Corbett M. 2004. The Outsourcing Revolution: Why It Makes Sense and How to Do It Right. Chicago: Dearborn Trade Publishing.

Crampes C, Langinier C. 2002. Litigation and settlement in patent infringement cases. The RAND Journal of Economics, 33（2）: 258-274.

Crama P, Reyck B D, Degraeve Z. 2008. Milestone payments or royalties? Contract design for R&D licensing. Operations Research, 56（6）: 1539-1552.

Dasgupta P, Stiglitz J. 1980. Uncertainty, industrial structure, and the speed of R&D. The Bell Journal of Economics, 11（1）: 1-28.

d'Aspremont C, Jacquemin A. 1988. Cooperative and noncooperative R & D in duopoly with spillovers. The American Economic Review, 78（5）: 1133-1137.

Davidson C, Segerstrom P. 1998. R&D subsidies and economic growth. The RAND Journal of Economics, 29（3）: 548-577.

de Fraja G. 1996. Product line competition in vertical differentiated markets. International Journal of Industrial Organization, 14（3）: 389-414.

Dixit A. 1979. A model of duopoly suggesting a theory of entry barriers. Bell Journal of Economics, 10（1）: 20-32.

Dixit A, Stiglitz J E. 1977. Monopolistic competition and optimum product diversity. American Economic Review, 67（3）: 297-308.

Dunlop J T. 1944. Wage Determination Under Trade Union. New York: Macmillan.

Economides N. 1996. The economics of networks. International Journal of Industrial Organization, 14（6）: 673-699.

Encaoua D, Hollander A. 2002. Competition policy and innovation. Oxford Review of Economic Policy, 18 (1): 63-79.

Erkal N. 2005. Optimal Licensing Policy in Differentiated Industries . The Economic Record, 81(3): 51-60.

Erutku C, Richelle Y. 2000. Licensing a non-drastic technological headstart through linear contracts. Unpublished Ph D. Dissertation, Universite Laval.

Eswaran M. 1994. Cross-licensing of competing patents as a facilitating device . Canadian Journal of Economics, 27 (3): 689-708.

Fan C, Zhang Z. 2002. R&D subsidy and international licensing.

Farrell J, Saloner G. 1986. Installed base and compatibility: innovation, product preannouncements, and predation. American Economic Review, 76 (5): 940-955.

Farrell J, Merges R P. 2004. Incentives to challenge and defend patents: why litigation won't reliably fix patent office errors and why administrative patent review might help. Berkeley Technology Law Journal, 19 (3): 943-970.

Farrell J, Shapiro C. 2008. How strong are weak patents? The American Economic Review, 98(4): 1347-1369.

Fauli-Oller R, Sandonis J. 2002. Welfare reducing licensing. Games and Economic Behavior, 41(2): 192-205.

Fauli-Oller R, Sandonis J. 2003. To merger or to license: implications for competition policy. International Journal of Industrial Organization, 21 (5): 655-672.

Fershtman C, Kamien M I. 1987. Dynamic duopolistic competition with sticky prices. Econometrica, 55 (55): 1151-1164.

Fershtman C, Kamien M I. 1992. Cross licensing of complementary technologies . International Journal of Industrial Organization, 10 (3): 329-348.

Février P, Linnemer L. 2004. Idiosyncratic shocks in an asymmetric Cournot oligopoly. International Journal of Industrial Organization, 22 (6): 835-848.

Filippini L. 2002. Process innovation and licensing. Working Paper, Italy.

Filippini L. 2005. Licensing contract in a Stackelberg model. The Manchester School, 73 (5): 582-598.

Fosfuri A. 2004. Optimal licensing strategy: royalty or fixed fee? International Journal of Business and Economics, 3 (1): 13-19.

Fudenberg D, Gilbert R, Stiglitz J, et al. 1983. Preemption, leapfrogging and competition in patent races. European Economic Review, 2 (1): 3-31.

Gallini N T. 1984. Deterrence by market sharing: a strategic incentive for licensing. American Economic Review, 74 (5): 931-941.

Gallini N T, Winter R A. 1985. Licensing in the theory of innovation. The RAND Journal of Economics, 16 (2): 237-252.

Gallini N T, Wright B D. 1990. Technology transfer under asymmetric information. The RAND Journal of Economics, 21 (1): 147-160.

Giebe T, Wolfstetter E. 2008. License auctions with royalty contracts for（winners and）losers. Games & Economic Behavior, 63（1）: 91-106.

Gilbert R J, Newbery D M G. 1982. Preemptive patenting and the persistence of monopoly. The American Economic Review, 72（3）: 514-526.

Gilbert R, Vives X. 1986. Entry deterrence and the free rider problem. The Review of Economic Studies, 53（1）: 71-83.

Gilder G. 2000. Telecosm: How Infinite Bandwidth Will Revolutionize Our World. New York: Free Press.

Green J, Scotchmer S. 1995. On the division of profits in sequential innovation. The RAND Journal of Economics, 26（1）: 20-33.

Griliches Z. 1991. The search for R&D spillovers. Scandinavian Journal of Economics, 94（supplement）: 29-47.

Grossman G M, Shapiro C. 1987. Dynamic R & D competition. The Economic Journal, 97（386）: 372-387.

Guellec D, van Pottelsberghe B. 2007. The European Patent System at the Crossroad. Oxford: Oxford University Press.

Hackner J. 2000. A note on price and quantity competition in differentiated oligopolies. Journal of Economic Theory, 93（2）: 233-239.

Harris C, Vickers J. 1985a. Patent races and the persistence of monopoly. The Journal of Industrial Economics, 33（4）: 461-481.

Harris C, Vickers J. 1985b. Perfect equilibrium in a model of a race. The Review of Economic Studies, 52（2）: 193-209.

Harris C, Vickers J. 1987. Racing with uncertainty. The Review of Economic Studies, 54（1）: 1-21.

Haucap J, Wey C. 2004. Unionization structures and innovation incentives. The Economic Journal, 114（3）: 149-165.

Henderson R, Cockburn I. 1996. Scale, scope, and spillovers: the determinants of research productivity in drug discovery. The RAND Journal of Economics, 27（1）: 32-59.

Hinloopen J. 2001. Subsidizing R&D cooperatives. De Economist, 149（3）: 313-345.

Howells J. 2008. New directions in R&D: current and perspective challenges. R&D Management, 38（3）: 241-252.

Hujer R, Radic D. 2005. Evaluating the impacts of subsidies on innovation activities in Germany. Scottish Journal of Political Economy, 52（4）: 565-586.

Hunt R M. 2001. You can patent that? Are patents on computer programs and business methods good for the new economy? Business Review, 1（Q1）: 5-15.

Iversen T. 1998. Wage bargaining, central bank independence and the real effects of money. International Organization, 52（3）: 469-504.

Judd K L. 2013. Closed-loop equilibrium in a multi-stage innovation race. Economic Theory, 21（2~3）: 673-695.

Kabiraj T. 1993. Tariffs versus licensing in the presence of fixed costs. Journal of International Trade &

Economic Development, 2 (1): 27-41.

Kabiraj T. 2004. Patent licensing in a leadership structure . The Manchester School, 72(2): 188-205.

Kabiraj T. 2005. Technology transfer in a Stackelberg structure: licensing contracts and welfare . The Manchester School, 73 (1): 1-28.

Kabiraj T, Marjit S. 1992. Technology and price in a non-cooperative framework. International Review of Economics & Finance, 1 (4): 371-378.

Kabiraj T, Marjit S. 1993. International technology transfer under potential threat of entry: a Cournot-Nash framework. Journal of Development Economics, 42 (1): 75-88.

Kabiraj T, Marjit S. 2003. Protecting consumers through protection: the role of tariff-induced technology transfer. European Economic Review, 47 (1): 113-124.

Kamien M I. 1992. Patent licensing//Aumann R, Jhart S. Handbook of Game Theory with Economic Applications. Amsterdam: Elsevier: 331-354.

Kamien M I, Tauman Y. 1984. The private value of a patent: a game theoretic analysis. Journal of Economics, 4 (Supplement): 93-118.

Kamien M I, Tauman Y. 1986. Fees versus royalties and the private value of a patent. Quarterly Journal of Economics, 101 (3): 471-492.

Kamien M I, Tauman Y. 2002. Patent licensing: the inside story . The Manchester School, 70 (1): 7-15.

Kamien M I, Oren S, Tauman Y. 1992. Optimal licensing of cost reducing innovation. Journal of Mathematical Economics, 21 (5): 483-508.

Katz M L, Shapiro C. 1985a. Network externalities, competition and compatibility. American Economic Review, 75 (3): 424-440.

Katz M L, Shapiro C. 1985b. On the licensing of an innovation. The RAND Journal of Economics, 16 (4): 504-520.

Katz M L, Shapiro C. 1986a. How to license intangible property. Quarterly Journal of Economics, 101 (3): 567-590.

Katz M L, Shapiro C. 1986b. Technological adoption in the presence of network externalities. Journal of Political Economics, 94 (4): 822-841.

Katz M L, Shapiro C. 1987. R & D rivalry with licensing or imitation. The American Economic Review, 77 (77): 402-420.

Katz M L, Shapiro C. 1992. Product introduction with network externalities. Journal of Industrial Economics, 40 (1): 55-83.

Kimmel S. 1992. Effects of cost changes on oligopolists' profits. The Journal of Industrial Economics, 40 (40): 441-449.

Klemperer P. 1987. Markets with consumer switching costs. The quarterly journal of economics, 102 (2): 375-394.

Kreps D M, Scheinkman J A. 1983. Quantity precommitment and Bertrand competiton yield Cournot outcomes . The Bell Journal of Economics, 14 (2): 326-337.

Lanjouw J O, Schankerman M. 2001. Characteristics of patent litigation: a window on competition.

The RAND Journal of Economics, 32（1）: 129-151.

Lanjouw J O, Schankerman M. 2004. Protecting intellectual property rights: are small firms handicapped? Journal of Law and Economics, 47（1）: 45-74.

Layard R, Nickell S, Jackman R. 1991. Unemployment, Macroeconomic Performance and the Labor Market. Oxford: Oxford University Press.

Leahy D, Montagna C. 2000. Unionisation and foreign direct investment: challenging conventional wisdom? The Economic Journal, 110（3）: 80-92.

Lee T, Wilde L L. 1980. Market structure and innovation: a reformulation. The Quarterly Journal of Economics, 94（2）: 429-436.

Lemley M A, Shapiro C. 2005. Probabilistic patents. The Journal of Economic Perspectives, 19（2）: 75-98.

Lemley M A, Shapiro C. 2007. Patent holdup and royalty stacking. Texas Law Review, 85（7）: 1991-2049.

Li C Y, Geng X. 2008. Licensing to a durable-good monopoly. Economic Modeling, 25（5）: 876-884.

Li C Y, Song J. 2009. Technology licensing in a vertically differentiated duopoly. Japan and the World Economy, 21（2）: 183-190.

Li C Y, Wang J M. 2010. Licensing a vertical product innovation. Economic Record, 86（275）: 517-527.

Liao C, Sen D. 2005. Subsidy in licensing: optimality and welfare implications. The Manchester School, 73（3）: 281-299.

Lin L, Kulatilaka N. 2006. Network effects and technology licensing with fixed fee, royalty and hybrid contracts. Journal of Management Information Systems, 23（2）: 91-118.

Lin P. 1996. Fixed-fee licensing of innovations and collusion . The Journal of Industrial Economics, 44（4）: 443-449.

Lin P, Saggi K. 2002. Product differentiation, process R&D, and the nature of market competition. European Economic Review, 46（1）: 201-211.

Lin T P, Sherman J K, Willett E L. 1957. Survival of unfertilized mouse eggs in media containing glycerol and glycine. Journal of Experimental Zoology, 134（2）: 275-291.

Lipman J. 1990. Scents that encourage buying couldn't smell sweeter to stores. The Wall Street Journal, 9: 5.

López M C, Naylor R A. 2004. The Cournot-Bertrand profit differential: a reversal result in a differentiated duopoly with wage bargaining. European Economic Review, 48（3）: 681-696.

Lunn J. 1987. An empirical analysis of firm process and product patenting. Applied Economics, 19（6）: 743-751.

Macho-Stadler I, Pérez-Castrillo J D. 1991. Moral hazard and cooperation. Economics Letters, 35（1）: 17-20.

Macho-Stadler I, Martinez-Giralt X, Pérez-Castrillo J D. 1996. The role of information in licensing contract design. Research Policy, 25（1）: 43-57.

Mansfield E. 1968. Industrial Research and Technological Innovation: An Econometric Analysis.

New York：Norton.

Mansfield E. 1985. How rapidly does new industrial technology leak out. Journal of Industrial Economics, 34（2）：217-223.

Marjit S. 1990. On a non-cooperative theory of technology transfer. Economics Letters, 33（3）：293-298.

Martin S. 2004. Advanced Industrial Economics. 2nd ed. Oxford：Blackwell Publishing Ltd.

Milgrom P, Roberts J. 1987. Informational asymmetries, strategic behavior, and industrial organization. The American Economic Review, 77（2）：184-193.

Motta M. 1993. Endogenous quality choice：price vs. quantity competition. The Journal of Industrial Economics, 41（2）：113-131.

Mukherjee A. 2001b. Technology transfer with commitment. Economic Theory, 17（2）：345-369.

Mukherjee A. 2002. Subsidy and entry：the role of licensing. Oxford Economic Papers, 54（1）：160-171.

Mukherjee A. 2003. Licensing in a vertically separated industry. Working Paper, University of Nottingham.

Mukherjee A. 2005b. Innovation, licensing and welfare. The Manchester School, 73（1）：29-39.

Mukherjee A. 2007. Optimal licensing contract in an open economy. Economics Bulletin, 12（3）：1-6.

Mukherjee A. 2010a. Competition and welfare：the implications of licensing. The Manchester School, 78（1）：20-40.

Mukherjee A. 2010b. Licensing a new product：fee vs. royalty licensing with unionized labor market. Labor Economics, 17（4）：735-742.

Mukherjee A, Balasubramanian N. 2001. Technology transfer in horizontally differentiated product market. Research in Economics, 55（3）：257-274.

Mukherjee A, Mukherjee S. 2005. Foreign competition with licensing. The Manchester School, 73（6）：653-663.

Mukherjee A, Pennings E. 2006. Tariffs, licensing and market structure. European Economic Review, 50（7）：1699-1707.

Muto S. 1993. On licensing policies in Bertrand competition . Games and Economic Behavior, 5(2)：257-267.

Nagaoka S, Kwon H U. 2006. The incidence of cross-licensing：a theory and new evidence on the firm and contract level determinants . Research Policy, 35（9）：1347-1361.

Nash J. 1950. The bargaining problem. Econometrica, 18（2）：155-162.

Oswald A J. 1982. The microeconomic theory of the trade union. The Economic Journal, 92（3）：576-595.

Pastor M, Sandonís J. 2002. Research joint ventures vs. cross licensing agreements：an agency approach . International Journal of Industrial Organization, 20（2）：215-249.

Petsas I, Giannikos C. 2005. Process versus product innovation in multi product firms . International Journal of Business and Economics, 4（3）：231-248.

Poddar S, Sinha U B. 2002. The role of fixed fee and royalty in patent licensing. Working Paper, National University of Singapore.

Poddar S, Sinha U B. 2004. On the patent licensing in spatial competition. The Economic Record, 80 (2): 208-218.

Poddar S, Sinha U B. 2010. Patent licensing from a high-cost to a low-cost firm. Economic Record, 86 (3): 384-395.

Posner R. 1975. The social costs of monopoly and regulation. Journal of Political Economics, 83(4): 807-828.

Qiu L D. 1997. On the dynamic efficiency of Bertrand and Cournot equilibria. Journal of Economic Theory, 75 (1): 213-329.

Reinganum J F. 1982. A dynamic game of R and D: Patent protection and competitive behavior. Econometrica: Journal of the Econometric Society, 50 (3): 671-688.

Reinganum J F. 1984. Practical implications of game theoretic models of R&D. The American Economic Review, 74 (2): 61-66.

Rockett K E. 1990a. Choosing the competition and patent licensing. The RAND Journal of Economics, 21 (1): 161-172.

Rockett K E. 1990b. The quality of licensed technology. International Journal of Industrial Organization, 8 (4): 559-574.

Rockett K E. 2010. Property rights and invention. Handbook of the Economics of Innovation, 1: 315-380.

Rostoker M. 1984. A survey of corporate licensing. IDEA: Journal of Law and Technology, 24(2): 59-92.

Roth A E. 1979. Axiomatic Models of Bargaining. Oxford: Springer.

Rubinstein A. 1982. Perfect equilibrium in a bargaining model. Econometrica: Journal of the Econometric Society, 50 (1): 97-109.

Saggi K. 1996. Entry into a foreign market: foreign direct investment versus licensing. Review of International Economics, 4 (1): 99-104.

Saggi K. 1999. Foreign direct investment, licensing, and incentives for innovation. Review of International Economics, 7 (4): 699-714.

Saracho A I. 2002. Patent licensing under strategic delegation. Journal of Economics and Management Strategy, 11 (2): 225-251.

Schumpeter J A. 1934. The Theory of Economic Development: An Inquiry into Profits, Capital, Credit, Interest, and the Business Cycle. Piscataway: Transaction publishers.

Schwartz B. 1989. Psychology of Learning and Behavior. New York: Norton & Company.

Scotchmer S. 2004. Innovation and Incentives. Cambrige: MIT press.

Sen D. 2002. Monopoly profit in a Cournot oligopoly. Economics Bulletin, 4 (6): 1-6.

Sen D. 2005a. Fee versus royalty reconsidered. Games and Economic Behavior, 53 (1): 141-147.

Sen D. 2005b. On the coexistence of different licensing schemes. International Review of Economics and Finance, 14 (4): 393-413.

Sen D, Tauman Y. 2007. General licensing scheme for a cost-reducing innovation. Games and Economic Behavior, 59 (1): 163-186.

Sen D, Stamatopoulos G. 2009. Technology transfer under returns to scale. The Manchester School, 77 (3): 337-365.

Shaked A, Sutton J.1982. Relaxing prior competition through product differentiation. Review of Economic Studies, 49: 3-14.

Shaked A, Sutton J. 1983. Natural oligopolies. Econometrica, 51: 1469-1483.

Shaked A, Sutton J. 1984. Involuntary unemployment as a perfect equilibrium in a bargaining model. Econometrica: Journal of the Econometric Society, 52 (6): 1351-1364.

Shapiro C. 1985. Patent licensing and R&D rivalry. American Economics Review Proceedings, 75 (2): 25-30.

Shy O. 2001. The economics of Network Industries. Cambridge: Cambridge University Press.

Singh N, Vives X. 1984. Price and quantity competition in a differentiated duopoly . The RAND Journal of Economics, 15 (4): 546-554.

Spencer B J, Brander J A. 1983. International R&D rivalry and industrial strategy. Review of Economic Studies, 50 (4): 707-722.

Stamatopoulos G, Tauman Y. 2008. Licensing of a quality-improving innovation . Mathematical Social Sciences, 56 (3): 410-438.

Symeonidis G. 2003. Comparing Cournot and Bertrand equilibria in a differentiated duopoly with product R&D. International Journal of Industrial Organization, 21 (1): 39-55.

Taylor C T, Silberston Z A. 1973. The Economic Impact of the Patent System. Cambridge: Cambridge University Press.

Tirole J. 1988. The Theory of Industrial Organization. Cambridge: The MIT Press.

Tombak M. 2003. Licensing rivals: the choice between discrimination and bargaining power. Toronto, Working Paper.

Tufano P. 1989. Financial innovation and first mover advantages. Journal of Financial Economics, 25 (2): 213-240.

Vannini S, Bughin J. 2000. To be (unionized) or not to be? A case for cost raising strategies under Cournot oligopoly. European Economic Review, 44 (9): 1763-1781.

Vickers J. 1986. The evolution of market structure when there is a sequence of innovations. The Journal of Industrial Economics, 35 (1): 1-12.

Waldman M. 1993. A new perspective on planned obsolescence. The Quarterly Journal of Economics, 108 (1): 273-283.

Waldman M. 1996. Planned obsolescence and the R&D decision. The RAND Journal of Economics, 27 (3): 583-595.

Wang H. 1998. Fee versus royalty licensing in a Cournot duopoly model. Economics Letters, 60(1): 55-62.

Wang H. 2002. Fee versus royalty licensing in a differentiated Cournot duopoly. Journal of Economics and Business, 54 (2): 253-266.

Wang X H，Yang B Z. 1999. On licensing under Bertrand competition. Australian Economic Papers，38（2）：106-119.

Weinstock J. 1982. Nonlinear theory of gravity waves：momentum deposition，generalized Rayleigh friction，and diffusion. Journal of the Atmospheric Sciences，39（8）：1698-1710.

Weinstock J. 1984. Gravity wave saturation and eddy diffusion in the middle atmosphere. Journal of atmospheric and terrestrial physics，46（11）：1069-1082.

Weng M H. 2006. Essays on patent licensing. Ph D. Dissertation，Stony Brook University.

Zanchettin P. 2006. Differentiated duopoly with asymmetric costs. Journal of Economics and Management Strategy，15（4）：999-1015.

Zhao D，Chen H. 2013. Product quality or network effects，which factor drives the success of network markets？A game-theoretic analysis. SSRN Working Paper.

Zhao D，Chen H，Hong X，et al. 2014. Technology licensing contracts with network effects. International Journal of Production Economics，158：136-144.

附录 1 第 3 章的相关证明

1. 命题 3-1 的证明

下游的 n 家企业均接受许可契约是一个 Nash 均衡，当且仅当：

$$\pi^e(n,c-\varepsilon+r)-F \geqslant \theta\pi^i(n-1,c-\varepsilon+r)+(1-\theta)\pi^e(n,c-\varepsilon)$$

对以上不等式进行重新整理，可得到

$$F \leqslant \pi^e(n,c-\varepsilon+r)-\theta\pi^i(n-1,c-\varepsilon+r)-(1-\theta)\pi^e(n,c-\varepsilon)$$

即

$$F \leqslant \vartheta_n(r,\theta)$$

$n-1$ 家企业接受许可契约，剩下的 1 家不接受许可为第二阶段的一个 Nash 均衡，当且仅当[①]：

$$\theta\pi^i(n-1,c-\varepsilon+r)+(1-\theta)\pi^e(n,c-\varepsilon) \geqslant \pi^e(n,c-\varepsilon+r)-F \quad （3-12）$$

以及

$$\begin{aligned}&\theta\left[\pi^e(n-1,c-\varepsilon+r)-F\right]+(1-\theta)\pi^e(n,c-\varepsilon)\\&\geqslant \theta\pi^i(n-2,c-\varepsilon+r)+(1-\theta)\pi^e(n,c-\varepsilon)\end{aligned} \quad （3-13）$$

条件（3-12）意味着不接受许可且挑战专利有效性的一家企业不能够发现其可通过单方面偏离其行为而采取接受许可使之获益。条件（3-13）则意味着这 $n-1$ 家接受许可契约的企业同样不能通过单方面偏离其行为而采取拒绝许可使之更优。当接受许可契约的企业少于 n 家时，诉讼发生。此时专利持有方的弱专利以 θ 的概率被判有效，以 $1-\theta$ 的概率被判无效。在弱专利被判决有效时，受许方企业支付固定费 F 和单位提成。在弱专利被判决无效时，挑战方以及之前已签订许可契约的受许方都将免费使用专利，且具有相同的利润函数 $\pi^e(n,c-\varepsilon)$。由条件（3-12）和条件（3-13）可得到此时的固定费 F 的取值范围：

$$\begin{aligned}&\pi^e(n,c-\varepsilon+r)-\theta\pi^i(n-1,c-\varepsilon+r)-(1-\theta)\pi^e(n,c-\varepsilon)\\&\leqslant F \leqslant \pi^e(n-1,c-\varepsilon+r)-\pi^i(n-2,c-\varepsilon+r)\end{aligned} \quad （3-14）$$

---

① 附录中公式序号与正文相关联。

即

$$\vartheta_n(r,\theta) \leqslant F \leqslant F_{n-1}(r)$$

对于任意的 $\theta \in [0,1]$，由假定 3-6 可得 $\vartheta_n(r,\theta) \leqslant \vartheta_n(r,1) = F_n(r) \leqslant F_{n-1}(r)$。此条件保证了区间 $\left[\vartheta_n(r,\theta), F_{n-1}(r)\right]$ 非空集。

只有 k 家企业（$k \in \{1,2,\cdots,n-2\}$）接受许可契约为第二阶段的一个 Nash 均衡，当且仅当：

$$\theta\left[\pi^e(k,c-\varepsilon+r)-F\right]+(1-\theta)\pi^e(n,c-\varepsilon) \tag{3-15}$$
$$\geqslant \theta\pi^i(k-1,c-\varepsilon+r)+(1-\theta)\pi^e(n,c-\varepsilon)$$

$$\theta\pi^i(k,c-\varepsilon+r)+(1-\theta)\pi^e(n,c-\varepsilon) \tag{3-16}$$
$$\geqslant \theta\left[\pi^e(k+1,c-\varepsilon+r)-F\right]+(1-\theta)\pi^e(n,c-\varepsilon)$$

条件（3-15）意味着接受许可的 k 家企业没有一方可以单独通过拒绝许可契约来偏离均衡状态使之更优，而条件（3-16）则意味着剩下的 $n-k$ 家拒绝接受许可的企业同样不能单方面的通过接受许可契约来偏离均衡状态而使自己更优。由条件（3-15）和条件（3-16）可得到此时的固定费 F 的大小不取决于 θ，且其取值范围为

$$\pi^e(k+1,c-\varepsilon+r)-\pi^i(k,c-\varepsilon+r) \leqslant F \leqslant \pi^e(k,c-\varepsilon+r)-\pi^i(k-1,c-\varepsilon+r)$$
$$\tag{3-17}$$

即

$$F_{k+1}(r) \leqslant F \leqslant F_k(r)$$

最后，没有一家企业接受许可契约为第二阶段的一个 Nash 均衡，当且仅当：

$$\theta\pi^i(0,c-\varepsilon+r)+(1-\theta)\pi^e(n,c-\varepsilon) \tag{3-18}$$
$$\geqslant \theta\left[\pi^e(1,c-\varepsilon+r)-F\right]+(1-\theta)\pi^e(n,c-\varepsilon)$$

即

$$F \geqslant \pi^e(1,c-\varepsilon+r)-\pi^i(0,c-\varepsilon+r) = F_1(r)$$

到此已完整地证明了命题 3-1。

2. 推论 3-1 的证明

结合命题 3-1 的结论，在 $F=0$ 的情况下可得引理 3-1 中两种可能的结论。

3. 引理 3-1 的证明

令 $A(r,\theta) = \pi^e(n,c-\varepsilon+r)-(1-\theta)\pi^e(n,c-\varepsilon)$，考虑对于任意的 $\theta \in [0,\hat{\theta}]$，$A(r,\theta)=0$ 时提成率 r 的取值。任意的 $r \in [0,\hat{r}]$，因为 $A(0,\theta)=\theta\pi^e(n,c-\varepsilon) \geqslant 0$ 以及对于 $\theta \in [0,\hat{\theta}]$，有 $A(\hat{r},\theta)=(\theta-\hat{\theta})\pi^e(n,c-\varepsilon) \leqslant 0$。又根据假定 3-2 和假定 3-4

可知，$A(r,\theta)$ 在关于 $r \in [0,\hat{r}]$ 的区间上连续且严格单调递减，于是由中值定理可知在 $r \in (0,\hat{r})$ 上存在唯一解 $r_1(\theta)$ 使 $A(r,\theta)=0$。而且由假定 3-2 可知 $A(r,\theta)$ 连续可导。于是我们由隐函数定理可知 $r_1(\theta)$ 在 $[0,\hat{\theta}]$ 上可微，且 $r_1'(\theta)=\dfrac{-\pi^e(n,c-\varepsilon)}{\pi_2^e(n,c-\varepsilon+r_1(\theta))}$。又由假定 3-4 可知，$\pi_2^e(n,c-\varepsilon+r_1(\theta))<0$，故有 $r_1'(\theta)>0$。因此 $r_1'(\theta)$ 在 $[0,\hat{\theta}]$ 上单调递增，而且有 $r_1(0)=0$，$r_1(\hat{\theta})=\hat{r}$。这就证明了引理 3-1 的结论。

4. 引理 3-2 的证明

考虑对于任意的 $\theta \in [\hat{\theta},1]$，$\vartheta_n(r,\theta)=0$ 时提成率 r 的取值。其中 $\vartheta_n(r,\theta)=\pi^e(n,c-\varepsilon+r)-\theta\pi^i(n-1,c-\varepsilon+r)-(1-\theta)\pi^e(n,c-\varepsilon)$ 在任意的 $r \in [0,\varepsilon]$ 上连续且单调递减（根据假定 3-1~假定 3-3）。又因为对于 $\theta \in [\hat{\theta},1]$，$\vartheta_n(\hat{r},\theta)=(\theta-\hat{\theta})\pi^e(n,c-\varepsilon)\geqslant 0$，$\vartheta_n(\varepsilon,\theta)=(1-\theta)[\pi^e(n,c)-\pi^e(n,c-\varepsilon)]\leqslant 0$。于是由中值定理可知在 $r \in (\hat{r},\varepsilon)$ 上存在唯一解 $r_2(\theta)$ 使 $\vartheta_n(r,\theta)=0$。而且由假定 3-2 可知 $\vartheta_n(r,\theta)$ 连续可导。同样利用隐函数定理可知 $r_2(\theta)$ 在 $[\hat{\theta},1]$ 上可微，且

$$r_2'(\theta)=\frac{\pi^i(n-1,c-\varepsilon+r_2(\theta))-\pi^e(n,c-\varepsilon)}{\pi_2^e(n,c-\varepsilon+r_2(\theta))-\theta\pi_2^i(n-1,c-\varepsilon+r_2(\theta))} \tag{3-19}$$

由假定 3-3 和假定 3-4 可知，$\pi_2^e(n,c-\varepsilon+r_2(\theta))-\theta\pi_2^i(n-1,c-\varepsilon+r_2(\theta))<0$。又因为 $\pi^i(n-1,c-\varepsilon+r_2(\theta))\leqslant\pi^i(n,c-\varepsilon+r_2(\theta))=\pi^e(n,c-\varepsilon+r_2(\theta))<\pi^e(n,c-\varepsilon)$，故有 $r_2'(\theta)>0$。因此 $r_2'(\theta)$ 在 $[\hat{\theta},1]$ 上单调递增，而且有 $r_2(\hat{\theta})=\hat{r}$，$r_2(1)=\varepsilon$。这就证明了引理 3-2 的结论。

5. 命题 3-2 的证明

分以下两种情况进行讨论。

（1）$\theta \in [0,\hat{\theta}]$。首先考虑提成率 $r \leqslant \hat{r}$。在这种情况下，不等式（3-1）等价于 $A(r,\theta)\geqslant 0$。既然 $A(r,\theta)$ 是提成率 r 的减函数，则当且仅当 $r \leqslant r_1(\theta)$ 时，有 $A(r,\theta)\geqslant 0$。若提成率 $r>\hat{r}$，既然 $\vartheta_n(r,\theta)$ 和 $A(r,\theta)$ 都是关于提成率 r 的减函数，且 $r_1(\theta)\leqslant\hat{r}$，则有 $\vartheta_n(r,\theta)\leqslant\vartheta_n(\hat{r},\theta)=A(\hat{r},\theta)<A(r_1(\theta),\theta)=0$，即在 $r>\hat{r}$ 时并非所有企业都愿意接受许可。因此对于 $\theta \in [0,\hat{\theta}]$，不等式（3-1）成立，当且仅当 $r \leqslant \min\{\hat{r},r_1(\theta)\}=r_1(\theta)$。

（2）$\theta \in [\hat{\theta},1]$。首先考虑提成率 $r \leqslant \hat{r}$。在这种情况下，不等式（3-1）等价于 $A(r,\theta)\geqslant 0$。既然 $\vartheta_n(r,\theta)$ 和 $A(r,\theta)$ 都是关于提成率 r 的减函数，且 $r_2(\theta)>\hat{r}$，则有 $A(r,\theta)\geqslant A(\hat{r},\theta)=\vartheta_n(\hat{r},\theta)>\vartheta_n(r_2(\theta),\theta)=0$，此时所有的企业均接受许可报

价。若提成率 $r > \hat{r}$。因为 $\vartheta_n(r,\theta)$ 是提成率 r 的减函数，所以只有 $r \leq r_2(\theta)$ 时，$\vartheta_n(r,\theta) \geq 0$。因此对于任意的 $\theta \in [\hat{\theta},1]$，不等式（5-1）成立当且仅当 $r \leq \max\{\hat{r}, r_2(\theta)\} = r_2(\theta)$。综上所述，命题 3-2 的结论可得。

6. 引理 3-3 的证明

此解的存在性和唯一性的证明过程与引理 3-1 的证明相似。然而和引理 3-1 中不同的是，这里的证明不需限制 $\theta \in [\hat{\theta},1]$ 的区间去得到可微的性质。由假定 3-2 可知，$\pi^i(n-1,c-\varepsilon+r)$ 对于 $r \in [0,\varepsilon]$ 是可微的。而这就确保了 $\vartheta_n(r,\theta)$ 在 $r \in [0,\varepsilon]$ 上也是可微的，进而根据隐函数定理可得到 $r_2(\theta)$ 在区间 $[0,1]$ 上可微且 $r_2(\hat{\theta})$ 的表达式由式（3-19）给出。因此可得出 $r_2(\theta)$ 在 $[0,1]$ 上单调递增，且有 $r_2(0) = 0$，$r_2(1) = \varepsilon$。

7. 命题 3-3 的证明

对于 $\theta \in [0,1]$，当且仅当：① $\vartheta_n(r,\theta) = \vartheta_n(r_2(\theta),\theta) = 0$，这相当于 $r \leq r_2(\theta)$，因为 $\vartheta_n(r,\theta)$ 是关于提成率 r 的减函数。② $0 \leq F \leq \vartheta_n(r,\theta)$。

8. 引理 3-4 的证明

$$\bar{r}_n(\theta) = \arg\max_{0 \leq r \leq \varepsilon} P(r,\theta) = \arg\max_{0 \leq r \leq \varepsilon} n\left[rq^e(n,c-\varepsilon+r) + \vartheta_n(r,\theta)\right]$$

$$= \arg\max_{0 \leq r \leq \varepsilon} n\Big[rq^e(n,c-\varepsilon+r) + F_n(r)$$

$$+ (1-\theta)\Big[\pi^i(n-1,c-\varepsilon+r) - \pi^e(n,c-\varepsilon)\Big]\Big]$$

若 $\bar{r}_n(\theta) \in [0,\varepsilon]$，则一阶条件 $\dfrac{\partial P(\bar{r}_n(\theta),\theta)}{\partial r} = 0$ 成立。并对其一阶条件求关于

专利有效性 θ 的导数，得到 $\dfrac{\mathrm{d}\bar{r}_n(\theta)}{\mathrm{d}\theta} = -\dfrac{\dfrac{\partial P(\bar{r}_n(\theta),\theta)}{\partial\theta\partial r}}{\dfrac{\partial^2 P(\bar{r}_n(\theta),\theta)}{\partial r^2}}\theta = \dfrac{\dfrac{\partial\pi^i(n-1,c-\varepsilon+r)}{\partial r}\Big|_{r=\bar{r}_n(\theta)}}{\dfrac{\partial^2 P(\bar{r}_n(\theta),\theta)}{\partial r^2}}$。

由假定 3-3 可知 $\dfrac{\partial\pi^i(n-1,c-\varepsilon+r)}{\partial r}\Big|_{r=\bar{r}_n(\theta)}$ 非负。而 P 又是关于提成率 r 的凹函数，因此 $\dfrac{\mathrm{d}\bar{r}_n(\theta)}{\mathrm{d}\theta} \leq 0$。

为了更加严格地证明 $\bar{r}_n(\theta)$ 是 θ 的非严格减函数，剩下需要证明的是，若 $\bar{r}_n(\theta) = 0$ 时，对于任意的 $\theta' \geq \theta$，有 $\bar{r}_n(\theta') = 0$。考虑 $\theta' \geq \theta$ 时的情况，可以得到 $P(r,\theta') - P(r,\theta) = (\theta-\theta')\pi^i(n-1,c-\varepsilon+r)$。又由假定 3-3 可知，$\pi^i(n-1,c-\varepsilon+r) \geq 0$。因此 $P(r,\theta') - P(r,\theta) \leq 0$，即此时存在 $\bar{r}_n(\theta') = 0$。综上所述，可知 $\bar{r}_n(\theta')$ 是 θ

的非严格减函数。

9. 命题 3-4 的证明

因为 $rq^{e}(n,c-\varepsilon+r)+\vartheta_{n}(r,\theta)$ 是提成率 r 的严格凹函数，故有最优的提成率 $r_{n}^{*}(\theta)=\min\{r(\theta),\bar{r}_{n}(\theta)\}$。又因为 $r(\theta)$ 在区间 $[0,1]$ 上是严格增函数，且 $r(0)=0$，$r(1)=\varepsilon$。同时 $\bar{r}_{n}(\theta)$ 在区间 $[0,1]$ 上是非严格减函数，且 $\bar{r}_{n}(1)\leqslant\varepsilon$。这就存在 $\bar{\theta}\in[0,1]$，使 $\theta\leqslant\bar{\theta}$，有 $r_{n}^{*}(\theta)=r(\theta)$。$\theta>\bar{\theta}$，有 $r_{n}^{*}(\theta)=\bar{r}_{n}(\theta)$。又 $F_{n}^{*}(\theta)=\vartheta_{n}(r_{n}^{*}(\theta),\theta)$，这就得到了命题 3-4 的结论。

10. $s(\theta)$ 存在性和唯一性证明

考虑 $\theta\leqslant\tilde{\theta}$，$s(\theta)$ 的存在性和唯一性可通过以下三步来证明：①函数 $g(r,\theta)=nrq^{e}(n,c-\varepsilon+r)$ 在 $r\in[0,\tilde{r}]$ 上连续且严格单调递增。这是因为对于任意的 $\theta\leqslant\bar{\theta}$，$P(r,\theta)=n[rq^{e}(n,c-\varepsilon+r)+\vartheta_{n}(r,\theta)]$ 在 $r\in[0,r(\theta)]$ 上严格单调递增，$\vartheta_{n}(r,\theta)$ 是关于提成率的减函数。② $g(0,\theta)=0\leqslant\theta\tilde{P}(1)$。③ $g(\tilde{r},\theta)\geqslant\theta\tilde{P}(1)$。

11. 命题 3-5 的证明

专利持有方偏好许可契约 $(F_{n}^{*}(\theta),r_{n}^{*}(\theta))=(0,r(\theta))$，当且仅当式（3-20）成立：

$$nr(\theta)q^{e}(n,c-\varepsilon+r(\theta))\geqslant\theta\tilde{P}(1)=ns(\theta)q^{e}(n,c-\varepsilon+s(\theta)) \qquad (3\text{-}20)$$

对于任意的 $\theta\leqslant\tilde{\theta}$，有 $r(\theta)\leqslant\tilde{r}$ 成立。又 $s(\theta)\leqslant\tilde{r}$，$g(r,\theta)=nrq^{e}(n,c-\varepsilon+r)$ 在 $r\in[0,\tilde{r}]$ 上严格单调递增，于是当且仅当 $r(\theta)\geqslant s(\theta)$ 时，式（3-20）成立。否则 $r(\theta)<s(\theta)$ 时，专利持有方将选择可能触发诉讼的许可契约 (F_{-n}^{*},r_{-n}^{*})。

12. 命题 3-6 的证明

对于专利有效性足够弱的情况，若 $r'(0)>\varepsilon$（或 $r'(0)<\varepsilon$），对于足够小的 θ 值，有 $r(\theta)>\theta\varepsilon$（$r(\theta)<\theta\varepsilon$）。因此只需求出 $r'(0)$ 和 ε 的关系即可。对命题 3-2 中的 $r_{1}(\theta)$ 和引理 3-3 中的 $r_{2}(\theta)$ 分别求导，可得到：若 $\pi^{i}(n-1,c-\varepsilon)=0$，$r'(0)=r_{1}'(0)=\dfrac{\pi^{e}(n,c-\varepsilon)}{\left|\pi_{2}^{e}(n,c-\varepsilon)\right|}$；若 $\pi^{i}(n-1,c-\varepsilon)>0$，$r'(0)=r_{2}'(0)=\dfrac{\pi^{e}(n,c-\varepsilon)-\pi^{i}(n-1,c-\varepsilon)}{\left|\pi_{2}^{e}(n,c-\varepsilon)\right|}$；

在这两种情况下，$r'(0)$ 可以重写为 $r'(0)=\dfrac{\pi^{e}(n,c-\varepsilon)-\pi^{i}(n-1,c-\varepsilon)}{\left|\pi_{2}^{e}(n,c-\varepsilon)\right|}$，因此令 $\eta(\varepsilon)=\dfrac{\varepsilon\left|\pi_{2}^{e}(n,c-\varepsilon)\right|}{\pi^{e}(n,c-\varepsilon)-\pi^{i}(n-1,c-\varepsilon)}$，对于 $\eta(\varepsilon)<1$，有 $r'(0)>\varepsilon$；对于 $\eta(\varepsilon)>1$，

有 $r'(0) < \varepsilon$。这就证明了命题 3-6 的结论。

13. 命题 3-7 的证明

由命题 3-5 可知，若 $r(\theta) \leqslant s(\theta)$，有 $P^*(\theta) = \theta P^*_{-n}(1)$；若 $r(\theta) > s(\theta)$，有 $P^*(\theta) > \theta P^*_{-n}(1)$。这就得出了第一种情况下的结论（如 $P^*(1) = P^*_{-n}(1)$）。若 $P^*(1) > P^*_{-n}(1)$（事实上 $P^*(1) \geqslant P^*_{-n}(1)$），则：①当 $r(\theta) < s(\theta)$ 时，有 $P^*(\theta) = \theta P^*_{-n}(1) < \theta P^*(1)$；②当 $s(\theta) \leqslant r(\theta) < v(\theta)$ 时，有 $P^*(\theta) = nr(\theta)q^e(n, c - \varepsilon + r(\theta)) < nv(\theta)q^e(n, c - \varepsilon + v(\theta)) = \theta P^*(1)$；③当 $r(\theta) = v(\theta)$ 时，有 $P^*(\theta) = \theta P^*(1)$；④当 $r(\theta) > v(\theta)$ 时，有 $P^*(\theta) > \theta P^*(1)$；这就证明了命题 3-7 的结论。

14. 命题 3-8 的证明

为便于证明，不妨令第 n 个企业为挑战企业，且其挑战失败后被许可方提供的许可提成率为 $\bar{r}$。前 $n-1$ 个企业以边际成本 $c - \varepsilon + r$ 以及第 n 个企业以边际成本 $c - \varepsilon + \bar{r}$ 在产品市场上进行 Cournot 竞争，且其均衡产量分别为

$$q_i(r, \bar{r}) = \frac{a - c + \varepsilon - 2r + \bar{r}}{n+1}, i = 1, 2, \cdots, n-1$$
$$q_n(r, \bar{r}) = \frac{a - c + \varepsilon - n\bar{r} + (n-1)r}{n+1} \tag{3-21}$$

给定 r 值，最大化专利持有方许可收益的提成率 $\bar{r}$ 值由式（3-22）给出：

$$\max_{\bar{r} \in [0, \varepsilon]} P(r, \bar{r}) = (n-1)r\frac{a - c + \varepsilon - 2r + \bar{r}}{n+1} + \bar{r}\frac{a - c + \varepsilon - n\bar{r} + (n-1)r}{n+1} \tag{3-22}$$

若企业创新规模是非显著性的，如 $\varepsilon < a - c$，则上式最大化的条件由其一阶条件所决定，即 $\frac{\partial P(r, \bar{r})}{\partial \bar{r}} = \frac{a - c + \varepsilon + 2(n-1)r - 2n\bar{r}}{n+1} = 0$。于是得到此时的均衡提成率 $\bar{r}(r) = \min\left\{\varepsilon, r + \frac{1}{n}\left(\frac{a - c + \varepsilon}{2} - r\right)\right\}$。由于 $\varepsilon < a - c$，有 $\frac{a - c + \varepsilon}{2} - r \geqslant 0$，因此 $\bar{r}(r) \geqslant r$。这就说明挑战失败的下游企业再次获取许可证所需支付的提成率要高于最初那些接受许可的企业。对于 $\bar{r}(r) < \varepsilon$，必须满足 $r < r^* = \frac{(2n-1)\varepsilon - (a-c)}{2(n-1)}$，其中创新规模 $\varepsilon > \frac{a-c}{2n-1}$。

于是所有下游企业都接受许可而索取的提成率需使挑战方的利润满足式（3-23）：

$$\pi(c - \varepsilon + r, c - \varepsilon + r) \geqslant \theta\pi(c - \varepsilon + \bar{r}(r), c - \varepsilon + r) + (1 - \theta)\pi(c - \varepsilon, c - \varepsilon) \tag{3-23}$$

把 $\bar{r}(r)$ 的值代入上述不等式（3-23），得到 $r \leqslant r^{**} = (a - c + \varepsilon)\left(1 - \frac{\sqrt{4 - 3\theta}}{2}\right)$。

因此若使 $r \leqslant r^{**}$ 成立，须使 $r < r^{*}$ 成立。令 $\overline{\theta}$ 为 $r^{*} = r^{**}$ 成立时的 θ 值，于是可得到对于任意的 $\theta \leqslant \overline{\theta}$，专利持有方事后许可所能索取的使所有下游企业都接受的可能的最大提成率为 $r^{p}(\theta) = (a - c + \varepsilon)\left(1 - \dfrac{\sqrt{4 - 3\theta}}{2}\right)$。易证 $\dfrac{3}{5}(a - c) > \dfrac{a - c}{2n - 1}$，满足 $\overline{r}(r) < \varepsilon$ 发生的条件，且对于任意的 $\varepsilon \in \left[\dfrac{3}{5}(a - c), a - c\right]$，有 $\dfrac{\mathrm{d}r^{p}(0)}{\mathrm{d}\theta} < \varepsilon$。可得对于充分小的专利有效性 θ，$r^{p}(\theta) < \theta\varepsilon = r^{e}(\theta)$。这就证明了命题 3-8 的结论。

15. 命题 3-9 的证明

对于 $r^{c}(\theta) \leqslant \varepsilon$，有 $\pi^{e}(n, c) \geqslant \pi^{i}(n - 1, c) \geqslant \pi^{i}(n - 1, c - \varepsilon + r^{c}(\theta))$。又因为 $\pi^{e}(n, c - \varepsilon + r^{c}(\theta)) = \theta\pi^{e}(n, c) + (1 - \theta)\pi^{e}(n, c - \varepsilon)$，所以 $\pi^{e}(n, c - \varepsilon + r^{c}(\theta)) \geqslant \theta\pi^{i}(n - 1, c - \varepsilon + r^{c}(\theta)) + (1 - \theta)\pi^{e}(n, c - \varepsilon)$。而此不等式只有在 $r \leqslant r(\theta)$ 时成立，故有 $r^{c}(\theta) \leqslant r(\theta)$。这说明当下游企业通过诉讼集体挑战专利有效性时，专利持有方为阻止诉讼所索取的提成率相对更低一些。对 $w(r^{c}(\theta), \theta) = 0$ 求关于 θ 的导数，可得 $\dfrac{\mathrm{d}r^{c}(\theta)}{\mathrm{d}\theta} = \dfrac{\pi^{e}(n, c) - \pi^{e}(n, c - \varepsilon)}{\pi_{2}^{e}(n, c - \varepsilon + r^{c}(\theta))}$。因为其分母和分子均小于 0，故 $r^{c}(\theta)$ 在区间 $[0, 1]$ 单调递增。其中 $r^{c}(0) = 0$，$r^{c}(1) = \varepsilon$。且只有 $\pi_{2}^{e}(n, c - \varepsilon + r^{c}(\theta))$ 在区间 $[0, 1]$（或 $\pi_{2}^{e}(n, x)$ 在区间 $[c - \varepsilon, c]$）单调递增，才能保证 $\dfrac{\mathrm{d}r^{c}(\theta)}{\mathrm{d}\theta}$ 在区间 $[0, 1]$ 单调递增，即 $r^{c}(\theta)$ 在区间 $[0, 1]$ 上是凸函数。这时有 $r^{c}(\theta) \geqslant \theta r^{c}(1) + (1 - \theta)r^{c}(0) = \theta\varepsilon$。这就证明了命题 3-9 的结论。

16. $r(\theta)$ 与 $s(\theta)$ 的比较

对于 θ 充分小的情况下，$r(\theta)$ 与 $s(\theta)$ 之间的关系可通过对 $r'(0)$ 与 $s'(0)$ 的比较得出。给定 $s(0) = 0$，对 $ns(\theta)q^{e}(n, c - \varepsilon + s(\theta)) = \theta P_{-n}^{*}(1)$ 求导，并求 $\theta = 0$ 处的值，可得 $s'(0) = \dfrac{P_{-n}^{*}(1)}{q^{e}(n, c - \varepsilon)}$。又因为 $r'(0) = \dfrac{\pi^{e}(n, c - \varepsilon) - \pi^{i}(n - 1, c - \varepsilon)}{\left|\pi_{2}^{e}(n, c - \varepsilon)\right|} = \dfrac{F_{n}(r = 0)}{\left|\pi_{2}^{e}(n, c - \varepsilon)\right|}$，于是得到命题 3-10。

17. 命题 3-10

若 $\dfrac{nF_{n}(r = 0)}{P_{-n}^{*}(1)} > \dfrac{\left|\pi_{2}^{e}(n, c - \varepsilon)\right|}{q^{e}(n, c - \varepsilon)}$，则对于有效性足够弱的专利，专利持有方最优的许可契约报价是 $(r(\theta), 0)$，此时所有下游企业均接受许可，且在均衡处诉讼不

会发生；若 $\dfrac{nF_n(r=0)}{P_{-n}^*(1)} < \dfrac{\left|\pi_2^e(n,c-\varepsilon)\right|}{q^e(n,c-\varepsilon)}$，则对于有效性足够弱的专利，专利持有方最优的许可契约报价是 (r_{-n}^*, F_{-n}^*)，此时只有部分下游企业接受许可，且在均衡处诉讼发生。

命题 3-10 中左边为最大许可收益之间的比例。其中 $nF_n(r=0)$ 为专利持有方在固定费许可下所有下游企业均接受许可时所能获取的最大许可收益。$P_{-n}^*(1)$ 为专利持有方在两部制许可下下游部分企业接受许可时所能索取的最大许可收益。

右边可重新写为 $\mu(\varepsilon)\left[\dfrac{p^e(n,c-\varepsilon)-(c-\varepsilon)}{\varepsilon}\right]$。其中 $\dfrac{p^e(n,c-\varepsilon)-(c-\varepsilon)}{\varepsilon}$ 为固定费许可下每单位创新规模下的边际收益。$\mu(\varepsilon) = \dfrac{\varepsilon\left|\pi_2^e(n,c-\varepsilon)\right|}{\pi^e(n,c-\varepsilon)}$ 为所有企业接受固定费许可时企业利润关于其成本缩减程度的弹性。由命题 3-10 可以看出，决定弱专利许可收益的因素不仅包括许可机制的形式（如是提成许可、固定费许可还是两部制许可等），还包括对下游市场竞争其决定性作用的各要素。例如，在命题 3-6 中本章已经证明弹性 $\mu(\varepsilon)$ 在弱专利是否被过度补偿的结果上起到了关键性的作用。

附录 2　第 4 章的相关证明

c^*、c_1^*、c_2^*、c_3^*、c_4^*、c_5^*、c_6^*、c_7^* 之间的比较

$$c^* = \frac{2-d}{2}$$

$$c_1^* = \frac{2(2-d)^2}{d^2+4}$$

$$c_2^* = \frac{(2d+1)(2-d)}{2(8-3d^2)}$$

$$c_3^* = \frac{1}{2(2+d)}$$

$$c_4^* = \frac{(2-d)\left(\sqrt{(33+4d-8d^2)(8-3d^2)}-16+6d^2\right)}{2d(2d+1)(8-3d^2)}$$

$$c_5^* = \frac{d(2-d)^2}{2d^4-17d^2+28}$$

$$c_6^* = \frac{(3d^2-3d+4)(8-3d^2)-\sqrt{(8-3d^2)\left[(3d^2-4d+4)^2(8-3d^2)+d^2(2-d)^2(28d^2+4d-63)\right]}}{2d^2(8-3d^2)}$$

$$c_7^* = \frac{(3d^2-3d+4)(8-3d^2)+\sqrt{(8-3d^2)\left[(3d^2-4d+4)^2(8-3d^2)+d^2(2-d)^2(28d^2+4d-63)\right]}}{2d^2(8-3d^2)}$$

$$c^* - c_1^* = \frac{2-d}{2(d^2+4)}(d^2+4d-4)$$

易得当 $d \in (0, 0.828\,4]$ 时，$c^* \leqslant c_1^*$；当 $d \in (0.828\,4, 1]$ 时，$c^* > c_1^*$。

由 $c^* - c_2^* = \dfrac{(2-d)(-3d^2-2d+7)}{2(8-3d^2)} > 0$，$c^* - c_3^* = \dfrac{3-d^2}{2(2+d)} > 0$。故有 $c^* > c_2^*$，$c^* > c_3^*$。

$$c_3^* - c_1^* = \frac{(-4d^3+9d^2+16d-28)}{2(2+d)(d^2+4)} < 0, \quad c_2^* - c_1^* = \frac{5(2-d)(-2d^3+5d^2+8d-12)}{2(8-3d^2)(d^2+4)} < 0,$$

故有 $c_3^* < c_1^*$，$c_2^* < c_1^*$。

$$c_3^* - c_2^* = \frac{d^3 - d^2 - 4d + 2}{(2+d)(8-3d^2)}$$ ，易得，当 $d \leqslant 0.470\,7$ 时， $d^3 - d^2 - 4d + 2 \geqslant 0$ ，则 $c_3^* \geqslant c_2^*$ ；当 $d > 0.470\,7$ 时， $d^3 - d^2 - 4d + 2 < 0$ ，则 $c_3^* < c_2^*$ 。

$$c_4^* - c_1^* = \frac{(2-d)P}{2d(2d+1)(8-3d^2)}$$

其中，

$$P = \frac{(d^2+4)\sqrt{(33+4d-8d^2)(8-3d^2)} - \left[(16-6d^2)(d^2+4) + 4d(2d+1)(8-3d^2)(2-d)\right]}{d^2+4}$$

利用反证法。若 $P < 0$ ，则

$$A = -576d^{10} + 1\,728d^9 + 3\,060d^8 - 12\,876d^7 - 515d^6$$
$$+ 25\,408d^5 - 2\,512d^4 - 6\,212d^3 - 22\,000d^2 - 7\,680d + 128 < 0$$

如图 4-1 所示， $A < 0$ ，故 $P < 0$ ，得到 $c_4^* < c_1^*$ 。

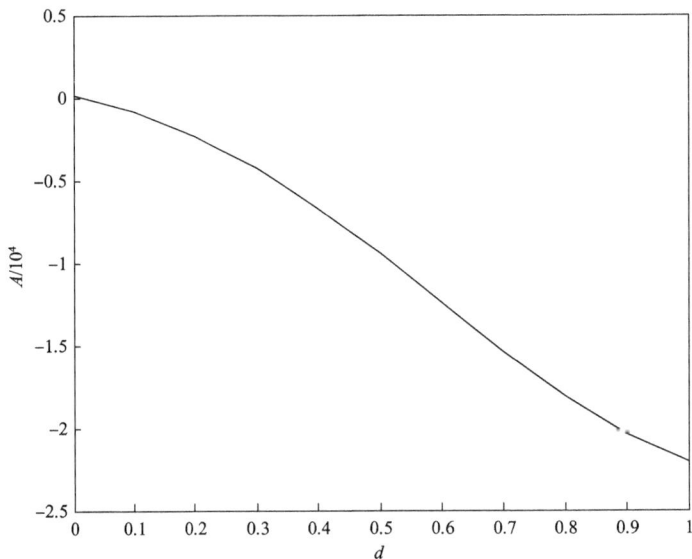

图 4-1 A 的曲线图

$$c_2^* - c_5^* = \frac{(2-d)}{2(8-3d^2)(2d^4-17d^2+28)}(4d^5 - 4d^4 - 22d^3 - d^2 + 24d + 28) > 0$$

$$c_3^* - c_5^* = \frac{4d^3 - 9d^2 - 16d + 28}{2(2+d)(2d^4-17d^2+28)} > 0$$

故有

$$c_2^* < c_5^* , \quad c_3^* > c_5^*$$

$$c_2^* - c_6^* = \frac{P_1}{2d^2(8-3d^2)}$$

其中，

$$P_1 = d^2(2d+1)(2-d) - (3d^2-4d+4)(8-3d^2)$$
$$+ \sqrt{(3d^2-4d+4)^2(8-3d^2)^2 + d^2(8-3d^2)(2-d)^2(28d^2+4d-63)}$$

同样的，可以利用反证法求证。若对于 $d \in (0, 0.470\,7]$，$P_1 < 0$，则有

$$A_1 = 52d^5 - 130d^4 - 372d^3 + 688d^2 + 696d - 944 < 0$$

如图 4-2 所示，$A_1 < 0$，故 $P_1 < 0$，得到 $c_2^* < c_6^*$。

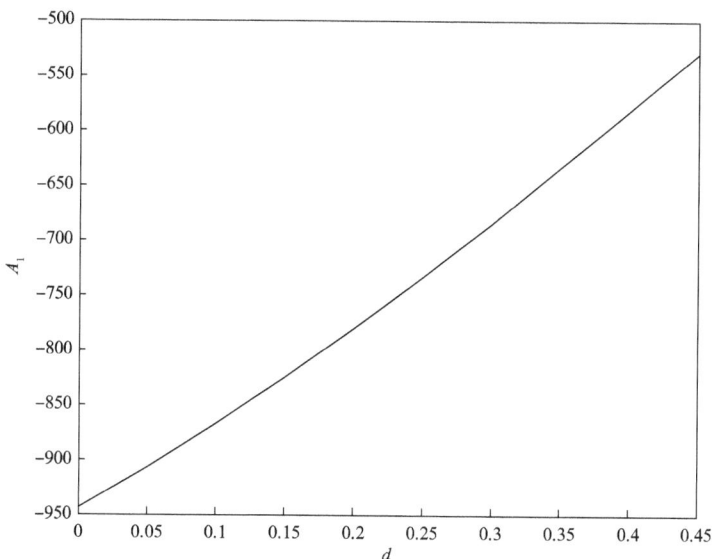

图 4-2　A_1 的曲线图

$$c_6^* - c^* = \frac{P_2}{2d^2(8-3d^2)}$$

其中，

$$P_2 = (d^3+2d^2-4d+4)(8-3d^2)$$
$$- \sqrt{(8-3d^2)\left[(3d^2-4d+4)^2(8-3d^2) + d^2(2-d)^2(28d^2+4d-63)\right]}$$

利用反证法。若对于 $d \in (0, 0.470\,7]$，$P_2 > 0$，则有

$$A_2 = 3d^6 + 12d^5 - 19d^4 - 92d^3 + 121d^2 + 140d - 188 < 0$$。如图 4-3 所示 $A_2 < 0$。
故 $P_2 > 0$，得到 $c^* < c_6^*$。

1. 关于命题 4-1 的证明

因为当 $\Delta c \leqslant \min\{c^*, c_1^*\}$ 时，命题 4-1 的结论成立。因此只需对 c^* 和 c_1^* 大小进行比较即可。根据 c^* 和 c_1^* 的比较结果可得，当 $d \in (0, 0.828\,4]$ 时，$c^* \leqslant c_1^*$，此时固定费许可必发生；当 $d \in (0, 0.828\,4]$ 时，$c^* > c_1^*$，只有 $\Delta c \leqslant c_1^*$ 时，固定费许可才可能发生（图 4-3）。

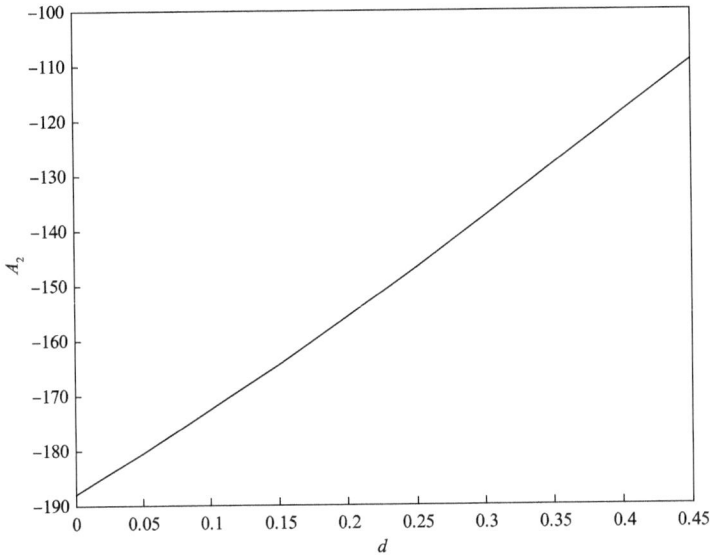

图 4-3　A_2 的曲线图

2. 关于命题 4-2 的证明

当企业 i 进行显著性创新时，企业 j 的产量为 0。这时若创新企业进行固定费许可，则最优的固定费 F 由式（4-9）决定：

$$\max_F \left[\frac{1}{(2+d)^2} + F - \frac{1}{4} \right]^{\alpha} \left[\frac{1}{(2+d)^2} - F \right]^{1-\alpha} \tag{4-9}$$

第一个中括号里的式子表示企业 i 许可前后的得益增量 $\Delta \pi_i$，第二个中括号里的式子表示企业 j 接受许可前后的得益增量 $\Delta \pi_j$。

由一阶条件，可得 $F^* = \alpha E_2 - \dfrac{1}{(2+d)^2} + \dfrac{1}{4}$，其中，$E_2 = \dfrac{2}{(2+d)^2} - \dfrac{1}{4}$ 为许可总得益。类似于企业 i 在非显著性创新下的情况，当 $E_2 \geqslant 0$ 时，固定费许可才可能发生。求解此不等式可得命题 4-2 的结论。

3. 关于命题 4-4 的证明

创新企业 i 愿意进行产量提成许可与否，取决于其许可前后的得益 π_i^R 和 π_i^{NL} 之间的大小。因此只需比较 π_i^R 和 π_i^{NL} 即可。

企业 i 进行非显著创新，当 $\Delta c \leqslant c_2^*$ 时，最优的提成率 $ar^* = ar_2^*$，将此式代入式（4-12）得到许可后企业 i 的得益为

$$\pi_i^R = \frac{(2-d)^2 + (2d+1)(2-d)\Delta c + (3d^2-8)\Delta c^2}{(4-d^2)^2} - k \qquad (4\text{-}14)$$

许可前的得益 π_i^{NL} 由式（4-2）得到，于是有

$$\pi_i^R - \pi_i^{\mathrm{NL}} = \frac{2(4-d^2)^2(c_3^* - \Delta c)}{(d^2+4)(c_1^* - \Delta c)} \qquad (4\text{-}15)$$

于是由命题 4-1 的证明，可得命题 4-4 第一部分结论。

当 $c_2^* < \Delta c < c^*$ 时，最优的提成率 $ar^* = ar_1^*$，同样由式（4-12）以及式（4-2）可得

$$\pi_i^R - \pi_i^{\mathrm{NL}} = \frac{m_1(c_4^* - \Delta c)(c_2^* - m_2\Delta c)}{(4-d^2)^2(2d+1)} \qquad (4\text{-}16)$$

其中，$m_i = \dfrac{2d(8-3d^2) \pm \sqrt{4d^2(8-3d^2)^2 + d^2(8-3d^2)(2d+1)^2}}{(8-3d^2)(2d+1)}$，其中，$i=1,2$。且 $m_1 > 0$，$m_2 < 0$，$c_4^* = \dfrac{c_2^*}{m_1}$。对于 m_1 而言，易得当 $d > 0.4707$ 时，$m_1 > 1$，故 $\pi_i^R < \pi_i^{\mathrm{NL}}$；当 $d \leqslant 0.4707$ 时，$0 < m_1 \leqslant 1$，故 $c_4^* \geqslant c_2^*$，因此当 $c_2^* < \Delta c \leqslant c_4^*$ 时，有 $\pi_i^R \geqslant \pi_i^{\mathrm{NL}}$；当 $c_4^* < \Delta c < c^*$ 时，有 $\pi_i^R < \pi_i^{\mathrm{NL}}$。这就证明了命题 4-4 的第二部分。

4. 关于命题 4-5 的证明

企业 i 进行显著创新时，若其选择产量提成许可，则最优的提成率 $ar^* = ar_1^*$，此时企业 i 的得益 π_i^R 由式（4-12）可得。许可前，创新企业若选择垄断，可求得此时得益 $\pi_i^M = \dfrac{1}{4} - k$。于是比较 π_i^R 和 π_i^M 可得

$$\pi_i^R - \pi_i^M = \frac{3d^4 + 12d^3 - 4d^2 - 28d + 1}{4(8-3d^2)(2+d)^2} \qquad (4\text{-}17)$$

易得，对于 $d \in (0,1]$，当 $d \leqslant 0.0356$ 时，$3d^4 + 12d^3 - 4d^2 - 28d + 1 \geqslant 0$，故有 $\pi_i^R \geqslant \pi_i^M$；当 $d > 0.0356$ 时，$3d^4 + 12d^3 - 4d^2 - 28d + 1 < 0$，故有 $\pi_i^R < \pi_i^M$。

证毕。

5. 关于命题 4-6 的证明

由命题 4-1 的证明可知，当 $d \leqslant 0.4707$ 时，$c_3^* \geqslant c_2^*$；当 $d > 0.4707$ 时，$c_3^* < c_2^*$。故当 $\Delta c \leqslant \min\{c_2^*, c_3^*\}$ 时，$r^* = r_2^*$。由式（4-7）和式（4-15）可得，当 $\pi_i^R = \pi_i^F$ 时，存在 $\alpha_1^* = \dfrac{2(4-d^2)^2(c_3^* - \Delta c)}{(d^2 + 4)(c_1^* - \Delta c)}$，且当 $\alpha < \alpha_1^*$ 时，$\pi_i^R > \pi_i^F$；当 $\alpha > \alpha_1^*$ 时，$\pi_i^F > \pi_i^R$。又因当 $\Delta c \geqslant c_5^*$ 时，$0 < \alpha_1^* \leqslant 1$；当 $\Delta c < c_5^*$ 时，$\alpha_1^* > 1$。由 c 的各临界值之间的比较可知，$c_5^* < \min\{c_2^*, c_3^*\}$，故当 $\Delta c \leqslant c_5^*$ 时，对于任意的 $\alpha \in (0,1]$，有 $\pi_i^R \geqslant \pi_i^F$；当 $c_5^* < \Delta c \leqslant \min\{c_2^*, c_3^*\}$ 时，若 $\alpha \leqslant \alpha_1^*$，$\pi_i^R \geqslant \pi_i^F$；若 $\alpha > \alpha_1^*$，$\pi_i^F > \pi_i^R$。命题 4-6 的前两部分。证毕。

对于 $d \leqslant 0.4707$，当 $c_2^* < \Delta c \leqslant c_4^*$ 时，此时 $r^* = r_1^*$，由式（4-7）和式（4-16）可得，当 $\pi_i^R = \pi_i^F$ 时，存在 $\alpha_2^* = \dfrac{(c_2^* - m_1 \Delta c)(c_2^* - m_2 \Delta c)}{(2d+1)(d^2+4)(c_1^* - \Delta c)\Delta c}$，且当 $\alpha < \alpha_2^*$ 时，$\pi_i^R > \pi_i^F$；当 $\alpha > \alpha_2^*$ 时，$\pi_i^F > \pi_i^R$。若使 $\alpha_2^* \leqslant 1$，需使 $\Delta c \leqslant c_6^*$ 或 $\Delta c \geqslant c_7^*$。其中 c_6^* 和 c_7^* 分别为 $-4d^2(8-3d^2)\Delta c^2 + 4(3d^2 - 4d + 4)(8 - 3d^2)\Delta c + (2-d)^2(28d^2 + 4d - 63) = 0$ 的两根，且 $0 < c_6^* < c_7^*$。又可知，当 $d \leqslant 0.4707$ 时，$c_2^* \leqslant c_6^*$，$c^* < c_6^*$。故对于任意的非显著性创新 $(\Delta c < c^*)$，存在 $\alpha_2^* < 1$，使 $\alpha < \alpha_2^*$ 时，$\pi_i^R > \pi_i^F$；$\alpha > \alpha_2^*$ 时，$\pi_i^F > \pi_i^R$。这就证明了命题 4-6 的最后一部分。

6. 关于命题 4-7 的证明

对于 $d \leqslant 0.0356$，当 $\Delta c \geqslant c^*$ 时，由式（4-17）知，若 $\pi_i^R = \pi_i^F$，则存在 $\alpha_3^* = \dfrac{\pi_i^R - \pi_i^F}{E_1} = \dfrac{3d^4 + 12d^3 - 4d^2 - 28d + 1}{(8 - 3d^2)(-d^2 - 4d + 4)}$，且 $\alpha < \alpha_3^*$ 时，$\pi_i^R > \pi_i^F$；$\alpha > \alpha_3^*$ 时，$\pi_i^F > \pi_i^R$。易证，$0 < \alpha_3^* < 1$，对于任意的 $d \in (0,1]$。这就证明了命题 4-7。

附录3 第5章的相关证明

双寡头竞争时的相关参数值

$$k_1 = \frac{\theta^2}{(2+d-\beta)^2}$$
$\qquad \beta_1^* = 0.293 \qquad \beta_8^* = 0.306$

$$k_2 = \frac{2(5+d-3\beta)(1-d-\beta)\theta^2}{(3-2\beta)^2(2+d-\beta)^2}$$
$\qquad \beta_2^* = 1-d \qquad \beta_9^* \approx 0.319$

$$k_3 = \frac{-C_4 + \sqrt{\Delta_1}}{2C_3}$$
$\qquad \beta_3^* = \frac{(1-d)-\sqrt{17d^2+62d-7}}{4}$

$$k_4 = \frac{\beta^2 - (5-2d)\beta - d^2 - 4d + 5}{(5-5\beta+\beta^2)(2+d-\beta)^2}\theta^2$$
$\qquad \beta_4^* = \frac{(1-d)+\sqrt{17d^2+62d-7}}{4}$

$$k_5 = k_2 + \frac{\beta^2 - 10d\beta + 20d + 5d^2}{4(2+d-\beta)^2(5-5\beta+\beta^2)}\theta^2$$
$\qquad \beta_5^* = \frac{5-2d-\sqrt{5-4d+8d^2}}{2}$

$$k_6 = \frac{H_4}{(2+d-\beta)^2(3-2\beta)^2(1-\beta)}\theta^2$$
$\qquad \beta_6^* = \frac{5-2d+\sqrt{5-4d+8d^2}}{2}$

$$k_7 = -\frac{H_6}{4(2+d-\beta)^2(5-5\beta+\beta^2)(1-\beta)}\theta^2 \qquad \beta_7^* = \frac{-2d^3 - 16d^2 + \sqrt{\Delta_2}}{2(4d^2 - 40d + 50)}$$

$$k_8 = \frac{8(5+d-3\beta)(1-d-\beta)(1-\beta) - (1-2\beta)^2(2+d-\beta)^2}{4(3-2\beta)^2(2+d-\beta)^2(1-\beta)}\theta^2$$

$d_1 = 0.051 \qquad d_2 = 0.121 \qquad d_3 = 0.196 \qquad d_4 = 0.414 \qquad d_5 = 0.314$

$\beta_8^* = 0.306 \qquad \beta_9^* = 0.319 \qquad \beta_{10}^* = 0.5$

1. 关于命题 5-1 的证明

若使固定费许可发生须使 $\Delta\pi_1 = \pi_1^F - \pi_1^{NL} \geqslant 0$，$\Delta\pi_2 = \pi_2^F - \pi_2^{NL} \geqslant 0$。又因为企业 2 许可前后的收益没有变化（企业 1 具有完全的讨价还价能力），因此企业 2 接受许可的条件自动满足。那么对于固定费许可是否发生，只需考虑

$\Delta\pi_1 = \pi_1^F - \pi_1^{NL} \geq 0$ 的条件即可。由式（5-3）和式（5-7）可知

$$\Delta\pi_1 = \pi_1^F - \pi_1^{NL} = \begin{cases} \dfrac{\theta^2}{(3-2\beta)^2(2-\beta)^2} H_1(\beta), & \theta \leq \hat{\theta} \\ k - k_2, & \theta > \hat{\theta} \end{cases} \qquad (5\text{-}8)$$

其中，$H_1(\beta) = -2\beta^2 + 4\beta - 1$，$k_2 = \dfrac{2(5+d-3\beta)(1-d-\beta)\theta^2}{(3-2\beta)^2(2+d-\beta)^2}$。接下来将分别对

其进行讨论。若 $\theta \leq \hat{\theta}$，为使 $\Delta\pi_1 \geq 0$，只需使 $H_1(\beta) = -2\beta^2 + 4\beta - 1 \geq 0$ 即可。

令 $\beta_1^* \in [0,1)$ 为 $H_1(\beta) = -2\beta^2 + 4\beta - 1 = 0$ 的解，于是求得 $\beta_1^* = \dfrac{2-\sqrt{2}}{2} \approx 0.293$。使

$\beta < \beta_1^*$ 时，有 $H_1(\beta) < 0$，进而 $\Delta\pi_1 < 0$；若 $\beta \geq \beta_1^*$ 时，有 $H_1(\beta) \geq 0$，进而 $\Delta\pi_1 \geq 0$。

接下来考虑 $\theta > \hat{\theta}$ 时的情况。由式（5-8）可知，当 $\beta \geq \beta_2^* = 1-d$ 时，有 $\Delta\pi_1 \geq 0$。

而当 $\beta < \beta_2^* = 1-d$ 时，为使 $\Delta\pi_1 \geq 0$，只需考虑 k 和 k_2 之间的大小即可。又因为

$k < k_1 = \dfrac{\theta^2}{(2+d-\beta)^2}$，因此首先需要对 k_1 和 k_2 的大小进行比较。因为

$k_1 - k_2 = \dfrac{\theta^2}{(2+d-\beta)^2(3-2\beta)^2} H_2(\beta)$，其中 $H_2(\beta) = -2\beta^2 + (1-d)\beta + 2d^2 + 8d - 1$。

若使 $H_2(\beta) = -2\beta^2 + (1-d)\beta + 2d^2 + 8d - 1 = 0$ 有解，须使 $\Delta = 17d^2 + 62d - 7 \geq 0$。

又 $d < d_1 = \dfrac{-32 + 6\sqrt{30}}{17} \approx 0.051$ 时，有 $\Delta < 0$，此时 $H_2(\beta) < 0$，进而得到 $k_1 < k_2$。

于是可得 $\Delta\pi_1 < 0$。

若 $d \geq d_1 = \dfrac{-32 + 6\sqrt{30}}{17} \approx 0.051$ 时，有 $\Delta \geq 0$，求出 $H_2(\beta) = -2\beta^2 + (1-d)\beta +$

$2d^2 + 8d - 1 = 0$ 的解可得 $\beta_3^* = \dfrac{(1-d) - \sqrt{17d^2 + 62d - 7}}{4}$，$\beta_4^* = \dfrac{(1-d) + \sqrt{17d^2 + 62d - 7}}{4}$。

为使 $\beta_3^* \in [0, 1-d)$，则只需 $2d^2 + 8d - 1 \leq 0$。求解 $2d^2 + 8d - 1 = 0$ 在 $d \in [0,1]$ 的根，

可得 $d_2 = \dfrac{-4 + 3\sqrt{2}}{2} \approx 0.121$。故当 $d_1 \leq d \leq d_2$ 时，有 $0 \leq \beta_3^* < 1-d$，否则 $\beta_3^* < 0$。

为使 $\beta_4^* \in [0, 1-d)$，则需使 $d^2 + 10d - 2 \leq 0$。求解 $d^2 + 10d - 2 = 0$ 在 $d \in [0,1]$ 的根，

可得 $d_3 = -5 + 3\sqrt{3} \approx 0.196$。故当 $d_1 \leq d \leq d_3$ 时，有 $0 \leq \beta_4^* < 1-d$，否则 $\beta_4^* \geq 1-d$。

于是得到如下：①当 $d_1 \leq d \leq d_2$ 时，有 $0 \leq \beta_3^* < \beta_4^* < 1-d$。此时当 $\beta \leq \beta_3^*$ 或

$\beta \geq \beta_4^*$，有 $H_2(\beta) \leq 0$，进而 $k_1 \leq k_2$；当 $\beta_3^* < \beta < \beta_4^*$，有 $H_2(\beta) > 0$，进而 $k_1 > k_2$。

②当 $d_2 < d < d_3$ 时，有 $\beta_3^* < 0$ 且 $0 < \beta_4^* < 1-d$。此时对于任意的 $\beta \in [0, 1-d)$，若

$\beta \leqslant \beta_4^*$，有 $H_2(\beta) \geqslant 0$，进而 $k_1 \geqslant k_2$；当 $\beta > \beta_4^*$，有 $H_2(\beta) < 0$，进而 $k_1 < k_2$。③当 $d \geqslant d_3$ 时，有 $\beta_3^* < 0$ 且 $\beta_4^* \geqslant 1-d$。此时对于任意的 $\beta \in [0,1-d)$，$\beta < \beta_4^*$，有 $H_2(\beta) > 0$，进而 $k_1 > k_2$。综合以上证明可得到命题 5-1 的结论。

2. 关于命题 5-2 的证明

当 $\theta \leqslant \hat{\theta}$ 时，易证 $r_1^* \leqslant r_2^*$，此时有最优的提成率 $r^* = \min\{r_1^*, r_2^*\} = r_1^*$。接下来考虑 $\theta > \hat{\theta}$ 时的情况。因为当 $r_1^* \leqslant r_2^*$ 时可推导出如下：

$$\theta \leqslant \tilde{\theta} = \frac{2(2+d-\beta)(5-5\beta+\beta^2)\sqrt{k}}{\sqrt{[10+(d-8)\beta+\beta^2][10-(12+d)\beta+3\beta^2]}}；若~r_1^* > r_2^*~时可推导出$$

$\theta > \tilde{\theta}$。又因为 $\tilde{\theta} - \hat{\theta} = \dfrac{(2+d-\beta)\sqrt{k}}{\sqrt{[10+(d-8)\beta+\beta^2][10-(12+d)\beta+3\beta^2]}} H_3(\beta)$，其中

$H_3(\beta) = 2(5-5\beta+\beta^2) - \sqrt{[10+(d-8)\beta+\beta^2][10-(12+d)\beta+3\beta^2]}$。用反证法可得到 $H_3(\beta) > 0 \Rightarrow \beta^2[\beta-(d+2)]^2 > 0$。而 $\beta^2[\beta-(d+2)]^2 > 0$ 成立，因此由 $H_3(\beta) > 0 \Rightarrow \tilde{\theta} - \hat{\theta} > 0$。进而有 $\hat{\theta} < \theta \leqslant \hat{\theta}$ 时，$r_1^* \leqslant r_2^*$，即 $r^* = \min\{r_1^*, r_2^*\} = r_1^*$；若 $\theta > \tilde{\theta}$ 时，$r_1^* > r_2^*$，即 $r^* = \min\{r_1^*, r_2^*\} = r_2^*$。综合 $\theta \leqslant \hat{\theta}$ 和 $\theta > \hat{\theta}$ 时的结论可得命题 5-2。

3. 关于命题 5-3 的证明

当 $\theta \leqslant \hat{\theta}$ 时，由式（5-3）和式（5-14）可得，$\pi_1^R - \pi_1^{NL} = \dfrac{\beta^2\theta^2}{4(5-5\beta+\beta^2)(2-\beta)} \geqslant 0$。因此，生产网络产品的企业 1 可能选择进行产量提成许可。

当 $\hat{\theta} < \theta \leqslant \tilde{\theta}$ 时，由式（5-3）和式（5-14）可得，

$$\pi_1^R - \pi_1^{NL} = \frac{\theta^2}{4(5-5\beta+\beta^2)(2+d-\beta)^2} \times (\beta^2 - 10d\beta + 5d^2 + 20d) > 0$$。在这种情况下，同样与不进行许可相比，企业 1 进行产量提成许可更优。

而当 $\theta > \tilde{\theta}$ 时，

$$\pi_1^R - \pi_1^{NL} = \frac{C_1(\beta)\theta^2 + (5-5\beta+\beta^2)(2+d-\beta)^2 k + \theta\beta(2+d-\beta)^2 \sqrt{\dfrac{\theta^2}{(2+d-\beta)^2} - k}}{(2-\beta)^2(2+d-\beta)^2}，$$

其中 $C_1(\beta) = -\beta^2 + (5-2d)\beta + d^2 + 4d - 5$。由上式可知，若 $C_1(\beta) \geqslant 0 \Rightarrow \pi_1^R > \pi_1^{NL}$。

因此求 $C_1(\beta)=0$ 关于 $\beta\in[0,1)$ 上的解，可得 $\beta_5^*=\dfrac{5-2d-\sqrt{5-4d+8d^2}}{2}$，

$\beta_6^*=\dfrac{5-2d+\sqrt{5-4d+8d^2}}{2}$。易证 $\beta_6^*>1$。又 $0\leqslant\beta_5^*<1\Rightarrow d^2+2d-1>0$。而

$d>d_4=\sqrt{2}-1\approx0.414$ 时，有 $d^2+2d-1>0$；$d\leqslant d_4$ 时，有 $d^2+2d-1\leqslant0$。于是

有如下：当 $d>d_4=\sqrt{2}-1\approx0.414$ 时，$\beta_6^*>1$，$0\leqslant\beta_5^*<1$，进而若 $\beta\geqslant\beta_5^*$，则

$C_1(\beta)\geqslant0$；若 $0\leqslant\beta<\beta_5^*$，则 $C_1(\beta)<0$；而当 $d\leqslant d_4$ 时，$\beta_6^*>1$，$\beta_5^*\geqslant1$，进而

对于任意的 $\beta\in[0,1)$，$C_1(\beta)<0$。对于当 $d>d_4$ 且 $\beta\geqslant\beta_5^*$ 时，有 $\pi_1^R>\pi_1^{NL}$。因此

只需在当 $d>d_4=\sqrt{2}-1\approx0.414$ 且 $0\leqslant\beta<\beta_5^*$ 或 $d\leqslant d_4$ 时，即有 $C_1(\beta)<0$ 时比较

π_1^R 和 π_1^{NL} 的大小。

在 $C_1(\beta)<0$ 下，若 $\pi_1^R\geqslant\pi_1^{NL}\Rightarrow\theta\beta(2+d-\beta)^2\sqrt{\dfrac{\theta^2}{(2+d-\beta)^2}}-k\geqslant C_2(\beta)$，其中

$C_2(\beta)=\left[\beta^2-(5-2d)\beta-d^2-4d+5\right]\theta^2-\left(\beta^2-5\beta+5\right)(2+d-\beta)^2k$。令 $k_4=$

$\dfrac{\beta^2-(5-2d)\beta-d^2-4d+5}{(5-5\beta+\beta^2)(2+d-\beta)^2}\theta^2$。因为 $k_1-k_4=\dfrac{d(d+4-2\beta)}{(5-5\beta+\beta^2)(2+d-\beta)^2}\theta^2\geqslant0$，故

对于 $k\leqslant k_4$，有 $C_2(\beta)\leqslant0$，于是可得到 $\pi_1^R\geqslant\pi_1^{NL}$。而对于 $k_4<k<k_1$，有

$C_2(\beta)>0$。接下来在 $C_2(\beta)>0$ 的情况下继续考虑 π_1^R 和 π_1^{NL} 之间的大小。又因为：

$\theta\beta(2+d-\beta)^2\sqrt{\dfrac{\theta^2}{(2+d-\beta)^2}}-k\geqslant C_2(\beta)\Rightarrow C_3k^2+C_4k+C_5\leqslant0$。其中 $C_4=[\beta^2\cdot$

$(2+d-\beta)^2-2(\beta^2-(5-2d)\beta-d^2-4d+5)(5-5\beta+\beta^2)](2+d-\beta)^2\theta^2$，$C_5=[(\beta^2-$

$(5-2d)\beta-d^2-4d+5)^2-\beta^2(2+d-\beta)^2]\theta^4$，$C_3=(5-5\beta+\beta^2)^2(2+d-\beta)^4$。欲使

关于 k 的二次方程 $C_3k^2+C_4k+C_5=0$ 有解。须使 $\Delta_1(d)=(C_4)^2-4C_3C_5\geqslant0$。易证

$\Delta_1(d)$ 是关于 d 的增函数，且 $\Delta_1(0)=\beta^4(2-\beta)^8\theta^4\geqslant0$。于是可得到 $\Delta_1(d)\geqslant0$。求

解 $C_3k^2+C_4k+C_5=0$ 可得，一解小于 0，而另一解 $k_3=\dfrac{-C_4+\sqrt{\Delta_1}}{2C_3}$。若使 $k_3>0$，则

可推出 $C_3C_5<0$。又因为 $\beta\geqslant\beta_2^*=1-d$ 时，$C_3>0$，$C_5\geqslant0$；$\beta<\beta_2^*$ 时，$C_3>0$，$C_5<0$。

于是可得到 $\beta\geqslant\beta_2^*=1-d$ 时，有 $k_3\leqslant0\Rightarrow C_3k^2+C_4k+C_5>0\Rightarrow\pi_1^R<\pi_1^{NL}$。而当

$\beta<\beta_2^*$ 时，$k_3>0$，于是由 $k_3\leqslant k_1\Rightarrow\begin{cases}k\leqslant k_3\Rightarrow C_3k^2+C_4k+C_5\leqslant0\Rightarrow\pi_1^R\geqslant\pi_1^{NL}\\ k_3<k<k_1\Rightarrow C_3k^2+C_4k+C_5>0\Rightarrow\pi_1^R<\pi_1^{NL}\end{cases}$，

$k_3>k_1\Rightarrow k<k_1\Rightarrow C_3k^2+C_4k+C_5<0\Rightarrow\pi_1^R>\pi_1^{NL}$。接下来只需证明在何种条件下

k_3 处于下限 k_4 以及上限 k_1 之间即可。

又 $k_4 - k_3 = \dfrac{\beta^2 (2 + d - \beta)^4 \theta^2 - \sqrt{\Delta_1}}{2C_3} \leqslant 0 \Rightarrow d(2\beta - d - 4) \leqslant 0$ ，而 $d(2\beta - d - 4) \leqslant$

0 对于任意的 $d \in [0,1]$ 成立，故 $k_4 - k_3 \leqslant 0$ ，即 k_4 是 k_3 的下限。

而 $k_3 - k_1 = \dfrac{-C_4 + \sqrt{\Delta_1}}{2C_3} - \dfrac{\theta^2}{(2 + d - \beta)^2} \leqslant 0 \Rightarrow \sqrt{\Delta_1} \leqslant \dfrac{2C_3}{(2 + d - \beta)^2} \theta^2 + C_4$

$\Rightarrow C_6(\beta) = (-4d^2 + 40d - 50)\beta^2 - (2d^3 + 16d^2)\beta + d^4 + 8d^3 + 16d^2 \geqslant 0$

又易证 $C_6(\beta) = 0$ 有解（ $\Delta_2(d) = 4d^2 \left[(d+8)^2 + (8d+16)(4d^2 - 40d + 50)\right] \geqslant 0$ ），

并求解可知一解为负，另一解 $\beta_7^* = \dfrac{-2d^3 - 16d^2 + \sqrt{\Delta_2}}{2(4d^2 - 40d + 50)}$ 。又 $\beta_7^* < 1 \Rightarrow 3d^3 - 2d^2 + 20d -$

$25 < 0$ ，而 $3d^3 - 2d^2 + 20d - 25 < 0$ 对于任意的 $d \in [0,1]$ 均成立，故 $\beta_7^* < 1$ 成立。

进而 $\beta \leqslant \beta_7^* \Rightarrow k_3 \leqslant k_1$ ， $\beta > \beta_7^* \Rightarrow k_3 > k_1$ 。接下来需比较 β_7^* 和临界值 β_2^* 的大小。

进行烦琐的推导，可知： $\beta_7^* < \beta_2^* \Rightarrow C_7(d) < 0$ ，其中 $C_7(d) = -2d^6 + 90d^5 - 859d^4 +$

$3\,030d^3 - 3\,125d^2 + 2\,250d - 625$ 。利用 MATLAB 对此方程求解可得到 $0 \leqslant d \leqslant$

$d_5 \approx 0.314$ 时，有 $C_7(d) \leqslant 0 \Rightarrow \beta_7^* \leqslant \beta_2^*$ ，否则 $C_7(d) > 0 \Rightarrow \beta_7^* > \beta_2^*$ 。另外对

$d > d_4 = \sqrt{2} - 1 \approx 0.414$ 且 $0 \leqslant \beta < \beta_5^*$ 时 β_5^* 和 β_2^* 的大小进行比较。 $\beta_5^* - \beta_2^* \geqslant 0 \Rightarrow$

$2d^2 - d - 1 \leqslant 0$ ，又 $2d^2 - d - 1 \leqslant 0$ 对于 $d \in [0,1]$ 总是成立。故有 $\beta_5^* \geqslant \beta_2^*$ 。综合不

同临界条件下的许可情况，可得命题 5-3 所得到的结论。

4. 关于命题 5-4 的证明

当 $\theta \leqslant \hat{\theta}$ 时， $\pi_1^F - \pi_1^R = \dfrac{-12\beta^2 + 20\beta - 5}{4(3 - 2\beta)^2 (5 - 5\beta + \beta^2)} \theta^2$ 。易得当 $-12\beta^2 + 20\beta - 5 = 0$

时，对于 $\beta \in [0,1)$ 有一根 $\beta_8^* = \dfrac{5 - \sqrt{10}}{6} \approx 0.306$ （另一根 $\dfrac{5 + \sqrt{10}}{6} > 1$ ），且若 $\beta < \beta_8^*$ ，

有 $\pi_1^R > \pi_1^F$ ；若 $\beta > \beta_8^*$ ，有 $\pi_1^F > \pi_1^R$ 。又 $\beta_1^* \leqslant \beta$ ，且 $\beta_1^* < \beta_8^*$ ，综合可得命题 5-4

中第一部分的结论。

当 $\hat{\theta} < \theta \leqslant \tilde{\theta}$ 时， $\pi_1^F - \pi_1^R = k - k_2 - \dfrac{\beta^2 - 10d\beta + 20d + 5d^2}{4(2 + d - \beta)^2 (5 - 5\beta + \beta^2)} \theta^2 = k - k_5$ 。其

中 $k_5 = k_2 + \dfrac{\beta^2 - 10d\beta + 20d + 5d^2}{4(2 + d - \beta)^2 (5 - 5\beta + \beta^2)} \theta^2$ 。于是得到当 $k > k_5$ 时，有 $\pi_1^F > \pi_1^R$ ；当

$k < k_5$ 时，有 $\pi_1^R > \pi_1^F$ 。由于 $k < k_1$ ，因此接下来必须保证 $k_5 < k_1$ 才使上述结论有

意义。如图 5-5 所示，并运用 MATLAB 进行计算可得存在 $\beta_9^* \approx 0.319$ ，使 $k_5 = k_1$ 。

且当 $\beta < \beta_9^*$ ，有 $k_1 < k_5$ ；当 $\beta > \beta_9^*$ ，有 $k_1 > k_5$ 。

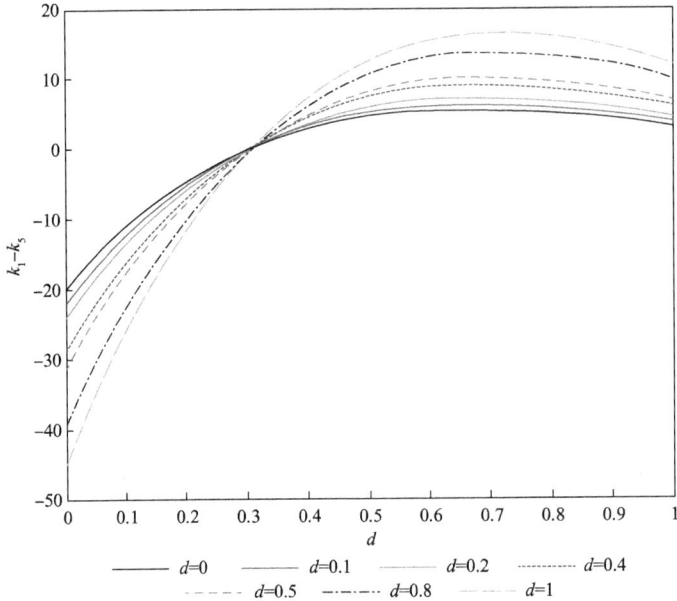

图 5-5　$k_1 - k_5$ 关于不同 d 值在区间 $[0,1)$ 上的曲线图

综合固定费许可发生的 4 种情况，可得命题 5-4 第二部分的结论。

当 $\theta > \tilde{\theta}$ 时，

$$\pi_1^F - \pi_1^R = \frac{H_4\theta^2 - (3-2\beta)^2(2+d-\beta)^2\left(\theta\beta\sqrt{\dfrac{\theta^2}{(2+d-\beta)^2}-k}+(1-\beta)k\right)}{(3-2\beta)^2(2+d-\beta)^2(2-\beta)^2}$$

其中，

$$H_4 = \left[-2\beta^2+(4-6d)\beta+2d^2+8d-1\right](2-\beta)^2-\left[(1-2d)\beta+d^2+4d-1\right](3-2\beta)^2$$

如图 5-6 所示，对于任意的 $\beta \in [0,1)$，始终有 $H_4 > 0$。

令 $k_6 = \dfrac{H_4}{(2+d-\beta)^2(3-2\beta)^2(1-\beta)}\theta^2$。则可得到 $k_6 > 0$。于是若 $k > k_6$ 时，有

$\pi_1^R > \pi_1^F$。若使 $\pi_1^F \geqslant \pi_1^R$ 须使 $k \leqslant k_6$ 且 $H_5 = (1-\beta)(k_6-k)-\theta\beta\sqrt{\dfrac{\theta^2}{(2+d-\beta)^2}-k} \geqslant 0$。

又因为 H_5 是关于 β 的二次曲线，且其开口向上，又其判别式 $\Delta_3 \leqslant 0$。其中

$$\Delta_3 = \left[\beta^2-2(1-\beta)H_4\right]^2\theta^4-4(1-\beta)^2\left[H_4-\dfrac{\beta^2}{(2+d-\beta)^2}\right]\theta^4$$。如图 5-7 所示，因此

$H_5 \geqslant 0$ 始终成立。故对于 $k \leqslant k_6$ 时，有 $\pi_1^F \geqslant \pi_1^R$。结合前面提到的 15 种可能组合，

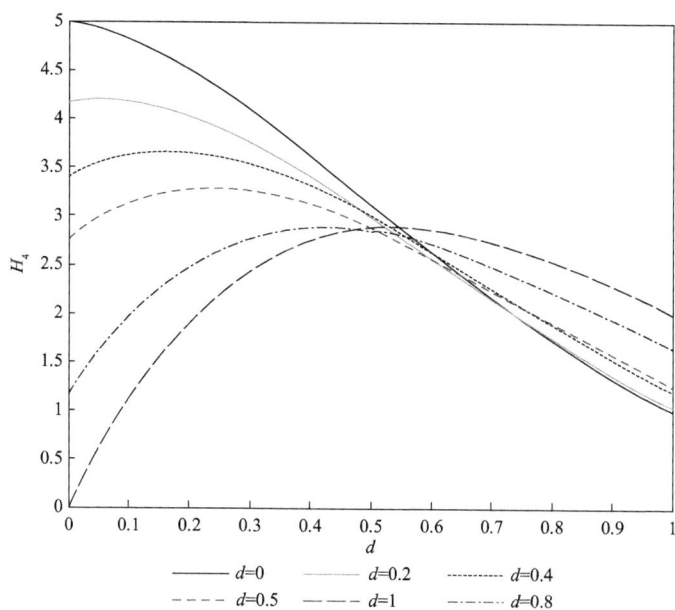

图 5-6 H_4 的变化规律

需要把 k_6 与这些临界值以及临界值与临界值之间的大小进行比较。接下来首先把 k_2 与 k_6 进行比较。

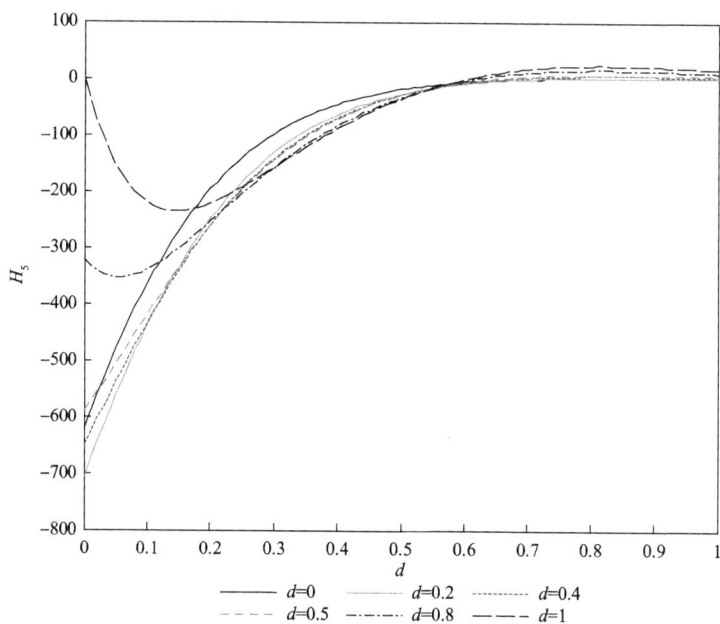

图 5-7   二次曲线 H_5 的判别式的变化规律

又有

$$k_2 - k_6 = 2\beta^4 - (14 + 2d)\beta^3 + (2d^2 + 4d + 31)\beta^2 - (4d^2 + 6d + 15)\beta - d^2 + 4d + 5$$

如图 5-8 可知，在 $d \in [0, 0.414]$ 上，对于任意的 $\beta \in [0,1)$，始终有 $k_2 > k_6$。

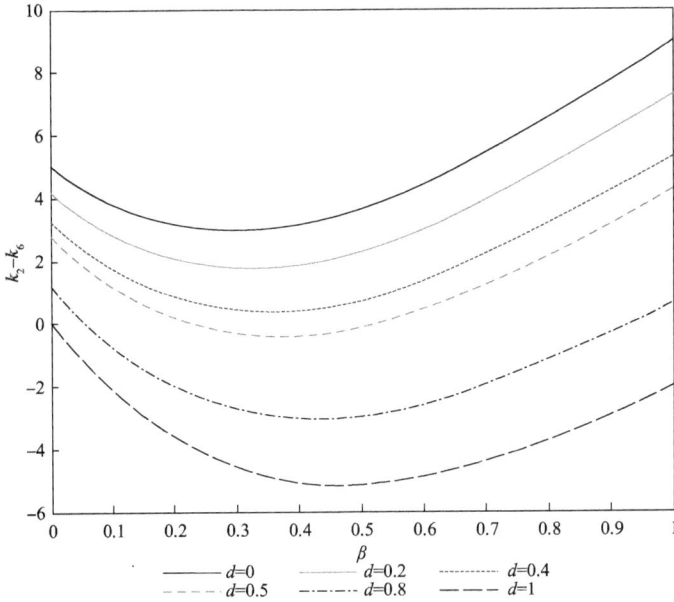

图 5-8　不同 d 值下 $k_2 - k_6$ 关于 β 的变化规律

接下来对临界值 k_2 与 k_3 进行比较。由 $k_2 - k_3 \leqslant 0 \Rightarrow C_3 k_2^2 + C_4 k_2 + C_5 \leqslant 0$，由图 5-9 可知，对于不同 d 值下 $C_3 k_2^2 + C_4 k_2 + C_5$ 关于任意的 $\beta \in [0,1)$ 始终不大于 0，因此可得到 $k_2 \leqslant k_3$。

接下来需要对 $d > d_4$ 且 $\beta_2^* \leqslant \beta < \beta_5^*$ 或 $d \leqslant d_4$ 且 $\beta \geqslant \beta_2^*$ 这两种情况下临界值 k_4 与 k_6 之间的大小进行比较。因为 $k_4 - k_6 = \dfrac{H_6}{(5 - 5\beta + \beta^2)(2 + d - \beta)^2 (3 - 2\beta)^2 (1 - \beta)} \theta^2$，其中 $H_6 = (1 - \beta)(3 - 2\beta)^2 [\beta^2 - (5 - 2d)\beta - d^2 - 4d + 5] - H_4 (5 - 5\beta + \beta^2)$，如图 5-10 所示，对于不同 d 值下，在 $d > d_4$ 且 $\beta_2^* \leqslant \beta < \beta_5^*$ 或 $d \leqslant d_4$ 且 $\beta \geqslant \beta_2^*$ 两种情况下，始终有 $k_4 < k_6$。所以在 $d \in [0, 0.414]$ 上，有 $k_3 \geqslant k_2 > k_6 > k_4$。

接下来比较临界值 β_4^* 和 β_7^* 的大小。又 $\beta_4^* - \beta_7^* = \dfrac{H_7}{4(2d^2 - 20d + 25)}$。其中 $H_4 = 38d^2 - 45d + 25 + (2d^2 - 20d + 25)\sqrt{17d^2 + 62d - 7} - \sqrt{\Delta_2}$，$\Delta_2 = 4d^2[(d + 8)^2 + (8d + 16)(4d^2 - 40d + 50)]$。故有 $\beta_4^* < \beta_7^* \Rightarrow H_4 < 0$。如图 5-11 所示，对于在 $d \in [0, 0.414]$ 上，H_4 是 d 的减函数，且有 $H_4 < 0$，因此有 $\beta_4^* < \beta_7^*$。

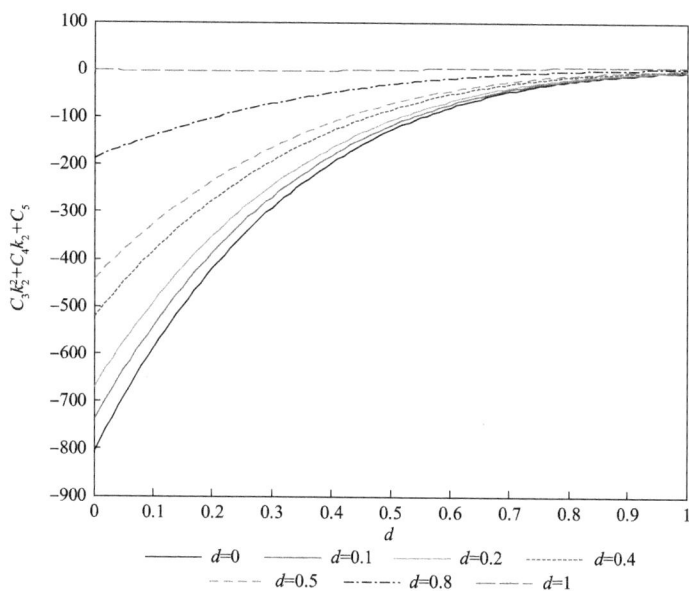

图 5-9　不同 d 值下 $C_3k_2^2 + C_4k_2 + C_5$ 关于 β 的变化规律

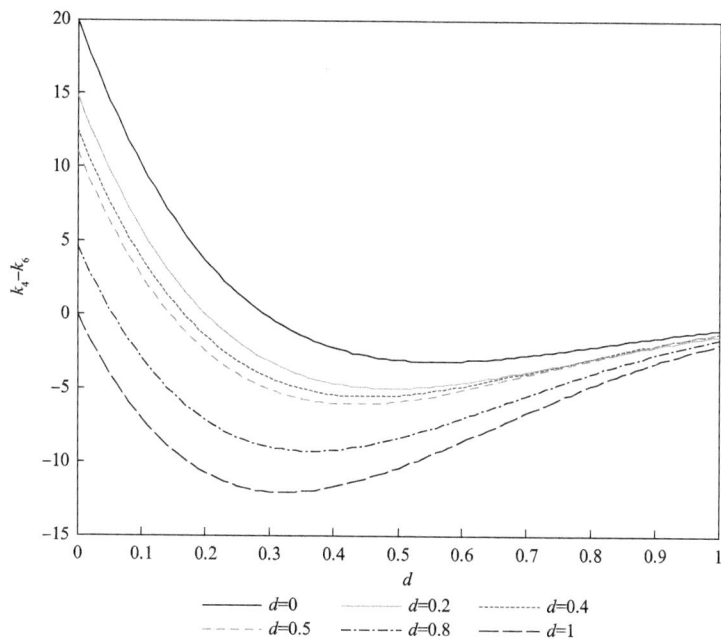

图 5-10　不同 d 值下 $k_4 - k_6$ 关于 β 的变化规律

　　于是结合这 15 种可能的情况，可得到命题 5-4 第三部分中的 8 种情况的结论。这就完整地证明了命题 5-4 的结论。

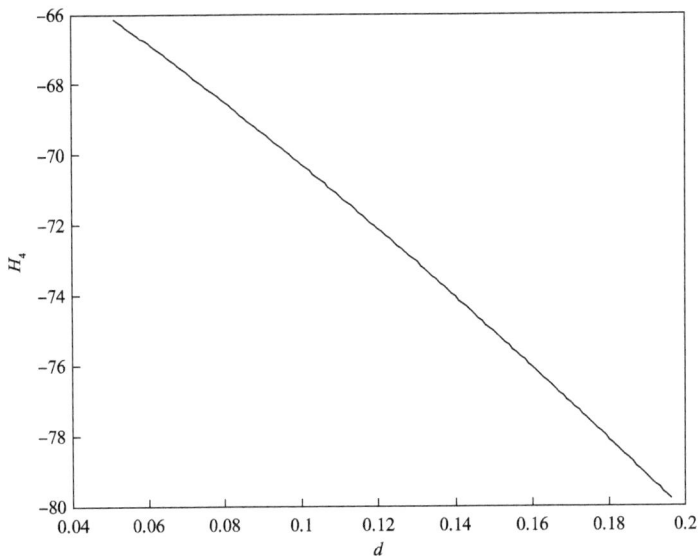

图 5-11 $H_4(d) < 0$

5. 关于命题 5-11 的证明

由式（5-31）和式（5-34）可得

$$\pi_1^m - \pi_1^1 = (m+1)\left[\theta^2 \big/ \left[(1-\beta)(m+2)\right]^2\right] - m\left[\theta^2 \big/ \left[(m+2-2\beta)^2\right] - \tilde{k}\right]$$

$$- 2(1-2\beta)^2 \theta^2 \big/ T(1)^2 + \theta^2 \big/ (m+2-2\beta)^2 - \tilde{k}$$

$$< (m+1)\left[\theta^2 \big/ \left[(1-\beta)(m+2)\right]^2\right] - 2(1-2\beta)^2 \theta^2 \big/ T(1)^2$$

$$+ (m-1)\left[\tilde{k} - \theta^2 \big/ (m+2-2\beta)^2\right]$$

$$= \varphi(\beta) = (m-1)r(\beta)\theta^2 \big/ \left[(1-\beta)^2 (m+2)^2 T^2\right] + (m-1)\left[\tilde{k} - \theta^2 \big/ (m+2-2\beta)^2\right]$$

$$r(\beta) = (2m+1)(1-2\beta)^2 (1-\beta)^2 - (m+1)(1-3\beta)\left[6(1-2\beta)(1-\beta) + (m-1)(1-3\beta)\right] 。$$

又对于任意的 $0 \leqslant \beta < 1$，有

$$r(\beta) < \varphi(\beta) = (2m+1)(1-2\beta)(1-\beta) - (m+1)(1-3\beta)\left[6(1-2\beta)(1-\beta) + (m-1)(1-3\beta)\right]$$

$$= 18(m+1)(1-2\beta)(1-\beta)\left[\beta - (6m+5)/(18m+18)\right] - (m^2-1)(1-3\beta)^2$$

对于 $\beta < \dfrac{1}{3}$ 或 $\beta > \dfrac{1}{2}$，有 $\varphi(\beta) < 0$，故 $r(\beta) < 0$。于是对于 $m \geqslant 2$，有 $\varphi(\beta) < 0$。又 $\pi_1^m - \pi_1^1 < \varphi(\beta)$。可得 $\pi_1^m < \pi_1^1$。这就证明了命题 5-11 的结论。

6. 关于命题 5-12 的证明

对这两种情况下企业 1 的利润 π_1^1 和 π_1^n 进行比较。由式（5-34）式（5-37）

可得

$$\pi_1^{n_1} - \pi_1^1 > \frac{(1-2\beta)^2 \theta^2 \cdot \left[(n_1+1)T(1)^2 - 2T(n_1)^2\right]}{\left[T(1)\cdot T(n_1)\right]^2} + (1-n_1)\left[\frac{\theta^2}{(m+2-2\beta)^2} - \hat{k}\right]$$

（5-38）

又因为 $F^* = \dfrac{(1-2\beta)^2 \theta^2}{T(n_1)^2} - \dfrac{\theta^2}{(m+2-2\beta)^2} + \hat{k} > 0$，可得

$$\frac{(1-2\beta)^2 \theta^2}{T(n_1)^2} > \frac{\theta^2}{(m+2-2\beta)^2} - \hat{k}$$

（5-39）

式（5-39）代入式（5-38），可得 $\pi_1^{n_1} - \pi_1^1 > \dfrac{2(1-2\beta)^2 \theta^2 \cdot \left[T(1)^2 - T(n_1)^2\right]}{\left[T(1)\cdot T(n_1)\right]^2}$。

又 因 为 $T(n_1) = (n_1+2)(1-\beta)(1-2\beta) + (m-n_1)\left[1-(n_1+2)\beta\right]$；$T(1) = 3(1-\beta)$ $(1-2\beta) + (m-1)(1-3\beta)$。当 $\beta < \dfrac{1}{n_1+2}$ 时，$T(n_1) > 0$；当 $\beta > \dfrac{1}{2}$ 时，$T(n_1) < 0$。

于 是 有 $T(n_1) - T(1) = 2(n_1-1)\beta\left[\beta - \dfrac{m-n_1}{2}\right]$。 当 $n = m+1-n_1 \geqslant 3$ 时，

$T(n_1) - T(1) < 0$。若 $\beta < \dfrac{1}{n_1+2}$，有 $T(n_1)^2 - T(1)^2 < 0$，则 $\pi_1^{n_1} > \pi_1^1$；若 $\beta > \dfrac{1}{2}$，有

$T(n_1)^2 - T(1)^2 > 0$。$\pi_1^{n_1}$ 和 π_1^1 的大小取决于许可数 n_1。对于关于 n_1 的二次函数

$\pi_1^{n_1} - \pi_1^1$ 来说，存在 n^*，使 $n_1 > n^*$ 时，$\pi_1^{n_1} < \pi_1^1$；$n_1 < n^*$ 时，$\pi_1^{n_1} > \pi_1^1$。当

$n = m+1-n_1 = 2$ 时，$T(n_1) - T(1) = 2(n_1-1)\beta\left(\beta - \dfrac{1}{2}\right)$。 若 $\beta < \dfrac{1}{n_1+2}$，有

$T(n_1) - T(1) < 0$，$T(n_1)^2 - T(1)^2 < 0$，则 $\pi_1^{n_1} > \pi_1^1$；若 $\beta > \dfrac{1}{2}$，有 $T(n_1) - T(1) > 0$，

$T(n_1)^2 - T(1)^2 < 0$。则 $\pi_1^{n_1} > \pi_1^1$。

证毕。

附录 4　第 8 章的相关证明

1. 命题 8-1 的证明

当 $1 < k < \dfrac{4-d}{2}$ 时，

令 $A = \dfrac{(2-d)(1+k)^2 a^2}{8(2+d)(1-kd+k^2)} - \dfrac{(2-d)(k-1)a^2}{(2k-d)^2} = \dfrac{(2-d)a^2 S}{8(2+d)(1-kd+k^2)(2k-d)^2}$，

其中，$S = (9k^2 - 6k + 1)d^2 + (-12k^3 + 16k^2 - 28k + 8)d + 4k^4 - 8k^3 + 20k^2 - 16k + 16$。

因为，$\dfrac{\partial S(d)}{\partial d} = 2(9k^2 - 6k + 1)d - 12k^3 + 16k^2 - 28k + 8$，$\dfrac{\partial^2 S(d)}{\partial d^2} = 2(3k-1)^2 > 0$。

所以，$\dfrac{\partial S(d)}{\partial d} < \dfrac{\partial S(d)}{\partial d}\Big|_{d=1} = -12k^3 + 34k^2 - 40k + 10 < 0$。

因此，S 是关于 d 的减函数，所以有 $S(d,k) > S(1,k) = 4k^4 - 20k^3 + 45k^2 - 50k + 25$。

$S(1,k)$ 关于 k 的图形如图 8-1 所示。

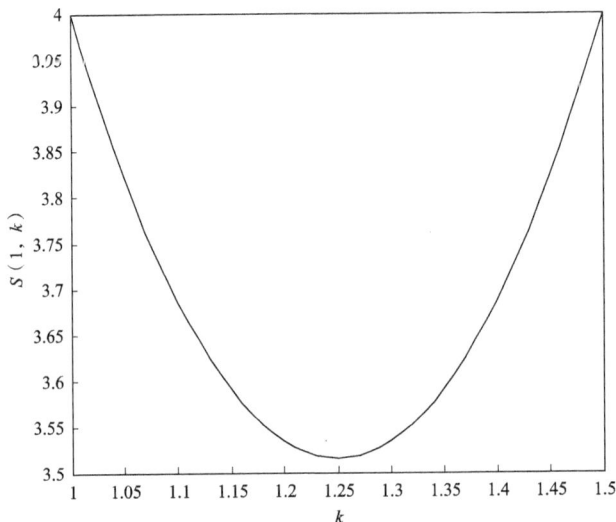

图 8-1　k 的变化对 $S(1,k)$ 的影响

因此易知，$S(d,k) \geqslant S(1,k) > 0$。由此可知，$S(d) > 0$，所以 $A > 0$，证毕。

2. 命题 8-2 的证明

当 $k \geqslant \dfrac{4-d}{2}$ 时，

令

$$B = \frac{(2-d)(1+k)^2 a^2}{8(2+d)(1-kd+k^2)} - \frac{a^2}{8} = \frac{a^2 T}{8(2+d)(1-kd+k^2)}$$

其中，$T = (kd-2)(d-2k)$。

当 $d=0$ 时，$T > 0$。

当 $d<0$ 时，若 $\dfrac{4-d}{2} \leqslant k < \dfrac{2}{d}$，则 $T>0$；若 $k \geqslant \dfrac{2}{d}$，则 $T \leqslant 0$。证毕。

3. 命题 8-3 的证明

当 $1 < k < 3-d$，且 $E < \dfrac{(2-d)(k-1)a^2}{2(2k-d)^2}$ 时，

令

$$G = \frac{\dfrac{(2-d)(1+k)^2 a^2}{18(2+d)(1-kd+k^2)} - \dfrac{(2-d)(k-1)a^2}{2(2k-d)^2}}{\dfrac{M(2-d)a^2}{18(2+d)(1-kd+k^2)(2k-d)^2}}$$

其中，$M = (10k^2 - 7k + 1)d^2 - (13k^3 - 19k^2 + 31k - 9)d + 4k^4 - 10k^3 + 22k^2 - 18k + 18$。

因为，

$$\frac{\partial M(d)}{\partial d} = 2(10k^2 - 7k + 1)d - 13k^3 + 19k^2 - 31k + 9$$

$$\frac{\partial^2 M(d)}{\partial d^2} = 2(10k^2 - 7k + 1) > 0$$

所以 $\dfrac{\partial M(d)}{\partial d}$ 是关于 d 的增函数，因此有 $\dfrac{\partial M(d)}{\partial d} < \dfrac{\partial M(d)}{\partial d}\big|_{d=1} = -13k^3 + 39k^2 - 45k + 11 < 0$，可知 M 是关于 d 的减函数，所以有 $M(d) > M(1,k)$。

易知，当 $d=1$ 时，有 $1 < k < 2$。且 $\dfrac{\partial M(d,k)}{\partial k}\big|_{d=1} = (k-2)(16k^2 - 37k + 28) < 0$。所以，$M(1,k)$ 是关于 k 的减函数。

因此有，$M(d) > M(1,k) > M(1,2) = 0$。

即 $G > 0$。证毕。

4. 命题 8-4 的证明

令

$$H = \frac{(2-d)(1+k)^2 a^2}{18(2+d)(1-kd+k^2)} - \frac{a^2}{18} = \frac{a^2 N}{18(2+d)(1-kd+k^2)}$$

其中，$N=(kd-2)(d-2k)$。

因为 $1-kd+k^2>0$，所以表达式 H 的分母为正值。因此，H 的符号与表达式 N 的符合相同。

当 $d=0$ 时，$N>0$，此时有 $H>0$；当 $d=1$ 时，$N\leqslant0$，此时有 $H\leqslant0$；当 $0<d<1$ 时，若 $3-d\leqslant k<\dfrac{2}{d}$，则 $N>0$，此时有 $H>0$；若 $k\geqslant\dfrac{2}{d}$，则 $N\leqslant0$，此时有 $H\leqslant0$，证毕。

5. 命题 8-5 的证明

当下游在位创新者进行显著性创新时（即 $w\geqslant\dfrac{(2-d)a}{2k-d}$ 时），由 $\pi_2^F-\pi_2^{NL}=\dfrac{(a-w)^2}{(2+d)^2}-F=0$ 得，企业 L_2 所能接受的最大固定费为 $F=\dfrac{(a-w)^2}{(2+d)^2}$。

此时，只要 $\pi_1^F-\pi_1^{NL}>0$，即 $\dfrac{(a-w)^2}{(2+d)^2}>\dfrac{d(4+d)(a-w)^2}{4(2+d)^2}$，企业 L_1 就愿意进行固定费许可。

化简后可得，企业 L_1 愿意进行固定费许可的条件为 $d^2+4d-4<0$。令 $H(d)=d^2+4d-4$，由图 8-2 可知，当且仅当 $d<0.8284$ 时，$d^2+4d-4<0$ 成立。因此，显著性创新下，当且仅当 $d<0.8284$ 时，固定费许可发生。

当下游在位创新者进行非显著性创新时（即 $w<\dfrac{(2-d)a}{2k-d}$ 时），由 $\pi_2^F-\pi_2^{NL}=\dfrac{(a-w)^2}{(2+d)^2}-\dfrac{[(2-d)a-2kw+dw]^2}{(4-d^2)^2}-F=0$ 得，企业 L_2 所能接受的最大固定费为 $F=\dfrac{4w(2+d)^2(k-1)[(2-d)a-(1+k-d)w]}{(2+d)^2(4-d^2)^2}$。

$\pi_1^F-\pi_1^{NL}>0$ 得，当且仅当 $2a(2-d)^2+(8d-kd^2-d^2-4k-4)w>0$ 时，固定费许可发生。又因为

$$\begin{aligned}&2a(2-d)^2+(8d-kd^2-d^2-4k-4)w\\&>2a(2-d)^2+(8d-kd^2-d^2-4k-4)\frac{(2-d)a}{2k-d}>0\end{aligned} \quad (\text{A1})$$

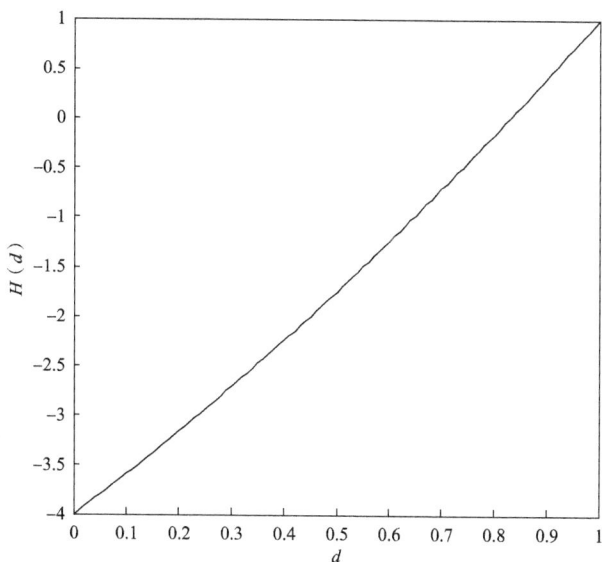

图 8-2　d 的变化对 $H(d)$ 的影响

由式（A1）可得，$(k-1)(4-4d-d^2)>0$。令 $I(d)=4-4d-d^2$，由图 8-3 可知，当且仅当 $d<0.828\,4$ 时，固定费许可发生。

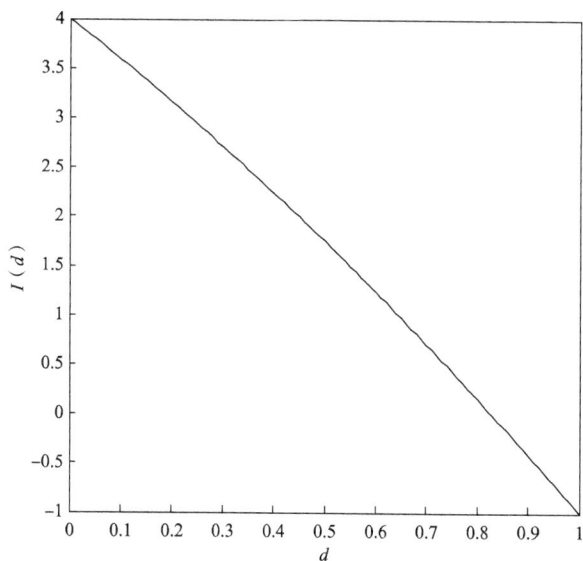

图 8-3　d 的变化对 $I(d)$ 的影响

综合以上两种情况可知，不论创新规模如何，只要 $d<0.828\,4$，固定费许可就具备发生的条件。

6. 命题 8-6 的证明

当下游进行固定费用许可时（$0 < d < 0.828\,4$），因为

$$\frac{2(k-1)(2-d)a^2}{(2+d)(2k-d)^2} - \frac{a^2}{4(2+d)} = \frac{\left[8(k-1)(2-d)-(2k-d)^2\right]a^2}{4(2+d)(2k-d)^2},$$

令 $A = 8(k-1)(2-d)-(2k-d)^2$。于是 $\dfrac{\partial A}{\partial d} = -8(k-1)+2(2k-d)$，$\dfrac{\partial^2 A}{\partial d^2} = -2 < 0$，因此，$\dfrac{\partial A}{\partial d}$ 为关于 d 的减函数。

当 $1 < k < \dfrac{4-d}{2}$ 时，$\dfrac{\partial A}{\partial d}\Big|_{d=0.828\,4} = -8(k-1)+2(2k-0.828\,4) > 0$。因此，$A$ 是关于 d 的增函数。于是有 $A(d,k) \leqslant A(0.828\,4,k) = 8(k-1)(2-0.828\,4)-(2k-0.828\,4)^2$，且 $\dfrac{\partial A(0.828\,4,k)}{\partial k} = 8(2-0.828\,4)-4(2k-0.828\,4) < 0$。因此，$A(0.828\,4,k)$ 是关于 k 的减函数。又因为 $A(d,k) \leqslant A(0.828\,4,k) \leqslant A(0.828\,4,1.585\,8) = 0$，所以

$$\frac{2(k-1)(2-d)a^2}{(2+d)(2k-d)^2} \leqslant \frac{a^2}{4(2+d)}。$$

当 $k \geqslant \dfrac{4-d}{2}$ 时，$\dfrac{\partial A}{\partial d}\Big|_{d=0.828\,4} = -8(k-1)+2(2k-0.828\,4) < 0$，因此，$A$ 是关于 d 的减函数。于是有 $A(d,k) \leqslant A(0,k) = 16(k-1)-4k^2$，且 $\dfrac{\partial A(0,k)}{\partial k} = 16-8k \leqslant 0$，所以，$A(0,k)$ 为关于 k 的减函数。于是有 $A(d,k) \leqslant A(0,k) \leqslant A(0,2) = 0$，故

$$\frac{2(k-1)(2-d)a^2}{(2+d)(2k-d)^2} \leqslant \frac{a^2}{4(2+d)}。$$

综上所述，当下游实施固定费许可时，$\dfrac{2(k-1)(2-d)a^2}{(2+d)(2k-d)^2} \leqslant \dfrac{a^2}{4(2+d)}$ 恒成立。

下游不实施固定费用许可时（$0.828\,4 \leqslant d < 1$），当 $1 < k < 3$ 时，有 $\dfrac{(k-1)(2-d)a^2}{2(2k-d)^2} - \dfrac{(2-d)(1+k)^2 a^2}{18(2+d)(1-kd+k^2)} = \dfrac{(2-d)\left[9(k-1)(2+d)(1-kd+k^2)-(1+k)^2(2k-d)^2\right]a^2}{18(2+d)(1-kd+k^2)(2k-d)^2}$。

令 $B = 9(k-1)(2+d)(1-kd+k^2)-(1+k)^2(2k-d)^2$，于是 $\dfrac{\partial B}{\partial d} = 9(k-1)^3 - 18kd(k-1)+2(k+1)^2(2k-d)$，$\dfrac{\partial^2 B}{\partial d^2} = -18k(k-1)-2(k+1)^2 < 0$，故 $\dfrac{\partial B}{\partial d}$ 是关于 d 的减函数。由图 8-4 知，$\dfrac{\partial B}{\partial d}\Big|_{d=1} = 9(k-1)^3-18k(k-1)+4k(k+1)^2 > 0$，所以 $B(d,k)$

为关于 d 的增函数。于是有 $B(d,k) \leqslant B(1,k) = -(1+k)^2(2k-1)^2 < 0$ ，所以

$$\frac{(k-1)(2-d)a^2}{2(2k-d)^2} < \frac{(2-d)(1+k)^2 a^2}{18(2+d)(1-kd+k^2)}。$$

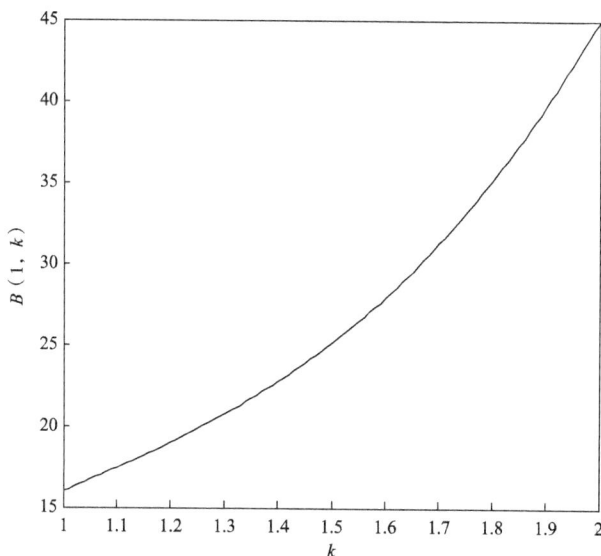

图 8-4　k 的变化对 $B(1,k)$ 的影响

当 $k \geqslant 3-d$ 时，$\dfrac{a^2}{18} - \dfrac{(2-d)(1+k)^2 a^2}{18(2+d)(1-kd+k^2)} = \dfrac{[(2+d)(1-kd+k^2)-(2-d)(1+k)^2]a^2}{18(2+d)(1-kd+k^2)}$ 。

令 $C = (2+d)(1-kd+k^2) - (2-d)(1+k)^2$ ，则有 $\dfrac{\partial C}{\partial d} = 2k(k-d)+2 > 0$ ，因此 $C(d,k)$ 是关于 d 的增函数。于是有

$$C(d,k) \geqslant C(0.828\,4,k) = (2+0.828\,4)(1-0.828\,4+k^2) - (2-0.828\,4)(1+k)^2。$$

由图 8-5 可以直观地看出，$C(0.828\,4,k) > 0$ 。于是 $C(d,k) \geqslant C(0.828\,4,k) > 0$ ，

因此 $\dfrac{a^2}{18} > \dfrac{(2-d)(1+k)^2 a^2}{18(2+d)(1-kd+k^2)}$ 。

7. 命题 8-8 的证明

当下游的创新规模与上游的进入成本在一定的区域内时，下游特许能推动上游潜在进入企业进入从而改变上游市场结构。现假设上游的初始结构为独占垄断，若下游特许则推动上游潜在进入者进入，不特许则不进入。由表 8-2 可得如下。

（1）显著性创新时，$\dfrac{a^2}{16} - \dfrac{a^2}{2(2+d)^2} = \dfrac{a^2[(2+d)^2-8]}{16(2+d)^2}$ ，当 $d \geqslant 2\sqrt{2}-2 = 0.828\,4$

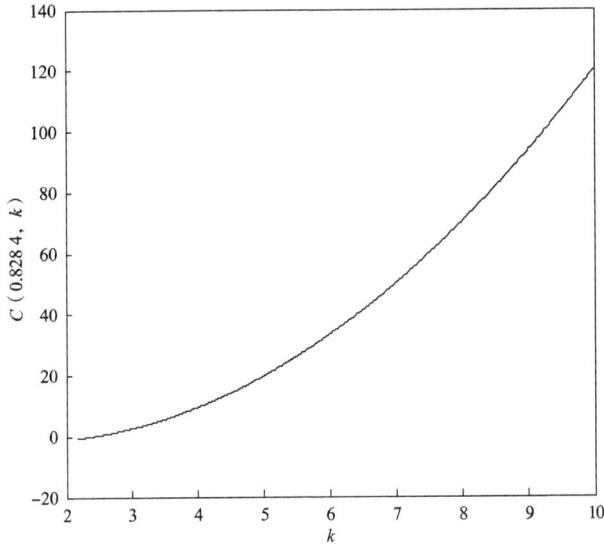

图 8-5　　k 的变化对 $C(0.828\,4,k)$ 的影响

时，$\dfrac{a^2}{16} \geqslant \dfrac{a^2}{2(2+d)}$；$\dfrac{a^2(k-1)^2}{(2k-d)^2} - \dfrac{8a^2(k-1)^2}{(2+d)^2(2k-d)^2} = \dfrac{a^2(k-1)^2[(2+d)^2-8]}{(2+d)^2(2k-d)^2}$，当

$d \geqslant 2\sqrt{2} - 2 = 0.828\,4$ 时，$\dfrac{a^2(k-1)^2}{(2k-d)^2} \geqslant \dfrac{8a^2(k-1)^2}{(2+d)^2(2k-d)^2}$。

（2）非显著性创新时，且 $k \geqslant \dfrac{4-d}{2}$ 时，

$$\dfrac{a^2(2-3kd+4k^2-2k+k^2d)^2}{16(2+d)^2(1-kd+k^2)^2} + \dfrac{a^2(4-3kd+2k^2-2k+d)^2}{16(2+d)^2(1-kd+k^2)^2} - \dfrac{8a^2(k-1)^2}{(2+d)^2(2k-d)^2}$$

$$= \dfrac{a^2[(2-3kd+4k^2-2k+k^2d)^2(2k-d)^2+(4-3kd+2k^2-2k+d)^2}{16(2+d)^2(1-kd+k^2)^2(2k-d)^2}$$

令 $D = (2-3kd+4k^2-2k+k^2d)^2(2k-d)^2 + (4-3kd+2k^2-2k+d)^2(2k-d)^2$

$\qquad -128(k-1)^2(1-kd+k^2)^2$

于是，D 与 d 和 k 的关系如图 8-6 所示。

由图 8-6 可以直观地看出，当 $k \geqslant \dfrac{4-d}{2}$ 且 $0 < d < 1$ 时，D 恒大于零。因此有，

$$\dfrac{a^2(2-3kd+4k^2-2k+k^2d)^2}{16(2+d)^2(1-kd+k^2)^2} + \dfrac{a^2(4-3kd+2k^2-2k+d)^2}{16(2+d)^2(1-kd+k^2)^2} > \dfrac{8a^2(k-1)^2}{(2+d)^2(2k-d)^2}$$。

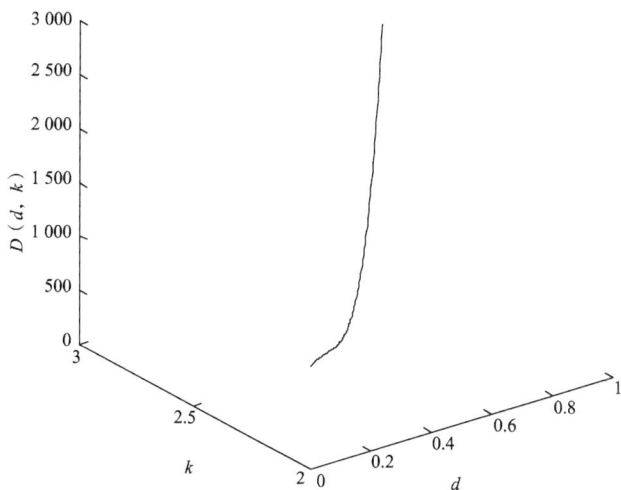

图 8-6　d 和 k 对 D 的影响

当 $1 < k < \dfrac{4-d}{2}$ 时，

$$\frac{a^2 \left(2-3kd+4k^2-2k+k^2d\right)^2}{16(2+d)^2 \left(1-kd+k^2\right)^2} + \frac{a^2 \left(4-3kd+2k^2-2k+d\right)^2}{16(2+d)^2 \left(1-kd+k^2\right)^2} - \frac{a^2}{2(2+d)^2}$$

$$= \frac{a^2 \left[\left(2-3kd+4k^2-2k+k^2d\right)^2 + \left(4-3kd+2k^2-2k+d\right)^2 - 8\left(1-kd+k^2\right)^2\right]}{16(2+d)^2 \left(1-kd+k^2\right)^2}$$

令 $G = \left(2-3kd+4k^2-2k+k^2d\right)^2 + \left(4-3kd+2k^2-2k+d\right)^2 - 8\left(1-kd+k^2\right)^2$
于是，D 与 d 和 k 的关系如图 8-7 所示。

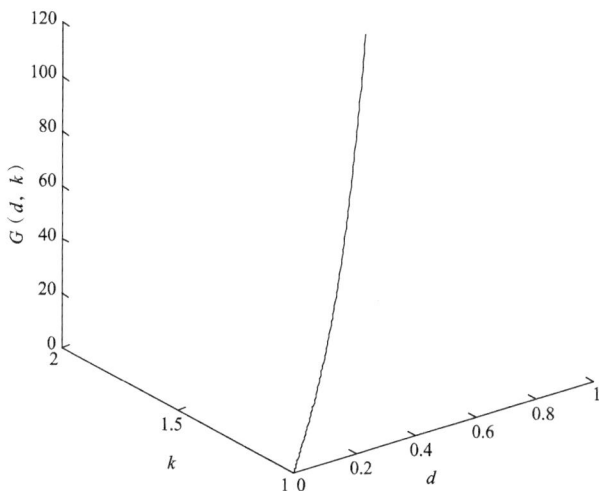

图 8-7　d 和 k 对 G 的影响

由图 8-6 可以直观地看出，当 $1 < k < \dfrac{4-d}{2}$ 且 $0 < d < 1$ 时，G 恒大于零。因此

有，$\dfrac{a^2\left(2-3kd+4k^2-2k+k^2d\right)^2}{16(2+d)^2\left(1-kd+k^2\right)^2} + \dfrac{a^2\left(4-3kd+2k^2-2k+d\right)^2}{16(2+d)^2\left(1-kd+k^2\right)^2} > \dfrac{a^2}{2(2+d)^2}$。

综上所述，可得命题 8-8 的结论。

附录 5　第 9 章的相关证明

1. 关于命题 9-1 的证明

当 $a \leqslant \hat{a}$ 时，可得

$\pi_1^F - \pi_1^N = \dfrac{-1 + 4\beta - 2\beta^2}{4(3 - 2\beta)^2 (2 - \beta)^2}(a - c)^2$ ， 由 此 可 得， 当 $\beta \leqslant 0.2929$ 时

$\pi_1^F - \pi_1^N \leqslant 0$（这里，我们假设与不许可相比当企业 1 的利润没有差别时企业 1 将不许可技术给企业 2）；当 $0.2929 < \beta < 1$ 时，$\pi_1^F - \pi_1^N > 0$。

当 $a > \hat{a}$ 时，容易证明

$$\pi_1^F - \pi_1^N = \frac{6\beta(2 - \beta)}{4(3 - 2\beta)^2 (3 - \beta)^2}(a - c)^2 + K > 0$$

因此，命题 9-1 得证。

2. 命题 9-2 的证明

首先考虑 $0 < \beta < 0.75$ 时的情况。当 $a \leqslant \hat{a}$ 时，易证 $\pi_1^R - \pi_1^N = \dfrac{(15 - 8\beta)(a - c)^2}{4(2 - \beta)^2 (7 - 4\beta)^2} > 0$；当 $a > \hat{a}$ 时，可得

$$\pi_1^R - \pi_1^N = \frac{(36 + 24\beta - 16\beta^2)(a - c)^2}{4(7 - 4\beta)^2 (3 - \beta)^2} + \frac{59 - 64\beta + 16\beta^2}{(7 - 4\beta)^2}K$$
$$- \frac{2(3 - 4\beta)(a - c)}{(7 - 4\beta)^2}\sqrt{\frac{(a - c)^2}{4(3 - \beta)^2} - K} \tag{9-38}$$

容易发现，式（9-38）是关于 K 的单调增函数，因此，当 $K = 0$ 时，式（9-38）取得最小值，而且容易证明当 $K = 0$ 时，$\pi_1^R - \pi_1^N = \dfrac{\beta(21 - 8\beta)(a - c)^2}{(7 - 4\beta)^2 (3 - \beta)^2} > 0$。

接下来，考虑 $0.75 < \beta < 1$ 时的情况。当 $a \leqslant \hat{a}$ 时，易证

$$\pi_1^R - \pi_1^N = \frac{(21 - 16\beta + 4\beta^2)(a - c)^2}{4(2 - \beta)^2 (59 - 64\beta + 16\beta^2)} > 0$$

当 $\hat{a} < a \leqslant \tilde{a}$ 时，易证

$$\pi_1^R - \pi_1^N = \frac{\left(121 - 56\beta + 4\beta^2\right)(a-c)^2}{4(3-\beta)^2\left(59 - 64\beta + 16\beta^2\right)} > 0$$

当 $a > \tilde{a}$ 时，易证

$$\pi_1^R - \pi_1^N = \frac{\left(36 + 24\beta - 16\beta^2\right)(a-c)^2}{4(7-4\beta)^2(3-\beta)^2} + \frac{59 - 64\beta + 16\beta^2}{(7-4\beta)^2}K - \frac{2(3-4\beta)(a-c)}{(7-4\beta)^2}\sqrt{\frac{(a-c)^2}{4(3-\beta)^2} - K} > 0$$

综上所述，可得命题 9-2 的结论。

3. 命题 9-3 的证明

首先考虑 $0 < \beta < 0.75$ 时的情况。当 $a \leqslant \hat{a}$ 时，易证

$$\pi_1^{FR} - \pi_1^N = \frac{(15 - 8\beta)(a-c)^2}{4(2-\beta)^2(7-4\beta)^2} > 0$$

当 $a > \hat{a}$ 时，可得

$$\pi_1^{FR} - \pi_1^N = K + \frac{2\left(4 - 2\beta + \beta^2\right)(a-c)^2}{4(3-\beta)^2(5-4\beta)} > 0$$

接下来，考虑 $0.75 < \beta < 1$ 时的情况。当 $a \leqslant \hat{a}$ 时，易证

$$\pi_1^{FR} - \pi_1^N = \frac{(1-\beta)(3-\beta)(a-c)^2}{4(2-\beta)^2(5-4\beta)} > 0$$

当 $a > \hat{a}$ 时，可得

$$\pi_1^{FR} - \pi_1^N = K + \frac{2\left(4 - 2\beta + \beta^2\right)(a-c)^2}{4(3-\beta)^2(5-4\beta)} > 0$$

综上所述，可得命题 9-3 的结论。